W0064515

PAULINE COCKRILL

Die große Enzyklopädie der
TEDDYBÄREN

A FARNELL
ALPHA TOY
MADE IN ENGLAND

PAULINE COCKRILL

Die große Enzyklopädie der
TEDDYBÄREN

Porträts von über 500 Teddybären von 1902 bis heute
Das umfassende Nachschlagewerk für alle Liebhaber und Sammler

Fotos von Peter Anderson und Jim Coit

Mosaik Verlag

Die Originalausgabe erschien 1993
unter dem Titel *The Teddy Bear Encyclopedia*
bei Dorling Kindersley Limited, London

© 1993 Dorling Kindersley Ltd., London
Textcopyright © 1993 Pauline Cockrill
Art Editors und Project Editors:
Irene Lyford, Peter Cross, Helen Townsend;
Designer: Deborah Myatt;
Managing Editors: Mary-Clare Jerram,
Gill Della Casa;
Produktion: Helen Creeke

Der Mosaik Verlag ist ein Unternehmen
der Verlagsgruppe Bertelsmann

© 1994 für die deutsche Ausgabe
Mosaik Verlag GmbH, München / 5 4 3 2 1
Übersetzung: Ursula Bischoff, Kirchseeon
Redaktion: Marion Reichhelm
und Anne Heidenreich, München
Satz: Filmsatz Schröter GmbH, München
Printed and bound in Italy
ISBN 3-576-10336-8

Inhalt

•172•
BÄRENKÜNSTLER

•188•
ARCTOPHILIE: BÄRENSAMMELN

•202•
PFLEGE UND REPARATUR VON TEDDYBÄREN

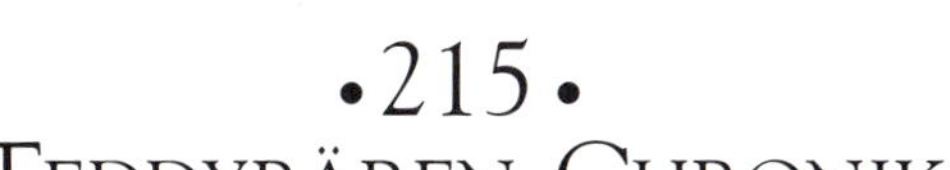

•215•
TEDDYBÄREN-CHRONIK

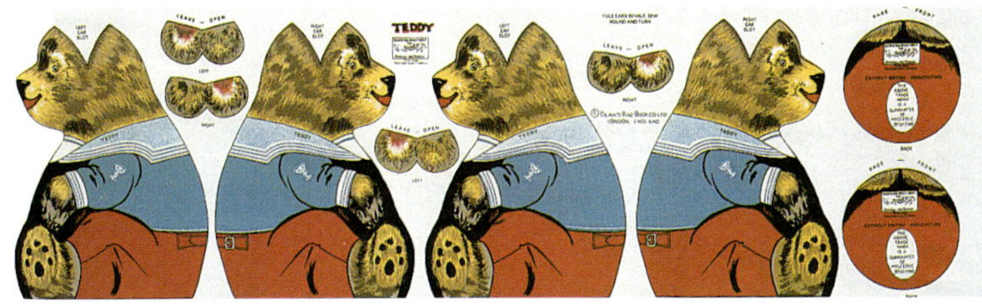

Vorwort

PAUL UND ROSEMARY VOLPP

Unsere Einführung in die Welt der Teddybären geschah vor mehr als einem Jahrzehnt, in einem bezaubernden Geschäft namens The Teddy Bear Station in Yorba Linda, Kalifornien. Wir wollten uns dort nur mal umsehen und uns die Zeit vertreiben, bis ein bestimmtes Restaurant öffnete, als Rosemary in den Bann eines blauen Bären in Fliegermontur geriet, der von einem Regal herabsah. Die Verkäuferin trat zu uns und sagte: »Wenn er Ihnen gefällt, sollten Sie nicht lange überlegen. Es ist der letzte in Südkalifornien; dieses Modell wird heute nicht mehr hergestellt.« Rosemary erwiderte, das sei ja sehr interessant, aber sie sei eigentlich keine Teddybären-Sammlerin. Da irrte sie! Ein Freund, der uns zum Essen begleitete, zog sie auf und prophezeite, sie werde es ihr Leben lang bereuen, wenn sie den Bären nicht schnurstracks erstünde. Rosemary ließ sich so aufstacheln, daß sie zwischen Hauptgericht und Nachspeise loszog und ihn tatsächlich kaufte. Er war eine »sie«, nämlich eine Amelia Bearhart, die aus der North American Bear Company stammt, und obwohl ihr ursprünglicher Preis unter 40 Dollar lag, werden sie und ihresgleichen heute für mehr als 1000 Dollar gehandelt (siehe S. 146).

Auch Paul wurde vom Teddybären-Fieber angesteckt, was sich darin äußerte, daß wir jedem Bären-Laden, auf den wir stießen, einen Besuch abstatteten. Das war der Auftakt zu einem Hobby, das uns inzwischen rund um den Globus geführt hat. Amelia wurde Teil einer Sammlung von rund 5000 Teddybären jeder nur erdenklichen Sorte. Oft wissen wir nicht, ob wir prahlen oder jammern, wenn wir über die Größe unserer Sammlung sprechen. Aber eines ist gewiß: Den Bären haben wir die Bekanntschaft einiger unvergeßlicher Menschen zu verdanken, und das ist ein Vorteil der Sammelleidenschaft. Wir waren zweimal in Minneapolis bei der Teddy Tribune Convention, wo wir die Gesellschaft des britischen Schauspielers und Schriftstellers Peter Bull genießen durften, dem das Verdienst zugeschrieben wird, das Teddybär-Phänomen wiederbelebt zu haben. Leider verstarb er im Mai 1984, aber die Welt

Sehr wichtige Bären
Amelia Bearhart war die erste im V.I.B.- Club (Very Important Bear) der North American Bear Company, einer Serie von Bären-Persönlichkeiten in origineller Kleidung mit den Namen berühmter Vorgänger (siehe S. 146–147).

Bärenselige Autorin
Teddybär-Historikerin und Autorin Pauline Cockrill signiert ein Exemplar von The Ultimate Teddy Bear Book, argwöhnisch beäugt von »Happy«, dem weltberühmten Steiff-Bären und Hausgenossen von Paul und Rosemary Volpp.

erfreut sich noch immer seines »bärigen« Vermächtnisses. Zu den Bewohnern unseres Hauses gehört auch sein Bär »Delicatessen« – oder »Aloysius«, der Name, mit dem er in der britischen Fernsehserie *Wiedersehen mit Brideshead* Starruhm erlangte (siehe S. 147).

Gemeinsam mit unserem Bären »Happy« (siehe S. 37) beteiligten wir uns in England an einer einwöchigen Spendenaufruf-Aktion. Während dieser Zeit verbrachten wir einen Abend mit dem Schriftsteller Michael Bond, Schöpfer von Paddington, einer bärigen Persönlichkeit, und hatten die Ehre, Ihrer Hoheit Prinzessin Margaret vorgestellt zu werden. Die Teddybären-Sammler von heute stammen aus jeder Altersgruppe und aus jedem Winkel der Erde. Vor kurzem erhielten wir sogar einen Brief von einem zehnjährigen Sammler aus Südafrika, und in unserem Besitz befinden sich Kopien von drei Dissertationsarbeiten über Meister Petz, die uns von Teddy-Forschern zugeschickt wurden.

Peter Bull gestand einmal, daß ihn die »urplötzliche, sensationelle« Beliebtheit des Teddybären einigermaßen verblüfft habe. Im Gegensatz zu den meisten kurzlebigen Spielsachen und Puppen scheint es Teddybären schon immer gegeben zu haben. Aber worin könnte der Grund für ihre sagenhafte Überlebensfähigkeit liegen? Wir stimmen Peter Bull zu, der erklärte: »Das Geheimnis liegt in den Gesichtern der Teddybären selbst.« Und er hat recht, denn jeder Bär ist in der Tat einzigartig. Und deshalb empfehlen wir Ihnen mit dem größten Vergnügen, dieses Buch zu lesen: Blicken Sie den Teddybären ins Gesicht. Sind sie nicht starke, ganz individuelle Persönlichkeiten? Der Zauber und die geheimnisvolle Aura, die sie umgeben, sind unvergänglich!

Fürs Familienalbum
Paul und Rosemary Volpp, die eine der größten Teddybären-Sammlungen der Welt besitzen, mit ihrem Steiff-Bären »Happy«; das Trio schaffte es, große Summen für wohltätige Zwecke lockerzumachen.

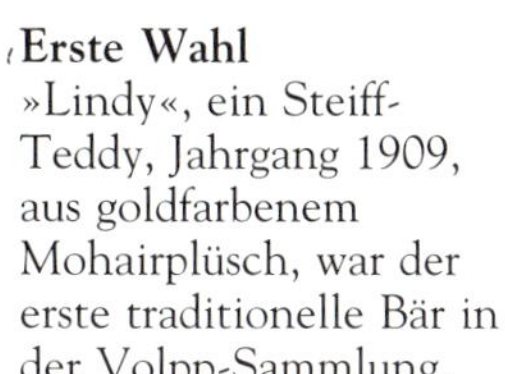

Erste Wahl
»Lindy«, ein Steiff-Teddy, Jahrgang 1909, aus goldfarbenem Mohairplüsch, war der erste traditionelle Bär in der Volpp-Sammlung.

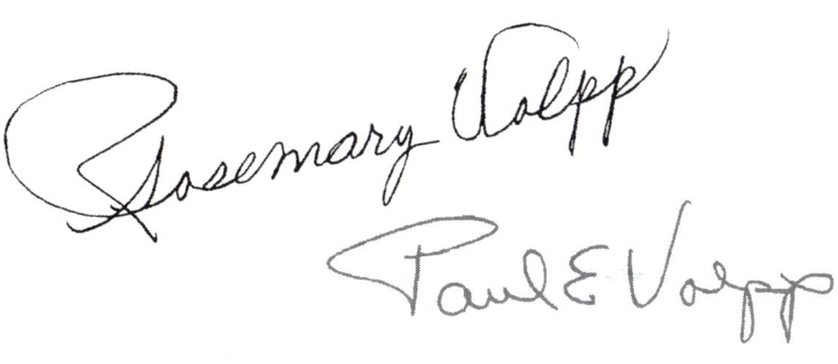

Einführung

VOM POLITISCHEN MASKOTTCHEN ZUM HOCHGESCHÄTZTEN SPIELZEUG UND KUNSTWERK

V on der wilden Bestie zum heißgeliebten Spielzeug – dieser Sprung in der Bärenkarriere ist verblüffend. Seit Ende des neunzehnten Jahrhunderts fanden Teddybären als literarische Figuren und Spielzeug Eingang ins Kinderzimmer. Tanzbären, ie mit ihren Bärenführern von einem Ort zum anderen zogen, waren in Europa und Nordamerika weithin bekannt. Sie wurden von französischen Spielzeugherstellern wie Décamps oder Martin kopiert, deren Aufzieh-Bären tanzen, brummen oder aus einer Flasche trinken konnten. Zur gleichen Zeit fertigten Hersteller in Deutschland, der Schweiz und Rußland geschnitzte Holzbären.

Der unmittelbare Vorfahre des Teddys war der wirklichkeitsgetreue »Bär auf allen vieren«, der gegen Ende des 19. Jahrhunderts in Deutschland gefertigt wurde. Deutschland, damals in allen anderen Sparten der Spielwarenindustrie weltweit die Nummer Eins, übernahm auch mit seinem Kuschelspielzeug nach kürzester Zeit die Marktführung. Für diese Modelle verwendete man Mohairplüsch, ein damals neuartiges Material, das aus der Wolle von Angoraziegen gewonnen wird und echtem Fell ähnelt. Reinhold Schulte gründete 1901 in Duisburg seine Weberei und importierte gesponnene Mohairwolle aus Yorkshire, im Norden Englands.

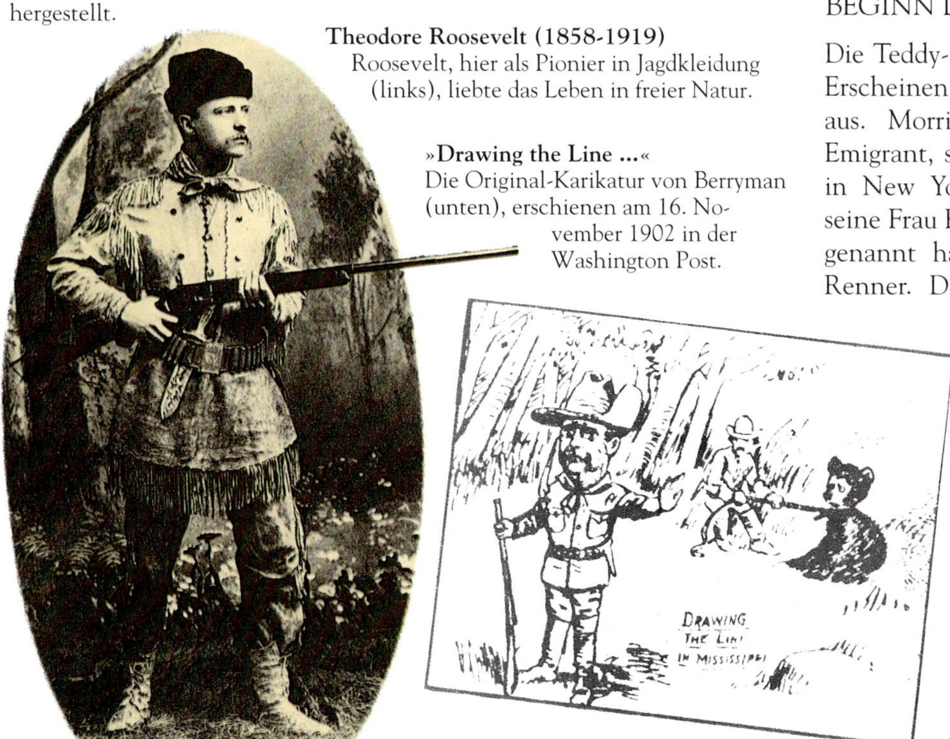

Teddybär-Vorfahre
Spielzeugbären aus weichen Materialien, teilweise auf Rädern (oben) und seit Ende des neunzehnten Jahrhunderts populär, wurden in Deutschland schon vor dem Ersten Weltkrieg hergestellt.

Theodore Roosevelt (1858-1919)
Roosevelt, hier als Pionier in Jagdkleidung (links), liebte das Leben in freier Natur.

»Drawing the Line ...«
Die Original-Karikatur von Berryman (unten), erschienen am 16. November 1902 in der Washington Post.

1901 wurde Theodore Roosevelt (Spitzname »Teddy«) Präsident der Vereinigten Staaten von Amerika. Im November 1902 nahm er an einem viertägigen Jagdausflug in Mississippi teil, in dessen Verlauf er sich weigerte, die einzige Ausbeute – einen Bären – zu erschießen, den man für ihn in die Enge getrieben und an einen Baum gebunden hatte. Der Vorfall wurde von dem Karikaturisten Clifford K. Berryman für die Nachwelt festgehalten und am 16. November 1902 in der *Washington Post* veröffentlicht. Der Titel der Karikatur »Drawing the Line at Mississippi« spielt außerdem auf Grenzstreitigkeiten an, die der Präsident beizulegen bemüht war.

BEGINN DER TEDDY-MANIE

Die Teddy-Manie brach kurz nach Erscheinen der Berryman-Karikatur aus. Morris Michtom, ein russischer Emigrant, stellte im Fenster seines Ladens in New York einen Plüschbären aus, den seine Frau Rose gefertigt und »Teddy`s Bear« genannt hatte. Er wurde auf Anhieb ein Renner. Die Großhändler Butler Brothers kauften schließlich den gesamten Bärenbestand der Michtoms auf, die mit Unterstützung der Gebrüder Butler die Ideal Novelty and Toy Company gründeten. Diese Firma rühmt sich, der erste Teddybär-Hersteller in den USA gewesen zu sein (siehe S. 24–25).
Während das Interesse an Teddybären in Amerika langsam wuchs, fertigte eine deutsche Firma, die auf die Herstellung von Filzkleidung und -Spielzeug

Billy Possum
Das Plüsch-Opossum (oben), nach dem US-Präsidenten William Taft benannt, sollte dem Teddybären Konkurrenz machen. Steiff stellte von 1909 bis 1914 eine eigene Version her, ebenso wie Fisher & Co., Hahn & Amberg und Harman Manufacturing Co. in den USA.

spezialisiert und von Margarete Steiff (siehe S. 38–39) gegründet worden war, die ersten Plüschtiere und entwickelte Teddybärpuppen mit Gelenken. Obwohl diese zunächst wenig Anklang fanden, orderte Hermann Berg von der New Yorker Großhandelsfirma George Borgfeldt & Co im Jahre 1903, angespornt durch das in Amerika grassierende Teddy-Fieber, 3000 dieser Plüsch-Bärenpuppen während der Leipziger Spielwarenmesse. Im Verlauf der nächsten fünf Jahre expandierte die Firma Steiff auf spektakuläre Weise.

AMERIKANISCHE RIVALEN

Der Höhepunkt der Teddy-Manie fiel mit der zweiten Amtszeit Präsident Roosevelts zusammen (1905–09). In den USA wurden einige kurzlebige Firmen gegründet, um Steiff Konkurrenz zu machen und bärige Neuheiten zu produzieren (siehe S. 26–27). 1906 wurden »Teddy's Bären« erstmals im US-Spielwarenkatalog *Playthings* erwähnt, und bald zu »Teddybär« verkürzt. 1908 beauftragte ein Amerikaner mit Unternehmergeist die Firma Karl Hofmann bei Sonneberg-Neustadt mit der Fertigung von Teddybären und rief damit eine Heimindustrie ins Leben, die sich vornehmlich auf Exporte in die USA spezialisierte. Daraus entstanden später mehrere erfolgreiche Unternehmen, einschließlich der Hermann-Werke (siehe S. 94–95). Im selben Jahr brachte die Firma J.K. Farnell

& Co auf den Rat der deutschen Exporteure Eisenmann & Co. hin den ersten britischen Bären auf den Markt. Infolge des zunehmenden Wettbewerbs verlegten sich viele Teddybär-Hersteller auf Innovationen: musikalische Bären, pfeifende Bären, Zwittermodelle (halb Bär, halb Puppe) und die originellen Bären der Gebrüder Bing zum Aufziehen.

BÄRENPERSÖNLICHKEITEN

Vermutlich als Bärenpuppe für Jungen entworfen, bot sich der Teddy zum Ankleiden nahezu an. Die ersten Bären in Männerkleidung erschienen, beeinflußt durch Seymour Eatons Roosevelt Bears-Reime. 1907 brachte die New Yorker Firma Kahn & Mossbacher und Steiff Kleidung mit eingesticktem »Teddy B« oder »Teddy G« auf den Markt, während D. W. Shoyer & Co Strickpullover und Hüte für Bären fertigten. Frauenzeitschriften veröffentlichten damals Schnittmuster für Teddykleidung.

1909 unterlag Roosevelt im Wahlkampf seinem Gegner William Taft und neue Maskottchen entstanden, die – vergebens – versuchten, dem Teddybären den Rang abzulaufen. Ein Rivale war Billy Possum, ein anderer die patriotisch bekleidete Eule Billy Owlett, die laut Hersteller W. J. Terry »die Vorherrschaft des Teddybären brechen« sollte. Aber die Zuversicht erwies sich als unbegründet: Der Teddybär ist noch immer der ungekrönte König der Stofftiere.

1905 Steiff Bär
Dieses Exemplar (oben) ist typisch für die frühen, wirklichkeitsgetreuen Steiff-Teddys.

Steiff-Fabrik
Die Firma Steiff wurde 1893 gegründet und stellte Filzspielzeug her (unten).

Bären-Garderobe
Zu diesen 1906 von Steiff für ein US-Kaufhaus gefertigten Teddy-Besitztümern (oben) gehören Köper-Arbeitshosen, ein gestrickter, einteiliger Badeanzug und ein Spielzeug-Köfferchen mit Springseil, Spielzeug-Eisenbahn und echt amerikanischem Football.

Elektrischer Bär
Von 1907 an reißt der Strom der Neuheiten nicht ab; die Glühlampen in den Augen dieses Teddybären leuchten auf, wenn man ihm auf die Brust drückt (oben).

AUSWIRKUNGEN DES ERSTEN WELTKRIEGS

1913 war das Produktionsvolumen der deutschen Spielwarenindustrie sechsmal so hoch wie das Großbritanniens. Nach Ausbruch des Ersten Weltkriegs wurde die Einfuhr deutscher Waren in Großbritannien (laut einer Meldung des britischen Handelsblatts von 1914) als »Landesverrat« erachtet, wovon die britische Kuscheltier-Branche profitierte. Firmen wie W.J. Terry, J.K. Farnell und die British United Toy Manufacturing Co. stellten bereits Teddybären her, und andere ergriffen die Gelegenheit, mit der Produktion zu beginnen. Dean's Rag Book Co. Ltd. (die 1908 u.a. Teddy-Bücher druckten und Teddybär-Ausschneidebögen fertigten) und die Gebrüder Johnson aus Birmingham (Brettspiele) sind nur zwei Beispiele.

Von 1919 an entwickelte sich auch in Frankreich eine Teddybär- Industrie mit Firmen wie Thiennot, Pintel und F.A.D.A.P. (siehe S. 48–49). In Australien ließ Charles Jensen 1916 den ersten Bären mit Gelenken patentieren, und die ersten kommerziell gefertigten australischen Teddys wurden in den 20er Jahren von der Firma Joy-Toys aus Victoria vertrieben.

Roßhaar. Nun verwendeten die Hersteller den leichteren, weicheren und hygienischen Kapok, eine feine, baumwollähnliche Faser, die aus der Samenhülse des tropischen Holzgewächses Ceiba pentranda gewonnen und ursprünglich zum Ausstopfen von Kissen und Schwimmwesten benutzt wurde. Vor allem die britischen Hersteller bevorzugten Kapok, weil er billig in den Commonwealth-Ländern gekauft werden konnte. Die Teddy Toy Company patentierte 1920 ihre kapokgefüllten Softanlite-Bären, gefolgt von Chad Valleys Aerolite- (siehe S. 52) und W. J. Terrys Ahsolite-Bären. Knopfaugen aus geformtem, komprimiertem Zellstoff wurden traditionsgemäß für die Teddybären-Augen benutzt, kurze Zeit nach dem Krieg kamen Augen aus geblasenem Glas in Mode, wie sie von Tierpräparatoren verwendet wurden.

Kunstseidenplüsch wurde eine sehr beliebte Alternative und in Großbritannien erstmals bei Farnells Silkalite- und Chilterns Silky-Bären in mehreren, damals populären Farben verwendet.

DIE EVOLUTION DER BRITISCHEN TEDDYBÄREN

In den 20er und 30er Jahren erlebten die britischen Teddybär-Hersteller einen Boom. Alteingesessene Firmen wie Farnell, Chad Valley und Dean's, aber auch Branchenneulinge wie H.G. Stone und Merrythought stießen an die Spitze des Weltmarktes vor.

Der Teddybär veränderte sein Aussehen: Vorher war das herkömmliche Füllmaterial Holzwolle, die auch zum Verpacken von Porzellan verwendet wurde, manchmal auch Korkstückchen und

J.K.Farnell, 20er Jahre
Der goldfarbene Mohairplüsch-Teddy wurde von der Firma J.K. Farnell gefertigt, einem der ersten Teddybär-Hersteller in Großbritannien. Er hat fünf gestickte, »vernetzte« Krallen auf den Pfoten und dahinter zwei Punkte, ein typisches Farnell-Merkmal.

Letzter Schliff
Junge Arbeiterinnen in einer britischen Teddybär-Fabrik während des Zweiten Weltkriegs (unten); während der Bär mit großen Scheuerbürsten den letzten Schliff erhält, warten die auf dem Boden aufgetürmten Arme und Beine darauf, zusammengesetzt zu werden.

Teddy-Parade
Diese Seite des Katalogs der in Sonneberg ansässigen Firma Max Hermann (später Hermann-Spielwaren) aus den 20er Jahren zeigt das 112 Bären starke Sortiment in 10 Größen. Das Design wurde 1990 unter dem Namen Deutscher Wiedervereinigungsbär reproduziert.

Einfülltrichter
Blechtrichter (oben), teilweise auch heute noch in deutschen Fabriken benutzt, um das Ausfransen des Plüschmaterials beim Ausstopfen der Bären mit Holzwolle zu verhindern.

NEUE UND LITERARISCHE BÄREN

In Massen produzierte Teddybären mit Metallstab-Gelenken und geradem Körper und Gliedmaßen gewannen zunehmend an Beliebtheit. Zu den Neuheiten zählten die Ja/Nein-Bären von Schuco (siehe S. 42–43); Blinka-Bären, die 1921 von der Londoner Wholesale Toy Company aus der Taufe gehoben wurden und mit den Augen rollen konnten, ähnlich wie Peter, eine Schöpfung der Gebrüder Süssenguth (siehe S. 31); die musikalischen Bären mit Schweizer Federzug-Mechanismus, und Bruno, der sprechende Bär, den die Firma Gross & Schild 1926 kreierte, aus dessen Mund ein Brummen tönte. Dual-Mohairplüsch mit Spitzen in Kontrastfarbe kam in Mode, wie auch Teddy-Clowns mit Halskrause und Pierrot-Hut. Beeinflußt durch Steiffs Teddy Baby, das 1930 das Licht der Welt erblickte (siehe S. 37), wurden nun Bären mit offenem Mund gefertigt, manche komplett mit Schnuller und Lätzchen. Die Commonwealth Toy & Novelty Company schuf 1937 im Auftrag der National Biskuit Co. den Feed Me-Bären. Er hatte einen Reißverschluß im Rücken – damit hatte er eine Tasche, die alles aufnahm, womit man ihn fütterte.

In dieser Zeit tauchten auch die ersten Bären auf, die ihre Existenz einigen damals beliebten literarischen Figuren verdankten, wie Rupert, Winnie the Pooh (Pu der Bär) und Mary Plain in Großbritannien, oder Prosper aus Alain Saint-Ogans Comicstrip in Frankreich.

1939 brachte die New Yorker Modeschöpferin Ruth Harkness den ersten Riesenpanda in die westliche Welt; weitere Exemplare erhielten anschließend der Chicagoer und der Londoner Zoo. Damit begann eine offenbar beständige, leidenschaftliche Liebe zu Pandabären.

WIEDER KRIEG

Hitlers Machtübernahme im Jahr 1933 und der daraus resultierende Weltkrieg hatten spektakuläre Auswirkungen auf die Spielwarenindustrie. Von 1939 an wurde die Produktion erheblich eingeschränkt; die Fertigung von Munition und Uniformen besaß Vorrang. Rohmaterialien für Teddybären waren rationiert. Zum Füllen verwendete man »Sub« (aus textilen Abfällen gewonnen) statt Kapok. In Großbritannien wurden Filz und Baumwollsamt, die man vorher für die Fertigung der Sohlen bevorzugt hatte, durch Lederimitate oder Wachstuch (mit Handelsnamen wie »Rexin« und »Duxeen«) ersetzt. Viele Kinder erlebten während des Krieges das Trauma der Evakuierung; sie hatten oft nur ihren Teddy als Trost. Viele traurige Geschichten ranken sich in dieser Zeit um den Bären: In Österreich wurde der kostbare Teddy eines Kindes bei Bauern gegen Nahrungsmittel eingetauscht, und eine Mutter in Kroatien soll ihren Schmuck im Steiff-Bären ihrer Tochter vesteckt haben.

NACHKRIEGS-PRODUKTION

Nach dem Zweiten Weltkrieg zogen mehrere deutsche Spielzeugfirmen von der russisch in die amerikanisch besetzte Zone um. Gleichzeitig wurden neue Unternehmen gegründet, wie Clemens in Deutschland, oder Fechter und Berg in Österreich. In Großbritannien war Schaffell auch weiterhin beliebt während der Jahre der Rationierung und darüber hinaus.

Bär im Schafspelz
Australischer Bär aus den 40er Jahren (oben), mit Lederpfoten, »Sub«-Füllung und gelenklosem Hals.

Abgespeckter Hugmee
In den 40er Jahren erhielt die Hugmee-Serie der Firma Chiltern (oben) ein neues Design, bei dem man weniger Mohairplüsch verwendete.

Chad Valley, 30er Jahre
Der Bär (oben) hat eine horizontal angenähte Nase und das typische rot bestickte Etikett von Chad Valley.

Letzter Schliff
Einem Bären aus der Peacock-Serie werden in den 30er Jahren Augen in der Chad Valley-Fabrik angepaßt (oben).

Teddy-Gasmaske
Der britische Gasmaskenbehälter für Kinder (oben) ist mit einem Mohairplüsch-Teddykopf einschließlich Gesichtszügen und Filzbekleidung verziert.

Jester-Bär
Im Atelier der Puppenmacherin und Pionier-Bärenkünstlerin Beverly Port entstanden, ist dieser Teddybär mit Porzellangesicht (links) ein frühes Beispiel für eine Kunst, die Techniken der Puppen- und Kuscheltierfertigung miteinander verbindet. Tochter und Sohn der Bären-Künstlerin sind in die Fußstapfen der Mutter getreten.

Kniebeugen
Dieses kleine Bärenmädchen der Künstlerin Donna Claustre aus Florida hat »Kugelgelenke« in den Knien, die sich ähnlich wie beim Menschen beugen lassen.

Auch synthetische Fasern wie Nylon, Orlon, Acrylplüsch, Dacron, Courtelle und Dralon fanden in der Teddybärindustrie der Nachkriegszeit zunehmend Verwendung. Geformte Vinyl-Schnauzen tauchten erstmals Anfang der 50er Jahre auf, und man benutzte Nasen aus Gummi oder Plastik. Das Jahr 1955 bot eine Sensation: die Einführung des ersten voll maschinenwaschbaren, gelenklosen Bären von Wendy Boston in Großbritannien; er besaß die gesicherten, von der Firma patentierten Augen zum Einschrauben und eine Schaumgummi-Füllung. Letzteres galt zunächst als ideales Füllmaterial, bis man später entdeckte, daß es sich leicht in seine Bestandteile auflöste und potentiell giftige Dämpfe absonderte. Mit der Verabschiedung strengerer Gesetze über die Sicherheit von Spielwaren gegen Ende der 60er Jahre erhielten alle Teddybären gesicherte, festverankerte Plastikaugen.

ERWEITERUNG DES HORIZONTS

So wie Bücher und Hörfunk die ersten Teddybär-Hersteller beeinflußten, blieben auch Fernsehen und Kino zu Beginn der 60er Jahre nicht ohne Wirkung. Die zottigen Fernseh- und Filmstars tauchten in Form der verschiedensten verwandten Produkte auf, und literarische Helden wie Paddington wurden in den 70er und 80er Jahren reproduziert.

Die rückläufige Geburtenrate und die wachsende Nachfrage nach Billigimporten aus Ostasien gegen Ende der 60er und in den 70er Jahren brachten mehrere führende Kuschelspielzeug-Hersteller wie Schuco, J. K. Farnell, Chiltern, Chad Valley und Wendy Boston zu Fall.

Neue amerikanische Hersteller, z. B. Dakin, Russ Berrie und Applause, läuteten den Trend ein, die Produktion in Billiglohnländer wie Korea, Taiwan, China, auf die Philippinen oder Haiti zu verlegen. Mit der Einführung des Mikrochip in den 80er Jahren eröffnete sich eine ganz neue High-Tech-Welt: Teddy Ruxpin, dessen Gesichtszüge sich synchron zur Geschichte, die auf Kassette erzählt wird, verändern, und der Musical Tubby Bear der Firma Dandee Imports, dessen Plastikherz im Takt mit 14 elektronisch produzierten bekannten Schlafliedern blinkt, sind nur zwei Beispiele.

DER AUFSTIEG DER BÄREN-KUNST

In der Zwischenzeit fertigten Puppenmacher in den USA Bären mit künstlerischem Anspruch. Beverly Port führte ihren Theodore B.-Bären 1974 anläßlich der International Doll Maker's Convention (Internationale Puppenmacher-Tagung) in Reno, Nevada, ein, während Carol-Lynn Rössel Waugh Porzellanbären in Maine schuf. In der Anfangszeit stellten auch Puppenmacher wie Carol Ann Stanton aus Großbritannien und Anne Keane aus Australien Bären mit Porzellanköpfen her. 1981 wurde in einem Artikel, der in dem US-Magazin Doll Reader erschien, das Wort »Bären-Künstler« geprägt, und 1984 veröffentlichte Carol-Lynn Rössel Waugh das Buch *Teddy Bear Artists: Romance of Making and Collecting Bears*.

Während der 80er Jahre entwickelte sich die Bärenkunst in allen Teilen Großbritanniens, dicht gefolgt von Australien. Ende der 80er

No Frills-Bär
Dieser Bär »ohne Schnickschnack« aus bedrucktem Kattun wurde 1985 in Korea für die US-Firma R. Dakin & Co gefertigt.

Bär Ritz
Das Prachtstück aus reinem Nerz (oben) wurde 1983 von den beiden kalifornischen Bären-Künstlerinnen Charlotte Holst und Shawn Frey kreiert.

»Sewn in Haiti«
Ein typisches Warenzeichen aus den 70er Jahren (oben).

Teddybären-Picknick
Die für die 60er Jahre typischen Wendy Boston-Bären, voll maschinenwaschbar mit den patentierten, festverankerten Augen zum Einschrauben (oben).

gefertigt, weil sie nicht den derzeitigen Sicherheitsbestimmungen entsprechen. Andere werden als Skulpturen in Kunstgalerien ausgestellt, wie Kimberlee Ports Christmas Tree Bear, der in New York zu bewundern ist, oder Hantons Edwardian Bears (siehe S. 185) in Wellington, Neuseeland.

LIMITIERTE AUFLAGEN UND REPRODUKTIONEN

Mit dem Anwachsen der Arctophilie in den 80er Jahren begannen viele Hersteller, Teddybären in limitierter Auflage zu fertigen. Einige alteingesessene Unternehmen folgten Steiffs Beispiel und brachten Nachbildungen ihrer früheren Modelle in begrenzten Stückzahlen heraus. Andere schufen bekleidete Bären zum Sammeln, ausschließlich auf Erwachsene zugeschnitten, wie die VIB-Serie der North American Bear Company (siehe S. 146–47) oder die Henry und Caroline-Serie von Gabrielle Designs und die Lakeland-Bären in Großbritannien.

Die Einführung der prestigeträchtigen Auszeichnungen Golden Teddy und TOBY hat Bärenkünstler und -hersteller gleichermaßen angespornt und inspiriert, bei der Fertigung von Teddybären Wert auf erstklassige Qualität zu legen.

Christmas Tree-Bär
Barbara McConnells Weihnachtsbaum-Bär (oben) ist nicht nur musikalisch, sondern hat auch batteriebetriebene Lichter im grünen Mohairplüsch-Körper.

Original und Nachbildung
Der ca. 1904 entstandene Steiff-Bär mit Metallstab-Gelenken (unten links) und Bärle (unten rechts), 1992 von der Firma nach der Vorlage eines Teddys mit ähnlichem Gelenksystem reproduziert.

Jahre hatten sich andere europäische Länder der Bewegung angeschlossen, einschließlich Deutschland mit Elke Kraus und Rotraud Ilisch. Holland darf sich vieler bäriger Künstler rühmen und spielt seit 1991 einmal jährlich den Gastgeber für die Internationale Bärenkünstler-Tagung. Die Bärenkunst blüht inzwischen selbst in den entlegensten Winkeln der Welt: mit Viktoria Marsden auf den Äußeren Hebriden in Schottland; Amy Shukuya in Hawaii; Margaret York in Alice Springs, Australien; Shelly Armstrong-Plaunt im Yukon Territory in Kanada und Eunice Beaton aus Durban, in Südafrika. Auch in Japan erfreut sich die Bewegung großer Beliebtheit.

PHANTASIE UND NOSTALGIE

Innerhalb der Bärenkunst haben sich zwei Stilrichtungen herauskristallisiert; die erste wurzelt in der Puppenmacherei, wobei der Teddybär als Mittel dient, um die Phantasie anzuregen, indem man historische oder literarische Figuren wiederaufleben läßt oder ihm die Gestalt anderer Geschöpfe gibt. Die zweite reagiert auf die stetige Nachfrage nach alten Bären, und inzwischen gibt es Firmen, die sich auf Teddys im nostalgischen Stil spezialisiert haben. Viele dieser Designer-Bären sind nicht für Kinder

»Alpha«- Replik
Von Bears Paw Collection in Leicester, England, stammt diese Nachbildung (oben) des »Alpha«-Bären der Firma Farnell.

Firma Knickerbocker in den 60er Jahren, Joy of a Toy, bedrucktes Etikett

Farnell Alpha Toy, 1925–30, gesticktes Etikett

Firma Pedigree Soft Toys (Belfast), 1946–71, bedrucktes Etikett

GUND

Firma Gund, 80er Jahre, gesticktes Etikett

Steiff-Bär, vor 1914
Selbst wenn das »Knopf-im-Ohr«-Warenzeichen fehlte (siehe S. 21), wäre dieser Teddy noch immer ein unverkennbarer Steiff-Sprößling aus der Zeit vor dem Ersten Weltkrieg. Jedes einzelne Merkmal bestätigt seine Herkunft.

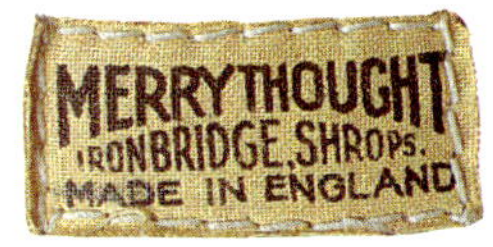

Firma Merrythought, 1956–57, bedrucktes Etikett

Firma House of Nisbet, 1980, gesticktes Etikett

Firma Chiltern, 1945–67, bedrucktes Etikett

Dean's Childsplay Toys in den 70er Jahren, bedrucktes Etikett

Firma Acton Toycraft Twyford, 1964–79, bedrucktes Etikett

Firma Joy-Toys, 1930–40, besticktes Etikett

Gebrüder Hermann in den 80er und 90er Jahren, gesticktes Etikett

Steiff-Bär, 50er Jahre
Das Loch im linken Ohr deutet auf die Position des früheren Warenzeichens hin.

Firma Schuco, 50er Jahre, Plastik-Anhänger auf der Brust

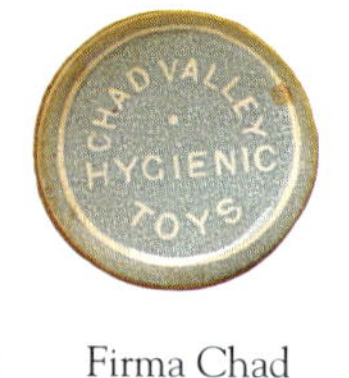

Firma Chad Valley, 30er Jahre, Zelluloid auf Metallknopf

Firma Lenci, 80er Jahre, gesticktes Etikett

Doris & Terry Michaud Carrousel, 80er Jahre, bedrucktes Etikett

Firma Applause, 80er Jahre, bedrucktes Etikett

Firma Chad Valley, 30er Jahre, gesticktes Etikett

Firma Dakin, 80er Jahre, gesticktes Etikett

Firma Steiff, nach 1986, Metallknopf und bedrucktes Etikett im Ohr

Firma Real Soft Toys, 80er Jahre, bedruckter Pappanhänger

Knickerbocker, 60er Jahre

Der knuddelige Nylonplüschkörper mit festverankerten, glitzernden Plastikaugen und bedrucktem Etikett mit »New York«- Warenzeichen erleichtern die Altersbestimmung dieses Bären.

Romsey Bear Company, ca. 1990, gesticktes Etikett

Firma Canterbury Bears, 1991, gesticktes Etikett

Britische Bärenkünstlerin

Liz Carless setzte neue Akzente mit diesem Krabbel-Bärenkind; es hat einen einzigartigen Innenrahmen, der eine wirklichkeitsgetreue Positionierung der Gliedmaßen gestattet.

Der Katalog

DIE HAUPTAUFGABE FÜR SAMMLER und viele Besitzer von Bären mit oder ohne Warenzeichen bzw. Etikett besteht darin, dem »Stammbaum« ihrer Teddybären auf die Spur zu kommen. Dieser Katalog wird Ihnen dabei helfen, Ahnenforschung zu betreiben. Er ist chronologisch aufgebaut, und jede Doppelseite repräsentiert entweder einen Hersteller oder Entwicklungstendenzen in einem Land und während einer bestimmten Epoche in der Geschichte der Teddybären. Die Werke der Bärenkünstler finden Sie am Ende des Katalogs beschrieben, wo die Teddys gemäß der Nationalität ihrer Schöpfer in Gruppen zusammengefaßt sind.

Auf den Doppelseiten wurden jeweils fünf Bären, die repräsentativ sind, ausführlich mit ihren Schlüsselmerkmalen aufgelistet. Soweit möglich, habe ich Exemplare mit vollständig erhaltenem Warenzeichen ausgesucht, da sie eine eindeutige Identifikation erleichtern. Wenn Sie versuchen, die Herkunft eines Bären zu bestimmen, sollten Sie stets auf Fragmente eines Warenzeichens achten – es könnte z.B. zwischen Gliedmaßen und Körper verborgen sein. Selbst einige bunte Fäden von einem zerfetzten Schildchen sind nützlich, wenn man sie mit den Fotos der im Katalog abgebildeten Warenzeichen vergleicht. Ein Loch im Ohr oder ein verblichener Bereich auf der Fußsohle können ebenfalls Indizien sein, die darauf hinweisen, daß an dieser Stelle früher ein Warenzeichen befestigt war.

Denken Sie daran, daß sich ein Teddybär durch Abnutzung oder Reparaturen beträchtlich verändern kann, wenn Sie versuchen, den Ursprung zu ermitteln. Geschichten von ursprünglichen oder vorherigen Besitzern geben mitunter Aufschluß. Wenn Sie alle relevanten Faktoren im Zusammenhang mit den Informationen überprüfen, die Ihnen diese Enzyklopädie bietet, haben Sie gute Chancen, die Identität Ihres Teddybären festzustellen.

Steiff: 1902 bis 1905

EXPERIMENTIERPHASE; EINFÜHRUNG DES »KNOPF IM OHR«-WARENZEICHENS

Richard Steiff begann 1902 mit flexiblen Gelenksystemen zu experimentieren; er entwarf eine Reihe einfacher Tiere mit Zwirngelenken. Dazu gehörte auch ein brauner Teddy namens Bär 55PB, der seinen Namen der Tatsache verdankte, daß er eine Sitzhöhe von 55cm besaß, aus Plüsch bestand und beweglich war. Der Teddybär trat im Februar 1903 in einer Spielzeug-Lattenkiste die Reise nach New York an. Einen Monat später orderten die US-Großhändler Geo. Borgfeldt & Co. 3000 Exemplare während der Leipziger Frühjahrsmesse. Steiff ließ vier Designs patentieren und schuf als Höhepunkt Bär 28 PB mit Metallstab-Gelenksystem. Er wurde nur ein Jahr lang gefertigt und ist aufgrund seiner Seltenheit heute sehr wertvoll.

1904–05 Metallstab-Gelenke; Elefanten-Logo

Richard Steiffs Bär wurde 1904 weiterentwickelt. Am 5. März wurde der Bär 35PB mit Kartonscheiben und Zwirngelenken, und am 6. Dezember desselben Jahres ein Bär mit doppelten Drahtgelenken patentiert. Der abgebildete Teddy ist mit Gelenken wie der Bär 28 PB (am 8.6.1905 eingetragen) versehen, aber größer. Bären mit Metallstab-Gelenken erhielten im November 1904 ein neues Warenzeichen – einen vernickelten Knopf mit Steiffs Elefanten und S-förmigem Rüssel-Logo.

Größe: 50 cm

Bossierter Knopf

Ohren: Die kleinen runden Ohren sind über den Gesichtsnähten angebracht.

Augen: Die schwarzen Knopfaugen sind vermutlich ein (authentischer) Ersatz.

Schnauze: Der Plüsch auf der schmalen, länglichen Schnauze ist abgewetzt.

Nase/Schnauze: Die ovale Ersatznase und der Mund mit umgekehrter Y-Form sind in dickem, schwarzem Stickgarn gefertigt.

Fell: Das Fell besteht aus beigefarbenem Mohairplüsch.

Pfoten/Krallen: Die beigefarbenen Filzpfoten sind ein Ersatz; fünf braune Krallen sind auf den Plüsch gestickt.

Füße: Die ovalen Füße sind in der Regel groß und schmal.

Bärenprofil
Im Profil sieht man die charakteristischen Merkmale der frühen Steiff-Bären: die lange, spitz zulaufende Schnauze, der Buckel und die gerundete untere Rückenpartie; die großen Füße und die langen Arme, die über die Beine hinausreichen, wenn der Bär sitzt.

leicht gewölbte Ohren, in Gesichtsnähten befestigt

lange, spitz zulaufende, kurzgeschorene Schnauze

extrem lange Arme

dicker, lockiger, weißer Mohairplüsch

schwarze Knopfaugen aus Holz, Original

gestickte Nase, Ersatz

cremefarbene Filzsohlen, in tadellosem Zustand

schwarze Krallen, Ersatz

große, schmale, ovale Füße

Um 1903–04: Weiß; Metallstab-Gelenke   Größe: 38 cm

Dieser Bär mit Metallstab-Gelenken und Elefanten-Knopf ist vermutlich ein Prototyp. Die Farbe erscheint bei keinem der Bären, die in Produktion gingen. Die gekrümmte, zimtfarbene, gestickte Nase ist ein Ersatz; die urprünglichen beigefarbenen Stickstiche für den Mund sind gerade noch sichtbar.

Bossierter Knopf

spitz zulaufende, geschorene Schnauze

Siegellack-Nase mit klar erkennbaren Naenlöchern, einer echten Bärennase nachgebildet

lange schmale Gliedmaßen

beigefarbene Filzpfoten

Reste von fünf Krallen an Füßen und Pfoten

klare Naht quer über den Kopf, nur bei Steiff-Bären mit solchen Metallstab-Gelenken zu finden

beigefarbener Mohairplüsch, stellenweise abgenutzt; Holzwolle-Füllung

Faltige linke Pfote (Bär sollte auf allen vieren gehen; so entstanden Lücken in der Füllung)

lange, schmale, ovale Füße

Um 1903–04: Siegellack-Nase; Metallstab-Gelenke   Größe: 38 cm

Die modellierte Siegellack-Nase, die sich in außergewöhnlich gutem Zustand befindet und sehr wirklichkeitsgetreu ist, macht diesen Bären zum geschätzten Sammlerstück. (Siegellack ist ein Gemisch aus Schellack, natürlichen Harzen, Terpentin und Farbstoffen).

Bossierter Knopf

schwarze Knopfaugen, Original

dunkler Fleck markiert Position der ursprünglichen Siegellack-Nase

geschorene, spitz zulaufene, vorstehende Schnauze

lange, gebogene, sich verjüngende Arme

schlanke Beine mit großen, schmalen Füßen

waagerechte Quernaht am Kopf

Reste von braunem Mund in umgekehrter Y-Form, doppelfädig gestickt

goldfarbener Mohairplüsch; rundum Holzwolle-Füllung

Reste schwarzer Krallen an Pfoten

Um 1903–04: Goldfarben; Metallstab-Gelenke   Größe: 45 cm

Die typisch längliche Form dieses Bären läßt sich trotz umfangreicher Reparaturen erkennen. Bei Bären mit Metallstäben, die auf allen vieren stehen konnten, findet man oft eine nach unten gerutschte Füllung und gesplitterte Handgelenke. Ein dunkler Fleck ist alles, was von der Siegellack-Nase übrig ist.

Bossierter Knopf

waagerechte Naht oben am Kopf

schwarze Knopfaugen, Original

lange, gebogene, spitz zulaufende Arme, die über die Beine hinausreichen

große, schmale Füße

schwarze Siegellack-Nase mit realistischen Nasenlöchern

längliche, geschorene, abgenutzte Schnauze

goldfarbener Mohairplüsch

abgenutzte, beigefarbene Filzpfoten; fünf Krallen auf den Pfoten

1905: Bär 28 PB; Metallstab-Gelenke   Größe: 40 cm

Leider hat dieser Bär seinen Elefanten-Knopf verloren, aber er ähnelt in Form und Größe eindeutig dem 28 PB-Modell von Richard Steiff. Er befindet sich in relativ gutem Zustand, abgesehen von einigen Löchern in Fell und Pfoten. Die Siegellack-Nase ist noch vorhanden.

Bossierter Knopf

Steiff: 1905 bis zum Ersten Weltkrieg

DESIGN PERFEKTIONIERT; DREIECKIGE NASE FÜR KLEINE GRÖSSEN

Richard Steiff versuchte, seine Plüsch-Bärenpuppe zu vervollkommnen und ließ das Design am 12. 2. 1905 patentieren. Der neue Bär hatte Gelenke mit Kartonscheiben und war aus weißem und hell- oder dunkelbraunem Mohairplüsch gefertigt (obwohl der Prototyp, ein 38 cm großes Exemplar, das sich heute im Steiff-Archiv befindet, grau war). In den Katalogen »Bärle« genannt, war sein Codename »PAB« (Plüsch, anzuschieben und beweglich). Steiff ließ am 13. Mai 1905 das »Knopf-im-Ohr«-Warenzeichen patentieren, das den Elefanten durch die erhaben geprägte Aufschrift »Steiff« ersetzte. 1908–09 führte die Firma Ohr-Etiketten aus Stoff mit aufgedruckter Produktnummer ein.

1909 Hellbrauner Mohairplüsch

1905 wurden sieben Größen dieses Modells hergestellt; ein Jahr später kamen zwei weitere hinzu. 1910 war die Serie auf dreizehn angewachsen, mit Größen von 10 cm bis 115 cm. Bären unter 40 cm hatten eine dreieckige, waagerecht gestickte Nase. Das abgebildete Exemplar stammt vermutlich aus dem Jahr 1909, als die 30 cm großen Modelle eingeführt wurden. Die schwarzen Knopfaugen deuten auf ein Geburtsdatum vor dem Ersten Weltkrieg hin. Andere Design-Merkmale und das Warenzeichen blieben bis 1950 unverändert.

Größe: 30 cm

Bossierter Knopf

Bärenprofil

Im Profil erkennt man die leicht geschorene, vorstehende, stumpfe Schnauze, den plumpen Körper mit der Andeutung eines Buckels, lange Arme mit gebogenen, löffelförmigen Pfoten und große Füße mit schmalen Fesseln. Im linken Ohr befindet sich das Warenzeichen.

1908: Roter Mohairplüsch

Größe: 33 cm

»Alfonzo« wurde von dem russischen Großfürsten für seine Tochter Prinzessin Xenia Georgiewna in Auftrag gegeben; er begleitete seine Besitzerin 1914 nach London zu einem Besuch im Buckingham Palace. Die Russische Revolution verhinderte die Heimkehr der Prinzessin und ihres Teddybären.

Bossierter Knopf

1905: Brauner Mohair

Größe: 33 cm

Dieser Bär, in Europa von einem Kapitän zur See für seine Tochter in Australien gekauft, ist nun buchstäblich kahl und hat Ersatz-Pfoten. Der linke Arm hängt und die Holzwolle-Füllung hat sich aufgelöst – vermutlich weil der Bär oft an dieser Pfote gehalten wurde.

Bossierter Knopf

Um 1905: Blanker Knopf

Größe: 33 cm

Obwohl mit anderen hier abgebildeten Teddybären identisch, hat dieser Bär den seltenen blanken Steiff-Knopf aus der frühen Produktion im linken Ohr. Das Warenzeichen stammt aus der Zeit zwischen 1903 und 1904, als viel experimentiert wurde. Der alte Bestand wurde noch kurze Zeit weiterbenutzt.

Blanker Knopf

Um 1910: Klein; keine Filzsohlen

Größe: 22 cm

1909 rundete Steiff sein Sortiment mit drei weiteren Größen ab: 22 cm, 18 cm und 10 cm. 1910 kam ein 15 cm großer Teddybär hinzu. Das Grundmodell blieb weitgehend gleich, aber die drei kleinsten Bären hatten gerade Arme und, wie dieses Exemplar, keine Filzsohlen.

Bossierter Knopf

Steiff: 1903 bis zum Ersten Weltkrieg

ALTERNATIVE NASENMODELLE BEI GRÖSSEREN BÄREN

Die Nachfrage nach Teddybären, vor allem in den USA, stieg zwischen 1903 und 1908 raketenartig an. In dieser Periode, die Steiff als »Bärenjahre« bezeichnete, erhöhte sich die Produktion von 12 000 auf 975 000 Stück. Um Material zu sparen, schnitt man sechs Teddyköpfe aus einer Mohairplüsch-Bahn und einen siebten in zwei Hälften zu, so daß ein Bär mit »Mittelnaht«

entstand, der heute bei Sammlern hochbegehrt ist. 1905 waren sieben Größen erhältlich, die bis 1910 auf vierzehn erweitert wurden. Bären, die mehr als 40 cm maßen, unterschieden sich durch die Nasenform von ihren kleineren Brüdern: Sie war schildförmig, senkrecht gestickt und mit einer Filzunterlage versehen.

1905: Zimtfarben; Mittelnaht

Ein Teddybär mit klar erkennbarer Mittelnaht entlang der geschorenen Schnauze. Er ist aus zottigem, zimtfarbenem Mohairplüsch, der bei Sammlern hoch im Kurs steht. Die ursprüngliche schildförmige Nase wurde mit schwarzer Wolle ausgebessert, aber man kann noch die Filzunterlage erkennen.

Größe: 55 cm

Bossierter Knopf

Ohren: Die kleinen, nicht ausgestopften, gewölbten Ohren sind hoch am Kopf angesetzt.

Augen: Der Bär hat große, schwarze Knopfaugen.

Schnauze: Der Mohairplüsch an der Schnauze ist geschoren.

Nase/Mund: Nase und Mund wurden in schwarzer Wolle ausgebessert, die dem ursprünglichen Garn ähnelt.

Gesicht: Die Mittelnaht deutet darauf hin, daß der Bärenkopf der siebte war, der aus einer Mohairplüsch-Bahn ausgeschnitten wurde; die anderen waren aus einem Stück zugeschnitten.

Fell: Der lockige, zimtfarbene Mohairplüsch ist in tadellosem Zustand; der Bär hat rundum eine Holzwolle-Füllung.

Arme: Die Arme sind lang, mit braunen Filzpfoten; die Reste der schwarzen gestickten Krallen sind gut sichtbar.

Füße: Die Füße sind lang und schmal mit dünnen Fesseln; ursprünglich müssen sich an Pfoten und Füßen vier Krallen befunden haben.

Bärenprofil
Von der Seite betrachtet weist dieser Bär alle Merkmale des traditionellen Steiff-Bären aus der Zeit vor dem Ersten Weltkrieg auf: eine wirklichkeitsgetreue, vorspringende, geschorene Schnauze, einen leichten Buckel, extrem lange Arme und Beine, löffelförmige Pfoten und große Füße mit schmalen Knöcheln.

Pfoten: Die Sohlen wurden ersetzt; im Original wären sie beige gewesen.

Um 1905: Zimtfarben; Kegelnase

Größe: 70 cm

Bären-Fans benutzen den Begiff »Kegelnase«, um eine frühe, experimentierfreudige Phase in der Geschichte der Firma Steiff zu beschreiben, als die Schnauze des Bären im Profil noch konischer zulief als bei anderen frühen Modellen. Dieser Bär hatte ursprünglich Filzballen an Füßen und Pfoten.

Bossierter Knopf

1908: Zottig; beigefarbener Mohairplüsch

Größe: 50 cm

Dieser Bär aus dem Jahr 1908 befindet sich in erstklassigem Zustand. Er hat die typischen Merkmale aus der Zeit vor dem Ersten Weltkrieg, einschließlich Buckel und ausgeprägten, schmalen Füßen und Knöcheln. Er ist der viertgrößte im damals erhältlichen Sortiment.

Bossierter Knopf

1909: Groß; beigefarbener Mohairplüsch

Größe: 70 cm

Dieser Bär, der als Polstermaterial für das gute Porzellan einer englischen Familie in die USA kam, gehört zu den größeren Steiff-Bären, die besonders begehrt sind. Bären mit den nächstgrößeren Maßen (115 cm) sind sehr selten. Löcher in den Fußsohlen lassen die Filzunterlage erkennen.

Bossierter Knopf

1903–05: Weit auseinanderstehende Ohren

Größe: 63 cm

Einige der frühen Steiff-Bären mit diesem Merkmal – weit auseinanderstehende, tief am Kopf angesetzte Ohren – deuten auf eine Experimentierphase hin. Dieser Teddy hat seinen »Knopf im Ohr« verloren, es existieren jedoch noch ähnliche Bären mit vollständig erhaltenen Warenzeichen.

Bossierter Knopf

Steiff: 1908 bis zum Ersten Weltkrieg

EINFÜHRUNG NEUER MODELLE, UM DIE MONOPOLSTELLUNG ZU HALTEN

Im Jahre 1908 versuchte die Firma Steiff, ihre Monopolstellung als Teddybär-Hersteller wiederzugewinnen, indem sie eine Reihe von Neuheiten auf den Markt brachte. 1909 fügte man der Palette aus braunem, beigefarbenem und weißem Mohairplüsch einen hellen Goldton hinzu, und 1912 wurde ein schwarzer Bär speziell für den britischen Markt gefertigt. Der Dolly-Bär von 1913 in Rot, Weiß und Blau entstand anläßlich der US-Präsidentschaftswahl. Zu den weiteren Innovationen gehörten der Roly Poly-Bär (1909), der purzelbaumschlagende Bär mit Laufwerk und der Record Teddy von 1913 (auf einem Metallgestell mit Holzrädern sitzend), der von mehreren britischen Herstellern kopiert wurde, einschließlich J. K. Farnell & Co. Ltd.

1908: Maulkorb Bär

Dieser Bär wurde 1908 von der Firma Steiff eingeführt. Er hat einen schweren Ledermaulkorb und eine Leine, wohl angeregt durch die Tanzbären, die auf den Marktplätzen mitteleuropäischer Städtchen ihre Kunststücke zeigten. Aus braunem oder weißem Mohairplüsch und in zehn Größen erhältlich, gehörte dieser Teddy zu den kleineren Exemplaren. Es ist im Grunde eine Abwandlung des von Richard Steiff entworfenen Modells (siehe S. 18–19), das durch den Maulkorb eine neue Note erhielt. Steiff brachte 1990 eine Nachbildung heraus.

Größe: 25cm

Bossierter Knopf

Augen: Die schwarzen Knopfaugen sind Originale.

Nase: Die dreieckige Nase ist waagerecht mit schwarzem Garn gestickt, wie bei den Bären auf S. 18–19.

Schnauze: Der Maulkorb aus Leder, mit Nieten zusammengehalten, die den blanken Steiff-Knöpfen ähneln, ist mit dem Alter nachgedunkelt.

Fell/Füllung/Brumm-Mechanismus: Das Fell besteht aus braunem Mohairplüsch; der Bär ist mit Holzwolle gefüllt und hat einen eingebauten Quiekser.

Füße: Die großen Füße haben beigefarbene Filzpfoten – ein Ersatz, der jedoch den Originalen ähnelt.

Bärenprofil
Aus diesem Winkel erkennt man klar die typische, spitz zulaufende Nase und die betonten Gliedmaßen. Die konischen Arme mit den gebogenen Pfoten sind um einiges länger als die Beine. Der Maulkorb aus Leder und die Laufleine, die ursprünglich am Ende eine Schlaufe gehabt hätte wie bei einem Hundehalsband, sind ebenfalls sichtbar.

Krallen: Vier Krallen sind mit schwarzem Garn nur über den Plüsch der Pfoten gestickt.

schwarze Perlenaugen

braunes Garn, waagerecht gestickte Nase, Mund in umgekehrter V-Form

Glieder und Kopf mit Gelenken

Mittelnaht entlang beider Füße; keine Pfoten

erhabene Schrift auf »Knopf im Ohr«; Stoffetikett noch an Ort und Stelle, ungewöhnlich

jede Zahl der Produktnummer ist wichtig: 5 = mit Gelenk; 3 = Mohairplüsch; 07 = Sitzhöhe von 7cm

weißer Mohairplüsch, bei Sammlern hochgeschätzt

1909: Miniatur; weiß   Größe: 10 cm

Erstmals 1909 eingeführt, ist dieser Bär ein frühes Exemplar der Miniatur-Linie von Steiff; eine 15 cm große Version kam ein Jahr später auf den Markt. Der Bär trägt nicht nur den »Knopf im Ohr«, sondern auch ein Stoffetikett mit der Produktnummer - ein Merkmal, das 1908–09 eingeführt wurde.

Bossierter Knopf/Etikett

Nase und Mund in schwarzem Garn gestickt; stark abgenutzt

goldfarbener Mohairplüsch, verschlissen und abgenutzt, Holzwolle-Füllung in Kopf und Gliedmaßen

Pfoten aus Webmaterial, Ersatz

schwarze Knopfaugen, Original

Öffnung mit Schnürsenkel geschlossen, um Messingösen gewickelt

weiche Wattierung zwischen Mohairplüsch und Futter des Körpers

Krallen in schwarzem Garn gestickt

1911: Wärmflasche   Größe: 25 cm

Dieser Bär wurde in Nordengland gekauft, als der Onkel des derzeitigen Besitzers seinen ersten Geburtstag am 11.Februar 1911 feierte. Ein seltener Fund, denn nur 90 Exemplare wurden zwischen 1907 und 1914 hergestellt. Der wattierte Körper hat ursprünglich wohl eine Blechwärmflasche enthalten.

Bossierter Knopf

dreieckige, waagerecht gestickte Nase, wie bei allen traditionellen Bären bis 40cm Höhe

schwarze Knopfaugen

goldfarbener Mohairplüsch (die einzige Farbe, in der man dieses Modell herstellte)

beigefarbene Filzpfoten

Um 1910: Pantomime   Größe: 40 cm

Dieser Bär wurde als Teil einer Marionetten-Serie gefertigt und war von 1910 bis 1918 in zwei Größen erhältlich: 35cm und 40cm. Die Stückzahl war auf 6268 begrenzt. Die Serie wurde von Albert Schlopsnies entworfen, einem ostpreußischen Künstler, der freiberuflich für Steiff tätig war.

Bossierter Knopf

waagerecht mit schwarzem Garn gestickte Nase

der rechte Arm ist der Schlüssel für den Aufzieh-Mechanismus; wird er im Kreis gedreht, verbeugt sich der Bär und schlägt Purzelbäume

Steiff-Knopf im linken Ohr

hoher Zelluloid-Kragen, vom derzeitigen Besitzer hinzugefügt

hellbrauner Mohairplüsch

beigefarbene Filzpfoten in tadellosem Zustand

Um 1915: Purzel   Größe: 26 cm

Dieser Bär, 1909 in verschiedenen Farben und Größen eingeführt, hat einen Aufzieh-Mechanismus, der von Richard Steiffs Bruder Hugo, einem Ingenieur, entwickelt wurde. Von 1911 bis 1915 führte Steiff einen Rechtsstreit mit den Gebrüdern Bing, die ein ähnliches Spielzeug herstellten (siehe S. 35).

Bossierter Knopf

Ideal: 1903 bis zum Ersten Weltkrieg

DIE GEBURT DES TEDDYBÄREN UND DER ERSTE AMERIKANISCHE HERSTELLER

Die Geschichte des ersten Teddybären, handgenäht von Rose Michtom und als »Teddy's Bear« im Spiel- und Schreibwarenladen ihres Mannes angeboten, ist inzwischen Legende (siehe S. 8–9). 1903 gründeten die Michtoms – nachdem sie ihren gesamten Bärenbestand an die Großhandelsfirma Butler Brothers verkauft hatten, die sich dann für ihre Kreditfähigkeit bei den Plüschfabriken verbürgte – die Spielzeugfirma Ideal Novelty and Toy Company. 1907 siedelte sie in größere Räumlichkeiten um, und ein Jahr später erschien ihre erste Werbeanzeige im US-Fachblatt *Playthings* mit der Behauptung, »der größe Bärenhersteller des Landes« zu sein.

Um 1905: Groß; goldfarbener Mohairplüsch

Die frühen Bären waren nicht markiert und können nur aufgrund ihrer allgemeinen Form und bestimmter Design-Merkmale identifiziert werden. (Einer der ersten Ideal-Teddys wurde 1964 dem Smithsonian Institute in Washington D.C. als Schenkung überlassen und ist eine gute Referenzquelle.) Diese Bären aus der Zeit vor dem Ersten Weltkrieg haben in der Regel dreieckige Köpfe und spitz zulaufende Fußballen.

Größe: 49 cm

Ohren: Die Nähte für die großen Ohren setzen knapp innerhalb der Gesichtsnähte an und verlaufen zu beiden Seiten des Kopfes nach unten.

Augen: In dieser Periode wurden im allgemeinen glänzende, schwarze Knopfaugen verwendet.

Gesicht: Es weist die klassische, dreieckige Ideal-Gesichtsform auf.

Nase: Die schwarze Nase ist waagerecht über die Schnauzenspitze gestickt.

Arme: Die langen, konischen Arme (wie die der frühen Steiff-Bären) haben löffelförmige Pfoten mit beigefarbenen Filzballen.

Beine: Die Oberschenkel sind leicht gerundet; die Knöchel klar definiert. Die Füße haben runde Fersen und spitz zulaufende Zehen.

Fell/Füllung: Der kurzgeschorene Mohairplüsch ist typisch für die frühen Bären von Ideal; die Füllung besteht aus Holzwolle.

Bärenprofil
Dieser Bär zeigt mehrere klassische Ideal-Merkmale: die keilförmige Schnauze, der plumpe Torso mit dem buckligen Rücken, die langen, gebogenen, konischen Arme und die einzigartigen, spitz zulaufenden ovalen Zehen.

Krallen: An den Füßen sind fünf, an den Pfoten vier Krallen.

Um 1904: Beigefarbener Mohairplüsch   Größe: 43 cm

Dieser Bär soll zu den ersten Teddy-Prototypen der Firma Ideal gehören und hat seit 1904 bei seinem früheren Besitzer gelebt. Obwohl die Füße atypisch für Ideal sind, hat er die charakteristische dreieckige Kopfform mit den großen, seitlich und tief angesetzten Ohren. Die frühen amerikanischen Bären hatten Nasen aus feinem Wollstoff, wie hier abgebildet.

1904–05: Klein; beigefarbener Mohairplüsch   Größe: 28 cm

Dieser Bär zeigt viele klassische Ideal-Merkmale: ein dreieckiges Gesicht mit breiter Stirn; große, weit auseinanderstehende Ohren: extrem lange, gebogene Arme und vor allem die eiförmigen Füße. Ein Steiff-Knopf wurde arglistig im linken Ohr angebracht – vermutlich bevor die ersten Ideal-Bären wie dieser an Beliebtheit gewannen oder höhere Preise im Markt erzielten.

Um 1914: Glasaugen   Größe: 40 cm

Glasaugen wurden weitgehend nach dem Ersten Weltkrieg bei den Ideal-Bären verwendet; vorher benutzte die Firma, wie die meisten Teddy-Hersteller, Knopfaugen. Dieser Bär mit seinen ungewöhnlichen blauen Glasaugen hat einen weicheren Torso und kürzere Arme als die frühen Ideal-Modelle. Er läßt die neuen, schlankeren Designs der 20er Jahre vorausahnen.

1904–12: Seltene Knopfaugen   Größe: 30 cm

Dieser Bär besitzt die typischen Ideal-Gesichtszüge und Füße, aber seltene, handgemalte schwarze Knopfaugen mit weißem Rand – möglicherweise eine Imitation der Bärenkarikatur von Clifford T. Berryman, die in der *Washington Post* erschien. Ideal-Teddys von 15 cm Größe mit noch ausgeprägteren Kulleraugen kamen während Roosevelts Wahlkampagne im Jahr 1904 in den Handel.

USA: 1907 bis 1914

KURZLEBIGE FIRMEN: TRADITIONELLE MODELLE UND NEUHEITEN

Der Höhepunkt der Teddy-Manie fiel in Theodore Roosevelts zweite Amtszeit (1905–09). Zahlreiche Herstellerfirmen, wie die American Doll and Toy Manufacturing Co. oder die Miller Manufacturing Co., wurden gegründet. Auch branchenfremde Unternehmen begannen nun, Teddybären zu produzieren: 1907 kamen der Elektrische Bär mit den leuchtenden Augen der Firma Fast Black Skirt und die korkgefüllten Teddybären der Firma Hahn & Amberg auf den Markt. Zu den weiteren Neuheiten gehörten Harmans 1908 entwickelte Teddybären-Geldbörse, und ein Spielzeug, das von der Dreamland Doll Company stammte, auf dem Kopf stand, halb Bär und halb Puppe war und von 1905–08 im Handel angeboten wurde.

Um 1910–15: Vermutlich ein »Strauss«

Obwohl die Glausaugen auf ein späteres Datum hinweisen, erinnert dieses Modell an die Bärenillustrationen des New Yorker »Spielzeugkönigs« Strauss, die damals in Fachzeitschriften erschienen. Strauss war als Schöpfer des Bären bekannt, der zu pfeifen begann, wenn man ihn auf dem Kopf stellte, hatte aber auch einen musikalischen Bären nach dem Federzug-Prinzip gefertigt, der am Rücken aufzogen wurde.

Größe: 43 cm

Ohren: Die ziemlich großen Ohren stehen weit auseinander und sind an den Ecken des dreieckigen Kopfes angebracht.

Augen: Die rotbraune Farbe auf dem Hintergrund der durchsichtigen Glasaugen ist teilweise abgeblättert.

Nase: Die breite schwarze Nase ist waagerecht gestickt und mit senkrechten Stichen eingefaßt; einige nach unten versetzte Stiche in der Mitte gehen in den breiten, lächelnden Mund über.

Fell/Füllung: Zottiger, gelbbrauner Mohairplüsch; der Bär ist hauptsächlich mit Holzwolle ausgestopft, während Kopf, Körper und Pfoten einen Kapok-Anteil enthalten.

Pfoten: Die beigefarbenen Filzpfoten befinden sich in gutem Zustand.

Krallen: Es gibt fünf schwarze, beinahe ineinander übergehende Krallen an Pfoten und Füßen.

Füße: Die großen, ovalen Füße werden an den Fersen schmaler.

Bärenprofil
Wie viele amerikanische Bären der frühen Periode hat dieser sehr lange Arme, eine vorstehende Schnauze und große Füße – ein Versuch, den Steiff-Stil zu imitieren. Aus diesem Blickwinkel sind jedoch die ungewöhnlich eckigen Schultern, die ungeschorene Schnauze und der keilförmige Kopf zu sehen, der für amerikanische Teddys typischer war.

kleine, runde Ohren, weit auseinanderstehend am Kopf angesetzt

Braune und schwarze Glasaugen; das linke Auge ist ein Ersatz

rechteckige, schwarze, senkrecht gestickte Nase mit waagerechten Randstichen

lächelnder Mund, umgekehrte Y-Form

zottiger, goldfarbener Mohairplüsch

lange, spitz zulaufende, gebogene Arme, löffelförmige Pfoten

abgenutzte beigefarbene Filzpfoten

lange, schmale, ovale Füße

fünf Krallen an Pfoten und Füßen

Um 1907: Bruin Manufacturing Co.   Größe: 35 cm

Einige rote und goldene Fäden, die in der rechten Fußnaht vergessen wurden, weisen auf Bruin Manufacturing als Hersteller hin – eine kurzlebige Firma, die in New York ansässig war. In den ersten Werbeanzeigen hieß es, ihr Warenzeichen »BMC« sei auf den Fuß aufgestempelt; das spätere, gewebte Etikett wurde vermutlich seiner Dauerhaftigkeit wegen bevorzugt.

dreieckiges Gesicht mit breiter Stirn

große, flache Ohren, an Kopfecken über den Gesichtsnähten angebracht

schwarze, senkrecht gestickte, dreieckige Nase; Mund mit umgekehrter V-Form

braune Glasaugen mit schwarzen Pupillen

breite, kantige Schultern; Arme verjüngen sich zu gebogenen Pfoten

beigefarbener Mohairplüsch

Aetna-Warenzeichen mit ovaler Kontur, auf den rechten Fuß aufgestempelt

lange, schmale Füße mit beigefarbenen Filzsohlen, verstärkt mit Karton

Insektenlöcher am linken Fuß

Um 1907: Aetna Toy Animal Co.   Größe: 50 cm

Aetna-Bären (früher als Keystone-Bären bekannt) waren oft in den ersten Fachzeitschriften abgebildet, wurden aber offenbar nur kurze Zeit hergestellt. Man findet selten ein Exemplar wie dieses mit dem blauen Stempel der Firma unter dem rechten Fuß. Aetna fertigte auch einen ungewöhnlichen Teddybären mit zweifarbigem Körper, einem breiten Lochmuster-Kragen und Narrenkappe.

Ohren weit auseinanderstehend, an den Kopfecken angesetzt

dreieckiges Gesicht mit breiter Stirn

schwarze Knopfaugen

rechteckige, senkrecht gestickte, schwarze Nase; waagerechter Stich entlang der Unterkante

breite, kantige Schultern mit langen, spitz zulaufenden Armen, an den Pfoten gebogen

vier kurze Krallen an Pfoten und Fußballen

gewebtes Etikett, quer über den Fuß genäht

beigefarbene Filzpfoten in gutem

Um 1907: Bruin Manufacturing Co.   Größe: 33 cm

Ein seltener Fund, das Original-Warenzeichen – seidiges, blaurotes, gewebtes Etikett mit den Buchstaben »BMC« in goldfarbenem Garn – ist noch erhalten. Bruin erklärte, ihre Bären seien mit »importierten Stimmen« ausgestattet, eine Anspielung auf den Brumm-Mechanismus, der aus Deutschland stammte.

Gewebtes Warenzeichen

kleine, schwarze Knopfaugen, nahe beieinanderstehend; ähnliche Bären wurden entdeckt, die Glasaugen haben

typisch breite, rechteckige, waagerecht gestickte, schwarze Nase

Mund läßt sich öffnen und schließen, wobei zwei kleine weiße Zähne sichtbar werden

orangegoldener, kurzfloriger Mohairplüsch; rundum Holzwolle-Füllung

drei schwarze Krallen an Pfoten und Füßen, über Mohairplüsch gestickt

Füße schmal, verglichen mit den Füßen anderer US-Bären aus dieser Periode

beigefarbene Filzpfoten, stellenweise abgenutzt

1907: Columbia Teddy Bears Manufacturers   Größe: 45 cm

Wenn man auf den Bauch drückt, öffnet ein Schnurmechanismus den Mund des lachenden Roosevelt-Bären und enthüllt zwei spitze Zähne aus weißem Glas. Bei geschlossenem Mund sind die Zähne im hölzernen Oberkiefer verborgen. Die Hersteller mit Sitz in New York fertigten auch traditionelle, mit Gelenken versehene Mohairplüsch-Teddybären.

England: 1908 bis ca. 1920

DIE GEBURT DER ENGLISCHEN KUSCHELSPIELZEUG-INDUSTRIE; DIE ERSTEN ENGLISCHEN BÄREN

D as Teddybär-Fieber erreichte England um 1908, vielleicht aufgrund der Tatsache, daß man hier einen eigenen »Teddy« besaß – Edward VII. Die meisten damals verfügbaren Teddys waren deutschen Ursprungs, wenn auch viele aus Mohair gefertigt waren, das aus englischen Spinnereien stammte. Es gab nur wenige Plüschspielzeug-Hersteller, wie W. J. Terry und die Dean's Rag Book Company, doch J. K. Farnell & Co. darf sich rühmen, 1908 den ersten britischen Plüschteddy mit Gelenken gefertigt zu haben. Der Erste Weltkrieg hatte nachhaltige Auswirkungen auf die englische Teddybären-Industrie, denn als Ergebnis des Einfuhrverbots für deutsche Waren enstanden viele neue Produktionsstätten.

1912: Englischer Prototyp

Obwohl die englischen Hersteller die deutschen Teddybären oft kopierten, kürzten sie in der Regel die Gliedmaßen, ein Merkmal, das in den 30er Jahren typisch werden sollte. Außerdem zogen sie Glas-, manchmal auch Metallaugen den traditionellen Knopfaugen vor, die von den deutschen Firmen während dieser Periode verwendet wurden.

Größe: 48 cm

Ohren: Das Material ist gerafft und in die Gesichtsnähte geschoben – normalerweise ein Merkmal billiger Bären.

Augen: Die bemalten Metallaugen sind wie Polsternägel ins Gesicht gedrückt.

Nase/Mund: Einige wenige waagerechte Stiche deuten die Nase an; der Mund hat eine umgekehrte Y-Form.

Glieder: Die Gliedmaßen, vor allem die Arme, sind sehr kurz.

Fußsohlen: Die beigefarbenen Filzsohlen sind birnenförmig; die rechte Fußsohle ist ein Ersatz.

Bärenprofil
Dieser Bär hat kurze Gliedmaßen, einen langen, dünnen Körper und keinen Buckel, Merkmale, die in dieser Zeit typisch für englische Teddys waren. Die spitz zulaufende Schnauze orientiert sich noch am deutschen Stil.

Krallen: Reste der ursprünglichen Krallen aus schwarzem Garn sind an Füßen und Pfoten sichtbar.

Fell: Der kurzflorige Mohairplüsch ist goldfarben.

1916: Ally-Bär; Harwin & Co   Größe: 29 cm

Dieser Bär in der Uniform der Alliierten wurde von Dorothy Harwin entworfen und von der Londoner Firma Harwin & Co (ca. ab 1914) gefertigt. Er gehörte zu einer im Ersten Weltkrieg hergestellten Serie von Maskottchen, die im Design den Steiff-Bären ähneln. Fred Taylor, der damalige Verkaufsleiter der Firma, war vorher als Handelsreisender für Steiff tätig gewesen.

1915: Master Teddy; Chiltern   Größe: 20 cm

Dieser Teddy, wurde von Chiltern Toy Works in Chesham, Bucks (später H.G.Stone & Co. Ltd.) in fünf Größen hergestellt. Die Glubschaugen, für diese Periode typisch, sind eine Kopie der damals beliebten Tierkarikaturen.

Pappanhänger auf der Brust

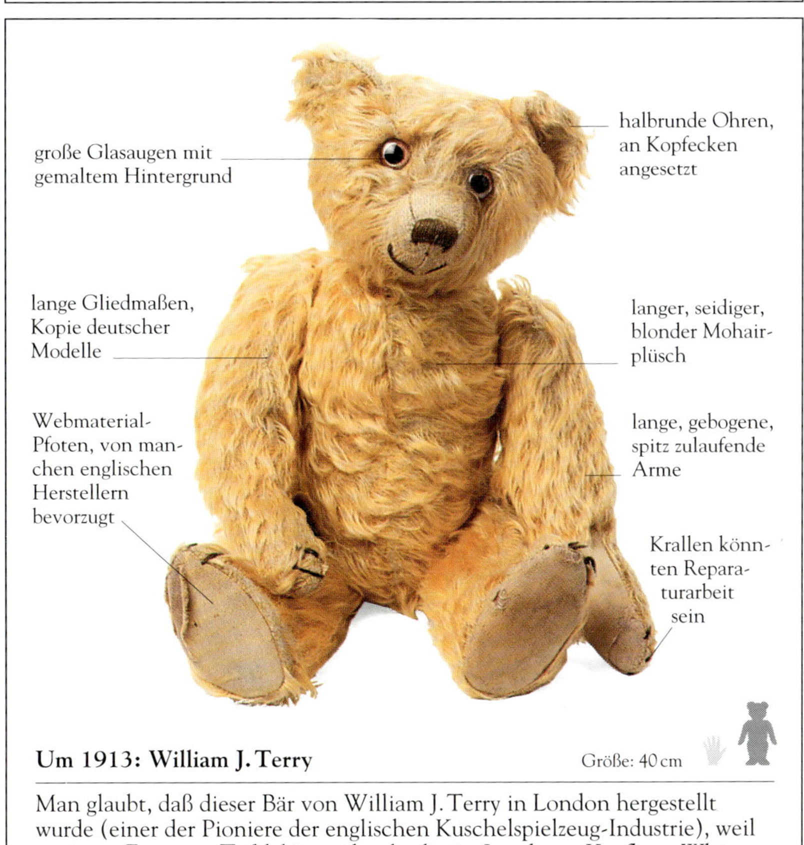

Um 1913: William J.Terry   Größe: 40 cm

Man glaubt, daß dieser Bär von William J.Terry in London hergestellt wurde (einer der Pioniere der englischen Kuschelspielzeug-Industrie), weil er einem Foto von Teddybären ähnelt, die im Londoner Kaufhaus Whiteleys verkauft wurden. Der gerade, röhrenförmige Körper und der ungewöhnlich bucklige Rücken machen dieses Exemplar einmalig. Der Brumm-Mechanismus funktioniert nicht mehr.

Um 1920: Eingesetzte Krallen   Höhe: 46 cm

Dieses Exemplar hat die typischen Pfoten, die man mit den frühen Bären englischer Hersteller wie W.J.Terry, J.K.Farnell und viel später Merrythought in Verbindung bringt. Die Pfoten wurden mit Kapok gefüllt, sonst verwendete man Holzwolle. Die fünf schwarzen Krallen sind durch vier kurze waagerechte Stiche – nur über den Pfoten – verbunden.

Deutschland: 1920 bis in die 30er Jahre

DIE HERMANN-FAMILIEN-DYNASTIE UND ANDERE FIRMEN AUS NEUSTADT/SONNEBERG

Die Teddybären-Industrie in Neustadt/Sonneberg, eine traditionelle Spielwaren-Region, nahm 1907–08 ihren Anfang, als Reaktion auf die amerikanische Nachfrage und in dem Bestreben, Steiff Konkurrenz zu machen. 1930 war sie den Kinderschuhen entwachsen: Artur, Bernhard und Max, die Söhne des Johann Hermann (siehe S. 94–95), eröffneten in dieser Zeit drei große Fabriken, und selbst alteingesessene Puppenfirmen wie Gebrüder Süssenguth und Ernst Liebermann verlegten sich auf die Teddy-Produktion. Die Bären aus diesem Landstrich hatten oft eingesetzte Schnauzen in einer Kontrastfarbe, ein Merkmal, das den Zweiten Weltkrieg überdauerte (siehe S. 114–115).

1933: Max Hermann

Dieses Exemplar, das zu einer Gruppe bekleideter Bären gehörte, die für eine große Spielzeugmesse 1933 in Sonneberg gefertigt wurde, ist tadellos erhalten und befindet sich im Sonneberger Spielzeugmuseum. Der Hermann-Teddy wurde im Stehen abgebildet, da er auf einem Foto als Teil einer Szene mit Bären ausgestellt war, die paarweise um einen Maibaum zu tanzen scheinen. Der ursprüngliche dreieckige Metallanhänger ist das seltene, frühest bekannte Warenzeichen. Darauf sind ein Bär, ein laufender Hund, die Worte »Maheso« (Max Hermann Sonneberg) und »Erzeugnis« zu sehen.

Größe: 18 cm

Bedrucktes Etikett

Hut: Der traditionelle deutsche Hut hat eine aufgeschlagene Krempe und einen Federschmuck.

Augen: Die Augen sind die ursprünglichen schwarzen Knopfaugen.

Nase/Mund: Die schildförmige Nase ist waagerecht in hellbraunem Stickgarn gearbeitet; der Mund hat eine umgekehrte Y-Form.

Krallen: Die Krallen, je drei an Pfoten und Füßen, sind in dunkelbraunem Stickgarn gearbeitet.

Kurze Hosen: Dieser Bär trägt eine Häkelversion der traditionellen Lederhosen.

Fell/Füllung: Das Fell besteht aus weißem Kunstseidenplüsch. Der Bär ist mit Holzwolle ausgestopft.

Bärenprofil

Im Profil sieht man die Merkmale, die für die traditionellen Bären typisch sind: die vorstehende, spitz zulaufende Schnauze, die langen gebogenen Arme, die löffelförmigen Pfoten und die großen Füße. Ein silberfarbener Metallknopf, klar sichtbar auf der Schulter, ist das eine Ende des einfachen Metallstabgelenks, das die Arme verband; das gleiche System wurde für die Füße verwendet.

Pfoten: Die Pfoten sind aus rotem Filz.

Glieder: Gliedmaßen und Kopf sind mit Gelenken versehen.

1925: Gebrüder Süssenguth

Größe: 35 cm

Dieses seltene Modell kam urprünglich mit einem Brustanhänger und der Aufschrift in den Handel: »Peter Ges.Gesch., Nr.895257« (gesetzlich geschützt). Die Kulleraugen aus Glas und die Zunge aus modelliertem Verbundwerkstoff bewegen sich seitwärts, wenn der Kopf gedreht wird. Die noch existierenden »Peter« sind in tadellosem Zustand: Möglicherweise waren sie als Spielzeug nicht beliebt und wurden nie verkauft.

1925–29: Max Hermann

Größe: 30 cm

Max Hermann gründete sein Unternehmen 1920 im Elternhaus im Dörfchen Neufang; 1923 siedelte der Betrieb nach Sonneberg um. Ein Freund von Max' Frau Hilde kaufte diesen unmarkierten Bären in der Sonneberger Fabrik als Geschenk für seine Tochter Elfriede Müller, die 1922 geboren wurde. Der Bär lebt noch heute bei seiner urprünglichen Besitzerin in Coburg.

1927: Bernhard Hermann

Größe: 35 cm

Der blonde Mohairplüsch-Bär mit braunen Spitzen, typisch für diese Ära, stammt aus dem Archiv der Gebrüder Hermann. Er wurde von der Sonneberger Fabrik gefertigt, wo er seit 1920 beheimatet war. Auf dem urprünglichen Metallanhänger auf der Brust stand: »Marke Beha Teddy bürgt für Qualität«. Eine Nachbildung des Designs kam 1986 in den Handel.

30er Jahre: Bernhard Hermann

Größe: 50 cm

Dieser Bär hat eine eingesetzte Schnauze aus gestutztem Mohairplüsch und schlanke Gliedmaßen, ein Stil, den man in den 20er Jahren eingeführt hatte. Das historisch falsche Warenzeichen aus den 50er Jahren wurde erst kürzlich von der Firma hinzugefügt, um die Ursprünge dieses Archivexemplars kenntlich zu machen.

Bedruckter Metallanhänger

Bing: 1909 bis 1932

TRADITIONELLES DESIGN: KNOPF-STREIT MIT STEIFF

G ebrüder Bing, eine in Nürnberg ansässige Eisenwarenfirma, begann um 1880 mit der Spielwarenherstellung und war bald für ihr erstklassiges Zinnspielzeug zum Aufziehen bekannt. Mit der Einführung von Teddybären um die Jahrhundertwende bedrohte sie Steiffs Monopolstellung. Ursprünglich kopierte Bing das Steiff-Design, mit Ausnahme einiger Details, wie einem Metallpfeil, der im rechten Ohr befestigt war. Steiffs Protest gegen dieses Warenzeichen veranlaßte Bing, einen Metallknopf (zuerst graviert, später bemalt) an der linken Körperseite der Bären zu befestigen, der später unter dem rechten Arm angebracht wurde.

Um 1911: Knopf unter dem Arm

Der Metallpfeil, der bei den frühen Bing-Teddybären ans rechte Ohr geknipst war, wurde 1909 auf Steiffs Protest hin durch einen Metallknopf unter dem Arm ersetzt – wobei das Wort »Knopf« im Warenzeichen nicht erwähnt werden durfte. Die eingravierten Buchstaben »GBN« sind die gleichen, die auf dem urprünglichen Warenzeichen, einem Metallpfeil, aufgemalt waren.

Größe: 53 cm

Gravierter Metallknopf

Ohren: Die Ohren sind ziemlich weit auseinander angebracht.

Augen: Die Knopfaugen aus Holz wurden vor dem Ersten Weltkrieg verwendet.

Nase: Die schwarze dreieckige Nase ist senkrecht gestickt; die kleineren Bing-Bären hatten waagerecht gestickte, dreieckige Nasen.

Fell/Füllung/Brumm-Mechanismus: Der Mohairplüsch hat die Farbe dunkler Schokolade (Bing verwendete ähnliche Naturfarben wie Steiff). Der Bär ist mit reiner Holzwolle ausgestopft und hat eine Kippmechanismus-Brummstimme.

Bärenprofil
Im Profil sind die spitze Schnauze, der Buckel und die extrem langen Arme gut erkennbar – Merkmale, die Bing von Steiff übernommen hatte. Das Warenzeichen, der Metallknopf, ist unter dem linken Arm des Bären zu sehen.

Arme: Die langen Arme münden in gebogenen, Steiff-ähnlichen Pfoten.

Füße: Die großen Füße ähneln denen der Steiff-Bären.

Pfoten: Die ursprünglichen Filzsohlen wurden durch lederne ersetzt.

schwarze, senkrecht gestickte Nase

braune Plastikaugen, Ersatz

kurzgeschorene Mohairplüsch-Schnauze

Warenzeichen, orangefarbener bemalter Metallknopf

langer, seidiger Mohairplüsch mit silbernen Spitzen

beigefarbene Filzsohlen, Ersatz

Anfang der 20er: Knopf am Arm   Größe: 58 cm

Dieser Bär trägt den Metallknopf am rechten Arm, den Bing 1919–32 verwendete – orangefarben bemalt mit den schwarzen Buchstaben »BW« (Bing Werke). Die Aufschrift auf den Metallknöpfen vor 1919 lautete »GBN« (Gebrüder Bing Nürnberg).

Bemalter Metallknopf

Glasaugen, typisch für die Periode nach dem Ersten Weltkrieg

senkrecht gestickte Nase über Filz

lange geschorene Schnauze

zottiger goldfarbener Mohairplüsch auf dunkelbraunem Webuntergrund

Schlußnaht vorne

ausgebesserte Filzsohlen

1919–32: Schlankes Design   Größe: 59 cm

Experten stimmen überein, daß Merkmale wie zottiger Mohairplüsch, gestreckter Körper, spitz zulaufende Schnauze und breiter, lächelnder Mund für die Bing-Bären nach dem Ersten Weltkrieg charakteristisch waren. Obwohl bei diesem Exemplar das Warenzeichen nicht überlebt hat, deutet seine Ähnlichkeit mit dem Bären links darauf hin, daß er zwischen 1919 und 1932 von den Gebrüdern Bing hergestellt wurde.

senkrecht gestickte Nase, ähnlich wie bei den großen Steiff-Bären

Knopfaugen aus Holz

Schlußnaht vorne (ein Merkmal, das auch bei den frühen Bären von Steiff und J.K. Farnell zu finden ist)

lange Arme, länger als die Beine, ein Merkmal für Bären der frühen Periode

lange, schmale Füße

Filzpfoten

Um 1910: Kopf und Ohren aus einem Stück   Größe: 48 cm

Bei einigen der frühen Bing-Bären, die den silberfarbenen Metallknopf mit eingraviertem »GBN«-Rautendesign trugen, waren Kopf und Ohren aus einem Stück: Das Ohr entsteht, wenn man die Mohairplüsch-Erweiterung nach vorne falzt und die Kanten mit überwendlichen Stichen an der Innseite des Ohrs befestigt. Dieser Bär hat keinen Knopf, aber die Ohren weisen auf seine Herkunft hin.

kleine Ohren und breite Stirn, typisch für die Bing-Bären aus dieser Periode

Knopfaugen aus Holz

senkrecht gestickte Nase mit Randstichen

Schlußnaht vorne, ein verbreitetes Bing-Merkmal

sehr lange Arme

Pfoten aus gewebter Baumwolle, Ersatz

Filzersatz an den abgetragegenen Stellen der Fußsohlen

Um 1910: Knopf unter dem Arm   Größe: 50 cm

Wie Steiff benutzte auch Bing beigefarbenes Stickgarn für die Gesichtszüge der hellen Mohairplüsch-Bären. Die Nasenform ist typisch für die großen Bing-Bären. Der silberfarbene Metallknopf mit der eingravierten »GBN«-Rautenform befindet sich unter dem linken Arm.

Gravierter Metallknopf

Gebrüder Bing: 1910 bis 1932

NEU: FEDERZUG-MECHANISMUS FÜR DIE BÄREN-PALETTE

Die Gebrüder Bing, die sich bereits einen Namen als weltweit größter Hersteller von mechanischem Zinnspielzeug gemacht hatten, führten bald einen Federzug-Mechanismus bei ihren Bären ein, der mit einem Schlüssel an der Seite aufgezogen werden konnte. Spätere Modelle trugen Filzbekleidung. Die Bing-Bären waren mit einem Metallpfeil (vor dem Ersten Weltkrieg), einem silberfarbenen Knopf mit der Aufschrift »GBN« (Gebrüder Bing Nürnberg) oder einem roten Knopf mit den Buchstaben »BM« (Bing Werke, nach 1920) versehen. Manche hatten einen roten Metallknopf mit dem Aufdruck »DRPa div DRGM (Deutsches Reich Patent/Deutsches Reich Gebrauchsmuster). 1932 ging das Unternehmen in Konkurs.

Um 1910: Beweglicher Kopf

Der Schlüssel zum Aufziehen des Federzug-Mechanismus ist unter dem rechten Arm verborgen. Er bewegt den Kopf des Bären von links nach rechts. Bing stellte ähnliche Bären (28 cm und 50 cm) aus braunem und weißem Mohairplüsch her. Der silberfarbene, aus der Zeit vor 1919 stammende gravierte Metallknopf mit der Aufschrift »GBN« innerhalb des Rautenmusters ist unter dem linken Arm angebracht; die Buchstaben »DRPa« und »DRGM« sind um das metallene Schlüsselloch graviert.

Größe: 40 cm

Gravierter Metallknopf

Nase/Mund: Die senkrecht gestickte, schwarze, schildförmige Nase mit Doppelstich-Umrandung ist für Bing typisch. Sie ist durch fünf lange Stiche in der Mitte mit dem Mund verbunden, der eine umgekehrte V-Form hat.

Fell: Das Fell besteht aus hellbraunem Mohairplüsch. Der Bär ist mit Holzwolle ausgestopft. Der Federzug-Mechanismus im Körper steuert die Kopfbewegung.

Beine: Die Oberschenkel sind gerundet und verjüngen sich zu schmalen Fesseln mit großen, schlanken, ovalen Füßen.

Augen: Der Bär hat noch seine ursprünglichen Knopfaugen aus Holz.

Bärenprofil

Aus diesem Winkel sieht man, daß der Bär das traditionelle Bing-Design aufweist: vorstehende, stumpfe Schnauze, leichter Buckel, extrem lange Arme, die länger sind als die Beine, schmale Fesseln und große Füße. Das Flickwerk an der linken Fußsohle und der Schlüssel unter dem rechten Arm sind sichtbar.

Arme: Die sehr langen Arme sind an den Pfoten nach oben gebogen.

Fußsohlen: Die beigefarbenen Filzsohlen sind abgenutzt. Die neuen aufgenähten Filzteile am linken Fuß sind gut sichtbar.

1912: Rollschuhlaufender Bär

Größe: 20 cm

Wenn man den Schlüssel unter dem linken Arm aufzieht, torkelt der Bär vor und zurück, während der gebogene Arm auf- und niederschwingt. Im rechten Ohr befindet sich ein Metallpfeil. Andere Exemplare dieses Modells haben zusätzlich einen orangefarbenen »Patent«-Knopf neben dem Schlüsselloch.

Metallpfeil

Um 1910: Am Reck turnender Bär

Größe: 33 cm

Steiff behauptete, dieses Modell sei eine Kopie von »Purzel-Bär«, den sie 1909 entwickelt habe. Während des anschließenden Rechtsstreits, der von 1911–15 dauerte, produzierte Bing weiterhin den Bären, der Purzelbäume schlug, wenn man seinen Arm einige Male drehte. Es gibt einige Exemplare mit dem roten »Patent«-Knopf und ein späteres Modell in Filzkleidung.

Um 1913: Bewegliche Arme

Größe: 18 cm

Dieser kleine Geselle aus dunkel-zimtfarbenem Mohairplüsch (bei Bing sehr beliebt) kann auf allen vieren stehen, wie hier, oder aufrecht sitzen. Wenn er aufgezogen ist, bewegen sich die Vorderbeine vor und zurück. Er hat einen rot-bemalten Metallknopf unter dem linken Vorderbein.

Metallknopf

Um 1913: Fußballspielender Bär

Größe: 20 cm

Der Ball hat einen Federzug-Mechanismus und dreht sich, wenn dieser aufgezogen ist. Der Bär auf Rädern, mit dem Ball durch einen Metallstab verbunden, der aus seinem leicht gebogenen Arm herausragt, folgt ihm, als würde er ihn vorwärtsstoßen. Das Warenzeichen ist ein roter bemalter »Patent«-Knopf mit dem Aufdruck »DRPa div DRGM«.

Metallknopf

Steiff: 1920 bis in die 30er Jahre

TRADITIONELLE BÄREN UND NEUHEITEN; EINFÜHRUNG VON GLASAUGEN

Während des Ersten Weltkriegs sah sich die Steiff-Fabrik zur Herstellung von Kriegsausrüstung gezwungen, und in der Nachkriegsperiode, als viele Materialien rationiert waren, wurden Teddys aus aufbereiteter Holzfaser hergestellt. In den 20er Jahren entstanden Bären mit Glasaugen, Kapokfüllung und in neuen Mohairplüsch-farben. 1926 wurde Teddy Clown geboren, gefolgt von Teddybu im Filzwams. 1928 kam ein musikalischer Bär mit Drückmechanismus auf den Markt. Zu den einzigartigen Teddy-Persönlichkeiten gehörten Petsy, Teddy-Baby und Dicky. 1938, als die ersten Pandas in den Zoos westlicher Länder zu besichtigen waren, führte Steiff einen Panda-Bären ein.

1921: Mittelgroß; weiß

Dieser wunderschöne weiße Steiff-Bär ist aufgrund seiner Farbe und seines Zustands ein begehrtes Sammlerobjekt. Die Glasaugen und die partielle Kapok-Füllung lassen eine Rückdatierung auf die Zeit nach 1920 zu, als diese Merkmale Teil des Steiff-Original-Teddy-Design wurden. Das weiße Etikett deutet auf ein Geburtsdatum vor 1926 hin. Die schildförmige Nase ist senkrecht gestickt; kleinere Bären aus dieser Serie hatten dreieckige, waagerecht gestickte Nasen.

Größe: 38 cm

Bossierter Knopf

Warenzeichen: Die Reste des weißen Leinenetiketts, bis 1926 verwendet, sind noch immer hinter dem Steiff-Knopf befestigt.

Ohren: Die großen, runden Ohren sind weit auseianderstehend angebracht.

Augen: Die kleinen Glasaugen mit braunem, gemalten Hintergrund sind bei Steiff-Bären weit verbreitet.

Nase: Die schildförmige, senkrecht gestickte Nase wurde wie meistens bei weißen Bären aus braunem Garn gefertigt.

Bärenprofil
Dieser Bär zeigt noch die Merkmale früherer Steiff-Designs: extrem lange Arme, große Füße mit schmalen Fesseln, lange, vorstehende Schnauze und buckliger Rücken. Der plumpe Körper ist ein neues Charakteristikum, seine Rundungen sind auf Kapok- und Holzwolle-Füllungen zurückzuführen.

Arme: Die langen gebogenen Arme ähneln im Aussehen denen früherer Steiff-Bären.

Krallen: vier braune Krallen sind auf Pfoten und Füßen über den Plüsch genäht.

Fell/Füllung: Der weiße, zottige Mohairplüsch macht diesen Bären zu einer Rarität; die Füllung ist eine Mischung aus Holzwolle und Kapok, der Kopf besteht nur aus Holzwolle.

Füße: Die Füße sind groß und haben schmale Fesseln.

1927-28: Blauäugige Petsy   Größe: 34 cm

Das ist das eigenwilligere und für Sammler wertvollere der beiden Petsy-Modelle; das andere hat braune Augen und eine schwarze, handgestickte Nase. In zehn Größen gefertigt, war Petsy auch als Handpuppe und, als Teil der Record-Serie, auf einem Gestell mit Rädern erhältlich.

Bossierter Knopf

Anfang der 20er Jahre: Groß, weiß   Größe: 73 cm

Dieser Bär ist eine große Version des Exemplars gegenüber, doch hat er beigefarbene, mit Karton verstärkte Filzsohlen. Das leicht korrodierte »Knopf im Ohr«-Warenzeichen weist Reste des weißen Leinenetiketts auf, das sich auf die Zeit vor 1926 zurückdatieren läßt.

Bossierter Knopf

Um 1926: »Dual«-Mohairplüsch   Größe: 60 cm

Der Bär ist im *Guinness Buch der Rekorde* erwähnt, weil er den höchsten Preis auf einer Auktion erzielte. Er wurde 1989 von Sotheby's für 55 000 Pfund verkauft. Er galt früher als Unikat, aber inzwischen sind ein oder zwei weitere Bären aus »Dual«-Mohairplüsch mit großen Augen entdeckt worden.

Bossierter Knopf

1930: Teddy Baby   Größe: 30 cm

Steiffs erfolgreiche Teddy Baby-Serie wurde 1929 entworfen und im darauffolgenden Jahr auf den Markt gebracht. Der Bär entstand in verschiedenen Größen, Materialien und Farben; er besaß stets große, flache Füße und gebogene Arme in »Bittstellung«. Seine Beliebtheit dauerte bis in die 50er Jahre an.

Bossierter Knopf

Steiff: Es war einmal ...

DIE GESCHICHTE DER FIRMA STEIFF UND DER BÄREN MIT DEM »KNOPF IM OHR«

Margarete Steiff wurde am 24. Juli 1847 in der süddeutschen Stadt Giengen geboren. Obwohl sie in ihrer Kindheit an Polio erkrankt und seither an den Rollstuhl gefesselt war, verdiente sie ihren Lebensunterhalt mit der eigenen Nähmaschine, als Saumnäherin. 1877 gründete sie eine Versandhausfirma, die zunächst Filzbekleidung und ab 1880 auch ausgestopfte Filztiere herstellte, deren Schnittmuster sie Zeitschriften entnahm. Mit Hilfe ihres Bruders Fritz florierte das Geschäft, und im März 1893 sattelte die Firma auf Spielzeugherstellung um. Margarete setzte alle Modelle eigenhändig zusammen und nahm Tiere aus Samt, Rupfen und sogar echtem Pelz in ihr Sortiment auf, die mit Holzwolle ausgestopft waren. Sie meldete Patente an, stellte einen Handelsvertreter ein und beschäftigte 1897 bereits zehn Arbeiterinnen in ihrer Fabrik und dreißig in Heimarbeit.

Margarete Steiff (1847–1909)
Trotz ihrer Behinderung gründete Margarete Steiff (oben) das Unternehmen, dessen Name ein Synonym für Teddybären werden sollte.

Richard Steiff, Margaretes Neffe und zweitältester Sohn ihres Bruders Fritz, trat 1897, nach Beendigung der Kunstschule in Stuttgart, in den Familienbetrieb ein. Er befaßt sich mit Entwurf und Herstellung von Kuscheltieren, wobei er Skizzen zugrunde legte, die er im Stuttgarter Zoo und im Zirkus Hagenbeck gemacht hatte. Richards einzigartiger Bär 55 PB mit Zwirngelenken weckte im März 1903 auf der Leipziger Messe die Aufmerksamkeit von Herman Berg, Einkäufer der New Yorker Großhandelsfirma George Borgfeldt & Company. Berg orderte 3000 Stück, und so begann Steiffs Bären-Karriere. Im darauffolgenden Jahr erkannte man Margarete und Richard auf der Weltausstellung in St. Louis, Missouri, Goldmedaillen zu, und die Firma selbst wurde mit dem Grand Prix ausgezeichnet. Richard Steiff ließ sein Teddybären-Modell mit Gelenken aus Kartonscheiben am 12. Februar 1905 als Gebrauchsmuster eintragen.

DIE BÄRENJAHRE

Am 6. Juli 1906 wurde die Filzspielzeugfabrik in Margarete Steiff GmbH umbenannt; Margarete war als Inhaberin und ihre drei Neffen als leitende Direktoren eingetragen. Zu diesem Zeitpunkt bemühten sich 400 Angestellte und weitere 1800 Heimarbeiterinnen, die schier unersättliche Nachfrage nach Teddybären – vor allem aus den USA – zu befriedigen.

1903–04 Bärle
Dieser seltene Bär mit Metallstabgelenken, der langen Schnauze und Siegellack-Nase stammt aus Richard Steiffs Experimentierphase.

Steiff-Fabrik
Die Stahl-Glas-Gebäude von 1912 (links) und aus den 80er Jahren (unten) sind wegen ihrer modernen Architektur bekannt und stammen aus der Zeit vor der Bauhaus-Bewegung.

Das Unternehmen bezeichnete diese erfolgreiche Periode von 1903–08 als Bärenjahre. Allein 1907 fertigte es 975000 Bären, ein Rekord, der bisher nicht gebrochen wurde.

Richard Steiff zeichnete 1902 die Pläne für eine neue Produktionsstätte: der Ostflügel wurde 1903, der Westflügel 1905 und der Nordflügel 1908 fertiggestellt. Die Aufsicht über die späteren Bauarbeiten übernahm Richards Bruder Hugo, der in Mannheim sein Ingenieursstudium abgeschlossen hatte.

NEUE HORIZONTE

Schon früh bemühte sich Steiff, Auslandsmärkte zu entwickeln. Paul hatte 1902 während seines einjährigen Aufenthalts in New York einen Ausstellungsraum eröffnet, und 1911 gründete Otto die Firma Steiff Frères in Paris. Bis 1913 gab es Steiff-Vertreter in aller Welt. 1910 schloß sich ein junger preußischer Künstler namens Albert Schlopsnies dem Unternehmen als Designer an. Er führte ausgeklügelte Szenen aus dem Alltagsleben ein, bevölkert mit Steiff-Puppen und -Tieren, die als Schaufensterdekoration, bei Ausstel-

Metallknöpfe
Der erste Steiff-Knopf aus dem Jahr 1904 war blank und hatte dann ein Elefanten-Logo. Der Steiff-Knopf mit stilisiertem Schluß-»F« wurde von 1905–06, ein blanker Knopf von 1948–50, und ein Knopf mit erhabener, kursiver Schrift von den 50er Jahren an benutzt.

Fabrikarbeiterinnen
Frauen leisteten das Gros der Arbeit wie Zuschneiden oder Ausstopfen (oben), und sie fügten Details wie Nase und Mund hinzu.

Etiketten
Steiff benutzte von 1947–53, als sich die Fabrik in der amerikanisch besetzten Zone befand, Etiketten, die in der Seitennaht angebracht waren (oben). Bedruckte Leinenanhänger (Mitte) wurden von 1960–72 verwendet und gefalzte (unten) von 1980 an.

lungen und Messen aufgebaut und bald zu einem unverkennbaren Steiff-Merkmal wurden.

KRIEGSJAHRE UND NACHKRIEGSZEIT

Während des Ersten Weltkrieges drosselte man die Steiff-Produktion auf ein Minimum. Die drei Direktoren waren zur Armee eingezogen, Materialien wie Filz Mangelware, weil man daraus Uniformen schneiderte, die geschlossenen Grenzen ein Hindernis für den Handel, und im Werk produzierte man Gasmasken, Futterkiepen für Pferde, Munition und Flugzeug-Ersatzteile.

Nach dem Krieg stellte die Firma für kurze Zeit Teddybären aus wiederaufbereitetem Nessel her, da an Mohairplüsch nicht heranzukommen war. Anfang der 20er Jahre hatte sie sich, obwohl Richard in die USA ausgewandert war und Steiff in New York repräsentierte, wieder erholt, unterstützt durch die Einführung des Fließbands, das die Produktion merklich beschleunigte. 1927 trat der jüngste Sproß Ernst in den Betrieb ein. Das Jahrzehnt, das auf Hitlers Machtergreifung im Jahr 1933 folgte, war schwierig für Steiff; 1943 wurde die Spielzeugproduktion ganz eingestellt, und man kehrte wieder zur Fertigung von Kriegsausrüstung zurück. Am Ende des Zweiten Weltkriegs war Giengen von amerikanischen Truppen besetzt; die Soldaten stürmten die Fabrik, in der Hoffnung, Souvenirs zu finden, die sie ihren Angehörigen schicken konnten. Alle Teddybären-Musterexemplare und Unterlagen waren jedoch in Sicherheit gebracht worden.

Jackie-Baby
Der 50. Geburtstag des ersten Steiff-Teddybären wurde mit diesem Bärenjungen gefeiert (links).

Richard Steiff und Prototyp-Teddy
Dieses Foto von 1909 (oben) zeigt Richard Steiff mit seinem Prototypen, der bis 1950 buchstäblich unverändert blieb. Richard starb 1939 in Michigan; er war 1923 als Steiff-Verkaufsrepräsentant nach New York gekommen.

COMEBACK

Im Oktober 1945 stellte die Firma Steiff einige wenige Spielsachen für die US-Truppen her und begann im Januar 1947 mit dem Export. Zunächst blieb ihr keine andere Möglichkeit, als Plüsch von minderer Qualität zu verwenden, oft zusammen mit blanken Blechknöpfen. Während der 50er Jahre wurde die Firma ihrem Ruf wieder gerecht, als sich die Zahl der Mitarbeiter von 550 auf 2000 erhöhte. In den 70er Jahren mußte Steiff, wie andere Kuscheltier-Hersteller, infolge der Konkurrenz durch Billigimporte aus Ostasien und der rückläufigen Geburtenrate im Westen Geschäftseinbußen hinnehmen.

BÄREN FÜR SAMMLER

Die Renaissance, die Teddybären gegen Ende der 70er Jahre in den USA erlebten, bewog Steiff, alte Serien aus dem Archiv in limitierter Auflage zu fertigen. Diese Periode kündigte ein neues spektakuläres Wachstum an. Noch heute stützt sich die Produktion auf althergebrachte Methoden, auch wenn man einige Verfahren modernisiert hat (die Bären werden in der Regel maschinell gefüllt). Die Sammlerstücke stopft man wie früher von Hand aus, unter Verwendung des mit Nägeln versehenen Stocks und eines Handfäustels.

Jubiläums-Nachbildung
1983 fertigte Steiff Replika des Bären, den Richard Steiff 1905 entworfen hatte, um den hundertsten Geburtstag des ersten Kuscheltiers von Margarete Steiff zu feiern. Das Original ist aus grauem Mohairplüsch, der nur für den Prototypen verwendet wurde. Dieses Exemplar (unten) trägt unter dem rechten Fuß die Signatur von Hans Otto Steiff und die Aufschrift »1983« unter dem linken.

Schuco: 1920 bis in die 30er Jahre

SCHUCO-MINIATUREN UND NEUHEITEN

Heinrich Müller, ein früherer Angestellter der Gebrüder Bing, gründete 1912 mit seinem Partner Heinrich Schreyer in Nürnberg die Firma Schreyer & Co (besser als Schuco bekannt). Nach dem Ersten Weltkrieg verließ Schreyer die Firma, und Müller suchte sich einen neuen Geschäftspartner, Adolf Kahn. Seit Bestehen des Unternehmens war das eingetragene Warenzeichen ein kleiner, purzelbaumschlagender Mann gewesen, der seine Füße festhält. 1921 wurde offiziell der Name »Schuco« zugefügt. Müller konzentrierte sich in erster Linie auf originelle Bären-Innovationen, viele mit Federzug-Mechanismus wie der marschierende Bär in Uniform oder der Bär mit Fußball.

1927: Piccolo; Puder-Bär

1923 führte Schuco die 9 cm – 15 cm große Piccolo-Serie ein, Miniatur-Plüschtiere in verschiedenen Farben mit Gelenken, einschließlich Teddybären. 1925 stellt die Firma einen kleinen Bären mit funkelnden Augen her, und 1927 diese Neuheit: Sie paßte in eine Damenhandtasche und enthielt Spiegel, Kompaktpuder, Quaste und Lippenstift.

Höhe: 9 cm

Lippenstift: Die Metallröhre enthält noch immer den roten Lippenstift.

Fell: Der Bär hat einen einzigartigen Metallrahmen im Innern, verdeckt von lilafarbenem, kurzflorigen Mohairplüsch.

Glieder: Die kurzen geraden Gliedmaßen haben weder Pfoten noch Krallen.

Nase/Mund: Einige wenige waagerechte Stiche aus schwarzem Garn bilden die schmale, viereckige Nase; sie endet in einem Mund mit umgekehrter Y-Form.

Ohren: Die Ohren sind kleine Halbkreise, innen mit Karton versteift.

Augen: Die Augen bestehen aus bemalten, schwarzen Metallperlen.

Bärenprofil
Im Profil sind die typischen Schuco-Merkmale zu erkennen: gerade Rückenpartie und Gliedmaßen, und die dreieckige, stumpfe Schnauze, die eine gerade Linie mit der Stirn bildet.

Puder: Der Torso des Bären enthält eine Puderdose mit Scharnieren, einschließlich Puder auf der einen und Spiegel auf der anderen Seite.

Um 1924: Piccolo; Miniatur Größe: 6 cm

Schuco beabsichtigte, die kleinsten Bären mit Gelenken als Werbegag zu verschenken, aber sie wurden Teil der Piccolo-Serie. Die Teddys vor 1930 hatten Filzpfoten und Füße am Ende des eingebauten Metallrahmens befestigt, der aus verschiedenen maschinengeformten Abschnitten bestand. Das äußere Gelenksystem war aus Metallstäben gefertigt.

Um 1920–30er: Purzelbaumschlagender Bär Größe: 10 cm

Dieser Miniaturbär mit patentiertem, inneren Metallrahmen schlägt einen Purzelbaum, wenn er aufgezogen wird. Schuco stellte auch ein unbekleidetes Exemplar mit stumpfer Schnauze her, das bis 1965 gefertigt wurde. Die Firma hatte seit 1920 auch größere, nicht-mechanische Bären im Programm, einschließlich eines Teddys am Metalltrapez.

20er Jahre: Piccolo; Parfumflakon Größe: 13 cm

Dieser Bär verbirgt ein Parfumflakon aus Glas mit Korken für die Damenhandtasche. In den damaligen Werbeanzeigen wurden auch Versionen beschrieben, die Marmeladengläser enthielten. Der Bär war in zwei Größen, 9 cm und 11 cm, und als Brosche mit Verschluß auf der Rückseite erhältlich. Der Prototyp eines ähnlichen Bären mit Feuerzeug befindet sich im Schuco-Archiv.

20er Jahre: Miniaturbär als Parfumzerstäuber Größe: 10 cm

Dieser kleine Bär sprüht Parfum aus dem Mund, wenn man auf den flachen Körper drückt. Die Flasche kann gefüllt werden, wenn man die runde Metallkappe unten am Torso aufschraubt. Durch Druck auf den eingebauten Blasebalg wird die Flüssigkeit eine Röhre hinauf in den kleinen Metallzerstäuber im Gesicht gepumpt. Das originelle Design spiegelt die erstklassige handwerkliche Arbeit der Firma Schuco wider.

Schuco: 1920 bis in die 30er Jahre

EINFÜHRUNG DER PATENTIERTEN JA/NEIN-BÄREN

Die berühmten, patentierten Ja/Nein-Bären der Firma Schreyer & Co erschienen 1921 erstmals auf der Leiziger Frühjahrsmesse. Der Kopf bewegte sich nach rechts und links sowie auf und ab, gesteuert durch den Schwanz. Er diente als Hebel und war mit einem Metallstab verbunden, der durch den Körper nach oben verlief und in einem Kugelgelenk im Nacken endete. Die Bären mit Kartonscheiben-Gelenken und Seidenschleifen waren in sechs Größen – von 25 bis 60 cm – und in kurzem, zottigen und extrazottigem Mohairplüsch erhältlich. Die beiden größeren Modelle waren mit einer Kippmechanismus-Brummstimme, die anderen mit Quieksern ausgestattet.

30er Jahre: Piccolo; Ja/Nein-Bär

Der Ja/Nein-Bär gehörte zur Piccolo-Miniatur-Bärenserie; er hatte große Ähnlichkeit mit dem Parfum- und Puderbären (siehe S. 40–41). Es gibt einen weiteren Teddy, der früher einmal auf einem Klavierhocker befestigt war und auf einem Miniatur-Klavier zu spielen schien, wenn man mit dem Schwanz den Kopf vor- und zurückbewegte.

Bärenprofil

Aus diesem Winkel sieht man die Ähnlichkeit mit dem Puderdosen-Bären (S. 40): Beide haben gerade Gliedmaßen, keinen Buckel und eine spitze Schnauze. Der Schwanz, der die Kopfbewegung steuert, ist ebenfalls klar erkennbar; die verschobene Mohairbedeckung enthüllt die darunter liegende Drahtschlaufe, eine Konstruktionsform, die bei allen Größen verwendet wurde.

30er Jahre: Ja/Nein-Bär Größe: 53 cm

Einer der größeren Ja/Nein-Bären aus weichem, zottigen, honigfarbenem
Mohairplüsch mit durchsichtigen braunen und schwarzen Glasaugen und
unüblichem, undurchsichtigem Rand. Die Augen und die rundlichen Arme
und Beine mit den großen Füßen lassen auf seine spätere Entstehung
schließen. Die frühen Exemplare aus den 20er Jahren haben lange, spitz
zulaufende Gliedmaßen und schwarze Knopfaugen aus Holz.

30er Jahre: Ja/Nein-Clown Größe: 50 cm

Dieser seltene Bär ähnelt dem Modell links, hat aber braune Glasaugen, eine
cremefarbene Harlekin-Kopfbedeckung aus Seide und eine gerüschte Halskrause mit rosa Rosetten – ein beliebtes Teddy-Kostüm in dieser Periode.
Die großen, versteiften Füße und Pfoten sind nach unten gekehrt, ein Merkmal, das bei den späteren Tricky-Nachkriegsserien wieder auftaucht.

30er Jahre: Baby-Bär Größe: 35 cm

Das ist wahrscheinlich der größte Baby-Bär, der in vier
Größen zwischen 20 cm und 35 cm angeboten wurde. Aus
zottigem, beigefarbenem Wollplüsch gefertigt, mit »Silber-
blick«, offenem Mund und Quiekser, trägt er entweder eine
Seidenschleife oder ein Lätzchen mit Nuckelflasche.

Pappanhänger

Um 1923: Bär als Hotelpage Größe: 36 cm

Der zweitgrößte der Bellhop-Bären, 1921 hergestellt. Die
Arme enthalten gebogene Metallstäbe, die Füße sind mit
Karton verstärkt. Frühere Modelle waren mit schwarzen
Knopfaugen ausgestattet. Dieser Bär besitzt einen Quiek-
ser, die größeren Exemplare hatten eine Kippmechanis-
mus-Brummstimme, die kleineren waren stimmlos.

Pappanhänger

Helvetic: Mitte der 20er Jahre

SCHWEIZER TEDDYBÄREN MIT SPIELDOSEN ZUM DRÜCKEN

Experten haben eine Reihe unmarkierter Bären, die um 1925 hergestellt wurden und Spieldosen zum Drücken enthielten, als Produkte der Firma Helvetic identifiziert. In einer 1928 erschienenen Ausgabe des US-Fachmagazins *Toy World* wurde berichtet, daß sie das Exklusivrecht für die Herstellung von Teddybären mit solchen Mechanismen besaß. Es ist jedoch nicht bekannt, ob Helvetic eine US-Firma war, die diese Mechanismen aus der Schweiz importierte, oder eine Schweizer Firma, die musikalische Teddybären nach Amerika exportierte. Der Name Helvetic leitet sich von Helvetia, dem lateinischen Namen der Schweiz ab, wo die Spieldose zum Aufziehen erfunden wurde.

Um 1925: Zottiger blond/rosafarbener Mohairplüsch

Dieser Helvetic-Bär besitzt typische Eigenschaften: große Glasaugen, birnenförmige Füße und vier schwarze Krallen, am Ende der Pfoten sehr nahe nebeneinander gestickt. Am rechten Ohransatz sieht man noch den original rosa Webuntergrund. Blau, gold und grün waren weitere, von Helvetic bevorzugte Farben. Der Torso verbirgt Spieldosen-Zylinder und Kamm-Mechanismus, der bei diesem großen Bären 32 Zähne hat.

Höhe: 48 cm

Bärenprofil
Von der Seite sieht man die schmale, spitze Schnauze des Bären, die aus dem zottigen Mohairplüsch hervorspringt. Die ungewöhnlich gebogenen schmalen Pfoten und kompakten Krallenmarkierungen, die übergroßen, hervorstehenden Augen, die füllige Brust und der merkwürdig eckige Buckel sind aus diesem Winkel gut zu erkennen.

Um 1925: Zottig; Blond/Blau; Mohairplüsch   Größe: 38 cm

Dieser kahle und fleckige Bär hatte ursprünglich eine kräftig blaue Farbe, sehr beliebt bei der Firma Helvetic. Sie ist noch immer in Körperbereichen sichtbar, die vor Licht geschützt waren. Die braunen Glasaugen sind auf einen kleineren weißen Glashintergrund aufgeschmolzen (wodurch der dunklere Rand entsteht); sie haben integrierte Drahtschäfte, die in den Kopf gebohrt und festgeklebt wurden.

Um 1925: Blond/Grün; Mohairplüsch   Größe: 38 cm

Obwohl in beinahe perfektem Zustand, ist der urprünglich grüne Webunter- grund beim Fell dieses Bären gelblich verblichen (die Originalfarbe ist noch unter der Harlekin-Kopfbedeckung zu sehen). Der blonde Mohairplüsch ist sehr kurzflorig, aber der Bär besitzt alle wichtigen Erkennungsmerkmale. Die gewebte Rayon-Halskrause wirkt orangefarben, besteht aber aus rosa und gelben Fäden.

Um 1925: Blond/Blau, Mohairplüsch   Größe: 30 cm

Ein großer Teil des urprünglich langflorigen, blauen Untergrunds fehlt durch Abnutzung, vor allem im Bereich der Spieldose. Sie besteht aus einer gezahnten Walze, Kamm und Schraubenfeder, eingebettet in ein rundes Holz- und Wachstuchbehältnis. Durch Drücken der Feder wird ein Hebel aktiviert; er dreht die Walze, und die darauf befestigten Stifte zupfen die Zähne des Kamms.

Um 1925: Goldfarben; zottiger Mohair   Größe: 30 cm

Der beinahe kahle Kopf und Körper lassen wenig vom ursprünglich langen Flor erkennen, betonen aber die klassischen Merkmale dieses Helvetic- Bären: die schmale, spitze, leicht nach oben gebogene Schnauze mit der waagerecht gestickten Nase und die gebogenen, konischen Arme mit schlanken Pfoten und vier Krallen. Die meisten Helvetic-Bären sind zwischen 30 und 38 cm hoch.

USA: 1914 bis in die 20er Jahre

BILLIGBÄREN (STICK-BÄREN); TRADITIONELLE MODELLE UND NEUHEITEN

Während der ersten Teddy-Welle in den USA (um 1907) nahmen die US-Bären wirklichkeitsgetreue Züge an, zum Beispiel längliche Schnauze, lange Gliedmaßen und Buckel; sie folgten dem Trend, den Steiff und andere deutsche Hersteller setzten. Vom Ende des Ersten Weltkriegs an wurden in den USA jedoch Teddy-bären von minderer Qualität entwickelt, heute in Bären-Liebhaberkreisen als »Stick-Bären« bezeichnet, weil sie von kleinen, inzwischen vergessenen Plüschtierfirmen für die breite Masse mit sparsameren Mitteln gefertigt wurden. Leider haben diese Firmen ihre Produkte nicht mit Etiketten versehen.

20er Jahre: Klein; goldfarbener Mohairplüsch

Dieser Bär weist alle Merkmale eines typischen Stick-Bären auf, sowohl in der Form – übergroßer Kopf, längliche Schnauze, plumper Körper, Buckel und kurze, steife Gliedmaßen – als auch in der Qualität des Materials und handwerklichen Könnens. Der Mohair-plüsch hat beispielsweise einen sparsamen Flor, der auf mindere Qualität hindeutet.

Größe: 28 cm

Ohren: Die Mohairplüsch-Ohren sind gerafft und in die Nahtöffnungen am Hinterkopf geschoben – Kennzeichnen eines Billigbären.

Augen: Die Knopf-augen aus Holz sind in die beiden Ge-sichtsnähte eingefaßt.

Mund: Die senkrechte Stichlinie des Mundes mit umgekehrter Y-Form ist leicht krumm, was dem Bären einen etwas komischen Ausdruck verleiht.

Nase: Die kleine längliche Nase, dreieckig und in Schwarz gestickt, mit waagerechten Stichen am Ende der Schnauze, dort wo sich die Gesichtsnähte treffen, ist ein typi-sches Merkmal früher US-Bären.

Gliedmaßen: Arme und Beine haben Gelenke.

Arme: Der Bär hat kurze, plumpe, leicht gebogene Arme, die sich zu den Pfoten hin verjüngen. Die Pfoten nehmen fast den halben Arm ein.

Beine: Die Beine haben verschiedene Längen und zeigen die schlechte handwerkliche Verarbeitung.

Fußsohlen: Die beigefarbenen Webstoff-Sohlen sind sehr fleckig, vor allem rechts.

Krallen: Drei kurze schwarze Krallen sind am Ende der Gliedmaßen aufgestickt.

Bärenprofil

Aus diesem Winkel sieht man, daß der Bär »stockähnliche« Merkmale aufweist: der große Kopf mit der abgeflachten Schnauze, der auf-rechte, schmale Körper, die kurzen, gebogenen Arme und die dünnen, formlosen Beine mit einer nur vagen Andeutung von Füßen.

Fell: Der stoppelige, goldfarbene Mohairplüsch ist stark abgenutzt, vor allem auf der Brust, wo der Quiekser häufig gedrückt wurde.

Füße: Die Füße enden in kleinen, kreisrunden Pfoten.

20er Jahre: Orangefarbener, stoppeliger Mohairplüsch Größe: 48 cm

Der Bär ist aus kurzem, stoppeligem Mohairplüsch gefertigt (aufgrund seiner Beschaffenheit in der Branche als »Seehundsfell« bekannt), mit spärlichem goldfarbenem Flor auf orangefarbenem Webuntergrund. Obwohl Körper und Beine stockähnlich sind, hat der Bär die traditionelle vorspringende Schnauze und leicht nach oben gebogene, beinahe S-förmige Arme.

20er Jahre: beigefarbener Mohairplüsch; Stoffnase Größe: 58 cm

Dieser Bär hat einen besonders großen Kopf mit breiter Stirn, ein typisches Merkmal der frühen US-Bären. Die schwarze Wollstoffnase, am Ende der Schnauze zwischen den beiden Gesichtsnähten, ist ein weiteres Kennzeichen der ersten Bären, die in den USA gefertigt wurden. Die leicht asymmetrische Form der Nase läßt einen Teddy von schlechter Qualität erkennen.

1927: US »Stick«-Bär Größe: 55 cm

Buchstäblich formlos und gerade sind die Gliedmaßen dieses Teddybären, wurstähnliche Verlängerungen, mit traditionellen Scheiben-Gelenken an einem geraden, buckellosen Körper befestigt. Körper und Gliedmaßen wurden aus beinahe identischen Rechtecken zugeschnitten – was leichter und billiger war als traditionelle Designs mit mehr Rundungen.

1917: The National Bear Größe: 45cm

Dieser ungewöhnliche Bär mit den »elektrischen Augen« aus patriotisch gefärbtem rot-weiß-blauem Plüsch wurde von der New Yorker Firma American Made Stuffed Toy hergestellt. Er war in drei Größen – 40 cm, 45 cm und 55 cm – erhältlich und kostete im Einzelhandel 1 Dollar, 1.50 Dollar und 2 Dollar. Dieser Bär, dessen Hals und Beine steif waren, wurde auch in traditionellem goldfarbenem Plüsch mit elektrischen Augen gefertigt.

Frankreich: 1920 bis in die 30er Jahre

DIE GEBURT DER FRANZÖSISCHEN KUSCHELTIER-INDUSTRIE; BÄREN MIT METALLSTAB-GELENKEN

Obwohl sich Frankreich bereits einen Namen mit seinen mechanischen Bären gemacht hatte, importierte man in den ersten Jahren der Teddy-Manie Bären aus Deutschland. Der Erste Weltkrieg und die nachfolgende Schließung der Grenzen führten dann zur Begründung einer eigenen Teddybären-Industrie. Die französischen Bären, in der Regel von minderer Qualität als ihre deutschen Entsprechungen, waren oft aus kurzem, stoppeligem Mohair- oder gefärbtem Rayonplüsch gefertigt. Die Hersteller verwendeten zum Teil weniger kostenaufwendige Methoden, um Augen und Ohren zu befestigen (sie wurden zum Beispiel durch Löcher an den Kopfseiten geschoben) und nutzten ein primitives Gelenksystem.

20er Jahre: M. Pintel Fils & Cie

Die Pariser Firma stellte ein Kuschelspielzeug-Sortiment her, einschließlich Teddys und Puppen, die Anfang der 20er Jahre in den Londoner Ausstellungsräumen von Messrs. Ellis & Amiet gezeigt wurden. Pintel fertigte auch mechanische Bären, einschließlich eines bekleideten Teddys auf einem Dreirad zum Aufziehen. Das Logo – die beiden Bären, die sich umarmen – war die Kopie einer Zeichnung aus einem Steiff-Katalog vor dem Ersten Weltkrieg. Die Firma Pintel markierte ihre Bären immer mit einem Knopf auf der Brust.

Höhe: 38 cm

Knopf mit Messinglegierung

Augen: Die kleinen, klaren Glasaugen mit Farbresten auf der Rückseite sind mit Drahtschäften im Gesicht befestigt.

Nase: Die typische Pintel-Nase, senkrecht mit schwarzem Garn gestickt, wobei die beiden äußeren Stiche nach unten versetzt sind.

Arme: Die langen, dünnen, konischen Arme enden in kleinen, schmalen Pfoten mit je drei Krallen und haben die traditionellen Scheibengelenke.

Fell/Füllung/Quiekser: Der kurze, zimtfarbene Mohairplüsch-Körper wurde rundum mit Holzwolle ausgestopft. Der ovale Quiekser im Körper ist noch funktionstüchtig.

Füße: Die Füße sind relativ groß mit schmalen, Steiff-ähnlichen Fesseln.

Bärenprofil

Die Seitenansicht zeigt, wie schmal und lang dieser Bär im Verhältnis zu den runderen deutschen und britischen Bären derselben Periode ist. Hier ist nur die leichteste Andeutung eines Buckels vorhanden, und die Schnauze wirkt nicht sonderlich ausgeprägt. Die Gliedmaßen sind verhältnismäßig lang, mit schmalen Fesseln und leicht gebogenen, spitz zulaufenden Pfoten.

Krallen: Die Krallen sind mit schwarzem Garn über Plüsch und Pfoten gestickt.

Fußsohlen: Der braune Filz auf den Fußsohlen unterscheidet sich vom Filz auf den Pfoten; daraus geht hervor, daß ein Set ersetzt wurde.

schwarze Knopf-
augen aus Holz

senkrecht gestickte,
zimtfarbene Nase

verblichener
rosafarbener
Kunstseiden-
plüsch in sehr
gutem Zustand

beigefarbene
Filzballen
an Pfoten
und Füßen;
keine
Krallen

Pappanhänger
mit Metall-
knopf befestigt

langer, schlanker
Körper mit her-
kömmlichen
Gelenken

lange, schlanke, spitz
zulaufende Beine

große Füße und
schmale Fesseln

30er Jahre: F.A.D.A.P.   Größe: 43 cm

Dieser Bär wurde von einer Firma in Divonne-les-Bains gefertigt,
nahe der Schweizer Grenze. Der Steiff-ähnliche Knopf im linken
Ohr zeigt den Herstellernamen in erhabener Schrift. Der Pappanhänger erinnert an Steiffs runde Anhänger, die sich
von 1928–50 auf der Brust der Teddybären befanden.

Bossierter
Knopf

heller, goldfarbener
Mohairplüsch, leicht
geschoren um die
Schnauze

Kopf mit her-
kömmlichem
Gelenk; ziemlich
unbeweglich

Original-
Preisschild

gebogene Arme,
verjüngen sich zu
dünnen Pfoten

gerade Beine

klare Glasaugen mit
Spuren schwarzer
Farbe auf Hintergrund,
ins Gesicht genäht
und auf der Rückseite
verknotet

schwarze, senkrecht
gestickte, recht-
eckige Nase

langer, dünner
Torso

beigefarbene
gewebte
Twillpfoten

20er Jahre: Metallstabgelenke   Größe: 38 cm

Ein typisches Beispiel für die Bären minderer Qualität, die in Frankreich in
den 20er Jahren hergestellt wurden: Das linke Ohr ist etwas größer als das
rechte, und das Gelenksystem primitiv. Dünne Metallstäbe laufen durch
den Körper in Arme und Beine; sie enden in einer Schlinge an der Außen-
seite der Gliedmaßen.

senkrecht gestickte,
schwarze, rechteckige
Nase

kurze, gerade Arme;
keine Pfoten

gerade Beine mit
spitz zulaufenden
Füßen; keine
Fußsohlen

kleine, schwarze
Knopfaugen aus
Holz, ins Gesicht
genäht

leicht geschorene
Schnauze, nach
oben weisend

blaßgoldener
Mohairplüsch

ursprüngliches
Preisschild

20er Jahre: Steifer Hals; Metallstabgelenk   Größe: 25 cm

Eine kleinere Version des Bären oben rechts, mit ähnlichen Merkmalen, die
vor allem von der Sparsamkeit diktiert waren. Auch hier sind die Schlaufen
der Drähte am oberen Ende der Gliedmaßen sichtbar. Der Nacken ist
gelenklos, weil Kopf und Körper aus einem Stück zugeschnitten wurden. Die
Gesichtszüge sind asymmetrisch.

große, gewölbte
Ohren, über
Gesichtsnäh-
ten angebracht

ursprüngliches,
aber verblaß-
tes, blaues
Rayon-Band,
zur Schleife
gebunden

blauer Kunst-
seidenplüsch;
rundum Holz-
wolle-Füllung

schwarze, waagerecht
gestickte, rechteckige
Nase; in der Mitte Stich
nach unten versetzt, in
Mund mit umgekehrter
Y-Form übergehend

drei schwarze
Krallen an den
Pfoten

weiße Filz-
sohlen, leicht
verfärbt; sonst
in gutem
Zustand

20er Jahre: Blauer Kunstseidenplüsch   Größe: 43 cm

Dieser kleine schlanke Bär zeigt einige typische Merkmale französischer
Teddys aus der Zeit zwischen den beiden Weltkriegen. Kunstseidenplüsch
(Rayon) war beliebt, bei den Franzosen vor allem in Pastelltönen. Bis in
die 20er und 30er Jahre wurden Knopfaugen aus Holz verwendet, obwohl
andere Länder nur noch Glasaugen benutzten.

J. K. Farnell: 1920 bis in die 30er Jahre

ALPHA-BÄREN UND ANDERE NEUHEITEN IM SORTIMENT

Henry und Agnes Farnell, deren Familienbetrieb früher Textilien herstellte, eröffneten 1897 nach dem Tod des Vaters John Kirby Farnell eine Kuscheltier-Firma in ihrem Elternhaus in Acton, westlich von London. Nach dem Zweiten Weltkrieg machte sich Farnell mit seinem Alpha-Warenzeichen einen Namen und errichtete eine Fabrik. Gegen Ende des Jahrzehnts besaß die Firma Ausstellungsräume in London, Paris und New York. Trotz des Feuers, dem die Fabrik 1934 zum Opfer fiel, produzierte J. K. Farnell im folgenden Jahr wieder neue Serien.

30er Jahre: Alpha-Bär; groß

Farnells berühmte Alpha-Serie, aus Yorkshire-Mohairplüsch gefertigt, tauchte Anfang der 20er Jahre erstmals in den Werbeanzeigen der Fachblätter auf. Farnell führte 1925 einen Anhänger mit der Aufschrift »Alpha Make« ein; bis ca. 1945 wurde ein dauerhaftes, gesticktes Etikett verwendet. Winnie the Pooh (Pu, der Bär) wurde vermutlich von einem Alpha-Bären inspiriert, den die Frau des Schriftstellers A. A. Milnes 1921 kaufte.

Größe: 55 cm

Gesticktes Etikett

Ohren: Die leicht gewölbten Ohren sind über den Gesichtsnähten angebracht.

Augen: Die bernsteinfarbenen Glasaugen mit schwarzen Pupillen könnten ein Ersatz sein.

Mund: Der Mund mit umgekehrter Y-Form ist möglicherweise ein Ersatz.

Nase: Die breite, senkrecht gestickte, rechteckige Nase ist ein typisches Farnell-Designmerkmal.

Fell/Füllung: Das Fell besteht aus qualitativ hochwertigem, goldfarbenen Mohairplüsch. Der Kopf ist mit Holzwolle ausgestopft, der Körper mit einer Mischung aus Kapok und Holzwolle und die Gliedmaßen mit Kapok.

Arme: Die sehr langen Arme haben gebogene, spitz zulaufende, löffelförmige Pfoten.

Beine: Die Beine verjüngen sich zu schmalen Fesseln mit großen, schmalen, ovalen Füßen.

Schlußnaht: Die Schlußnaht in der Mitte ist ein typisches Farnell-Merkmal, das den Stil von Steiff und Bing nachahmt.

Warenzeichen: Das gestickte Etikett ist auf die linke Fußsohle genäht.

Bärenprofil

Dieser J. K. Farnell-Bär ähnelt den frühen Steiff-Modellen mit wirklichkeitsgetreuer, vorspringender Schnauze, buckligem Rücken, langen, spitz zulaufenden Armen mit aufwärts gebogenen löffelförmigen Pfoten, Beinen mit rundlichen Oberschenkeln, schmalen Fesseln und großen, schmalen Füßen.

30er Jahre: Goldfarbener Mohairplüsch; klein

Größe: 34 cm

Der Bär gehört vermutlich zu Farnells billiger Unicorn-Serie, die 1931 eingeführt wurde, einschließlich der Cuddle-Bären in vier Größen und Farben. Er hat Rexin-Fußsohlen ohne Krallen, und auf dem Fußetikett steht: »Ein Alpha-Spielzeug von Farnell«.

Gesticktes Etikett

Um 1926: Alpha-Bär; »Dual«-Mohairplüsch

Größe: 65 cm

Als einer der ersten britischen Teddybär-Hersteller machte J.K. Farnell Steiff mit vielen Ähnlichkeiten im Design Konkurrenz. Dieser Bär erinnert an den Steiff-Teddy, der 1926 eingeführt wurde (siehe S. 37, unten links).

Gesticktes Etikett

Um 1937: Musikalischer Bär

Größe: 30 cm

1937 warb J.K. Farnell für eine Serie mit eingebauter Schweizer Thorens-Spieldose (Farnell besaß das Exklusivrecht). Dieses Exemplar ist aus Kunstseidenplüsch, ein Material, das die Firma 1929 mit dem Silkalite-Bären einführte.

Gesticktes Etikett

30er Jahre: Weißer Wollplüsch; klein

Größe: 23 cm

Der Wollplüsch-Bär könnte zu Farnells Alpaka-Spielzeugserie für Babys gehört haben. Sie wurde 1935 eingeführt und umfaßte rosa- und goldfarbene, blaue und weiße Teddybären. Zu dem Zeitpunkt waren Bären mit unterschiedlichster Qualität und Farbe erhältlich.

Gesticktes Etikett

Chad-Valley: 1920 bis in die 30er Jahre

FRÜHE, TRADITIONELLE BÄREN; KNOPF UND ETIKETTEN-WARENZEICHEN

D ie ersten Plüschteddys mit Gelenken stellte Chad-Valley 1915–16 her, als England die Einfuhr deutscher Erzeugnisse verbot. Chad-Valley war das Markenzeichen der Gebrüder Johnson, die in Harborne, Birmingham, Schreibwaren und Brettspiele fertigten. 1920 war das Geschäft so expandiert, daß die Kuscheltier-Produk-tion in die Wrekin Toy-Werke nach Wellington, Shropshire, ausgelagert werden mußte; die Firma wurde unter dem Namen Chad-Valley bekannt. Die Teddybären der 20er bis 30er Jahre trugen einen bedruckten, mit Zelluloid überzogenen Metallknopf oder ein Webetikett, manchmal auch beides.

1923–26: Aerolite-Knopf

Die frühen Jahre waren für Chad-Valley eine Experimentierphase; manche Bären sind z. B. mit einer Füllung aus Korkspänen, andere mit Drahtgelenken aufgefunden worden. Von 1920 an stopfte Chad-Valley die Bären mit Kapok aus. Das Aerolite-Warenzeichen, von 1923–26 in Gebrauch, weist auf die weiche und leichte Beschaffenheit dieses Materials hin.

Größe: 40 cm

Aerolite-Kopf

Ohren: Die großen flachen Ohren sind an den Kopfseiten angebracht.

Augen: Die bernsteinfarbenen Glasaugen mit schwarzen Pupillen sind an Drahtschäften eingenäht.

Nase: Die dreieckige Nase ist senkrecht gestickt und hat oben einige waagerechte Stiche.

Bärenprofil
Die vorstehende, runde Stirn und die spitze, geschorene Schnauze zeigen ebenso wie der weniger betonte Buckel, die kürzeren Gliedmaßen und kleineren Füße die neue, sich noch entwickelnde Form des englischen Teddybären.

Fell: Der lange, seidige, goldfarbene Mohairplüsch, an der Schnauze geschoren, ist stellenweise stark abgenutzt.

Arme: Die langen, gebogenen Arme sind mit Baumwollsamt-Pfoten versehen.

Füße: Die großen Füße haben ovale, braune Baumwollsamt-Sohlen.

Fußsohlen: An den Füßen befinden sich fünf, an den Pfoten vier Krallen.

Um 1920: Knopf unterm Kinn
Größe: 73 cm

Der Knopf mit dem Warenzeichen befand sich im allgemeinen im rechten Ohr der Chad Valley-Bären, gelegentlich aber auch oben auf der Brust oder, wie hier, oben auf dem Rücken. Die Änderungen wurden vielleicht durch Steiffs »Knopf im Ohr«-Patent erforderlich.

Zelluloid Knopf

30er Jahre: Weinfarbener Mohairplüsch
Größe: 53 cm

Von 1930 bis in die 40er Jahre nähte Chad Valley ein weißes Webetikett mit roter Schrift per Maschine auf die Fußsohlen seiner großen, oder auf die Beine der kleineren Bären. Außerdem waren sie mit dem zelluloidüberzogenen Metallknopf ausgestattet.

Gesticktes Etikett

Um 1930: Knopf im Ohr
Größe: 43 cm

Die meistbenutzten Knöpfe von Chad Valley haben die schwarzgedruckte Schrift auf einer zelluloidüberzogenen Metallniete. Sie sind ausnahmslos größer als die frühen Steiff-Warenzeichen. Die Nase ist typisch für die Bären, die in dieser Periode hergestellt wurden.

Zelluloid-Knopf

Um 1920: Knopf im Ohr
Größe: 73 cm

Eine weitere Form des Chad Valley-Warenzeichens, mit anderer Schrift und Druckfarbe, ein Zeichen für die Experimentierphase in der Firmengeschichte. Dieser große Bär ist mit Kapok, die Schnauze mit Holzwolle ausgestopft.

Zelluloid-Knopf

Chad Valley: 1920 bis in die 30er Jahre

TRADITIONELLE BÄREN MIT ALTERNATIVEN NASEN

In den 20er und 30er Jahren expandierte Chad Valley und übernahm fünf Firmen, u. a. Isaacs & Co und Peacock & Co (siehe S. 70–71). Anfang der 30er Jahre hatte sie Bären in 14 Größen im Sortiment, drei wahlweise mit harter oder weicher Füllung. Gegen Ende der 30er Jahre verwendete man nur noch Kapok.

Auch die Nasen änderten sich in dieser Zeit; die rechteckige, waagerecht und die dreieckige, senkrecht gestickte entwickelten sich zu einer dicken, eng gestickten ovalen Form, die oft als »typische Chad Valley-Nase« bezeichnet wird.

Um 1930: Waagerechte Nase

Obwohl mit ähnlicher Körperform ausgestattet wie andere Bären aus dieser Periode, weist dieser Teddy die mit der Magna-Serie verknüpfte Nasenform auf (S. 55, unten rechts). Der kurze, stoppelige Mohairplüsch läßt auf seine Zugehörigkeit zur Qualitätsgruppe A schließen, eine von fünf, die Chad Valley in der Frühzeit verwendete. Der Bär ist rundum mit Holzwolle ausgestopft, eine Füllung, die weiterhin als Alternative zu Kapok angeboten wurde.

Größe: 25 cm

Gesticktes Etikett

Knopf: Der Metallknopf im rechten Ohr ist korrodiert.

Ohren: Große, flache, leicht gewölbte Ohren sind über den Gesichtsnähten angebracht.

Augen: Die klaren Glasaugen, auf der Rückseite hell-zimtfarben bemalt, könnten ein Ersatz sein.

Nase: Die waagerecht gestickte Nase erinnert an die Peacock-Bären aus jener Periode (siehe S. 70–71).

Schnauze: Die Schnauze ist schmal, vorspringend und völlig geschoren; sie enthüllt den Webstoff.

Fell: Der kurze, leicht stoppelige Mohairplüsch ist von minderer Qualität. Der Bär ist ringsum mit Holzwolle ausgestopft und hat eine Kippmechanismus-Brummstimme.

Bärenprofil
Der Teddy läßt noch Eigenarten der frühen Bären im traditionellen Stil erkennen: die Andeutung eines Buckels, relativ lange, gebogene Arme und große Füße. Ein gewinnendes Merkmal ist der lächelnde gestickte Mund, der sich über die ganze Breite der vorspringenden, geschorenen Schnauze erstreckt.

Fußsohlen: Die muskatfarbenen Filzsohlen sind ausgiebig mit braunem Filz in einem anderen Farbton ausgebessert worden. Der Bär hat keine Krallen.

Füße: Die Pfoten an den großen, runden Füßen sind mit dickem Karton verstärkt.

Warenzeichen: Das rote und weiße Etikett ist mit der Maschine auf die linke Fußsohle genäht.

30er Jahre: Klein; breite, eng gestickte Nase

Größe: 20cm

Dieser Bär trägt den Warenzeichen-Knopf oben auf dem Rücken. Obwohl der kleinste der traditionellen Serie, zeigt er viele typische Chad Valley-Merkmale, wie die eng gestickte, ovale Nase mit waagerechten Randstichen.

Zelluloid-Knopf

30er Jahre: Zottiger, dunkelbrauner Mohairplüsch

Größe: 30 cm

Mit der eng gestickten Nase zeigt dieser Bär aus dem Chad Valley-Sortiment eine alternative Mohairplüsch-Qualität und Farbe. Sein erstklassiger Zustand, das hellbraune, reizvolle Gesicht und die Warenzeichen, die den Zahn der Zeit überlebt haben, machen ihn zu einem begehrten Sammlerobjekt.

Zelluloid-Knopf

30er Jahre: Dreieckige Nase

Größe: 53 cm

Der weiche, seidig-gelbe Mohairplüsch unterscheidet sich von dem des Bären links und zeigt die ganze Bandbreite der von Chad Valley angebotenen Qualität. Dieses Modell war auch in weißem und weinfarbenem Mohair- und Kunstseidenplüsch erhältlich.

Gesticktes Etikett

Um 1930: Magna-Serie

Größe: 38 cm

Der Bär läßt sich auf ca. 1930 datieren und hat das blauweiße Magna-Etikett und die waagerecht gestickte Nase, die normalerweise mit seiner »Gattung« in Verbindung gebracht wird. »Harborn« ist der Stadtteil von Birmingham, wo Chad Valleys Hauptwerk ansässig war.

Gesticktes Etikett

Chiltern: 1920 bis in die 40er Jahre

DIE ENTWICKLUNG DER BERÜHMTEN HUGMEE-SERIE

Leon Rees erbte die Chiltern-Spielzeugwerke 1919 von seinem Schwiegervater, Josef Eisenmann. 1920 gründete er mit Harry Stone, ehemals bei J.K. Farnell beschäftigt, die Firma H.G. Stone & Co, einem der namhaftesten Plüschspielzeug-Hersteller der damaligen Zeit. Der Name »Chiltern Toys« bezog sich auf den Standort des Unternehmens in Chesham, in den Chiltern Hills. Bis 1940, als die Fabrik Kriegsmaterial zu produzieren begann, wurden Teddybären hergestellt. Einer der ersten war Baby Bruin, das Bärenjunge, das 1922 das Licht der Welt erblickte. 1937 wurde die Wagmee-Serie – ähnlich den Ja/Nein-Bären von Schuco – eingeführt.

Ende 20er Jahre: Hugmee; »Dual«-Mohairplüsch

Der Stützpfeiler des Kuschelspielzeuggeschäfts war Chilterns Hugmee-Teddybär, der ab 1923 in den Fachzeitschriften auftauchte. Das dauerhafte Stoff-etikett wurde erst in den 40er Jahren eingeführt; frühere Bären hatten einen orangefarbenen, runden Pappanhänger mit der Aufschrift »Chiltern Toys Trademark/Made in England« auf der Brust.

Größe: 58cm

Fell/Füllung/Quiekser: »Dual«-Mohairplüsch war in den 20er Jahren beliebt; hier schwarz mit blonden Spitzen. Kopf und Körper rund um den Quiekser sind mit Holzwolle, der Rest des Körpers und die Gliedmaßen mit Kapok ausgestopft.

Quiekser
Der Quiekser, der nicht mehr funktioniert, ist oval und hat eine doppelte Stimmzunge (eine am Ende jeder Papp-röhre) und einen Wachstuch-Blasebalg, der zerrissen ist. Die Sprungfeder ist verrostet.

Augen: Die klaren Glas-augen sind mit einem letzten diagonalen Stich am Hinterkopf eingenäht – ein typisches Chil-tern-Merkmal.

Nase: Die recht-eckige Nase ist senkrecht gestickt mit erhöhten Außen-stichen, typisch für die Hugmee-Serie.

Bärenprofil
Aus diesem Winkel sieht man die typischen Hugmee-Merkmale dieser Periode: lange Arme mit löffelförmi-gen Pfoten, dicke Oberschenkel mit großen Füßen, vorstehende Schnauze und eine gestickte Nase mit erhöhten Außenstichen.

Krallen: An den Pfoten sind vier zusammenlaufende Krallen, an den Füßen fünf Krallen zu sehen.

Fußsohlen: Die beige-farbenen Baumwoll-samt-Fußsohlen sind mit Karton verstärkt.

1938: Hugmee; weißer Mohairplüsch   Größe: 58 cm

Der Bär läßt alle Vorkriegsmerkmale der Hugmee-Serie erkennen: geschorene, spitze Schnauze, typisches Nasen-Design mit den beiden längeren Außenstichen, Reste eines breiten Lächelns, lange gebogene Arme und »Trommelstock«-Beine mit Baumwollsamtpfoten. Nur 1000 dieser ungewöhnlichen weißen Mohairplüsch-Teddys wurden hergestellt und 1938 im Katalog des Londoner Spielwarengeschäfts Hamleys angeboten.

Um 1930: Goldfarbener Mohairplüsch   Größe: 65 cm

Obwohl dieses Exemplar nicht markiert ist, weist es viele Merkmale der frühen Hugmee-Bären auf. Er war auch in anderen Farben erhältlich, zum Beispiel in Rosa, Blau und einem seltenen Weiß. Hugmee-Bären besaßen in der Regel einen Quiekser und einen Anhänger auf der Brust mit der Aufschrift »I Growl« (Ich brumme). Einige der frühen Hugmee-Bären hatten eine eingebaute Spieldose zum Drücken.

40er Jahre: Hugmee; flaches Gesicht   Größe: 50 cm

Während des Zweiten Weltkriegs und der nachfolgenden Jahre der Rationierung änderte sich das Aussehen des Hugmee-Bären. Aufgrund der Materialknappheit entwarf man ein Modell, das weniger Stoff erforderte, und verkürzte Hugmees Schnauze und Mundpartie, was ihm ein bedrücktes Aussehen verlieh. Die Krallen fielen ebenfalls den Sparmaßnahmen zum Opfer.

40er Jahre: Kunstseide; musikalisch   Größe: 40 cm

Der Chiltern Silky-Bär von 1929 war der erste Kunstseiden-Teddybär von Chad Valley. Der abgebildete Bär (flaches Gesicht, ähnlich bedrückte Miene wie sein Nachbar) verbirgt eine Spieldose an der Schmalseite des Rückens, die mit einem Schlüssel aufgezogen wird und das *Wiegenlied* von Brahms spielt. Der Bär ist rundum mit leichten, weichen Baumwollabfällen ausgestopft, in der Branche »Sub« genannt.

Joy-Toys: 1920 bis in die 60er Jahre

DIE ERSTEN AUSTRALISCHEN PLÜSCHTIER-HERSTELLER

J oy-Toys wurde in den 20er Jahren von Mr. und Mrs. Gerald Kirby aus South Yarra, Victoria, gegründet und war vermutlich der erste kommerzielle Teddybär-Hersteller. Davor wurden Teddys aus Europa importiert oder in Heimarbeit hergestellt. Als die Kirbys 1937 nach London abreisten, expandierte Joy-Toys unter der Leitung von Maurice Court. Sie erhielt als einzige in Australien die Lizenz zur Herstellung von Disney-Figuren und errichtete eine Fabrik in Wangarei, Neuseeland. 1966 wurde sie von Cyclops, einem Unternehmen in britischer Hand, aufgekauft und stellte in den 70er Jahren die Produktion ein.

Ende der 20er bis in die 30er Jahre: Bär mit Gelenken

Vor dem Zweiten Weltkrieg waren die Joy-Toys-Bären aus Mohairplüsch, besaßen eine Holzwolle-Füllung und unverkennbare Nasenform, angelehnt an das Chiltern-Design (siehe S. 56–57) derselben Periode. Die Hugmee-Serie von Chiltern wurde, wie im Katalog des Warenhauses Grace Brothers vermerkt, um 1930 nach Australien exportiert. Es wäre möglich, daß Joy-Toys die Bärennasen nach dem Hugmee-Muster gestaltete.

Größe: 50 cm

Gesticktes Etikett

Ohren: Die Ohren sind weit auseinanderstehend am Hinterkopf und über den Gesichtsnähten angebracht.

Augen: Die durchsichtigen, bernsteinfarbenen Glasaugen sind an Drahtschäften ins Gesicht genäht.

Nase: Zwei Stiche laufen von der senkrecht gestickten schwarzen Nase nach oben.

Mund: Der Mund mit umgekehrter T-Form ist schwarz gestickt.

Arme: Die Arme sind kurz und hoch am Körper angesetzt, was den Eindruck vermittelt, als habe der Bär keinen Hals. Die Pfoten sind spitz zulaufend und gebogen.

Körper: Der Körper ist lang und dünn.

Fell/Füllung: Das Fell besteht aus zottigem, goldfarbenem Mohairplüsch, stellenweise abgenutzt, so daß der Webuntergrund sichtbar wird. Der Bär ist rundum mit Holzwolle ausgestopft.

Fußsohlen: Der beigefarbene Überzug auf den urprünglichen Rexin-Pfoten ist abgenutzt und legt den Webuntergrund in gebrochenem Weiß frei.

Beine: Die Beine haben eine kurze und gerade Form; sie sind etwas breiter als die Oberschenkel.

Bärenprofil

Der Bär zeigt viele Merkmale seiner englischen Entsprechungen aus dieser Periode: relativ kurze Gliedmaßen, gebogene Pfoten, plumpe Oberschenkel, kleine Füße und den geraden Rücken. Die vorspringende Schnauze bildet eine gerade Linie mit der Stirn; die langen Außenstiche der ausgeprägten Nase sind klar zu sehen.

Füße: Die Füße sind kurz, plump und haben keine Krallen.

Warenzeichen: Ein gesticktes Stoffetikett ist von Hand auf die linke Fußsohle genäht.

40er Jahre: Quadratische Nase

Größe: 38 cm

Dieser Bär ist, vielleicht infolge der Materialknappheit in Kriegszeiten, aus kurzflorigem, rauhem Mohairplüsch ohne Halsgelenk – ein Merkmal, das für Joy-Toys und andere australische Bären typisch werden sollte. Die Nase hat eine einfache quadratische Form.

Gesticktes Etikett

40er bis 50er Jahre: Ohne Halsgelenk; keine Pfoten

Größe: 25 cm

Dieser abgenutzte Mini-Bär aus zottigem blondem Mohairplüsch hat kein Halsgelenk. Körper und Kopf sind aus einem Stück und aus derselben Plüschbahn zugeschnitten. Er hat keine Pfoten, wie viele kleine Bären. An der rechten Ferse ist ein Warenzeichen mit der Maschine angenäht.

Gesticktes Etikett

Um 1960: Ohne Gelenke; modellierte Füllung

Größe: 30cm

Dieser Bär ohne Gelenke hat eine Schaumgummi-Füllung, die zur Bärenform modelliert und dann durch die Rückennaht in die Außenhülle aus blaßrosa Synthetikplüsch eingeführt wurde. Der Zieharmonika-Qiekser aus durchsichtigem Vinyl wurde in Deutschland hergestellt.

Bedrucktes Etikett

60er Jahre: Ohne Halsgelenk; Schaumgummifüllung

Größe: 38 cm

Die Joy-Toys-Form änderte sich gegen Ende der 50er Jahre und in den 60er Jahren kaum. Die quadratische Nase und die großen Glasaugen blieben; der Körper war nur teilweise mit Gelenken versehen und hatte den typischen steifen Hals. Man verwendete jedoch neue Plüsch- und Füllmaterialien, und das bedruckte Etikett wurde gefalzt und in die Bein- oder Pfotennaht eingefaßt.

Merrythought: 30er Jahre

FRÜHE ENTWICKLUNG VON ZWEI TRADITIONELLEN ENGLISCHEN ENTWÜRFEN

D ie Unternehmer W. H. Holmes und G. H. Laxton eröffneten 1930 eine Kuschelspielzeug-Fabrik in einem Gebäude, das sie von der Firma Coalbrookdale in Ironbridge, Shropshire, pachteten (siehe S. 66–67). Im selben Jahr ließen sie das Warenzeichen Merrythought eintragen (ein englisches Wort aus dem 17. Jahrhundert =

Gabelbein, Glücksbringer). 1931 gaben sie ihren ersten Katalog heraus, in dem zwei Teddybären aus goldfarbenem Mohairplüsch prangten: die Magnet-Serie in vier Größen, zur unteren Preisklasse gehörig, und die Merrythought-Serie, die später zum Schlüsselmuster, der M-Linie, entwickelt wurde.

Anfang der 30er Jahre: Traditionelles Design

Dieses frühe Modell hat für Chad Valley typische Merkmale (bedruckter, mit Zelluloid überzogener Metallknopf als Warenzeichen und große, flache Ohren), aber auch für J. K. Farnell charakteristische Zeichen (vernetzte Krallen). Das mag daran liegen, daß die neuen Bereichsleiter, C. J. Rendle und H. C. Janisch, früher für diese beiden namhaften Kuscheltierhersteller gearbeitet hatten. Die meisten Merrythought-Bären wurden aus goldfarbenem Mohairplüsch gefertigt. Von 1936–38 war auch ein rehbrauner Mohairplüschbär mit dunkelbraunen Spitzen im Programm.

Größe: 58 cm   Zelluloid-/Metallknopf

Knopf: Der bedruckte Zelluloid-Knopf mit dem Gabelbein-Warenzeichen, während der 30er Jahre verwendet, ist am linken Ohr des Bären befestigt.

Augen: Die bernsteinfarbenen Glasaugen sind an Drahtschäften weit auseinanderstehend und weit unten im Gesicht angebracht.

Nase: Die beiden Außenstiche der senkrecht gestickten Nase sind nach unten versetzt; der Mund hat eine umgekehrte Y-Form.

Fell/Füllung: Der Bär hat ein Fell aus goldfarbenem Mohairplüsch. Er ist mit einer Holzwolle-Kapok-Mischung ausgestopft, bis auf die Gliedmaßen, die nur mit Kapok gefüllt sind.

Krallen: Die Krallen sind netzartig auf die Pfoten gestickt, für Merrythought typisch. Sie bestehen aus vier Stichen über der Filzpfote, deren innere Enden mit waagerechten Stichen verbunden sind.

Beine: Die Beine mit Gelenken enden in kleinen, rundlichen Füßen; die dicken Oberschenkel sind für die englischen Bären dieser Periode kennzeichnend.

Pfoten: Die dunkel-orangefarbenen Filzsohlen runden den goldfarbenen Mohairplüsch gut ab.

Bärenprofil
Die Nasenform, aus diesem Winkel klar sichtbar, ist typisch für das frühe Merrythought-Design. Die vorspringende, geschorene Schnauze eifert dem traditionellen, wirklichkeitsgetreuen Steiff-Stil nach.

Warenzeichen: Das gestickte, mit der Maschine auf den rechten Fuß genähte Etikett bezeugt, daß der Bär vor dem Zweiten Weltkrieg gefertigt wurde. Später benutzte Merrythought bedruckte Etiketten.

Anfang der 30er Jahre: Zottiger Mohairplüsch

Größe: 50 cm

Die frühen Merrythought-Bären wurden aus Plüsch unterschiedlicher Qualität hergestellt. Dieser hat ein langfloriges Fell der Luxusklasse. Der ursprüngliche Goldton ist mit der Zeit verblichen, aber noch in den Ohren und rund um die Gelenke zu sehen.

Gesticktes Etikett

30er Jahre: Dunkelbraun; kurzflorig

Größe: 48 cm

Dieser Bär ähnelt den Merrythought-Modellen der 30er Jahre, hat aber ein Fell aus weichem Wollplüsch mit kürzerem Flor in unüblichem Schokoladenbraun. Das Krallennetz ist verschwunden, aber die nicht verblichenen Bereiche auf den Pfoten deuten die ursprüngliche Position an.

Gesticktes Etikett

30er Jahre: Goldfarbener Mohairplüsch

Größe: 45 cm

Die geschorene Schnauze, breite Stirn, großen flachen Ohren, netzförmigen Krallen und stämmigen Oberschenkel sind typisch für die Merrythought-Bären der 30er Jahre. Die Pfoten wurden nicht wie üblich aus Filz, sondern aus braunem Baumwollsamt gefertigt.

Gesticktes Etikett

Anfang der 30er Jahre: Alternatives Design

Größe: 50 cm

Dieser Bär war aus Kunstseidenplüsch und in acht weiteren, damals beliebten Farbtönen erhältlich. Er hat noch den Metallknopf mit Zelluloidüberzug auf dem Rücken, hinter dem linken Armgelenk.

Gesticktes Etikett

Chad Valley: 1938 bis in die 50er Jahre

KÖNIGLICHES GÜTESIEGEL; TEDDYBÄREN IM TRADITIONELLEN STIL

Ende der 30er Jahre galt Chad Valley als einer der weltweit führenden Spielzeughersteller. Die Firma war stark expandiert und 1939 mit dem königlichen Gütesiegel bedacht worden. Seit der Zeit trugen alle Spielwaren ein Etikett mit der Aufschrift »Toymakers to Her Majesty the Queen« (Lieferant Ihrer Majestät der Königin); gemeint war hier Elizabeth, die Gemahlin von König George VI. Der Wortlaut wurde 1953 in »… the Queen Mother« geändert, mit der Krönung der jetzigen Königin Elizabeth II – ein hilfreiches Detail, wenn man die Chad Valley-Bären zu datieren versucht.

1938–52: Großer Bär; goldfarbener Mohairplüsch

Das grundlegende Teddy-Design änderte sich während dieser Zeit kaum. Aus der dreieckigen Nase der 20er und 30er Jahre wurde jedoch die dicht gestickte, breite, rechteckige Form. Rexin, eine Art behandelter Buchbinderleinwand, mauserte sich zum beliebten Material für Pfoten und Fußsohlen und ersetzte Flanell und Baumwollsamt, die vorher bevorzugt wurden.

Größe: 73 cm

Bedrucktes Etikett

Ohren: Die großen, flachen Ohren, an der Ober- und Seitenkante des Kopfes angebracht, sind typisch für die Chad Valley-Bären.

Augen: Die großen rötlich-braunen, durchsichtigen Glasaugen sind an Drahtschäften angenäht.

Nase: Die breite, rechteckige Nase besteht aus eng gesetzten, senkrechten schwarzen Stichen, mit einem waagerechten Stich quer über der Oberkante (wie bei den früheren, dreieckigen Nasen).

Warenzeichen: Das blaue bedruckte Etikett ist in die Brustnaht eingefaßt.

Fell/Füllung: Der schöne goldfarbene Mohairplüsch befindet sich in tadellosem Zustand und hat keine abgenutzten Stellen. Der Bär ist mit Kapok ausgestopft.

Füße: Die Füße sind lang und schmal.

Bärenprofil
Die Seitenansicht zeigt die typisch englische Bärenform, die sich nach und nach entwickelte: abgeflachte Schnauze und besonders breite Oberschenkel. Die Arme sind extrem lang und an den Pfoten gebogen. Am linken Fuß befindet sich das königliche Gütesiegel.

Fußsohlen: Die Rexinsohlen sind leicht abgenutzt und enthüllen den Webuntergrund. Der Bär hat keine Krallen.

1938–52: Blauer Mohairplüsch

Größe: 35 cm

Chad Valley ist auch für seine farbenfrohe Bären-Palette bekannt, und blau war damals beliebt. Dieser Teddy ist nicht so plump und rundlich wie seine Vorgänger – eine Folge der kriegsbedingten Rationierung, die auch das Material für die Teddybär-Herstellung verknappte.

Bedrucktes Etikett

Nach 1953: Zottiger goldfarbener Mohairplüsch

Größe: 44 cm

Das Königliche Gütezeichen, sowohl vor als auch nach dem Krieg, war meistens quadratisch (manchmal rechteckig); Siegel, Wappen und Firmenname waren in Blau aufgedruckt. Das Etikett wurde mit Zickzack-Stich an der Fußsohle befestigt.

Bedrucktes Etikett

Nach 1953: Weißer Wollplüsch

Größe: 34 cm

Dieser Bär besitzt viele der gleichen, für Chad Valley typischen Merkmale wie der goldfarbene Bär (gegenüber), obwohl er aus billigerem Plüsch hergestellt ist. Die Rexinsohlen sind hellbraun, passend zur Farbe des Wollplüsch.

HYGIENIC TOYS MADE IN ENGLAND BY THE CHAD VALLEY CO. L

Bedrucktes Etikett

40er Jahre: Groß; goldfarbener Mohairplüsch

Größe: 107 cm

Dieser riesige Bär hat Fußsohlen, die mit Hartfaserplatten verstärkt wurden. Ein bedrucktes Etikett ist, wie üblich, in eine Seitennaht eingefaßt, obwohl es auch oft in der Brustnaht oder nahe dem Beingelenk zu finden ist.

HYGIENIC TOYS MADE IN ENGLAND BY THE CHAD VALLEY CO. L

Bedrucktes Etikett

Chad Valley: 1930 bis in die 40er Jahre

NEUHEITEN: EINFÜHRUNG ALTERNATIVER PLÜSCHMATERIALIEN

had Valley brachte eine Reihe von Neuheiten heraus, so zum Beispiel 1926 den Rainbow Tubby-Bären mit Halskrause und Harlekin-Kopfbedeckung. Die beliebteste Innovation in den 30er Jahren war Cubby-Bär aus braunem und rehfarbenem Alpakaplüsch, in drei Größen erhältlich. Dieser Bär sollte vermutlich das Gegenstück zu Merrythoughts Bingie (siehe S. 68–69) sein. Cubbys Babybruder Sonny hatte ein Fell aus beigefarbenem Plüsch und trug ein Lätzchen. 1934 schuf Chad Valley Winnie the Poo (Pu der Bär) und verschiedene andere A. A. Milne-Figuren, die in der Kinderstunde des Radiosenders BBC Berühmtheit erlangten.

30er Jahre: Blau; musikalisch

Blau war von Ende der 30er bis Anfang der 50er Jahre bei englischen Teddybären in Mode. Spieldosen, die nach kurzem Druck erklingen, bevorzugten Hersteller wie Chiltern und Chad Valley von Mitte der 20er bis zu Beginn der 30er Jahre, als sich die Federzugmechanismen mit Schlüssel durchsetzten.

Größe: 55 cm

Gesticktes Etikett

Schnauze: Die vorspringende, geschorene Schnauze ist mit Holzwolle ausgestopft.

Fell/Füllung/Drückmechanismus: Der lockige blaue Mohairplüsch ist stellenweise stark abgenutzt, vor allem in Brustmitte über dem Drückmechanismus. Körper und Gliedmaßen sind mit einer Holzwolle-Kapok-Mischung ausgestopft.

Fußsohlen: Die hellbraunen Filzsohlen waren ursprünglich mit Karton verstärkt (der jetzt rechts fehlt).

Warenzeichen: Der Zelluloid-Knopf im linken Ohr trägt die Aufschrift: »Chad Valley, hygienische englische Spielwaren«.

Augen: Die großen Augen sind aus Glas.

Nase: Die dreieckige Nase ist typisch für diese Periode.

Bärenprofil

Die Seitenansicht läßt die größeren Füße, dickeren Oberschenkel und kürzeren Arme des englischen Teddybären im Vergleich zum deutschen erkennen. Die vorspringende geschorene Schnauze ist ebenfalls gut zu sehen.

Etikett: Das rot-weiße Etikett ist auf die linke Fußsohle genäht.

Um 1930: Goldfarbener Kunstseidenplüsch — Größe: 33 cm

1929 begannen die namhaften englischer Hersteller, Teddybären aus Kunstseidenplüsch zu fertigen. Chad Valley benutzte eine breite Skala von Farben und Filzsohlen, die im Ton darauf abgestimmt waren. Dieser Bär war ursprünglich blaßgold; die Farbe ist aber inzwischen verschossen.

Gesticktes Etikett

Um 1945: Clown-Bär — Größe: 28 cm

Dieser weiche Alpakaplüsch-Teddy wurde 1945 auf der Titelseite eines Fachmagazins abgebildet. Der Körper ist mit Kapok, die Schnauze mit Holzwolle ausgestopft. Auf beiden Fußsohlen befindet sich das rot-weiße gestickte Firmenetikett.

Gesticktes Etikett

Um 1938: Drei Bären — Größe: 10 cm/Baby 7 cm

Die Minibären-Familie – Vater, Mutter und Kind – wurde 1938 in einem Katalog als »Bären-Teeparty« angeboten, komplett mit Holztisch und drei Stühlen. Der Baby-Bär hält sich ein Taschentuch an die Augen und weint, wie in der Geschichte *The Three Bears*.

Gesticktes Etikett

40er Jahre: Weißes Schaffell — Größe: 28 cm

Dieser Bär entstand vermutlich während der Kriegszeit, als Mohairplüsch schwer erhältlich war. Wie bei Schaffell-Teddys üblich, hat auch dieser schwarze Bär Lederpfoten. Das blaue Etikett der 40er/50er Jahre ist an der Innenseite des rechten Beins befestigt.

Bedrucktes Etikett

Der Zauber Merrythoughts

ENGLANDS ÄLTESTE KUSCHELTIERFIRMA IN FAMILIENBESITZ

S chon im Jahre 1919 eröffneten W.G. Holmes und G.H. Laxton eine kleine Spinnerei in Yorkshire, um Garn aus Mohair herzustellen, das aus Ländern wie der Türkei und Südafrika stammte. Während der 20er Jahre kauften die Partner Dyson Hall und Co. Ltd., eine Mohairplüsch-Weberei in Huddersfield.

Da sie einen Abnehmer für ihre Produkte suchten, gründeten sie 1930 Merrythought Ltd. und stellten Plüschtiere her. 1931 pachteten sie eines der Gebäude, das der Coalbrookdale Co. in Ironbridge, Shropshire gehörte, am Ufer des Severn-Flusses.

Anhänger, 1989

Die Region um Ironbridge, früher als die »Kleine Schweiz« bekannt, gilt auch als »Wiege der Industriellen Revolution«. Die erste Eisenbrücke, 1779 von Abraham Darby III erbaut, ist etwa einen Kilometer von der Merrythought-Fabrik entfernt, und ihre Form spiegelt sich in der Form der »Merrythought«-Aufschrift auf den Firmenetiketten wider. Der Name wurde 1930 als Warenzeichen eingetragen und befindet sich auf den Knöpfen, mit denen man die Bären

vor dem Zweiten Weltkrieg markierte. C.J. Rendle, ehemals in leitender Position für Chad Valley tätig, wurde als Herstellungsleiter eingestellt. Für den Verkauf in den Ausstellungsräumen in London holte man H.C. Janisch, früher Verkaufsleiter bei J.K. Farnell. Mit zwanzig Mitarbeitern nahm Rendle im September 1930 in provisorischen Räumlichkeiten die Produktion auf; im Februar 1931 zog Merrythought in die heutige Fabrik um.

Hauptwerk
Das Hauptwerk in Ironbridge, 1898 errichtet, wird von zwei lebensgroßen »London«-Bären bewacht. Das Unternehmen hatte die Fabrik von 1931 bis 1956 gepachtet und kaufte sie dann. Auf den Toren steht der Name.

EIN WACHSENDES GESCHÄFT

Anfang 1931 pachtete die Firma größere Räumlichkeiten von der Eisengießerei und beschäftigte 1932 bereits 200 Mitarbeiter. In einem Artikel, im gleichen Jahr in einer Fachzeitschrift erschienen, lobte man Merrythoughts ideales Arbeitsumfeld. Die Fabrik war außergewöhnlich hell, mit zwei Dachfenster-Reihen auf beiden Seiten der Schrägflächen und großen Fenstern entlang einer Wand. An einem Ende des Saals befanden sich die Werkbänke mit Nähmaschinen, in die Ende 1932 Elektromotoren installiert wurden. Draußen waren in Schuppen Kartons und Holzkisten zum Verpacken, Ballen mit Holzwolle und riesige Säcke mit Kapok gelagert.

Der erste Schritt war das Zuschneiden des Plüsch; danach folgte das Zusammennähen der Teile. Die Bären wurden ausgestopft und zusammengesetzt, sie erhielten den letzten Schliff (aufgestickte Gesichtszüge, Schmuckbänder, usw.) und wurden dann, in

In der Fabrik, 1932
In den 30er Jahren trugen Arbeiterinnen und Aufsichtspersonal (Mitte links, stehend) Arbeitskleidung. Im Arbeitsbereich (oben) werden heute noch Schmusetiere hergestellt.

Traditionelle Methoden
Eine Mitarbeiterin näht die Nase auf ein Bärengesicht. Ein Teddy, hergestellt zum 60. Firmenjubiläum. Zwei moderne »M«-Bären sitzen im Hintergrund. Viele Arbeiten werden in traditioneller Weise ausgeführt.

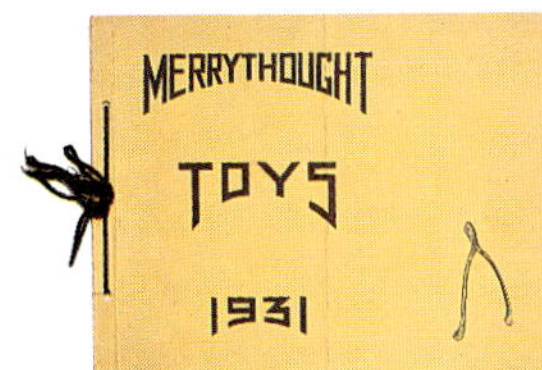
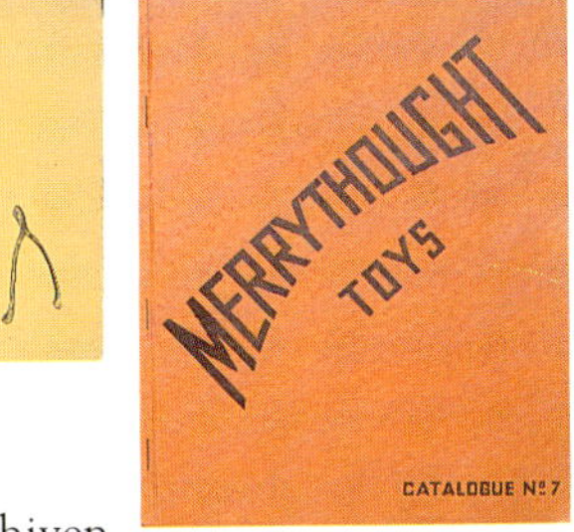

Erste Kataloge
Kataloge aus den
Merrythought-Archiven

Katalog von 1931
Eine Abbildung der
ersten Magnet- und
Merrythought-Produkt-
linien.

Vor dem 2. Weltkrieg,
gesticktes Webetikett

ca. 1945–56, bedrucktes
Webetikett

ca. 1957–91, bedrucktes
Webetikett

MERRYTHOUGHT

1992 – heute, gesticktes
Webetikett

1931, Bingie

Schachteln verpackt, in die Lagerräume gebracht.

Florence Atwood, Chefdesignerin von 1930 bis zu ihrem Tod 1949, war taub und hatte ihr Handwerk in der Taubstummenschule von Manchester erlernt. Sie schuf Teddys nach eigenen Entwürfen und wandelte die Vorlage anderer Bären-Künstler ab, z. B. Lawson Woods »Gran'pop«, eine Orang-Utan-Karikatur. Sie zeichnete für Merrythoughts ersten Panda-Bären verantwortlich, der nach der Ankunft des Pandababys Ming 1939 im Londoner Zoo entstand.

1935 war Merrythought mit einer Produktionsstätte von 41600 Quadratmetern der größte Kuscheltierhersteller in England.

ZWEITER WELTKRIEG

Während des Zweiten Weltkriegs übernahmen die Britische Admiralität und das Ministry of Aircraft Production die Merrythought-Fabrik, um dort Kartenmaterial herzustellen und Sperrholz einzulagern. Merrythought stellte ein kleines Spielsachen-Sortiment in einer zeitweiligen Fabrik bei Wellington her und fertigte später – im Auftrag der Regierung – Gabardine- und Velourslederkleidung. 1946 lief die Spielwarenproduktion in Ironbridge wieder an, obwohl alle Vorkriegsmuster und ein großer Teil der Materialvorräte durch eine Überschwemmung des Severn zerstört worden waren.

Nach C. J. Rendles Tod im April 1949 trat B. T. (Trayton) Holmes, Sohn des Gründers, in die Firma ein. 1952 engagierte er Jimmy Mathews, heute Verkaufsdirektor, um den Absatz nach den mageren Nachkriegsjahren anzukurbeln. 1953 kam die Designerin Jean Barber dazu, die im Oktober 1955 Cheeky schuf (siehe S. 120–121). Nach 1965 hatte sie verschiedene Nachfolgerinnen, und von 1967–69 war Jackie Harper für die Entwürfe zuständig.

In der Nachkriegsära wurden neue, synthetische Materialien wie Nylon und Dralon eingeführt, viele aus Ostasien. Das Unternehmen modernisierte auch die Produktionsausrüstung: 1955 wurde eine neue Füllmaschine, die mit komprimierter Luft arbeitete, aus den USA eingeführt, und später Zuschneidegeräte mit hydraulischer Presse installiert.

LIMITIERTE AUFLAGEN UND REPLIKA

1982 brachte die Firma eine traditionelle Mohairteddy-Serie in limitierter Auflage für den Import durch Tide-Rider Inc. in New York heraus. 1986 fertigte sie einen Riesenbären im Auftrag von Prinz Edward, der bei der Hochzeit seines Bruders Prinz Andrew in einer königlichen Kutsche mitfahren sollte. Im gleichen Jahr, angeregt durch die Veröffentlichung von John Axes Chronik *The Magic of Merrythought*, entstanden die ersten Nachbildungen – der Magnet-Bär (S. 161), gefolgt von Bingie (S. 68), Mr. Whoppit (siehe S. 121) und eine Reproduktion des Bing-Bären »Gatti« (S. 193).

1988 eröffnete Merrythought neben der Fabrik ein Museum mit Verkaufsräumen, das vom Ironbridge Gorge Museum Trust geleitet wird. 1992 erhielt die Firma aufgrund ihrer handwerklichen Spitzenqualität den Toby Award für ihren Bären »Master Mischief« zuerkannt.

Katalog von 1984
Eine Abbildung des
Champagne Luxury-
Bären (siehe S. 135).

Limitierte Auflagen
Seit den 80er Jahren hat die Firma ihre Aufmerksamkeit dem Sammlermarkt zugewandt und Sonderanfertigungen und Nachbildungen eingeführt. Dieser einzigartige Bär aus grünlichblauem, reinem Mohairplüsch wurde 1983 gefertigt. Sein Fuß ist vom Vorstandsvorsitzenden Trayton Holmes handsigniert.

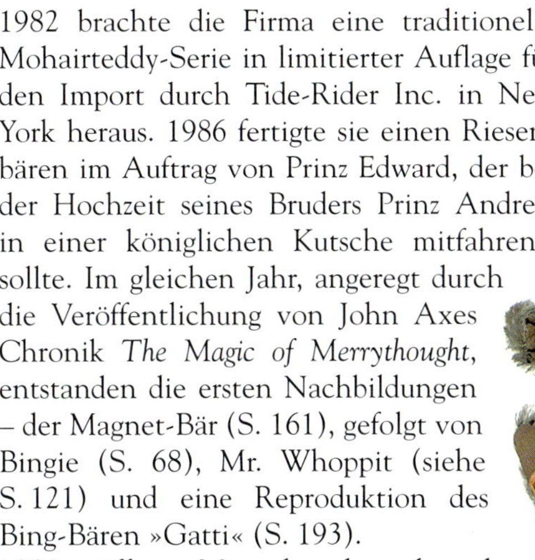

Diamantenes Jubiläum
Merrythought brachte im Juni 1990 anläßlich des 60. Firmengeburtstags eine auf 2500 Stück limitierte Bären-Auflage heraus.

Merrythought: 30er Jahre

DIE BINGIE-FAMILIENSERIE UND ANDERE VORKRIEGSNEUHEITEN

Kurz nach der Gründung begann Merrythought mit der Fertigung von Teddybären im neuen Gewand. Die weichen, für Kleinkinder idealen Alpaka-Bärenjungen wie Tumpy und Chubby-Bär, der Mitte der 30er Jahre entstand, erinnern an »Cubby« von Chad Valley (siehe S. 105). Bobby Bruin (gegenüber) und Teddy Doofings stellten einen Aufbruch zu neuen Ufern dar. Letzterer war in braunem, blauen, rosa und grünem Plüsch erhältlich, hatte Schlafaugen, Ähnlichkeit mit Mickey-Maus und konnte jede Stellung einnehmen. Die Bingie-Familie, in den 30er Jahren erhältlich, war besonders beliebt.

1931: Bingie

Bingie war Teil einer Familie neuartiger Teddys, die von 1931–38 hergestellt wurden. Das sitzende Bärenjunge hat eine weiche Kapokfüllung und gelenklose Beine. Es wurde in sieben Größen gefertigt und in zwei extra kleinen Ausgaben als »Baby Bingie« für Babys angeboten. Dieser Bär besitzt eines der seltenen frühesten Merrythought-Etiketten ohne die Worte »Hygienic Toys« (hygienisches Spielzeug), die nur im ersten Produktionsjahr verwendet wurden.

Größe: 35 cm

Gesticktes Etikett

Ohren: Die Ohren sind mit weißem Kunstseidenplüsch gefüttert.

Augen: Die großen bernsteinfarbenen Glasaugen sind tief positioniert.

Arme: Die kurzen stämmigen Arme enden in rostfarbenen Filzpfoten mit braunen doppelfädigen Krallen über Plüsch und Pfoten.

Beine: Die kurzen stämmigen Beine ohne Gelenke sind so gebogen, daß der Bär eine sitzende Position einnimmt.

Bärenprofil
Aus diesem Winkel sieht man die vorspringende Schnauze, die aus einem separaten Stück von geschorenem Plüsch besteht. Der große Kopf, der gerundete Rücken und die riesigen Füße sind Merkmale, die an ein echtes Bärenjunges erinnern.

Füße: Die Füße sind besonders lang und groß. Die rostfarbenen Filzpfoten sind an Fersen und Zehen breiter, mit vier Krallen, in doppelfädigem braunen Garn passend zu Nase und Mund gestickt.

Fell: Der zottige, cremeweiße Mohairplüsch mit braunen Spitzen ist stellenweise abgenutzt. Bingie ist mit Kapok ausgestopft und hat eine feine Holzwolle-Füllung in den Füßen.

Warenzeichen: Das Webetikett ist an der Innenseite des linken Fußes angebracht.

dunkelbräunlich-schwarze Kulleraugen

Ohren weit auseinanderstehend an Kopfseiten angebracht

ungewöhnliche Biegung am Ellenbogen

ungewöhnliche runde Filzpfoten, mit der Maschine auf die Arme genäht

sehr steife, mit Karton verstärkte Fußsohlen, die Stehen erlauben; eingebaute Metallstäbe enden in Ringen um Außenkanten der Füße

Beine und Körper aus einem Stück

Webetikett, auf linke Fußsohle genäht

1936: Bobby Bruin   Größe: 65 cm

Dieser Bär, laut einem 1936 erschienenen Katalog eine »Kopie der Natur«, hatte patentierte dünne Metallstab-Gelenke, die ihm verschiedene Haltungen ermöglichten. Er wurde in drei Größen gefertigt; das abgebildete Exemplar war das größte.

Gesticktes Etikett

Ohren mit Kunstseidenplüsch gefüttert

Bärenmütze aus schwarzem Mohairplüsch

nach unten versetzte Außenstiche an der Nase – ein Merrythought-Designmerkmal

Zelluloid-Knopf im linken Ohr

rote Filzjacke, nun verblichen und abgenutzt

drei braune Krallen über Pfoten und Plüsch

verblichener Mohairplüsch mit zimtfarbenen Spitzen an Kopf, Pfoten und Vorderseiten der Arme

abgetragene Stricksocken ohne Zehen, Original-Schuhe fehlen

schwarze Filzhosen

Um 1933–38: Bingie-Wachmann   Größe: 50 cm

Bingie, in der Uniform eines Grenadier-Wachpostens, wurde 1933 erstmals eingeführt. Der Original-Mohairplüsch mit zimtfarbenen Spitzen ist zu einem schmutzigen Weiß verblichen. Die Körperteile unter der Kleidung sind aus fleischfarbener, aufgerauhter Baumwolle.

Gesticktes Etikett

nur der Kopf hat ein Gelenk

flache Ohren

braune, senkrecht gestickte Nase, Mund mit umgekehrter Y-Form

bernsteinfarbene und schwarze Glasaugen

beigefarbener Mohairplüsch; Kapokfüllung in Körper und Gliedmaßen; Holzwolle-Füllung andernorts

blaßrosa Kordsamthosen, vom Alter verfärbt

cremefarbene, tropfenförmige Filzpfoten mit maschinengenähter Kante

Füße mit Karton verstärkt; drei Krallen über Plüsch und Pfoten

1938: Holland-Teddy   Größe: 30 cm

Merrythought führte 1938 Teddys Holländer-Tracht in acht Größen ein; die Bären trugen Hosen aus einem Stück mit aufgesetzten Flickentaschen. Holländische Motive waren während der 30er Jahre bei Spielwaren, Brettspielen und Neuheiten für Kinder besonders beliebt.

Gesticktes Etikett

eingesetzte Schnauze, ähnlich wie bei Bingie und dem Wachmann

braune Kulleraugen aus Glas

typische Merrythought-Nase mit nach unten versetzten Außenstichen

Körper und Gliedmaßen aus fleischfarbener, aufgerauhter Baumwolle

drei Krallen an den Pfoten

versteifte Fußsohlen mit aufgenähtem, gewebten Warenzeichen

1931: Nackte Bingies   Größe: 38/50 cm

Die bekleidete Bingie-Familie wurde 1933 eingeführt; zu ihr gehörten ein Mädchen, ein Junge, ein Seemann, ein Wachmann, ein Schotte und ein skifahrendes Mädchen. Diese beiden Bären haben unter den Kleidern fleischfarbene Körper und Gliedmaßen aus angerauhter Baumwolle.

Gesticktes Etikett

Großbritannien: 1930 bis in die 50er Jahre

KLEINERE ENGLISCHE FIRMEN; UNMARKIERTE EXEMPLARE VON MINDERER QUALITÄT

Während der 30er Jahre gab es in England einige kleinere Firmen, die Kuschelspielzeug herstellten. Viele waren im Ersten Weltkrieg gegründet worden, mußten aber während der mageren Jahre, gegen Ende 1930 bis Anfang der 50er Jahre, schließen. W. H. Jones, einer der 1914 begonnenen Plüschtier-Pioniere, meldete 1937 Konkurs an. Auch die Teddy Toy Company, bei Ausbruch des Ersten Weltkriegs eröffnet und wegen ihrer Softanlite-Teddys in den 20er und 30er Jahren bekannt, warf 1951 das Handtuch. Viele Hersteller verwendeten keine dauerhaften Warenzeichen, was die Identifizierung erschwert.

30er Jahre: Peacock & Co Ltd.

Mehrere Teddybären mit dem Peacock-Warenzeichen sind inzwischen aufgetaucht, die sich auf die 30er Jahre zurückdatieren lassen. Sie haben waagerecht gestickte Nasen, ähnlich wie die Magna-Bären von Chad Valley. Chad Valley kaufte Peacock 1931 auf, und heute wissen wir, daß dieser erfolgreiche Hersteller eine Reihe von Bären mit dem neuen Etikett produzierte.

Größe: 68 cm

Gesticktes Etikett

Ohren: Die großen, flachen, leicht gewölbten Ohren sind über den Gesichtsnähten angebracht, ein typisches Merkmal der Chad Valley-Bären.

Augen: Die bernsteinfarbenen Glasaugen sind ins Gesicht genäht und am Hinterkopf versäubert.

Nase: Die schwarze, waagerecht gestickte, rechteckige Nase ähnelt der des Bären auf S. 54 und denen der Magna-Serie auf S. 55.

Kopf/Schnauze: Der große, quadratische Kopf hat eine schmale, spitze Schnauze, die beinahe völlig geschoren ist.

Fell: Der Bär hat ein Fell aus goldfarbenem Mohairplüsch.

Pfoten: Die löffelförmigen Hände und langen, schmalen, ovalen Füße haben beigefarbene Filzpfoten.

Krallen: Die vier Krallen sind weitläufig um den Fuß herum angeordnet, ähnlich wie bei den Chad Valley-Bären. An den Pfoten gibt es keine Krallen.

Bärenprofil
Die lange, spitze, geschorene Schnauze, die extrem langen, gebogenen Armen und die stämmigen, trommelstockähnlichen Beine sind gut sichtbar. Diese Merkmale, aber auch die breite Brust und die schmalen Hüften, verleihen ihm Ähnlichkeit mit den Chad Valley-Bären aus den 20er und 30er Jahren (siehe S. 52–55).

Warenzeichen: Das rot-weiße Farbschema ist das gleiche, das die Firma Chad Valley in den 30er Jahren für ihre Etiketten verwendete.

goldfarbener Kunst-
seidenplüsch; ein-
gebaute Schweizer
Spieldose; Messing-
ring im Rücken
zum Aufziehen

braune Glasaugen
an Drahtschäften,
im Kopf angenäht

senkrecht gestickte
quadratische Nase;
zwei nach unten
versetzte Stiche
bilden Y-förmigen
Mund

rosafarbene,
dünne, spitz
zulaufende
Filzpfoten

30er–40er Jahre: Ealontoys; musikalisch Größe: 38 cm

»Ealontoys« war das Warenzeichen (1926 eingetragen)
der East London Toy Factory Ltd., ursprünglich East London Federation Toy Factory genannt und 1914 von Sylvia Pankhurst gegründet. Zu den weiteren Neuheiten der
Firma gehörte eine Wärmflasche im Teddybär-Format.

Bedrucktes Etikett

quadratische, senk-
recht gestickte Nase
und langer Mund
mit umgekehrter
V-Form, beides
Merkmale der
Ealontoys-Bären

kleine braune Glas-
augen mit schwarzen
Pupillen, an Draht-
schäften ins Gesicht
genäht

zottiger, goldfarbener
Mohairplüsch

Nachthemd
nicht Original

spitz zu-
laufende
Pfoten,
keine
Krallen

rosafarbe-
ne Filz-
pfoten

Um 1940: Ealontoys; Mohair Größe: 30 cm

1948 änderte die Firma East London Toy Factory Ltd.
ihren Namen in Ealontoys Ltd., produzierte aber noch auf
demselben Gelände. 1950 wurde sie in einer Werbeanzeige als »Die Teddybär-Spezialisten« bezeichnet, mußte das
Geschäft Anfang der 50er Jahre aber leider schließen.

Bedrucktes Etikett

schwarze, senkrecht
gestickte, lange,
schmale Nase;
Mund durch geboge-
ne Linie angedeutet

braune Glasaugen mit
schwarzen Pupillen,
tief angesetzt

blauer Mohair-
plüsch von ge-
ringer Qualität;
reine Holzwolle-
Füllung

hellbraune Rexin-
pfoten, leicht rissig,
enthüllen den
darunterliegenden
Webstoff; keine
Krallen

kurze,
plumpe
Arme

kurze,
plumpe Füße

Ende 30er Jahre: Kunstseidenplüsch Größe: 70 cm

Dieser Teddy ist typisch für die vielen Billigexemplare, die in England von den
30er Jahren an hergestellt und in Kettenläden verkauft wurden. Er besteht aus
Kunstseidenplüsch von minderer Qualität und hat Rexin-Sohlen. Der große Kopf
und das vorgereckte Kinn, ein Design, das sich bis in die 50er Jahre hielt, erschwert die genaue Datierung solcher Bären. Blau war damals eine beliebte Farbe.

kurzfloriger, gold-
orangefarbener
Mohairplüsch; Holz-
wolle-Füllung im
Kopf und um den
Quiekser; andernorts
Kapok

bernsteinfarbene Glas-
augen mit schwarzen
Pupillen, an Draht-
schäften ins Gesicht
genäht

relativ gerade
Arme und Beine,
ähnlich der
Magna-Serie

Webstoff-
Pfoten, ähn-
lich den bei
Magna-Bären
verwendeten

drei lange schwarze
Krallen an den
Füßen

30er Jahre: Peacock; alternatives Etikett Größe: 53 cm

Dieser von Chad Valley für Peacock gefertigte Bär
erinnert an die Magna-Serien auf S. 55. Das Etikett
zeigt Peacocks ursprüngliches Warenzeichen –
einen radschlagenden Pfau. Die Bedeutung des
Wortes »Stores« ist nicht bekannt.

Gesticktes Etikett

Dean's: 1920 bis in die 50er Jahre

ENTWICKLUNG TRADITIONELLER ENGLISCHER BÄREN; ZWEI STANDORTWECHSEL

Dean's stellte die ersten Teddybären, die im Katalog erschienen, 1915 in ihrer Elephant and Castle Fabrik in London her, obwohl sie auch vorher schon Bären für andere Firmen gefertigt haben könnte. 1922–23 hatte Dean's den Handelsnamen »A 1 Toys« eintragen lassen, in Katalogen auf dreieckigen Pappanhängern erkennbar. Die Bären wurden in drei Plüsch-Qualitätsstufen angeboten, mit Holzwolle gefüllt und mit Quiekser oder Brummstimme ausgestattet. Von 1937–55 verlegte man die Fertigung in die neue, eigens zu diesem Zweck errichtete Fabrik in Merton, Surrey. Während des Krieges verließen nur wenige Teddybären das Werk, das vornehmlich mit der Produktion von Kriegsmaterial befaßt war.

1930: Groß; goldfarbener Mohairplüsch

Das bedruckte Stoffetikett zeigt das Dean's-Warenzeichen, von Stanley Berkeley entworfen: eine Bulldogge und einen Terrier, die um ein Stofftier kämpfen – eine Anspielung auf die Haltbarkeit des Spielzeugs. Das Logo wurde Teil eines 7,3 m x 1,8 m großen Schildes, das man 1922 über dem Werkseingang errichtete, und ein Wahrzeichen, da sich die Produktionsstätte im Südosten Londons über fünf Straßenzüge erstreckte.

Größe: 65 cm

Bedrucktes Etikett

Ohren: Die großen, flachen Ohren sind in L-Form angenäht, wobei die Innenkanten in den Gesichtsnähten mitgefaßt wurden.

Rücken: Der Rücken hat einen leichten Buckel.

Augen: Die braunen Glasaugen sind an Drahtschäften festgenäht.

Nase: Die ovale, schwarze Nase ist senkrecht über dem Schnittpunkt der Nähte ans Ende der Schnauze gestickt.

Fell/Füllung: Das Fell besteht aus goldfarbenem Mohairplüsch; der Kopf ist mit Holzwolle, der Körper mit einer Holzwolle-Kapok-Mischung und die Gliedmaßen mit Kapok gefüllt.

Krallen: Drei Krallen im herkömmlichen Stil sind über den Plüsch an Pfoten und Füßen gestickt.

Füße: Die Sohlen der großen, ovalen Füße sind mit beigefarbenem Filz verstärkt, der unter dem verschlissenen Baumwollsamt sichtbar wird.

Warenzeichen: Das Etikett wurde in der Fußmitte mit Nähmaschinenstichen plaziert; ein Merkmal der Dean's Bären.

Bärenprofil
Dieser ausnehmend große Bär zeigt viele typische Merkmale englischer Teddys aus dieser Periode, zum Beispiel die kurzen, im Ansatz dicken, gebogenen Arme und die stämmigen Beine und Füße.

Fußsohlen: Die braunen Baumwollsamt-Sohlen sind arg verschlissen; es ist nur noch wenig Fell übrig.

30er Jahre: Mohairplüsch; Holzwolle-Füllung

Größe: 40 cm

Die Form des Bären und die Holzwolle-Füllung
signalisieren, daß er aus der Zeit vor dem Zweiten
Weltkrieg stammt. Ab 1931 bevorzugte Dean's
Kunstseidenplüsch; in der 1935 eingeführten Serie
gab es kein Mohairplüsch, das Material wurde
1936 in Gold, Rosa und Blau wieder eingeführt.

Bedrucktes Etikett

Mitte der 50er Jahre: Plastikaugen

Größe: 44 cm

Die eingenähten Plastikaugen (am Hinterkopf
mit einem waagerechten Stich versäubert)
bestätigen das Alter des Bären. Der dunkle Fleck
auf der Schnauzenspitze deutet darauf hin, daß
hier ursprünglich eine typische Dean's Nase aus
geformtem Gummi angenäht gewesen sein könnte.

Bedrucktes Etikett

Mitte der 50er Jahre: »Sub«-Füllung

Größe: 35 cm

Der Bär ist fast kahl und platzt in den Nähten, so
daß der Baumwoll-Abfall sichtbar wird. In der
Branche als »Sub« bekannt, war dieses Material
eine Alternative zu Kapok, an dem in den Nachkriegsjahren Mangel herrschte.

Bedrucktes Etikett

Anfang der 20er Jahre: Goldfarbener Mohairplüsch

Größe: 37 cm

Obwohl viele wesentliche Merkmale dieses Bären ausgebessert wurden, entsprechen seine schlanke Form
und die Holzwolle-Füllung den Abbildungen früher
A1-Bären. Die Pfoten sind ersetzt worden, aber das
Etikett stammt von der ursprünglichen Pfote.

Bedrucktes Etikett

Knickerbocker: 1920 bis in die 30er Jahre

TRADITIONELLE BÄREN AUS MOHAIRPLÜSCH MIT SPITZ ZULAUFENDER SCHNAUZE

Die Knickerbocker Toy Company wurde Mitte des neunzehnten Jahrhunderts in Albany, New York, gegründet und stellte für die damalige Zeit typisches Spielzeug her. Der Name Knickerbocker stammt vom traditionellen Spitznamen der New Yorker, den sie den Beinkleidern der ursprünglich holländischen Siedler verdanken. Auf einem Etikett aus dem Jahr 1980 heißt es, die Firma stelle seit mehr als einem halben Jahrhundert Plüschspielzeug her. Die ersten Bären schreibt man Knickerbocker ab den 20er Jahren zu, als dauerhafte Warenzeichen eingeführt wurden.

1935–36: Zimtfarbener Mohairplüsch

Obwohl er kein Warenzeichen besitzt, läßt dieser Bär viele typisch amerikanische Merkmale erkennen und erinnert an andere Knickerbocker-Teddys aus dieser Zeit. Er kann genau datiert werden, denn er war einer von zwei identischen Bären, die Zwillingsbuben gehörten; der andere Bär lebt noch, hat aber leider ein Auge verloren. Das »L« auf den Fußsohlen half den Brüdern, ihre Teddys auseinanderzuhalten.

Größe: 45 cm

Ohren: Die großen, leicht gewölbten Ohren haben eine für Knickerbocker typische Größe und Form.

Augen: Die durchsichtigen bernsteinfarbenen Glasaugen mit schwarzen Pupillen sind an Drahtschäften eingenäht.

Mund: Der schwarze Mund mit umgekehrter V-Form ist fast völlig verschlissen.

Nase: Die schmale, rechteckige Nase ist mit schwarzem Garn senkrecht über die Schnauzennaht gestickt.

Pfoten: Die Pfoten sind lang, gebogen und laufen spitz zu.

Fell/Füllung/Quiekser: Der zimtfarbene Mohairplüsch wurde von vielen US-Herstellern bevorzugt. Der Bär hat eine weiche Füllung und einen eingebauten Quiekser.

Fußsohlen: Die verblichenen Fußsohlen sind aus hellbraunem Baumwollsamt, ein Material, das Knickerbocker häufig verwendete.

Füße: Die großen, ovalen Füße sind leicht konisch geformt, aber krallenlos.

Bärenprofil

Von der Seite ist die Kopfform mit der geschorenen, länglichen, abgeflachten Schnauze zu erkennen. Obwohl die gebogenen, spitz zulaufenden Arme und großen Füße mit schmalen Fesseln dem traditionellen Teddy-Design entsprechen, ist der dünne, gerade Körper ohne Buckel typisch für US-Bären, die zwischen den beiden Weltkriegen entstanden.

1933: Zimtfarbener Mohairplüsch　　Größe: 55 cm

Der Teddy wurde der jetzigen Besitzerin Weihnachten 1933 geschenkt und war später das Lieblingsspielzeug ihres Sohnes. Dann wurde der Bär von einem Setter angegriffen, der die Nase zerkaute und den Kopf abbiß! Dank früherer Fotos gelang es, den Bären fast wieder in seinen Originalzustand zu versetzen. Die Besitzerin erinnert sich an ein weißes Etikett, das aus der Körper-Mittelnaht entfernt wurde.

30er Jahre: Eingesetzte Schnauze; musikalisch　　Größe: 35 cm

Dieser Bär hat eine leicht spitz zulaufende Schnauze wie die anderen, hier abgebildeten Exemplare; sie besteht aber aus einem separaten, geschorenen Plüschstück – ein typisches Knickerbocker-Merkmal, das vermutlich gegen Ende der 30er Jahre eingeführt wurde. Die eingebaute Spieldose, die mit einem Schlüssel am unteren Ende des Rückens aufgezogen werden kann, spielt den Walzer aus *Die lustige Witwe*.

Ende der 20er Jahre: Weiß; Metallnase　　Größe: 30 cm

Obwohl unmarkiert, weist dieser Bär einige typische Knickerbocker-Merkmale dieser Periode auf: flaches Gesicht, gerader schmaler Rücken, Ohren gerade am Kopf und die Arme tief am Körper angesetzt. Er besitzt auch eine ungewöhnlich geformte Metallnase: Sie ist schwerer als Blech und enthält möglicherweise Eisen, den Roststellen um die Schnauze nach zu urteilen.

Um 1930: Dunkelbraun; große Ohren　　Größe: 50 cm

Dieser Bär aus dunkelbraunem Mohairplüsch hat den typisch breiten, dreieckigen Kopf der Knickerbocker-Teddys aus der Vorkriegszeit mit spitzer Schnauze, weit auseinanderstehenden Augen, schmaler, rechteckiger Nase und vor allem großen runden Ohren, die über den Gesichtsnähten angebracht sind. Die rehbraunen Filzpfoten weisen auf ein früheres Datum als das anderer Bären mit Samtpfoten hin.

Knickerbocker: nach dem Zweiten Weltkrieg

TRADITIONELLES DESIGN MIT EINGESETZTER SCHNAUZE UND NEUE TEDDYS

Nach dem Krieg hatte der typische Knickerbocker-Bär eine eingesetzte, gerundete Schnauze aus geschorenem Plüsch, einen kompakten Körper und einen runden Kopf mit hoher Stirn. Die Firma verwendete nun synthetische Materialien, »glitzernde« Augen – aus Glas und später aus Plastik – und Nasen und Zungen aus Filz. Das »Animal of Distinction«-Logo aus den Vorkriegsjahren wurde in den 50er Jahren durch das eingetragene Warenzeichen »Joy of a Toy« ergänzt. Knickerbocker erhielt während der 60er bis Ende der 70er Jahre von der Firma Ideal wieder die Lizenz, den »Smokey«-Bären herzustellen.

40er Jahre: Zottiger, weißer Mohairplüsch

Es sind viele Exemplare der weißen Knickerbocker-Bären aufgefunden worden, was darauf schließen läßt, daß die Farbe beliebt war. Dieser Bär besteht aus besonders wertvollem, hochflorigem Mohairplüsch, noch immer in tadellosem Zustand, und hat eine geschorene, rundliche Schnauze. Das satinierte Etikett zeigt eine Figur in einem Hufeisen mit der Aufschrift: »Made under sanitary laws«, ein Hinweis auf die hygienische Beschaffenheit von Plüsch und Füllmaterial.

Größe: 38 cm

Bedrucktes Etikett

Ohren: Die große Ohren sind quer über den Gesichtsnähten angebracht.

Augen: Die dunkel-bernstein-farbenen Glasaugen mit schwarzen Pupillen sind an Drahtschäften angenäht.

Nase/Mund: Die schwarze, ovale Nase ist senkrecht über die waagerechte Schnauzennaht gestickt; der Mund hat eine umgekehrte Y-Form.

Schnauze: Die eingesetzte, rundliche abgeflachte Schnauze besteht aus demselben Mohairplüsch wie der Körper, ist jedoch geschoren und wirkt daher stoppelig.

Fell/Füllung: Der weiße Mohairplüsch von 1-A-Qualität ist zottig und leicht gelockt. Florlänge und der Webuntergrund sind am rechten Ohr zu sehen. Körper und Gliedmaßen sind mit Kapok, der Kopf ist mit Holzwolle ausgestopft.

Pfoten: Die weißen Baumwollsamt-Pfoten befinden sich in erstklassigem Zustand.

Bärenprofil

Aus diesem Winkel ist das typische Knickerbocker-Merkmal zu sehen, die rundliche, abgeflachte Schnauze. Im Gegensatz zu früheren Exemplaren haben Arme und Beine hier ähnliche Länge; letzte sind besonders gerade, mit wenig ausgeprägten Fesseln. Das bedruckte Warenzeichen unter dem linken Arm (bei Knickerbocker üblich) ist gut sichtbar.

Füße: Die leicht abgeflachten ovalen Füße haben keine Krallen.

große, gewölbte Ohren

eingesetzte, vorspringende, runde Schnauze in braunem, kurzflorigen Mohairplüsch

leicht gebogene, spitz zulaufende Arme

hellbraune Baumwollsamt-Pfoten

große, abgeflachte, ovale Füße ohne Krallen

große, bernsteinfarbene Glasaugen mit schwarzen Pupillen, weit auseinanderstehend, an Drahtschäften angenäht

dunkelbraune senkrecht gestickte, ovale Nase; Mund mit umgekehrter Y-Form

zottiger, langfloriger, dunkelbrauner Mohairplüsch auf Webuntergrund

50er Jahre: Zottiger brauner Mohairplüsch

Größe: 43 cm

Dieser Bär zeigt klar die Knickerbocker-Merkmale: großer breiter Kopf und Form und Material der Pfoten. Das bedruckte Etikett trägt das »Joy of a Toy«-Warenzeichen, das in den 50er Jahren eingetragen wurde.

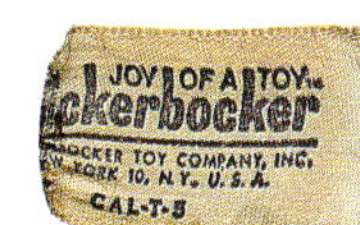

Bedrucktes Etikett

bernsteinfarbene glitzernde Glasaugen

braune, senkrecht gestickte Nase; breiter, lächelnder Mund

dunkelbrauner Wollplüsch; Holzwolle-Füllung im Kopf; Kapok andernorts

blaßgoldene Baumwollsamt-Pfoten

sehr große Ohren mit goldfarbenem Baumwollsamt-Futter

eingesetzte, rundliche, blaßgoldene Baumwollsamt-Schnauze

breiter, rundlicher Körper mit tief angesetzten Schultern

gebogene Arme

breite Oberschenkel; schmale Fesseln

große, ovale Füße

50er Jahre: »Fledermausohren«; »Glitzeraugen«

Größe: 50 cm

Obwohl unmarkiert, besitzt dieser Bär einige typische Knickerbocker-Eigenschaften, zum Beispiel Glitzeraugen und Fledermausohren. Die allgemeine Form – vor allem der ausladende, fast ovale Kopf und die kontrastierende Schnauze – deuten schon auf die Teddy Kuddles-Serie der Firma in den 60er Jahren hin.

gemalte Gesichtszüge

gebogene Arme ohne Gelenke und Pfoten

zimtfarbener Synthetikplüsch auf Webuntergrund

braune Haarlocken auf Oberkante gemalt

eingesetztes, geformtes Vinylgesicht mit leicht vorspringender Schnauze

Beine im rechten Winkel zum Körper; permanente Sitzposition

leiche Andeutung von Füßen; keine Pfoten

Um 1955: Vinyl-Gesicht

Größe: 32 cm

Dieser ungewöhnliche Bär ist sowohl für die Ära als auch das Herkunftsland charakteristisch: Bären mit Vinylgesicht wurden von anderen US-Firmen in dieser Zeit hergestellt (siehe S. 85, 86). Der gelenklose Körper und der zimtfarbene Synthetikplüsch sind ebenfalls typisch. Vom ursprünglichen weißen Stoffetikett mit marineblauem Druck, das in die linke Seitennaht eingefaßt wurde, sind nur noch Reste übrig.

weicher, heller, goldfarbener Mohairplüsch von guter Qualität

bernsteinfarbene Glasaugen mit schwarzen Pupillen

schwarze, senkrecht gestickte Nase – runder als bei Knickerbocker üblich

blaßgoldene Baumwollsamt-Pfoten ohne Krallen

große, rundliche Ohren; Innenkanten in Gesichtsnähten mitgefaßt

großer, rundlicher Kopf mit ausladender Stirn

eingesetzte geschorene Schnauze, aus gleichem Plüsch wie Körper

schmale, spitz zulaufende, ovale Pfoten

abgeflachte, ovale Füße

40er Jahre: Heller, goldfarbener Mohairplüsch

Größe: 50 cm

Dieser Kuschelbär mit dem runden Kopf, der eingesetzten Schnauze und den stämmigen Gliedmaßen ist mit Kapok gefüllt. Er hat noch das bedruckte Etikett in der vorderen Mittelnaht. Die Glasaugen könnten ein Ersatz sein; die Originale wären wohl größer gewesen.

Bedrucktes Etikett

Japan: 1945 bis in die 90er Jahre

SYNTHETISCHE MATERIALIEN; METALLSTAB-GELENKE; MECHANISCHE BÄREN

I n Japan wurden von 1920 an geformte Bären aus Biskuitporzellan und Zelluloid gefertigt. In der Nachkriegszeit war Japan technologisch führend (von 1945–50, während der Besatzungszeit, änderte man das »Made in Japan« in »Made in Occupied Japan«). Von ca. 1950 bis 1970 brachten die japanischen Hersteller Bären mit eingebautem Federzug-Mechanismus oder batteriebetriebene Modelle auf den Markt. Sie versahen aber auch traditionelle Teddys mit mechanischen Vorrichtungen, wie den Dear Heart-Bären der Firma Kamar mit einem batteriebetriebenen »schlagenden« Herzen.

40er Jahre: Kamar Toy Company

Das unverkennbare Pfoten-Design wurde der Kamar Toy Company zugeschrieben, obwohl die hier verwendete Airbrush-Technik (Aufspritzen der Farbe) auch bei anderen japanischen Firmen verbreitet war. Der Bär ist aus Synthetikplüsch, hat »eingeschobene« Ohren, einen steifen Hals und Metallstab-Gelenke. Manche enthielten Spieldosen, und ein einzigartiges Exemplar, das um 1960 entstanden sein könnte und die Aufschrift »Jestia/Made in Japan« trägt, beherbergt ein Radio mit einer Senderskala auf der Brust.

Größe: 70 cm

Ohren: Das Material ist an der Basis gerafft und in das Loch im Kopf geschoben worden, eine billige Fertigungsmethode.

Augen: Die Augen sind aus klarem Glas, mit orangefarbenem, bemalten Hintergrund und schwarzen Pupillen.

Schnauze: Die eingesetzte, weiße Baumwollsamt-Schnauze hat sich mit dem Alter verfärbt.

Nase/Mund: Das Nasen- und Munddesign ist typisch japanisch: die senkrecht gestickte Nase in schwarzem, mehrfädigem Garn gestickt, der Mund hat eine umgekehrte Y-Form.

Gliedmaßen: Die Arme haben Gelenke und dicke Schultern, die sich zu kleinen, gebogenen, abgeflachten Pfoten verjüngen; Beine und Kopf sind ebenfalls mit Gelenken ausgestattet.

Fell/ Füllung: Das Fell aus weißem Nylonplüsch auf Webuntergrund ist verfärbt; der Bär wurde mit Holzwolle ausgestopft.

Füße: Die Füße sind klein und rundlich.

Bärenprofil
Aus diesem Winkel sieht man die rundlichen, trommelstockähnlichen Arme und Beine. Das Loch in der Schulter zeigt, wo sich das runde Plüschstück, das Drahtende und Gelenksystem mit Unterlegscheiben kaschiert, abgenutzt hat. Das große linke Ohr, bei dem der innere Draht fehlt, steht leicht von der Kopföffnung weg und läßt den ursprünglich weißen Plüsch erkennen.

Pfoten/ Krallen: Die Pfoten sind aus gelbem gewebtem Baumwollsamt mit schwarzen aufgemalten Krallen.

40er Jahre: Gestickte Pfoten, aufgespritzte Krallen   Größe: 38 cm

Ähnlich wie der Bär gegenüber befindet sich auch dieser in tadellosem Zustand; das blaue Rayon-Band ist Original und das Glöckchen intakt. Die schwarzen Krallen sind nahe beieinander auf die schmalen Pfoten gestickt. An den Füßen wurden die Krallen mit der Pistole auf die Fußsohlen gespritzt und über Pfoten und Plüsch gestickt. Der Webuntergrund des Nylonplüsch weist auf ein Nachkriegsdatum hin.

50er Jahre: Federzug/Lesender Bär   Größe: 16 cm

Dieser stehende Bär ohne Gelenke scheint in dem Buch zu lesen, das er in der Hand hält. Wenn er mit dem Schlüssel im Rücken aufgezogen wird, bewegt er den rechten Arm auf und ab. Der Magnet unter der rechten Hand zieht die Metallseite an, die vor- und zurückgeblättert wird. Das ist ein einfaches, preisgünstiges Spielzeug; die späteren, batteriebetriebenen japanischen Blechbären waren oft komplizierter gebaut.

80er Jahre: Ohne Gelenke; Synthetik   Größe: 23 cm

Ein typisches Beispiel für die Bären, die japanische Firmen von den 70er bis in die 90er Jahre herstellten. Dieses Exemplar ist mit fest verankerten (sicherheitsgeprüften) Plastikaugen und Plastiknase, einem braunen kurzärmeligen Karohemd mit weißem Kragen und braunen Kordsamthosen ausgestattet. Der braune Stummelschwanz ragt aus einem Loch am Hosenboden heraus.

60er Jahre: Rosafarbener Nylonplüsch   Größe: 29 cm

Dieser Bär mit der ausladenden Stirn ist eine spätere Version der japanischen Teddys mit Drahtgelenken (oben links und gegenüber) von minderer Qualität. Er hat eine eingesetzte, weiße Vinylschnauze und an Schultern und Oberschenkeln sichtbare Plastikstäbe, mit denen sich die Gliedmaßen auf und ab bewegen lassen. Der Kopf ist gelenklos, wie bei den früheren Bären.

Australien: 1930 bis in die 60er Jahre

DIE ENTWICKLUNG DES TRADITIONELLEN BÄREN

In den 30er Jahren gab es in Australien mehrere Kuschelspielzeug-Hersteller, doch aufgrund der Materialknappheit war die Teddybären-Produktion während des Zweiten Weltkriegs eingeschränkt. Schaffell-Bären mit Leder- oder Wildlederpfoten und der australische Bär mit dem steifen Hals (ohne Gelenk) entstanden, um Karton und Metall zu sparen (siehe S. 11). In den 50er Jahren wurden einige neue Firmen gegründet, wie Parker Toys in Brunswick, Victoria, und Barton Waugh in Hurstville, New South Wales, aber in den 70er Jahren waren viele infolge der billigen Importe aus Ostasien wieder von der Bildfläche verschwunden.

Um 1960: Jakas Soft Toys

Der mit Gelenken versehene Bär der Firma Jakas, gegründet von dem englischen Ehepaar Joe und Mary Stanford, ist der Vorläufer des ersten, voll maschinenwaschbaren Bären in Australien. Später stellten sie Teddys ohne Gelenke her, ähnlich den von Wendy Boston in GB produzierten. Das bedruckte, satinierte Etikett trägt die Anleitung »Wash in Lux«, ebenso wie Wendy Bostons Bären gleichen Baujahrs das Waschmittel »Persil« empfahlen.

Größe: 70 cm

Bedrucktes Etikett

Ohren: Die großen, flachen, leicht gewölbten Ohren sind quer über den Gesichtsnähten angebracht.

Augen: Die durchsichtigen braunen Glasaugen mit schwarzen Pupillen sind in den Plüsch genäht.

Nase/Mund: Die quadratische, schwarze Nase ist senkrecht gestickt; der lächelnde, einfädig gestickte Mund hat eine umgekehrte T-Form.

Fell/ Füllung: Das Fell ist eine Mischung aus beigefarbener Wolle und Synthetikplüsch auf Webuntergrund, die Füllung besteht aus Schaumgummi-Granulaten.

Fliege: Die rosafarbene Satinschleife wurde später hinzugefügt.

Arme: Die Arme, kurz im Vergleich zu den Beinen, enden in leicht gebogenen Pfoten.

Pfoten: Die langen krallenlosen Pfoten bestehen aus beigefarbenem Webmaterial.

Füße: Die Füße sind groß und plump.

Etikett: Das satinierte Etikett ist mit der Maschine auf die Fußsohlen genäht.

Bärenprofil

Dieser Bär weist die traditionellen Merkmale auf: eine vorspringende, abgeflachte Schnauze und einen rundlichen buckligen Rücken. Im Gegensatz zu den späteren flachgesichtigen, gelenklosen Bären, die man Jakas zuordnet, hat er Gelenke (siehe S. 136). Die langen, dünnen Beine haben ungewöhnlich schmale Oberschenkel, und die Arme sind weit vorne angebracht, so daß der Buckel betont wird.

Beine: Die Beine sind dünn und die Oberschenkel schmal.

braune Glasaugen mit schwarzen Pupillen

typische Emil-Nase mit zwei Außenstichen, nach oben versetzt

goldfarbener Mohairplüsch; Holzwolle-Füllung im Kopf, Kapok andernorts

glänzende Rexinsohlen, leicht rissig, Webuntergrund sichtbar

Ende der 30er – 40er Jahre: Emil Toys　　Größe: 58cm

Emil Toys stellte von den 30er bis in die 70er Jahre Teddybären her. Obwohl unmarkiert, hat dieser Bär die typische schwarze, quadratische Nase und glänzende Rexinsohlen. Weiße Stoffetiketten, meistens in einer Naht mitgefaßt, zeigten die Aufschrift »Emil Toys«, einen sitzenden Bären, der den Hochstrich des »E« festhielt, und blau aufgedruckt »Made in Australia«.

schwarze und bernsteinfarbene Plastikaugen

flache Ohren, über Gesichtsnähten befestigt

goldfarbener Mohairplüsch; ausgestopft mit festen, geformten Schaumgummiteilen

schwarze Filznase und gestickter Mund

Gliedmaßen und Kopf mit Gelenken

rehfarbene Vinyl-Fußsohlen in sehr gutem Zustand

50er Jahre: Verna Toys　　Größe: 75 cm

Die Firma wurde 1941 von Eve Barnett in Victoria gegründet, stellte aber nach 1946 Teddybären unter der Regie des Besitzers Arthur Eaton her. Ein typisches Merkmal waren die schwarzen Filznasen. Die gestickten Etiketten wurde in den 80er Jahren durch bedruckte ersetzt.

Gesticktes Etikett

leicht gewölbte Ohren; Innenkanten in Gesichtsnähten mitgefaßt

eingenähte braune Glasaugen mit schwarzen Pupillen

runde, geformte Hartgummi-Nase; schwarzer gestickter Mund mit umgekehrter Y-Form

goldfarbener Mohairplüsch; Baumwollwattierung als Füllung im Körper, Holzwolle im Kopf; eingebaute Spieldose

schwarze Rexinpfoten, Risse enthüllen Webuntergrund

spitz zulaufende Füße, typisch für Lindee

Um 1960: Lindee Toys　　Größe: 53 cm

Die in Sydney beheimatete Firma fertigte von 1944 bis 1976 Teddybären. Das weiße satinierte Etikett mit Rotwild-Kontur und dem roten Aufdruck »Lindee Toys« und »Made in Australia« wurde vorwiegend in der Fußsohlennaht angebracht. Der Bär hat eine Hartgummi-Nase und eine eingebaute Spieldose, die Brahms *Wiegenlied* spielt.

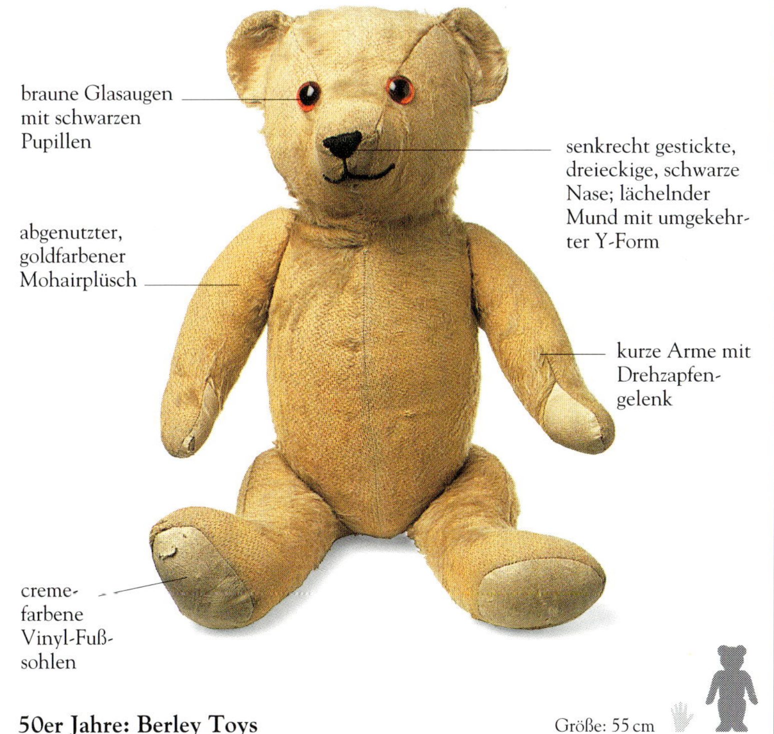

braune Glasaugen mit schwarzen Pupillen

senkrecht gestickte, dreieckige, schwarze Nase; lächelnder Mund mit umgekehrter Y-Form

abgenutzter, goldfarbener Mohairplüsch

kurze Arme mit Drehzapfengelenk

cremefarbene Vinyl-Fußsohlen

50er Jahre: Berley Toys　　Größe: 55 cm

Die Melbourner Firma stellte von den 30er bis in die 70er Jahre Teddybären her. Dieser hat eine dreieckige Nase und cremefarbene Vinylpfoten, typische Merkmale der Berlex-Bären. Die Etiketten tragen entweder das handschriftliche »Berlex«, darunter »Melbourne« und auf der Rückseite »Made in Australia«, oder »Berlex Melbourne« in großen Druckbuchstaben.

Character: 1945 bis 1983

ENTWICKLUNG TRADITIONELLER BÄREN OHNE GELENKE

Zwei New Yorker, Caesar Mangiapani und Jack Levy, gründeten 1932 die Firma Character Novelty in Norwalk, Connecticut. Das Geschäft ließ sich erst nach dem Zweiten Weltkrieg richtig an, als man eine breitgefächerte Kuscheltier-Serie produzierte, einschließlich Teddybären. Caesar Mangiapani war für die Entwürfe,

sein Partner für den Verkauf zuständig. Die Firma belieferte alle namhaften Warenhäuser, u. a. auch Bloomingdales, und besaß Ausstellungsräume in New York. Levy zog sich um 1960 aus der Firma zurück, die noch bis zum Tod Mangiapanis im Jahr 1983 bestand.

Um 1949: Schwarz, Knopf-auf-Filz-Augen

Dieser Bär mit Gelenken hat einige typische Character-Merkmale: große, flache, schwarze, knopfähnliche Augen über leicht größeren, weißen Filzkreisen in den Kopf genäht, und ein bedrucktes Stoffetikett, in der linken Ohrnaht eingenäht. Obwohl es sehr ausgefranst ist, kann man auf einer Seite das Wort »Character« und auf der Rückseite »Inhalt/Mohair/Baumwolle« lesen. Bären mit ähnlichem Design wurden auch mit Glasaugen und roter Filzzunge gefertigt.

Größe: 48 cm

Ohren: Die großen, flachen Ohren sind winklig angenäht, wobei die Oberkanten in den Gesichtsnähten mitgefaßt wurden.

Warenzeichen: Die Überreste des Character-Stoffetiketts ragen aus der linken Ohrnaht.

Augen: Die großen schwarzen Knopfaugen sind auf weißen Filzkreisen in den Kopf genäht.

Schnauze: Die leicht vorspringende, abgeflachte Schnauze ist geschoren.

Nase/Mund: Die schwarze, waagerecht gestickte, schmale, rechteckige Nase ist quer über dem Treffpunkt der Schnauzennähte angebracht. Der breite, lächelnde Mund besteht aus zwei gebogenen, waagerechten Stichen.

Pfoten: Die langen, gebogenen, spitz zulaufenden Pfoten enden in blaßbeigen Filzballen ohne Krallen.

Körper: Der kräftige runde Brustkorb verengt sich an den Hüften. Die Arme sind tief angesetzt; dadurch wirkt der Hals dick (ein typisches Character-Merkmal bei dieser Bärenart).

Fell/ Füllung: Der hellgoldfarbene, leicht zottige Mohairplüsch ist stellenweise stark abgenutzt; der Körper wurde mit Holzwolle, Gliedmaßen und Kopf mit weicher Füllung ausgestopft.

Füße: Die großen, ovalen Füße haben keine Krallen.

Bärenprofil
Aus diesem Winkel sieht man die typische, hohe Stirn und leicht vorspringende, geschorene Schnauze, die breiten flachen Ohren mit dem Character-Etikett und den runden, kompakt wirkenden Körper. Die Arme sind gebogen und in traditionellem Stil konisch, aber kürzer als die geraden, dicken Beine, die in großen, klobigen Füßen enden.

kleine, runde, schwarze Knopfaugen auf weißen Filzkreisen, eingenäht und tief angesetzt

hohe Stirn; Kopf gelenklos

Oberkante der Ohren in Gesichtsnähten mitgefaßt

Mund mit umgekehrter T-Form; kleine rote Filzzunge

schwarze, senkrecht gestickte, schmale, rechteckige Nase

cremefarbene Filzpfoten; gebogene, spitz zulaufende Ballen

Arme von Pfote zu Pfote durch den Körper verdraht

Beine mit Drehzapfengelenken

ovale Füße ohne Krallen

50er Jahre: Klein; Arme mit Draht

Größe: 15 cm

Dieser Bär hat Beine mit Drehzapfengelenken; in die kurzen, gebogenen Arme wurde von Pfote zu Pfote Draht eingezogen, so daß sie sich gleichzeitig bewegen können. Die schwarzen Knopfaugen auf Filz und die rote Zunge sind typische Character-Merkmale.

Bedrucktes Etikett

großer, runder Kopf mit abgeflachter Schnauze und breiter Stirn

große, flache Ohren; rückwärtiger Teil aus Körperplüsch; mit rostbraunem Filz gefüttert

dreieckige, schwarze Filznase

runde rote Filzzunge

quadratischer Körper ohne Gelenke

langer, lockiger Nylonplüsch mit weißen Tupfen

kurze, stämmige Gliedmaßen mit rundlichen Enden; weder Pfoten noch Krallen

Um 1960–70: Nylonplüsch

Größe: 48 cm

Sicherheitsgeprüfte Plastikaugen, Nylonplüsch und Plastikschaum-Füllung bei diesem gelenklosen Bären deuten darauf hin, daß er vermutlich zwischen 1960 und 1970 gefertigt wurde. Die großen orange-farbenen und schwarzen Glitzeraugen wurden zur gleichen Zeit auch von Knickerbocker benutzt.

Bedrucktes Etikett

typisch hohe, breite Stirn; die Augen tief, nahe Beginn der Schnauze angesetzt

große Ohren; Innenkanten in Gesichtsnähten mitgefaßt

gefaltetes, bedrucktes Stoffetikett in linke Ohrnaht eingefaßt

weißer Mohairplüsch; weiche Füllung

drei lange schwarze Krallen über Plüsch und Filz

blaß-pfirsichfarbene Filzpfoten

Um 1955–60: Weißer Mohairplüsch; Gelenke

Größe: 43 cm

Dieser Bär mit Gelenken hat noch ein typisches Character-Merkmal, die rote Filzzunge. Die klaren Glasaugen mit bemaltem braunem Emailhintergrund sind weniger kennzeichnend. Auf dem Ohr-Anhänger heißt es »rubber contents« – vermutlich eine granulierte Schaumgummi-Füllung.

Bedrucktes Etikett

große, flache Ohren; Innenkanten in Gesichtsnähten mitgefaßt; bedrucktes Stoffetikett am linken Ohr befestigt

große braune Augen mit schwarzen Pupillen

schmale, schwarze, senkrecht gestickte Nase; Mund mit umgekehrter Y-Form

gelbe Satinschleife, Original

quadratischer Körper mit kurzen stämmigen Gliedmaßen

Pfoten aus demselben Plüsch wie der Körper; keine Krallen

Ende 1940–50er Jahre: Timme; ohne Gelenke

Größe: 20 cm

Dieser Bär besteht aus einem neuen, mohairhaltigen Material, das nach dem Zweiten Weltkrieg für Kinderspielzeug entwickelt wurde und das Warenzeichen Timme trägt. Der Bär ist gelenklos und sehr knuddelig; ursprünglich trug er einen Pappanhänger, auf dem das neue Plüschmaterial beschrieben war.

Bedrucktes Etikett

Gund: 1930 bis in die 60er Jahre

TRADITIONELLE DESIGNS UND BÄREN OHNE GELENKE

Der deutsche Emigrant Adolph Gund gründete 1898 in Norwalk, Connecticut die Gund Manufacturing Co. Anfang 1900 wurde die Fabrik nach New York verlegt. Sie stellte Spielwaren, einschließlich Kuscheltiere her, und nahm 1906 Teddybären ins Sortiment. Jacob Swedlin, ein russischer Emigrant und Gunds rechte Hand, kaufte die Firma, als sich der Eigner 1925 aus dem Geschäftsleben zurückzog. Sie expandierte und erhielt die Lizenz, Walt Disney-Figuren zu fertigen. 1973 zog sie um nach Edison, New Jersey. Heute werden einige Gund-Teddys in Ostasien hergestellt.

Um 1948: Teddigund

Der Bär aus hochwertigem Mohairplüsch mit Gelenken hat ein traditionelles Design. Das »G« auf dem Warenzeichen ähnelt einem Kaninchenkopf und wurde um 1948 erstmals verwendet. Nach dem Zweiten Weltkrieg führte die Firma neue Produktlinien ein, u. a. auch Teddybären ohne Gelenke aus synthetischen Materialien, wie die Dreamies-Serien der 40er–50er Jahre. In den 70er–80er Jahren fertigte Gund ultraweiches Spielzeug aus multifilen Modakrylfasern.

Größe: 38 cm

Bedrucktes Etikett

Ohren: Die Ohren sind groß und leicht gewölbt; die Innenkanten wurden in den Gesichtsnähten mitgefaßt.

Augen: Die bernsteinfarbenen Glasaugen haben schwarze Pupillen.

Nase/Mund: Die schwarze, schildförmige Nase ist senkrecht gestickt; der Mund mit umgekehrter T-Form lächelt.

Schnauze: Die eingesetzte, vorspringende Schnauze, ursprünglich aus kurzflorigem Mohairplüsch, ist nun sehr abgenutzt und läßt den verfärbten, weißen Webuntergrund erkennen.

Fell: Der goldfarbene Mohairplüsch befindet sich in sehr gutem Zustand.

Füllung: Die Kapokfüllung ist durch die verschlissenen Fußsohlen sichtbar.

Bärenprofil
Im Profil sieht man alle wichtigen Merkmale des traditionellen Teddybären: großer Kopf, spitz zulaufende, geschorene Schnauze aus Mohairplüsch (nun sehr verschlissen), konische, gebogene Arme mit löffelförmigen Pfoten, relativ lange Beine mit großen Füßen und die Andeutung eines buckligen Rückens.

Pfoten: Die weißen Filzpfoten sind abgewetzt, vor allem an den Füßen.

1952: Cubbigund Cuddle-Bär Größe: 43 cm

Die runden Plüschpfoten an Armen und Beinen
machen Cubbigund zu einem »vier Kreise«-Bär.
Kopf und Ohren sind ebenfalls rund. Andere
US-Hersteller produzierten ähnlich flache Kuschel-
teddys. Die Vinylschnauze wurde 1952 eingeführt.

Bedrucktes Etikett

40er Jahre: Cowboy Größe: 30 cm

Zimtfarbener Kunstseidenplüsch (Rayon) war von Ende der 30er bis in die
50er Jahre bei US-Herstellern beliebt und deshalb ein gutes Indiz für die
Herkunft dieses unmarkierten Bären. Gund fertigte in dieser Zeit gelenklose
Teddys und Hasen mit Plüschköpfen, deren Körper von der Kleidung
geformt wurden. Papieranhänger mit der Aufschrift »A Gund Animal«
wurden bei ähnlichen Kuscheltieren entdeckt.

Um 1950: Sitzender Bär Größe: 40 cm

Dieser knautschige, stilisierte Bär ist ein weiteres Beispiel
für die »vier Kreise«-Exemplare (siehe oben) aus kontrastierendem Plüsch mit einem Stummelschwanz. Er ist ein Vorgänger der Bären mit Vinylgesichtern, die bei US-Firmen
Anfang der 50er Jahre beliebt waren (siehe S. 75 und 86).

Bedrucktes Etikett

1947: Jumbo Cuddle Panda Größe: 69 cm

Su-Lin, der erste Riesenpanda im Westen, kam 1936 in die USA und wurde
ein Jahr später in den Brookfield Zoo nach Chicago geschickt. 1939 erhielt
der New Yorker Zoo sein erstes Exemplar, das die Kuscheltier-Hersteller zur
Nachahmung inspirierte. Wie viele Pandas zum Spielen ist auch dieser einfach ein Teddybär aus schwarzem und weißem Plüsch.

Ideal: 1930 bis in die 50er Jahre

BÄREN MIT UND OHNE GELENKE; EINFÜHRUNG SYNTHETISCHER MATERIALIEN

In den Jahren vor dem Zweiten Weltkrieg unterschieden sich die Ideal-Bären kaum von ihren Vorgängern, so daß die Datierung und Identifizierung bei nicht-dauerhaft markierten Exemplaren schwierig sein kann. Firmengründer Morris Michtom starb 1938, doch unter der Leitung seines Sohnes Benjamin war die Nachkriegsära mit der Einführung neuer Designs und Materialien, eines neuen Warenzeichens und des neuen Namens Ideal Toy Company sehr produktiv. Die Firma erhielt die Lizenz für die ersten Smokey-Kuschelbären (sie unterstützen die Kampagne zur Verhütung von Waldbränden), die 1953 in den Handel kamen.

Um 1950: Markantes Vinylgesicht

Bären mit weichen, geformten Vinylgesichterm wurden von Ideal und anderen US-Firmen (siehe S. 77) Anfang der 50er Jahre eingeführt, aber nicht alle hatten wirklichkeitsgetreue Pfoten und Füße wie dieser. Die Glitzeraugen sind typisch für diese Bären-Spezies; einige besaßen sogar »Schlafpuppen«-Lider. Auf dem Etikett ist noch zu lesen »It's Ideal«. (Manche dieser Vinylgesicht-Bären trugen einen Anhänger mit der Aufschrift: »Ideal, recommended by Miss Francis' Ding Dong School«.)

Größe: 30 cm

Bedrucktes Etikett

Ohren: Die großen Schlappohren, aus zwei kontrastierenden Plüschteilen zusammengesetzt, sind in die Gesichtsnähte eingefaßt.

Augen: Die »glitzernden« bernsteinfarbenen Augen mit braunen Pupillen sind aus Plastik.

Gesicht: Das weiche, rosafarbene, geformte Vinylgesicht ist in den Plüschkopf eingesetzt; die Gesichtszüge sind aufgemalt.

Körper: Der Körper besteht aus braunem Plüsch mit rundlichem, vorspringenden Bauch in Weiß; die braunen Gliedmaßen sind in permanenter Sitzposition arrangiert.

Fell: Der dunkel-zimtfarbene Mohairplüsch wurde von den US-Herstellern während der 50er Jahre bevorzugt.

Pfoten: Die Pfoten sind leicht gewölbt und aus weichem, rosafarbenen, naturgetreu geformtem Vinyl. Sie haben fünf Finger, mit winzigen Fingernägeln.

Bärenprofil
Aus diesem Winkel sieht man die rundlichen, abgeflachten Merkmale, vor allem den großen Kopf, die Knubbelnase, den runden Bauch und die kurzen, stämmigen Beine. Dieses Design karikiert die Eigenschaften eines Bärenjungen und ist vermutlich stark von Walt Disneys Werk inspiriert. Der Stummelschwanz ist ein weiteres typisches Merkmal.

Füße: Die Oberfläche der weichen, rosa Vinylfüße sind wie Fell geformt; fünf Krallen zeigen nach oben, und die Ballen darunter wirken realistisch.

große, gewölbte Ohren an den Ecken des dreieckigen Kopfes

weiße, waagerechte Stickstiche bilden die Nase

schwarzer Mohairplüsch auf Webuntergrund; Gliedmaßen mit grauem Stoff ausgebessert

lange, dünne Gliedmaßen ohne Füße, typisch für billige US-»Stickbären«

Kopf und Gliedmaßen mit Gelenken

ungewöhnlich kleine, gelbe Glasaugen mit schwarzen Pupillen, eingenäht

langer, schlanker Torso

Überreste von weißen Filzballen an linker Pfote sichtbar; Holzwolle-Füllung

Um 1930: Schwarzer Mohairplüsch　　Größe: 65 cm

Obwohl unmarkiert, wie bei den Ideal-Bären vor dem Zweiten Weltkrieg üblich, zeigt dieses Exemplar viele der typischen Ideal-Merkmale, vor allem der große, dreieckige Kopf. Der schlanke Körper und die Gliedmaßen deuten jedoch auf ein Geburtsdatum zwischen den beiden Weltkriegen hin. Der Bär ist aufgrund des seltenen, wenn auch arg strapazierten und teilweise ausgebesserten schwarzen Mohairplüschs ein begehrtes Sammlerobjekt.

rundlicher Kopf, mit Holzwolle ausgestopft

schwarze Glasaugen

Schleife um den Hals, Original

gerade, stämmige Beine; keine Pfoten

runde, harte, geformte Harznase

kurze gebogene Arme

langfloriger, zimtfarbener Mohairplüsch; Kapokfüllung in Körper und Gliedmaßen

40er Jahre: Ohne Gelenke　　Größe: 25 cm

Dieser kleine gelenklose Teddy mit großen Ohren am runden Kopf ist aus zimtfarbenem Mohairplüsch, eine damals bei US-Herstellern beliebte Farbe. Er befindet sich in tadellosem Zustand und besitzt einen bedruckten Pappanhänger in Form eines Zirkuswagens.

Pappanhänger

großer Kopf mit Drehzapfengelenk

runde, harte, geformte Harznase

zimtfarbener Mohairplüsch

gerade Beine ohne Gelenke; kleine Füße, keine Krallen

große, leicht gewölbte Ohren

braune Glasaugen mit schwarzen Pupillen

kleine, runde, vorspringende Schnauze aus geschorenem Mohair

gebogene, spitz zulaufende Arme ohne Pfoten und Gelenke

40er Jahre: Mittelgroß; ohne Gelenke　　Größe: 38 cm

Dies ist eine größere Version des vorherigen Modells, das in mehreren Größen erhältlich war. Es ist aus ähnlichem zimtfarbenem Mohairplüsch, ebenfalls ohne Gelenke gemacht; der große runde Kopf hat jedoch das traditionelle Drehzapfengelenk.

Pappanhänger

braune Glasaugen mit schwarzen Pupillen

kleine, runde Schnauze aus geschorenem Mohair

gebogene, spitz zulaufende Arme; Gliedmaßen und Kopf mit Gelenken

Filzsohlen in erstklassigem Zustand; keine Krallen

harte, geformte Plastiknase

rotbrauner Mohairplüsch in tadellosem Zustand

kleine Füße

40er Jahre: Groß; mit Gelenken　　Größe: 43 cm

Der braunrote Bär mit Filzpfoten und Gelenken war auch in einer kleineren Größe erhältlich. Er besitzt einen Original-Pappanhänger in Form eines Zirkuswagens mit der Aufschrift: »Ideal Novelty & Toy Co. (Stuffed Toy Division) Long Island City NY«, in kleinen Lettern gedruckt.

Pappanhänger

Merrythought: 1940 bis in die 50er Jahre

NACHKRIEGSBÄREN IN TRADITIONELLEM STIL UND ETIKETT MIT NEUEM DESIGN

Während des Zweiten Weltkriegs stellte Merrythought wenige Bären her. Die Fabrik in Ironbridge wurde von der Britischen Admiralität übernommen und für die Spielwarenherstellung ein Raum nahe Wellington gepachtet; schließlich wurde nur noch für die Rüstung produziert (siehe S. 66–67). Das traditionelle Bären-Design blieb nach dem Krieg unverändert, bis auf die Auswirkung der Rationierungsmaßnahmen auf Stoffqualität und -menge. Das Knopf-Warenzeichen wurde ausgemustert; das vor dem Krieg gestickte Etikett am Fuß mit »Hygienic Toys« ersetzte man 1957 durch ein bedrucktes mit der Aufschrift: »Ironbridge, Shrops«.

40er Jahre: Orangefarbener Mohairplüsch

Dieser orangefarbene Bär ist typisch für seine Ära: Merrythought stellte von 1939 an Teddys in »polierten Bronzetönen« her und nahm 1947–48 »bernsteinfarbene« ins Sortiment auf. Trotz umfangreicher Reparaturen an den Filzpfoten trägt der Bär noch sein Fußetikett mit dem früheren Aufdruck »Hygienic Toys«, das sich auf die Periode unmittelbar nach dem Zweiten Weltkrieg zurückdatieren läßt.

Größe: 55 cm

Bedrucktes Etikett

Ohren: Die großen, leicht gewölbten Ohren sind in der Mitte über den Gesichtsnähten angebracht.

Augen: Die durchsichtigen, bernsteinfarbenen Glasaugen sind an Drahtschäften ins Gesicht genäht.

Nase: Die Außenstiche der rechteckigen, senkrecht gestickte Nase sind nach unten versetzt.

Fell/ Füllung: Orangefarbener Mohairplüsch; Körper und Gliedmaßen sind mit Kapok ausgestopft, im Kopf und um den Quiekser befindet sich eine Holzwolle-Füllung.

Krallen: Vier schwarze Krallen sind über den Plüsch genäht.

Pfoten: Das gerade Filzende der Pfoten ist im schrägen Fadenlauf zugeschnitten – ein häufiges Merkmal bei den frühen Merrythought-Bären.

Bärenprofil

Das grundlegende Merrythought-Design änderte sich kaum zwischen den 30er Jahren und der Nachkriegszeit; deshalb teilt dieser Bär viele Merkmale mit dem auf S. 60 abgebildeten. Er hat die gleichen relativ langen, gebogenen Arme, den geraden Rücken, die strammen Oberschenkel und großen Füße. Die Schnauze ist noch immer kurz geschoren, obwohl sie weniger vorspringt als bei früheren Bären.

Fußsohlen: Dunkelbraune Filzsohlen sind als Ersatz über die Originale genäht worden. In den neuen Filz wurde ein »Fenster« geschnitten; es enthüllt das Etikett auf der linken Original-Fußsohle. Am linken Fuß sind nur noch drei Krallen übrig.

40er Jahre: Kurzfloriger, goldfarbener Mohairplüsch   Größe: 38 cm

Sowohl das bedruckte Etikett als auch die weniger abgerundeten Merkmale des Bären deuten darauf hin, daß er während des Krieges entstand, als das Material rationiert war. Die Krallen an den Pfoten (drei Stiche über den Spitzen) sind verkürzt.

Bedrucktes Etikett

1953: Coronation-Bär   Größe: 38 cm

Dieser Bär besitzt alle klassischen Merrythought-Merkmale, obwohl ihm das Etikett fehlt. Er wurde anläßlich der Krönung von Elizabeth II in rot-weiß-blauem Mohairplüsch gefertigt. Fachkatalogen zufolge stellte J.K. Farnell 1937 ähnlich patriotische Teddys aus Kunstseidenplüsch vor der Krönung von König Edward VIII her.

Ende 50er Jahre: Klein; goldfarbener Mohairplüsch   Größe: 23 cm

Bis Mitte der 50er Jahre maß der kleinste Teddy der traditionellen Serie 30 cm; 1955–56 wurde eine kleinere Version eingeführt. Dieser Bär hat Gelenke in den Gliedmaßen, aber einen starren Kopf. Das Etikett mit neuer Aufschrift wurde in die Rückennaht eingefaßt.

Bedrucktes Etikett

Um 1955–56: Klein; rosafarben; Kunstseidenplüsch   Größe: 23 cm

Merrythought führte 1954 erstmals einen kleinen traditionellen Bären aus Kunstseidenplüsch ein. Dieses Exemplar wurde, gemeinsam mit einem »Zwilling«, ca. 1955–56 bei Harrods als Weihnachtsgeschenk gekauft. Das Etikett mit der alten Aufschrift ist längs am Bärenrücken angenäht.

Bedrucktes Etikett

J.K. Farnell: 1945 bis 1968

TRADITIONELLE UND NEUE BRITISCHE BÄREN: GEÄNDERTES ETIKETT

Das gestickte Farnell-Etikett wurde nach dem Zweiten Weltkrieg durch ein bedrucktes ersetzt, wobei das der Alpha-Serie einem Schild ähnelte – eine Form, die man damals auch für die Pappanhänger benutzte. Die Alpha-Bären blieben die wichtigste Produktlinie, obwohl die Firma La Vogue Teddys zum Aufbewahren des Nachthemds/Pyjamas fertigte und 1960 »Mother Goose« als Warenzeichen für eine waschbare Kuschelspielzeug-Serie eintragen ließ. 1959 wurden Zentrale und ein Teil der Produktion nach Hastings, Sussex, verlegt, 1964 zog das gesamte Werk dorthin um. Das Unternehmen wurde 1968 verkauft.

Mitte der 60er Jahre: Goldfarbener Mohairplüsch

Dieser kleine Bär besitzt das letzte Etikett, das Farnell vor Einstellung der Produktion im Jahr 1968 benutzte. Das leicht ausgefranste, satinierte Etikett ist in den gleichen Farben bedruckt wie das frühere Schild-Etikett (gegenüber). Die Aufschrift lautet: »This is a Farnell Quality Soft Toy; Made in Hastings, England«; der ursprüngliche Warenname Alpha wird nicht erwähnt. Auch die gesicherten, festverankerten Plastikaugen deuten auf ein Geburtsjahr Anfang der 60er Jahre hin, denn Mitte der 60er Jahre wurde ein neues diesbezügliches Gesetz verabschiedet.

Größe: 33 cm

Bedrucktes Etikett

Ohren: Die flachen Ohren sind in der Mitte über den Gesichtsnähten angebracht.

Augen: Die bernsteinfarben und schwarzen, gesicherten, festverankerten Plastikaugen sind tief angesetzt; sie lassen die Stirn groß und breit wirken.

Schnauze: Das Fell auf der vorspringenden Schnauze ist abgewetzt.

Nase/Mund: Die quadratische schwarze Nase ist senkrecht gestickt; der doppelfädige Mund hat eine umgekehrte T-Form.

Fell/ Füllung/ Quiekser: Das Fell besteht aus goldfarbenem Mohairplüsch. Der Bär ist mit weichem Material ausgepolstert, vermutlich Kapok oder »Sub« (siehe S. 205). Der Quiekser scheint aus Plastik, in Ziehharmonika-Form, zu sein.

Gliedmaßen: Arme und Beine sind kurz und plump.

Pfoten: Die Rexinsohlen sind ziemlich abgenutzt und lassen den Webuntergrund erkennen.

Warenzeichen: Das satinierte, bedruckte Etikett ist in die linke Seitennaht eingefaßt.

Bärenprofil

Aus diesem Winkel erkennt man den dünnen, geraden Körper und die kurzen, stämmigen Arme und Beine, die in leicht gerundeten Füßen enden. Die Ohren sind in der Mitte über den Gesichtsnähten und entlang den Seiten des relativ großen Kopfes angenäht. Die tief angesetzten Augen bilden eine Linie mit der kecken vorspringenden Schnauze.

Füße: Die Füße sind leicht gerundet.

weißer Mohairplüsch; Holzwolle-Füllung im Kopf, Kapok andernorts

kurze, abgeflachte Schnauze, typisch für englische Bären

kurze, stämmige Gliedmaßen mit Gelenken; keine Füße

Etikett mit der Maschine über rechte Fußsohle genäht

Original bernsteinfarbene und schwarze Glasaugen, eingenäht

schildförmige, senkrecht gestickte Nase; Mittelstiche gehen in Mund über

leicht beschädigte, blaßblaue Filzsohlen; keine Krallen

40er Jahre: Weißer Mohairplüsch; Schild-Etikett

Größe: 33 cm

Der kleine, weiße Mohairplüsch-Teddy mit zimtfarbener Nase und Mund ist typisch für weiße Farnell-Bären dieser Ära. Die verkürzte Schnauze und die stämmigen Gliedmaßen deuten darauf hin, daß der Bär während des Zweiten Weltkriegs oder unmittelbar danach gefertigt wurde.

Bedrucktes Etikett

braune Glasaugen mit schwarzen Pupillen

quadratische, schwarze, senkrecht gestickte Nase; Mund fehlt

Bär in permanenter Sitzposition

kurze, gerade Beine ohne Gelenke

große, leicht gewölbte Ohren, über Gesichtsnähten angebracht

goldfarbener Mohairplüsch; Holzwolle-Füllung im Kopf; weiche Füllung andernorts

leicht abgenutzte braune Rexinsohlen

50er Jahre: Nachthemd/Pyjamabehältnis

Größe: 50 cm

Farnell begann in den 30er Jahren Teddybären herzustellen, in denen das Nachthemd aufbewahrt wurde; dieses Exemplar hat das spätere Schild-Etikett ans Bein genäht. Der Bär mit gelenklosen Beinen und Kopf mit Drehzapfengelenk hat einen eingebauten Drahtrahmen undrosafarbenes, wattiertes Rayonfutter.

Bedrucktes Etikett

kleine Ohren, tief an den Kopfseiten angesetzt und in Seitennähten mitgefaßt

abgeflachte Schnauze und große, gewölbte Stirn – typische Toffee-Form

goldfarbener Mohairplüsch; Holzwolle-Füllung im Kopf, Kapok andernorts

abgenutzte braune Rexinsohlen; keine Krallen

orangefarbene, gestrickte Bommelmütze und Halstuch (möglicherweise nicht Original)

bernsteinfarbene Glasaugen mit schwarzen Pupillen; eingenäht mit Knoten am Hinterkopf, tief eingesetzt und weit auseinanderstehend

quadratische, schwarze, senkrecht gestickte Nase; Mund mit umgekehrter T-Form

kurze, stämmige Gliedmaßen

1960: Toffee; Hörfunk-Star

Größe: 25 cm

Toffee ist eine Figur aus der BBC-Hörfunksendung *Listen with Mother*, in den 50er Jahren populär. Die Firma bot in den 60er Jahren ein unbekleidetes Teddy-Modell an – das »Outfit« könnte eine spätere Ergänzung sein. Chad Valley produzierte 1953 eine eigene Toffee-Version (siehe S. 104).

Bedrucktes Etikett

dunkel-bernsteinfarbene Glasaugen mit schwarzen Pupillen, an Drahtschäften eingenäht

quadratische Schnauze

schwarzer, doppelfädig gestickter, Y-förmiger Mund; langer, senkrechter Stich führt zur Nase

löffelförmige Pfoten ohne Krallen

große, gewölbte Ohren, in der Mitte über Gesichtsnähten angebracht

schwarze, senkrecht gestickte, längliche Nase

dichter, kurzfloriger weißer Mohairplüsch; rundum mit weichem Material ausgestopft

große, ovale Füße; schmale Fesseln

Um 1960–64: Weißer Mohairplüsch; rote Pfoten

Größe: 48 cm

Dieser Bär ähnelt den späteren von Acton Playcraft Ltd. mit den roten Pfoten (siehe S. 125). Man könnte meinen, die Firma Acton habe die Farnell-Designs benutzt, als sie 1964 in das Alpha-Werk umsiedelte. Obwohl das Etikett kurz abgeschnitten wurde, ist der Name »Farnell« noch lesbar.

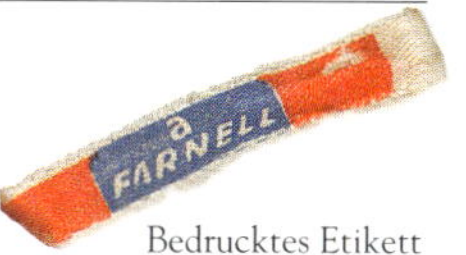

Bedrucktes Etikett

Pedigree: 1937 bis in die 50er Jahre

TRADITIONELLE ENGLISCHE BÄREN AUS WERKEN IN MERTON UND BELFAST

Pedigree Soft Toys war eine Tochterfirma von Lines Bros., in den 30er bis 50er Jahren der größte Spielwarenhersteller der Welt mit ursprünglichem Sitz in Merton, Surrey. Der erste Katalog mit dem Pedigree-Kuschelspielzeug erschien 1937, obwohl der Handelsname schon seit Beginn der 30er Jahre für Lines'

Kinderwagen in Gebrauch war. In den 50er Jahren verlegte man die Produktion in die firmeneigene Castlereagh-Fabrik in Belfast. Pedigree-Bären werden in aller Welt, einschließlich Neuseeland, hergestellt.

Um 1955: »Made in Ireland«-Etikett

Dieser Bär ist Beispiel für eine der beiden Teddybär-Entwürfe aus dieser Zeit (siehe auch gegenüber). Durch das Bärengesicht verläuft senkrecht eine Naht und waagerecht eine zweite oberhalb des Kopfes. Die Ohren mit den heruntergeklappten Ecken wurden in die waagerecht verlaufende Naht eingearbeitet, das bedruckte Etikett in die rückseitige Naht eingenäht. Beschrieben wird der Plüsch im Pedigree-Katalog als »Super-Qualität ›London Gold‹ Mohair-Plüsch.«

Größe: 45 cm

Bedrucktes Etikett

Ohren: Das ganze Ohr mit gefalzter Innenkante ist in der Naht quer über der Kopfoberseite eingefaßt.

Augen: Die Augen sind aus Plastik und fest verankert.

Nase: Die quadratische schwarze Nase ist senkrecht gestickt.

Halsband: Das rote Halsband ist nicht Original, aber der Bär hatte das Werk mit einem ähnlichen verlassen.

Fell/ Füllung/ Quiekser: Das Fell ist aus goldfarbenem Mohairplüsch. Kopf und Körper sind mit Holzwolle ausgestopft, die Gliedmaßen mit Kapok. Der Bär hat einen eingebauten Quiekser.

Bärenprofil
Der klassische knollige Pedigree-Kopf hat keine ausgeprägte Schnauze. Die tief angesetzten Augen lassen die Stirn mächtig und rund wirken. Die für Pedigree-Teddys typische gerade Körper-, Arm- und Beinform macht dieses Exemplar einer Puppe ähnlicher als einem Bären.

Pfoten: Die beigefarbenen Baumwollsamt-Pfoten ohne Krallen sind abgewetzt und lassen den Webuntergrund erkennen.

Füße: Die kleinen Füße haben runde Ballen, ein charakteristisches Merkmal dieses Pedigree-Prototypen.

schwarze und bernstein-
farbene, zweiteilige Plastikaugen, typisch für Pedigree

Innenkanten der
Ohren gefalzt und in
waagerechte Kopf-
naht eingefaßt

kleines Stück
versteifter
schwarzer Filz,
über der
Schnauze
gewölbt, stellt
die Nase dar
(könnte Repara-
turarbeit sein)

gerade Arme mit
spitz zulaufenden
Pfoten, ein Pedigree-
Merkmal

gerade Beine mit
kleinen runden
Füßen

schmutzige,
abgenutzte beige-
farbene Baum-
wollsamt-Pfoten;
keine Krallen

50er Jahre: »Made in England«-Etikett Größe: 33 cm

Obwohl das im Rücken eingenähte Etikett kaum
noch lesbar ist, kann man »Eng« für England statt
»Ire« für Ireland erkennen und den Bären damit auf
die Periode zurückdatieren, bevor die gesamte
Produktion nach Belfast verlegt wurde.

Bedrucktes Etikett

hohe Stirn

Innenkanten
der Ohren
nach innen
gefalzt und in
der waagerech-
ten Naht mit-
gefaßt

quadratische, schwarze,
senkrecht gestickte Nase;
Mund mit umgekehrter
T-Form

goldfarbener
Mohairplüsch;
Körper und
Schnauze mit
Holzwolle,
Gliedmaßen
und Rest des
Kopfes mit
Kapok gefüllt

kurze, leicht
gebogene Arme

gerade Beine mit
kleinen Füßen
und runden Bal-
len; keine Krallen

Anfang der 50er Jahre: Glasaugen Größe: 45 cm

Obwohl ohne Etikett, ist dieser Bär mit dem runden Kopf, den Mittelnähten
und einer waagerechten Naht von Ohr zu Ohr dem auf S. 92 abgebildeten sehr
ähnlich. Er hat jedoch bernsteinfarbene Glasaugen mit schwarzen Pupillen,
die ins Gesicht genäht und am Hinterkopf versäubert sind. Das deutet darauf
hin, daß er entstand, bevor festverankerte Plastikaugen die Norm wurden.

wirklichkeitsgetreue,
schwarze geformte
Plastiknase

zweiteilige, gesicherte
Plastikaugen mit opa-
ken schwarzen Pupil-
len, die den Schaft
bilden; typisch für
Pedigree

schwarzer Mund mit
umgekehrter T-Form,
einfädig gestickt,
typisch Pedigree

Fliege ist nicht
Original (der
Bär hatte das
Werk mit einer
Schleife ver-
lassen)

goldfarbener
Mohairplüsch;
Holzwolle-Füllung
um Kippmecha-
nismus-Brumm-
stimme und
Schnauze; Kapok
andernorts

Ende der 50er Jahre: Plastiknase Größe: 54 cm

Das abgebildete Exemplar ist Pedigrees zweites Teddy-Modell in dieser
Periode. Der Bär hat einen dreieckigen Einsatz in der Kopfmitte, was die
Schnauze vorspringend und traditionell wirken läßt. Ähnliche Bären mit
Plastiknasen wurden in den 50er Jahren angeboten, einschließlich eines
Bären in farbigem Seidenplüsch mit einem Quiekser in jedem Bein.

große Ohren; Innen-
kanten gefalzt und in
waagerechter Kopfnaht
mitgefaßt

zweiteilige, bern-
steinfarbene und
schwarze, gesicher-
te Plastikaugen; die
Mitte bildet ein
integrierter Schaft

schwarze, geformte
Plastiknase, leicht
neben der Mitte
sitzend; Mund mit
umgekehrter
T-Form

kurze, gerade Arme
mit leicht gebo-
genen Pfoten; Dreh-
zapfengelenk

kurze, gerade,
stämmige Beine;
Füße kaum
angedeutet

goldfarbener
Mohairplüsch;
rundum weiche
Füllung; nur
um Quiekser
mit Holzwolle
ausgestopft

Ende der 50er Jahre: Plastiknase; steifer Hals Größe: 30 cm

Gemäß einem Katalog, der Ende der 50er Jahre erschien, war dies der kleinste in Pedigrees Mittelnaht-Serie und wurde als »Nummer 014; Teddybär
mit Quiekser« beschrieben. Er ähnelt den anderen hier abgebildeten Exemplaren mit Mittelnaht aufs Haar, bis auf die geformte Plastiknase, die ein
späteres Datum vermuten läßt, und den aus einem Stück und im selben
Material wie der Körper zugeschnittene Kopf.

Die Hermann-Dynastie

DREI GENERATIONEN TEDDYBÄR-HERSTELLER

Zwei deutsche Firmen für Plüschspielzeuge, die Gebrüder Hermann GmbH & Co. KG und die Hermann-Spielwaren GmbH, produzieren noch heute; beide stellen Teddybären her, die von Sammlern sehr geschätzt sind. Die jetzigen Inhaber dieser beiden traditionellen Familienfirmen sind weitläufig verwandt und stammen von Johann Hermann ab, einem Sonneberger Spielzeugmacher. Ihre Betriebe verlegten sie nach dem Zweiten Weltkrieg in den Westen. Die Wiedervereinigung von 1990 ermöglichte einen Zugang zu den Familienunterlagen, wodurch ein vollständiges Bild der Hermann-Dynastie und deren Stellenwert in der Geschichte der Teddybären entstanden ist.

Familienfoto
Das Foto von 1910 (oben) zeigt Johann und Rosalie Hermann mit ihren Kindern. Sie kreierten die ersten Hermann-Teddybären.

Johann Hermann (1854 bis 1919) gründete eine Spielwarenfirma nahe Sonneberg, das damals weltweit als Metropole der Spielwarenindustrie galt. Er spezialisierte sich auf die Herstellung von Miniatur-Holzgeigen, betätigte sich aber auch als Zwischenhändler für Heimarbeiter, die Spielzeug herstellten. Er und seine Frau Rosalie Suffa (1867–1933) hatten sechs Kinder, die alle in die Teddybären-Produktion einstiegen, eine in diesem Teil Deutschlands schnell wachsende Branche. Johanns zweitältester Sohn Artur (1894–1989) arbeitete für den Neufanger Teddy-Hersteller Ernst Siegel. Er heiratete dessen Tochter Viktoria und eröffnete seine eigene Firma in der Dachstube seines Elternhauses, gemeinsam mit seiner älteren Schwester Adelheid (1891–1939) und seinem jüngeren Bruder Max (1899–1955). Max verließ mit vierzehn die Schule, um im Familienbetrieb zu helfen.

DER ERSTE HERMANN-BÄR

Der erste Hermann-Bär wurde Familienbriefen zufolge am 24. Oktober 1913 gefertigt, in der Johann Hermann Spielwarenfabrik. Johann verkaufte die Bären vor Ort und an die großen Sonneberger Zwischenhändler, die sie nach England und in die USA exportierten. Bei Ausbruch des

Ersten Weltkriegs wurde Artur zur Armee eingezogen. Max und Adelheid führten die Geschäfte bis 1917 fort, als Max ebenfalls Soldat wurde.

NAMENSWECHSEL

1919 starb Johann Hermann; Artur gründete in Sonneberg seine eigene Firma, Artur Hermann, die er 1929 in »J. Hermann Nachf. Inh. Artur Hermann« umbenannte. Er erkannte, daß der Schlüssel zum Erfolg im Ansehen lag, das sein Vater erworben hatte. Sein Warenzeichen war ein Bär, einen Teddy auf allen vieren spazierenführend, der einen Affen und später eine Krone trug. 1940 siedelte Artur nach München um, verkaufte 1954 den Betrieb an die Anker Plüschfirma (siehe S. 114) und gründete das Spielwarengeschäft Teddy: Haus des Kindes.

Adelheid, Mitschöpferin des ersten Hermann-Bären, heiratete den in Neufang geborenen Hermann Baumann. Sie hatten vier Kinder, einschließlich Franz (1919 geboren). Dieser eröffnete 1946 einen kleinen Betrieb (Kunstgewerbliches Spielzeug) in Flensburg. 1951 kehrte er nach Rodach zurück und gründete mit seinem alten Freund Franz Kienel die Plüschspielzeug-Firma Baumann & Kienel OHG (später KG), die unter dem Handelsnamen »Baki« firmiert (siehe S. 116).

Bären unterm Dach
Artur, Adelheid und Max fertigten ihren ersten Teddy in der Dachstube ihres Elternhauses in Neufang (oben). Von 1920 bis 1923 betrieb Max hier seine eigene Firma.

Sonneberg, 1930
Der kleine Junge (oben) ist Max' Sohn Rolf-Gerhard, der seinem Vater später in der Firma half und sie nach seinem Tod übernahm. Rolf-Gerhard leitet nun die Hermann Spielwaren GmbH.

Max Hermann-Werke
Auspolstern von Kuschelspielzeug in der Sonneberger Fabrik während der 30er Jahre (oben).

Traditionelle Serie mit Gelenken
Hermann & Co entwickelte in den 50er und 60er Jahren eine Teddy-Serie sowohl in Mohair als auch in Dralonplüsch (links).

Bären Ende der 20er Jahre
Der Mohairplüsch-Bär (links), typisch für seine Zeit, wurde von Bernhard Hermanns Firma hergestellt und hätte das Warenzeichen »Beha Quality, Germany« getragen. Von 1930 bis 1939 wurde es in »Marke Beha Teddy bürgt für Qualität« geändert.

URSPRÜNGE VON HERMANN-SPIELWAREN

Nach dem Ersten Weltkrieg blieb Max Hermann in Neufang und gründete 1920 seine eigene Firma im Elternhaus. 1923 zog er mit seiner Frau Hilde Stammberger (1898–1985) und ihrem Sohn Rolf-Gerhard (geboren 1922) nach Sonneberg. Sie benutzen das Warenzeichen »Maheso« (Max Hermann Sonneberg) und fügten später ein Logo mit Teddy und laufendem Hund hinzu. 1947 trat Rolf-Gerhard in den Betrieb ein.

Zwei Jahre später gründeten Vater und Sohn die Hermann & Co KG in Coburg, in der amerikanisch besetzten Zone, rund 15 km östlich vom sowjetisch besetzten Sonneberg. Am 22. Februar 1953 floh Max mit seiner Familie über die Grenze nach Coburg, wo sie die Firma Max Hermann Sonneberg wiedereröffneten. Als Max 1955 starb, übernahm Rolf-Gerhard die Leitung. Das Unternehmen blieb in Coburg, änderte den Namen 1979 aber in Hermann-Spielwaren GmbH um. Rolf-Gerhards Frau Dora-Margot entwarf bis zu ihrem Tod 1992 viele der Bären, die in Deutschland und den USA Auszeichnungen erhielten. 1992 wurden sie für den TOBY nominiert. Rolf-Gerhard und seine Tochter Dr. Ursula Hermann führen heute das traditionelle Familienunternehmen.

GEBRÜDER HERMANN

1912 heiratete Johann Hermanns ältester Sohn Bernhard (1888–1959) Ida Jäger. Nach dem Ersten Weltkrieg zogen sie nach Sonneberg, wo Bernhard seine eigene kleine Firma eröffnete, die auf Puppen und Teddybären spezialisiert war. Bernard und Ida hatten vier Söhne, die alle im Familienbetrieb arbeiteten: Hellmut (1909–85), Artur (1912–90), Werner (1917 geboren) und Horst (1920–37). Als Sonneberg nach dem Krieg von Russen besetzt wurde, schickte Bernhard seinen Sohn Werner in die amerikanische Besatzungszone, um dort in einer verlassenen Fahrradfabrik eine Produktionsstätte aufzubauen. Zwei Jahre lang pendelte Werner mit Maschinen und Werkzeug zwischen Sonneberg und Hirschaid hin und her. 1953 wurden Familie und Betrieb in Hirschaid ansässig, wobei Hellmut, Artur und Werner Partner in der Gebrüder Hermann KG wurden. 1959, nach Bernhards Tod, war Artur Geschäftsführer, Hellmut Werksleiter und Werner für Design und Produktion zuständig. Heute wird das Unternehmen von Hellmuts Tochter Isabella, Werners Tochter Marion und Arturs Töchtern Margit und Traudel geführt.

Gruppenbild
Bernhard Hermann im Jahr 1929 (oben Mitte) mit seiner Frau Ida und ihren Söhnen (von links nach rechts) Horst, Artur, Hellmut und Werner.

Neue Anhänger-Aufschrift
Die Aufschrift (oben) befindet sich seit 1952 in Gebrauch.

Jubiläumsbär
Dieser Bär (unten) wurde zur Feier der Gründung von Bernhard Hermanns Unternehmen aufgelegt.

Moderne Techniken
Arbeiterinnen, die Gelenke in der Hermann-Spielwarenfabrik in Coburg einsetzen.

Bär in Lederhosen
Der kleine Bär (oben) gehört zu einer Gruppe Max Hermann-Bären, die für eine Spielzeugausstellung 1933 in Sonneberg gefertigt wurden. Ursprünglich wurde sie um einen Maibaum tanzend arrangiert.

Grünes Dreieck
Das Logo »laufender Bär und Hund« (oben) wurde von Max Hermann und seinen Nachfahren benutzt.

Nachbildung eines Modells von 1929
Hermann-Spielwaren gewann mit diesem Bären 1992 eine Goldmedaille im »Eurodoll«-Wettbewerb.

Gebrüder Hermann: 1948 bis in die 70er Jahre

TRADITIONELLE UND NEUARTIGE BÄREN: DAS NEUE WERK NACH DEM KRIEG

Nach dem Zweiten Weltkrieg, als Sonneberg Teil der sowjetisch besetzten Zone wurde, baute Bernhard Hermanns Sohn Werner in der kleinen Stadt Hirschaid eine neue Fabrik auf. 1951 siedelte die ganze Familie um, und das Unternehmen, die Gebrüder Hermann KG, wurde von den drei Brüdern und Inhabern Hellmut, Artur und Werner geleitet. Es florierte und erzielte großen Erfolg mit der Produktion traditioneller Designs und der Einführung neuer Bären-Serien.

60er Jahre: Eingesetzte Schnauze

Dieser Bär hat die gleichen charakteristischen Merkmale wie die Gebrüder Hermann-Bären vor dem Zweiten Weltkrieg: lange, gebogene Arme und Pfoten und eingesetzte Schnauze aus kontrastierendem, kurzflorigen Mohairplüsch. Andere deutsche Hersteller fertigten im gleichen Stil, also ist das Warenzeichen die einzig zuverlässige Möglichkeit, den Ursprung der Bären zu bestimmen. Dieses Exemplar hat einen Anhänger, der mit einer Goldkordel an seinem grünen Original-Halsband befestigt ist. Hermann benutzte von 1952 bis in die 70er Jahre grün-goldene, bedruckte Papieranhänger, danach rot-goldene Papier- oder rote Plastikanhänger.

Größe: 43 cm

Bedruckter Papieranhänger

Schnauze: Die vorspringende Schnauze besteht aus drei separaten beigefarbenen Mohairplüsch-Teilen, die kurzgeschoren und dichtflorig sind.

Augen: Die kleinen bernsteinfarbenen Glasaugen mit schwarzen Pupillen sind an Drahtschäften angenäht und im Nacken versäubert.

Nase: Die ovale schwarze Nase ist waagerecht gestickt.

Bärenprofil

Die spitze Schnauze aus gestutztem, goldfarbenen Mohairplüsch hat eine hellere Schattierung als das für den Körper benutzte Material. Die Arme sind ausgeprägt, die langen, schlanken, kantigen Pfoten enden in aufwärts gebogenen Pfoten. Die geraden Beine sind relativ kurz mit kleinen ovalen Füßen.

Fell/ Füllung/ Brummstimme: Der Mohairplüsch ist muskatfarben mit Webuntergrund und enthält einige wenige Strähnen in dunklerem Braun. Die Füllung besteht rundum aus Holzwolle. Der Bär hat einen eingebauten Kippmechanismus-Brummer.

Pfoten: Die langen, kantigen Pfoten haben cremefarbene Filzballen mit je drei schwarzen gestickten Krallen.

Warenzeichen: Vorder- und Rückseite des Anhängers sind identisch.

Füße: Die schmalen, ovalen Füße haben cremefarbene Filzsohlen mit drei schwarzen, gestickten Krallen.

kurzer, goldfarbener Mohairplüsch; Florlänge oben auf Ohren sichtbar

kleine, bernsteinfarbene Glasaugen mit schwarzen Pupillen, weit auseinanderstehend; an Drahtschäften ins Gesicht genäht

drei schwarze gestickte Krallen über Pfotenspitze

kurze, stämmige, gebogene Arme

spitze Füße mit Längsnaht in der Mitte; keine Pfoten

Stoffetikett in die linke Seitennaht eingefaßt

Nach 1953: Miniatur

Größe: 13 cm

Dieser Bär mit Gelenken wurde im Hirschaid-Werk der Gebrüder Hermann gefertigt. Die Aufschrift auf dem grünen, in der linken Seitennaht befestigten Stoffetikett deutet auf ein Herstellungsdatum nach der Teilung Deutschlands hin.

Bedrucktes Etikett

dunkelbrauner Zotty-Mohairplüsch mit blonden Spitzen, Holzwolle-Füllung im Kopf; weiche Füllung andernorts

kurze, geschorene beigefarbene Mohairschnauze

senkrecht gestickte, braune Nase mit zwei nach unten versetzten Außenstichen

Mund mit umgekehrter Y-Form entlang der Oberkante des pfirsichfarbenen, offenen Filzmunds mit rosa aufgespritzter Zunge

nach unten gebogene Arme mit tränenförmigen Pfoten

große, schlanke, ovale Füße mit je drei schwarzen Krallen

pfirsichfarbene Filzsohlen

60er Jahre: Zotty-Design

Größe: 29 cm

Mehrere deutsche Hersteller brachten eigene Versionen dieses Modells, das Steiff als erster 1951 fertigte, und die Exemplare sind schwer auseinanderzuhalten, wenn – wie hier – das Warenzeichen fehlt. Die Hauptunterscheidungsmerkmale der Bären der Gebrüder Hermann waren die fehlende Brustplatte und die gestickte Nase mit zwei nach unten versetzten Außenstichen. Die Steiff-Bären hatten schildförmige Nasen.

braune Glasaugen mit schwarzen Pupillen

kurzgeschorene Schnauze aus hellerem Mohairplüsch; offener Mund, mit pfirsichfarbenem Filz gefüttert

Zotty-Mohair auf schwarzem Webuntergrund; eingebauter Quiekser

drei braune, gestickte Krallen an jeder Pfote

gebogene Arme in Bittstellung

50er Jahre: Zotty-Design

Größe: 25 cm

Diese Zotty-Version wurde früher als das vorherige Exemplar gefertigt. Der Bär trägt den für die 50er Jahre typischen, runden Metallanhänger. Die für die Firma Gebrüder Hermann charakteristischen, nach unten versetzten Außenstiche an der Nase und der Y-förmige Mund fehlen infolge starker Abnutzung.

Metallanhänger

braune Glasaugen mit schwarzen Pupillen – eine ist Ersatz

kurzflorige goldfarbene Plüschohren, über Gesichtsnähten angebracht

schwarze, ovale, waagerecht gestickte Nase: Mund mit umgekehrter Y-Form

zottiger, honigfarbener Mohairplüsch; eingebauter Kippmechanismus-Brummer

ovale Füße: Sohlen mit Webmaterial ausgebessert

gebogene, schlanke Pfoten; Ballen mit Webmaterial ausgebessert

40er – 50er Jahre: Honigfarbener Mohairplüsch

Größe: 55 cm

Dieser Bär zeigt starken Verschleiß. Die Farbe ist verblaßt und der kräftige goldfarbene Mohairplüsch nur im lichtgeschützten Gelenkbereich sichtbar. Das Warenzeichen fehlt, und die eingesetzte Schnauze ist für die Hermann-Bären untypisch. Die Archive der Hermann-Werke bestätigen jedoch seine Herkunft.

Hermann & Co: 1940 bis in die 60er Jahre

BÄREN MIT EINGESETZTER SCHNAUZE IM TRADITIONELLEN STIL UND NEUHEITEN

Max Hermanns Sohn Rolf-Gerhard trat 1947 in den Familienbetrieb ein, der dann in Max Hermann & Sohn umbenannt wurde. 1949 gründeten sie die Tochterfirma Hermann & Co KG in Coburg, damals amerikanisch besetzte Zone und rund 15 km von Sonneberg entfernt. Aus Angst vor dem kommunistischen Regime zogen sie 1953 mit dem Unternehmen nach Coburg um. Max starb 1955; Rolf und seine Frau Dora-Margot übernahmen die Firma, die schließlich als Hermann-Spielwaren bekannt wurde.

Ende der 60er Jahre: Sprechender Bär

Dieser Bär trägt einen cremefarbenen Anhänger der rot bedruckt ist mit dem laufenden Hund und Teddybär-Motiv. Es wurde erstmals 1933 verwendet, hat hier aber eine neue Aufschrift. Farbe und Form des Anhängers sind ungewöhnlich, da man die Firma in der Regel am grünen Dreieck identifizieren kann. Dieses Warenzeichen wurde nur für die Hermann-Sprechbären benutzt: Sie gaben zwölf Sätze von sich, wenn man an einer Schnur zog, die den eingebauten Mechanismus in Gang setzte.

Größe: 48 cm

Bedruckter

Nase/Mund: Die schwarze, schildförmige Nase ist waagerecht gestickt; der einfädig gestickte Mund mit umgekehrter Y-Form hat einen mürrischen Ausdruck. Es wurde auch eine Version mit offenem Mund gefertigt.

Augen: Der Bär hat braune Glasaugen mit schwarzen Pupillen.

Arme: Die Arme sind hoch am Körper angesetzt; der Bär wirkt dadurch, als habe er breite Schultern und keinen Hals.

Körper: Körper und Gliedmaßen des Bären sind besonders schlank.

Krallen: An Pfoten und Füßen befinden sich je drei schwarze, gestickte Krallen.

Fell/Füllung/Brummstimme: Der Mohairplüsch ist goldfarben, die Füllung besteht aus Holzwolle; der eingebaute Sprech-Mechanismus wird durch eine Schnur aktiviert.

Bärenprofil

Man sieht die eingesetzte Schnauze aus kontrastierendem Plüsch und den Ring am Ende der Sprechmechanismus-Kordel, der aus dem Hals herausragt. Der schlanke Körper, die gebogenen Arme, die sich zu spitzen Pfoten verjüngen, und die dünnen, röhrenförmigen Beine mit den winzigen Pfoten kennzeichnen ihn als Hermann & Co-Bären aus den 50er bis 60er Jahren.

Pfoten: Die kleinen, ovalen Pfoten sind aus blaßgoldenem, kurzflorigen Mohairplüsch.

1948–52: Mohairplüsch mit braunen Spitzen

Größe: 80 cm

Dieser Mohairplüschbär mit braunen Spitzen, eingesetzter, kontrastierender Schnauze und ebensolchen Ohren wurde von der Firma Hermann & Co. in Coburg hergestellt. Obwohl er dem von den Gebrüder Hermann gefertigten ähnelt, bezeugt der dreieckige Anhänger, wo seine Wiege stand.

Bedruckter Anhänger

Um 1960: Goldfarbener Mohairplüsch

Größe: 48 cm

Dieser Bär mit den hohen Schultern, der eingesetzten Schnauze und den schmalen Füßen besitzt noch seinen dreieckigen Original-Metallanhänger. Dieses Logo wurde Anfang der 50er Jahre eingeführt; von Mitte der 50er bis Anfang der 60er Jahre waren die Worte »Hermann Plüschtiere« in die Rückseite graviert.

Bedruckter Anhänger

Um 1960: Zotty-Design

Größe: 25 cm

Dieser Bär, der entstand, als die Firma noch als Hermann & Co. KG firmierte, ähnelt Steiffs Zotty. Er trägt einen großen Anhänger mit dem Vermerk auf der Rückseite, daß er aus Dralon gefertigt ist. Während der 60er Jahre hatte nur Dralon-Spielzeug mit weicher Füllung diesen Anhänger.

Bedruckter Anhänger

1948–52: Ja/Nein-Bär

Größe: 26 cm

Dieser Ja/Nein-Bär mit Original Preis- und Produktnummernschild wurde von Max Hermann & Sohn in Sonneberg hergestellt und dann an Hermann & Co KG in Coburg verkauft. Die beiden Firmen waren zwischen 1948 und 1953 gleichzeitig in der Branche tätig, da die Familie Ostdeutschland 1953 verließ und nicht vor der Wiedervereinigung 1990 zurückkehren konnte.

Steiff: 1940 bis Anfang der 60er Jahre

TRADITIONELLE NACHKRIEGSBÄREN; NEUAUFLAGEN DES ORIGINAL-TEDDY

Von 1939 an wurde die Materialbeschaffung extrem schwierig, und 1943 stellte Steiff die Spielwaren-produktion ganz ein, um bis Kriegsende Munition herzustellen. Nach dem Krieg fertigte die Firma Bären in kleinen Stückzahlen, oft aus Materialien von geringer Qualität. Steiff brachte 1950 eine abgewandelte Version des Original-Teddy in 23 cm und 35 cm Größe mit kürzeren Gliedmaßen aus karamelfarbenem und dunkelbraunem Mohairplüsch heraus. Ein Jahr später war die Palette auf zehn Größen und Modelle aus weißem und beigefarbenem Mohairplüsch angewachsen. Die Bären trugen außerdem neu gestaltete Knöpfe und Anhänger.

Um 1950: Neue Version des Original-Teddy

Obwohl das ursprüngliche »Knopf-im-Ohr«-Warenzeichen fehlt, besitzt der Bär noch das Stoffetikett in der rechten Seitennaht, das Steiff von 1947–53 benutzte. Mit dem neuen Original Teddy-Design war das Ende der typischen, waagerecht gestickten Nase der Mini-Bären gekommen: Die ganze Serie erhielt nun eine schildförmige Nase.

Größe: 35 cm

Bedrucktes Etikett

Augen: Die braunen Glasaugen mit den schwarzen Pupillen wurden ins Gesicht genäht.

Nase/Mund: Die Nase ist schildförmig und senkrecht in Braun gestickt (ein Merkmal der meisten weißen Bären). Der Mund hat eine umgekehrte V-Form.

Fell: Der kurze, weiße Mohairplüsch ist verfärbt, aber ansonsten in gutem Zustand.

Pfoten: Die Enden der Pfoten sind eckiger als die früherer Bären.

Krallen: An Händen und Füßen sind je vier Krallen in Braun aufgestickt.

Fußsohlen: Die Fußsohlen sind aus cremefarbenem Filz gefertigt und in perfektem Zustand.

Bärenprofil
Die etwas kürzere, abgeflachte Schnauze und deutlich weniger langen Gliedmaßen sind Merkmale der neuen Original Teddy-Version. Die Arme sind allerdings noch länger als die Beine, so daß die traditionelle Teddy-bären-Silhouette erhalten bleibt. Die gebogenen löffelförmigen Pfoten seines Vorgängers (siehe S. 18–19) wurden durch eine eckigere Form ersetzt.

Füße: Die Füße sind lang und schmal.

waagerecht gestickte, dreieckige, schwarze Nase; Mund mit umgekehrter Y-Form

verfärbter blaßgoldener Baumwollplüsch

klare Glasaugen mit gesprenkeltem, bemalten braunen Hintergrund; ins Gesicht genäht

Pfoten in gebrochenem weißen Stoff (Filz war nach dem Krieg nicht erhältlich)

elegante Kleidung, vom vorherigen Besitzer hinzugefügt

vier schwarze Krallen auf Pfoten und Füße gestickt

große, schmale, ovale Füße

Um 1949: Blanker Knopf

Größe: 33 cm

In den Nachkriegsjahren entstand, als die Materialien knapp waren, dieser Teddy aus minderwertigem Baumwollplüsch. Er hat einen blanken, für diese Periode typischen Blechknopf. Ein blaubemalter Knopf und einer mit der aufgeprägten Aufschrift »Steiff« in Großbuchstaben wurden damals ebenfalls verwendet.

Blanker Knopf

kleine, braune und schwarze Glasaugen, an Drahtschäften eingenäht

kleine Ohren, über Gesichtsnähten angebracht; Knopf und Überreste des Original-Anhängers im linken Ohr

Fell an der Schnauze leicht abgenutzt

schildförmige, senkrecht gestickte, braune Nase; Mund mit umgekehrter V-Form

Pfoten mit eckigen Enden und vier gestickten Krallen

beigefarbene Filzsohlen in gutem Zustand

kurzfloriger, beigefarbener Mohairplüsch

50er Jahre: Original Teddy; beigefarben

Größe: 35 cm

Dieser Bär ist ein Beispiel für das Original Teddy-Design, das bis zur Einführung des 66er-Modells (siehe S. 128) im Umlauf bleiben sollte. Er hat noch den Knopf mit der Aufschrift »Steiff« in erhobener kursiver Schrift, die von 1952/53 bis 1977 verwendet wurde.

Bossierter Knopf

braune Glasaugen mit schwarzen Pupillen, ins Gesicht genäht

gelber bedruckter Original-Anhänger im Ohr mit Produktnummer 5318, 03

gerade Arme, etwas länger als die Beine; keine Filzpfoten; vier Krallen in Schwarz aufgestickt

kurzfloriger Mohairplüsch; rundum Holzwolle-Füllung; eingebauter Quiekser

lange, schmale Füße mit beigefarbenen Filzsohlen

50er Jahre: Original Teddy; braun

Größe: 18 cm

Hier ein kleiner Original Teddy, der wie seine Vorgänger vor dem Krieg gestrecktere Arme als die großen Bären und keine Filzpfoten hat. Der Pappanhänger mit dem neuen Teddybären-Kopf wurde 1950 erstmals eingeführt.

Bossierter Knopf

braune Glasaugen mit schwarzen Pupillen; ursprünglich eingenäht, rechtes Auge von Restaurator eingeklebt

schildförmige, braune, senkrecht gestickte Nase; Mund mit umgekehrter V-Form

lockiger, blonder Mohairplüsch auf beigefarbenem Stoffuntergrund

lange, leicht gebogene Arme

Holzwolle-Füllung, nahe Schulterkante absackend

Löcher in beigefarbenen Filzsohlen lassen Holzwolle-Füllung erkennen

eckige Pfoten mit vier braunen Krallen

50er Jahre: Original Teddy; lockig

Größe: 53 cm

Dieser Bär besitzt die unverkennbaren Formen und Merkmale des Original Teddy aus der Nachkriegszeit. Auch ohne Steiff-Knopf deutet das kleine Loch im Ohr an, daß er aus Giengen stammt. Plastikaugen ersetzen die Glasaugen bei den Modellen, die Anfang der 60er Jahre gefertigt wurden.

Bossierter Knopf

Dean's: 50er Jahre

ENGLISCHE NEUHEITEN UND UMZUG DER FIRMA

Der erste Dean's Katalog nach dem Zweiten Weltkrieg erschien 1949; das Angebot war infolge der Rohmaterialknappheit enorm zurückgegangen. Doch die Firma stand bald wieder fest auf den Füßen. Durch die Geburt des ersten Polarbären-Jungen im Londoner Zoo 1949 boomte die Branche, und die Nachfrage nach weißen Teddys stieg enorm. 1952 trat die Designerin Sylvia R. Willgoss in die Firma ein und schuf viele neue Modelle. Sie löste Chefdesigner Richard Ellett ab, als Dean's 1956 von Merton, Surrey, nach Rye, Sussex umsiedelte.

Mitte der 50er: Tru-To-Life

Der Schwarzbär war in drei Größen erhältlich. Er hat wirklichkeitsgetreue Pfoten und Fußsohlen aus geformtem rosa Gummi mit je vier Krallen. Eine weiße (Polarbär) Version wurde erstmals 1955 in den Katalogen angeboten. Sylvia Wilgoss schuf diese gelenklosen Bären, die – wie bei ähnlichen Exemplaren gefunden – Halsband und Leine besaßen, mit deren Hilfe sie sitzen, aufrecht stehen oder auf allen vieren gehen konnten.

Größe: 48 cm

Bedrucktes Etikett

Ohren: Die großen, runden Ohren sind weit auseinanderstehend an den Kopfseiten angebracht.

Augen: Die braunen Glasaugen sind in Gummi-Augenhöhlen eingebettet, die in die Gummi-Gesichtsmaske geschnitten wurden.

Nase: Die große, schwarze, geformte Gumminase und der Mund springen aus dem Schnauzenende vor.

Schnauze: Die weiße Acrylplüsch-Schnauze bildet einen Kontrast zum schwarzen Mohairplüsch des Körpers.

Arme: Die langen, weich gefüllten, gelenklosen Arme sind besonders knuddelig, weil ihnen die Füllung an den Schultern fehlt.

Fell/Brummechanismus: Das Fell besteht aus schwarzem, zottigem Acrylplüsch. Der Bär ist mit Holzwolle und Kapok ausgestopft und hat einen Kippmechanismus-Brummer.

Beine: Die Beine ohne Gelenke sind mit Holzwolle gefüllt und an die Körper-Vorderseite angenäht, so daß der Bär eine permanente Sitzposition einnimmt.

Pfoten: Fußballen und Pfoten sind aus rosa Gummi gefertigt und haben fünf Krallen, von denen einige verbogen und beschädigt sind.

Bärenprofil
Der Teddy mit der vorspringenden Schnauze und der betonten, leicht eingezogenen Unterlippe sieht sehr natürlich aus. Der Rücken ist gerundet, die Gliedmaßen sind lang und knuddelig und die Füße nach außen gestellt wie bei einem echten sitzenden Bären.

weit auseinanderstehende, bernsteinfarbene Glasaugen mit schwarzen Pupillen, eingenäht, mit Knoten am Hinterkopf

große, flache Ohren, an Kopfseiten genäht

schwarze, waagerecht gestickte, dreieckige Nase, Mund mit umgekehrter T-Form

Original rosa Band, zur Schleife gebunden

gerade, stämmige Arme und Beine; keine Pfoten oder Krallen

blauer Wollplüsch; in der Schnauze Holzwolle, sonst weiche Füllung

Anfang der 50er Jahre: Wollplüsch

Größe: 14 cm

Dieser kleine Bär ohne Gelenke hat noch seinen Original-Anhänger – ein Glücksgriff für jeden Sammler. Er wurde vermutlich als Babyspielzeug entwickelt, obwohl die Glasaugen den heutigen Sicherheitsnormen nicht mehr entsprechen würden.

Bedrucktes Etikett

weit auseinanderstehende, bernsteinfarbene Glasaugen mit schwarzen Pupillen, eingenäht, mit Knoten am Hinterkopf

kleine, gewölbte Ohren; Innenkanten in Gesichtsnähten mitgefaßt

original gelbe Schleife; original Pappanhänger mit Mertoner Adresse vor 1956

schwarze, senkrecht gestickte, rechteckige Nase; Mund mit umgekehrter T-Form

kurzer, hellbrauner Wollplüsch (vermutlich Alpaka) auf Webuntergrund

kurze, gerade Arme

kurze, gerade Beine mit kleinen Füßen

blaß-pfirsichfarbene Filzsohlen in perfektem Zustand; keine Krallen

Anfang der 50er Jahre: Drahtgelenke

Größe: 20 cm

Dieser Bär hat einen eingebauten Drahtrahmen, der ermöglicht, die Glieder gleichzeitig auf- und abzubewegen und auf verschiedene Weise zu beugen. Das bedruckte Stoffetikett ist in den Nacken genäht.

Bedrucktes Etikett

Ohren weit auseinanderstehend, Innenkanten in Gesichtsnähten mitgefaßt

braune Plastikaugen mit integriertem Schaft, ins Gesicht genäht und auf der Rückseite versäubert

Kopf und Pfoten aus goldfarbenem Mohairplüsch

rechteckige, schwarze, senkrecht gestickte Nase; Mund mit umgekehrter T-Form

blaues Samthemd mit drei orangefarbenen Plastikknöpfen

rote Samt-Pluderhosen

Original Pappanhänger mit Mertoner Adresse und Aufschrift auf der Rückseite: »Velvet Bear T272/1«

blaue Samtschuhe

Mitte der 50er Jahre: Samtbär

Größe: 35 cm

Unter Designer Richard Ellet war Dean's für sein Samtspielzeug bekannt. Gelenklose Bären mit Körper und Kleidung aus einem Stück wurden von 1930 an hergestellt, blieben aber auch nach dem Zweiten Weltkrieg beliebt, als die traditionellen Materialien knapp waren.

Bedrucktes Etikett

kleine Ohren; Innenkanten in Gesichtsnähten mitgefaßt

braune Plastikaugen mit kurzen integrierten Schäften; ins Gesicht eingenäht und auf der Rückseite versäubert

spitz zulaufende Schnauze

schwarze, senkrecht gestickte, rechteckige Nase

nach oben gestreckte Arme

weicher, weißer Wollplüsch (möglicherweise Alpaka) auf Webuntergrund

Mitte der 50er Jahre: Weiße Handpuppe

Größe: 25 cm

Alle Teddy-Hersteller fertigten auch Bären-Handpuppen. Dieses weiße Exemplar wurde infolge des Bären-Fiebers geschaffen, das nach 1949 in Großbritannien grassierte. Das bedruckte Etikett ist unten auf der Rückseite des Handschuhs angebracht.

Bedrucktes Etikett

Chad Valley: 1950 bis in die 60er Jahre

NEUHEITEN UND ENTWICKLUNGEN IM TRADITIONELLEN DESIGN

Die Fortschritte, die sich nach dem Krieg in der Plastikindustrie bemerkbar machten, wirkten sich auf Teddybären aus. Während der 50er Jahre ersetzte Chad Valley die Glasaugen allmählich durch Plastikaugen und rüstete einige Bären mit wirklichkeitsgetreuen, geformten Plastiknasen aus. Die Firma führte auch Nylon und andere synthetische Materialien ein, obwohl sich das grundlegende Bärenmodell nicht veränderte. Das Radio beeinflußte die Spielwarenindustrie seit dem ersten Tag, doch in den 50er Jahren erhielt Chad Valley das Exklusivrecht, Harry Corbetts Handpuppe Sooty zu fertigen, im Kinderfernsehen von 1952 eine bekannte Persönlichkeit.

1953: Toffee

Toffee war eine bekannte Figur aus der BBC-Kinderfunkserie *Listen with Mother*, die in den 50ern bis in die 60er Jahre lief. Jane Alan veröffentlichte später ein Buch über seine Abenteuer mit einem kleinen Mädchen namens Lulupet. Toffee trägt seine original rote Mütze und Schal. J.K. Farnell stellte in den 60er Jahren ebenfalls eine Toffee-Version (ohne Kleider) her (siehe S. 91).

Größe: 25 cm

Bedrucktes Etikett

Ohren: Die typischen Chad Valley-Ohren sind groß, flach und an den Kopfseiten angesetzt.

Augen: Die bernsteinfarbenen und schwarzen Augen sind eingenäht.

Nase: Dies ist die typische, enggestickte Chad Valley-Nase, mit schwarzen, senkrechten Stichen gefertigt.

Fell: Der dunkel-beigefarbene Mohairplüsch ist ziemlich lang, aber stellenweise abgenutzt.

Warenzeichen: Das Königinmutter-Warenzeichen ist mit Zickzackstichen auf die rechte Fußsohle genäht. Ursprünglich trug er wohl auch einen Pappanhänger mit der Aufschrift: »Toffee, the Teddy with a Personality« (Toffee, der Bär mit Persönlichkeit), in rot und blau aufgedruckt.

Bärenprofil
Im Profil sind die auffallendsten Merkmale die hohe, gewölbte Stirn und die flache Schnauze. Die sehr kurzen Arme haben Rexinpfoten. Die kurzen, ziemlich dicken Beine sind mit kleinen Füßen versehen. Die rote, wollene Strickmütze mit Pompon ist auf dem Hinterkopf festgenäht.

Pfoten: Die Rexinfußsohlen sind abgewetzt. Der linke Ballen ist zerrissen, und so sieht man die Holzwolle-Füllung, die rundum verwendet wurde.

Ende der 50er: Plastiknase; gesicherte Augen

Größe: 38 cm

Dieser Bär hat braune und schwarze gesicherte Augen und eine natürlich aussehende schwarze geformte Plastiknase – beides Neuheiten. Das bedruckte blau-weiße Stoffetikett ist in die Seitennaht unter dem Arm eingenäht.

Bedrucktes Etikett

Nach 1953: Cubby Bear

Größe: 30 cm

Dieser Cubby-Bär aus Alpakaplüsch ist weniger zottig als die Original-Version aus den 30er Jahren. Ursprünglich auch in Kunstseidenplüsch erhältlich, wurde er in den 50er Jahren bereits aus Nylonplüsch in verschiedenen Farben gefertigt. Dieses Exemplar trägt ein Königinmutter-Gütesiegel.

Bedrucktes Etikett

50er Jahre: Plastikaugen an Drahtschäften

Größe: 30 cm

Gegen Ende der 50er Jahre benutzte Chad Valley Plastikaugen an Drahtschäften, die wie Glasaugen eingenäht und an der Kopfrückseite versäubert wurden. Die nächste Entwicklungsstufe, die noch mehr Sicherheit bot, war die Verwendung von Plastikaugen mit Unterlegscheiben.

Bedrucktes Etikett

Nach 1953: Nachthemd/Pyjama-Behältnis

Größe: 49 cm

Behältnisse in Form von Teddybären oder anderen Tieren zum Aufbewahren von Nachthemden wurden ab 1930 im Spielwarenhandel beliebt. Andere führende Hersteller, einschließlich Farnell (siehe S. 91), H.G. Stone und Merrythought produzierten ebenfalls solche Teddybären.

Bedrucktes Etikett

Chiltern: 1947 bis in die 50er Jahre

DER NACHKRIEGS-HUGMEE UND TEDDY-INNOVATIONEN

Gegen Ende des Zweiten Weltkriegs wurde offenkundig, daß die H.G. Stone-Werke in Tottenham, Nordlondon, und Chesham die Nachfrage nicht mehr befriedigen konnten. Deshalb erwarb das Unternehmen ein Grundstück nahe Pontypool in Südwales, um dort eine Fabrik mit modernster Ausrüstung zu errichten. Es bot

Kurse an, in denen junge Mädchen und Frauen die Fertigungstechniken in der Spielzeugindustrie lernen konnten, um für die Eröffnung der Fabrik im Jahr 1947 gerüstet zu sein. Das Werk wurde während der Hochkonjunktur nach dem Krieg mehrmals erweitert, als dort bis zu 300 Mitarbeiter beschäftigt waren.

1956–57: Hugmee; Chiltern-Etikett

H.G. Stone fertigte auch während der 50er Jahre Hugmee-Bären, ohne große Änderungen am Vorkriegs-Design vorzunehmen. Die Firma verwendete Mohairplüsch von guter Qualität und mit Karton verstärkte Baumwoll-Samtsohlen. Zum erstenmal wurde ein neues, dauerhaftes, bedrucktes Warenzeichen benutzt.

Größe: 53 cm

Bedrucktes Etikett

Augen: Die rotbraunen, durchsichtigen Glasaugen mit schwarzen Pupillen sind an Drahtschäften eingenäht und mit einem diagonalen Stich am Hinterkopf versäubert.

Nase: Die schildförmige Nase ähnelt denen der flachgesichtigen Hugmee-Bären (siehe S. 57).

Fell/Füllung: Bei diesem hellgoldfarbenen Mohairplüsch-Bären sind Körper und Gliedmaßen mit Kapok, der Kopf und der Bereich rund um den Quiekser mit Holzwolle ausgestopft.

Bärenprofil
Dieser Bär läßt ähnliche Merkmale wie das frühere Hugmee-Modell erkennen (siehe S. 56–57): dicke Oberschenkel, große, leicht spitz zulaufende Füße, eine längliche Schnauze und relativ lange Arme.

Pfoten: Die hell-rostfarbenen Baumwollsamt-Sohlen sind mit dünnem Karton verstärkt; die Füße haben fünf Krallen, die Pfoten vier.

Warenzeichen: Das neue bedruckte Etikett ist an der rechten Fußsohle befestigt.

50er Jahre: Hugmee; mittelgroß

Größe: 35 cm

Zur Serie gehörten Bären in mehreren Größen; dieser war eine kleinere Version des größeren Hugmee (gegenüber). Er besitzt kein Warenzeichen mehr; der verblichene Bereich an der rechten Fußsohle deutet aber an, wo das ursprüngliche, bedruckte Etikett angebracht war.

Bedrucktes Etikett

1953: Ting-A-Ling Braunbär

Größe: 29 cm

Dieser Bär mit Gelenken hat einen Mechanismus (nun defekt), der bei Spielzeug in den 50er Jahren beliebt war: eine Papröhre, die im Innern einen Metallring mit Metallzähnen enthält. Wird das Spielzeug geschüttelt oder auf den Kopf gestellt, schlägt ein Metallklöppel, der vom oberen Rand der Röhre herunterhängt, gegen die Zähne, so daß ein melodisches »Klingeln« ertönt.

50er Jahre: Handpuppe

Größe: 20 cm

Teddybär-Handpuppen wurden seit dem Ersten Weltkrieg gefertigt, aber in den 50er Jahren hatten alle führenden Hersteller sie im Programm, einschließlich Dean's (siehe S. 103), H. G. Stone und Chad Valley.

Bedrucktes Etikett

Ende 30er bis in die 50er Jahre: Schlittschuhfahrer

Größe: 40 cm

Dieser Kunstseidenplüsch-Bär mit dem blauen »auf den Leib geschneiderten« Mohairplüsch-Pulli hatte ursprünglich einen weißen Mohairplüsch-Muff, passend zur Kapuze. Das Modell war 1937 in einem Spielwaren-Journal abgebildet, wurde aber auch nach dem Zweiten Weltkrieg noch gefertigt. Dieser Bär ist nicht markiert, aber es gibt andere Exemplare mit bedrucktem Chiltern-Warenzeichen am Fuß.

Chiltern: ca. 1958 bis Anfang der 60er Jahre

EINFÜHRUNG GEFORMTER PLASTIKNASEN UND MASCHINENWASCHBARER TEDDYS

Die Firma H.G.Stone benutzte als erste um 1958 geformte Plastiknasen bei ihren Chiltern-Bären. Ursprünglich aufgenäht, wurden sie später entsprechend den neuen Sicherheitsbestimmungen mit Unterlegscheiben befestigt. Viele der älteren Chiltern-Produktlinien, wie die Hugmee-Serie, erhielten dann mit den Plastiknasen ein neues Aussehen. Um 1960 wurde ein Schlafbär mit Plastiknase, schwarzen Filzlidern, die sich schlossen, und einem Glöckchen in jedem Ohr eingeführt. Maschinenwaschbare Teddybären kamen 1964 auf den Markt, als H.G. Stone Teil der Dunbee-Combex-Unternehmensgruppe wurde, die Spielwaren aus Vinyl und Gummi herstellte.

Anfang 60er Jahre: Hugmee; Mohairplüsch

Der Bär hat eine geformte, hundeähnliche Plastiknase, obwohl immer noch einige Teddys mit der schildförmigen, vertikal gestickten Nase hergestellt wurden. Das Warenzeichen hat bei diesem Exemplar nicht überlebt, aber es wurden ähnliche mit eingenähtem Chiltern-Etikett in der Seitennaht gefunden. Er hatte einmal die Fabrik mit einem Pappanhänger (siehe S. 109, unten links) und Schleife verlassen.

Größe: 68 cm

Fell/ Füllung/ Quiekser: Der hellgoldene Mohairplüsch mit dunklen Flecken, der sich in erstklassigem Zustand befindet, wurde häufig für Chiltern-Hugmees verwendet. Der Teddybär hat eine weiche Füllung bis auf Kopf und Quiekser-Bereich, die mit Holzwolle ausgestopft sind.

Pfoten: Die rostfarbenen, tränenförmigen Baumwollsamt-Pfoten sind mit dünnem Karton verstärkt, der sich durch Abnutzung leicht verformt hat. Die Füße haben fünf Krallen (links sind nur vier übrig), die über den Plüsch bis zur Naht verlaufen.

Ohren: Die hundeähnlichen Schlappohren sind in die abwärts verlaufenden Abnäher an den Kopfseiten eingenäht und dann in den Gesichtsnähten mitgefaßt.

Augen: Die rötlich-braunen durchsichtigen Glasaugen mit schwarzen Pupillen sind in den Kopf genäht.

Bärenprofil

Aus diesem Winkel sind die hundeähnlichen Ohren sichtbar, die zu beiden Seiten des Gesichts herunterhängen. Trotz der modernen Plastiknase hat der Bär viele der klassischen Hugmee-Merkmale behalten: die lange, spitz zulaufende Schnauze, die gebogenen Arme und die geformten, kartonverstärkten Pfoten.

Krallen: Die vier Krallen, über die Fußballen genäht, sind für die Chiltern-Bären dieser Epoche typisch.

Um 1960: Musikalischer Bruin-Bär Größe: 29 cm

H.G. Stone fertigte ein ähnliches, stehendes Modell Anfang der 50er Jahre, doch dieser Bär mit Plastiknase läßt sich auf eine spätere Periode zurückdatieren. Wenn er mit dem Schlüssel auf der Rückseite aufgezogen wird, erklingt aus der eingebauten Spieldose Brahms *Wiegenlied*, und der Bär bewegt den Kopf nach links und rechts.

Bedrucktes Etikett

Um 1958: Bär auf dem Dreirad Größe: 28 cm

Das war der erste Bär, den Pam Howells, geb. Williams (siehe S. 180) nach ihrem Eintritt in die Firma H.G. Stone (als Design-Assistentin) schuf. Er entstand nach einer Figur aus dem Disney-Zeichentrickfilm *Dumbo*. Das Dreirad wurde von ihrem Kollegen Basil Rogers entworfen.

Bedrucktes Etikett

Anfang der 60er Jahre: Musikalischer Bär Größe: 34 cm

Dieser goldfarbene Mohairplüsch-Bär mit geformter Plastiknase besitzt noch seinen Original-Anhänger. Auf der Rückseite ist die Gebrauchanweisung für den Aufziehmechanismus der Spieldose zu lesen. Wie beim Modell auf S. 57 ist Brahms *Wiegenlied* zu hören.

Bedruckter Pappanhänger

Um 1958: Ohne Gelenke; Plastiknase Größe: 25 cm

Pam Howells (geb. Williams) entwarf diesen Bären, als die Plastiknasen erstmals in den Handel kamen. Ohne Gelenke und mit kurzen, stämmigen Gliedmaßen stellt er einen Bruch mit der Tradition dar. Ähnliche Bären aus Nylonplüsch, in einem Stück mit Schaumgummi gefüllt, wurden Anfang der 60er Jahre als Teil der maschinenwaschbaren Chiltern-Toys-Serie eingeführt.

Steiff: 50er Jahre

NEUE BÄRENMODELLE UND ABGEWANDELTE FRÜHERE VERSIONEN

I n den 50er Jahren nahm Steiff einige »neu aussehende« Teddybären ins Programm auf, manche jedoch mit Vorkriegsdesign. 1953 entstanden nicht nur Jackie-Baby, sondern auch Nimrod in Jagdkleidung aus Filz, in vier Farben erhältlich, der sogar ein Holzgewehr trug.

Steiff schuf einen neuen 30 cm großen Teddy: Er besaß die gleiche Kopfform wie Teddyli, einen weichen Stoffkörper, baumelnde Arme ohne Füllung und steife Beine. Manche Modelle hatten Gummikörper, von denen aber aufgrund der Vergänglichkeit des Material nur wenige überlebten.

1953: Jackie-Baby

Jackie-Baby ist ein unverwüstlicher Teddy, der zum 50. Geburtstag des ersten Steiff-Bären entstand und bis 1955 hergestellt wurde. Dieses Exemplar war das größte der Serie (es gab sie auch mit 18 cm oder 25 cm). Nabel und gestickte Nase sind unverkennbare Merkmale. Steiff brachte 1986, 1989 und 1990 Nachbildungen von Jackie-Baby heraus. Der Bär hat einen 1950 eingeführten Steiff-Knopf mit erhabener kursiver Schrift im linken Ohr und ein bedrucktes Etikett mit der Aufschrift: »US Zone Germany« in der linken Seitennaht; es wurde nur von 1947–53 benutzt.

Größe: 35cm

Bossierter Knopf

Ohren: Die Ohren sind groß und rundlich.

Augen: Die braunen Glasaugen an Drahtschäften sind an der Oberkante der Schnauze weit auseinanderstehend eingenäht.

Bärenprofil
Aus diesem Winkel wird deutlich, wie sich Jackie-Baby vom traditionellen Steiff-Bären unterscheidet: Er besitzt einen geraden Rücken, kurze, stämmige Beine mit kräftigen Oberschenkeln und abgeflachte Pfoten. Er hat aber noch die ausgeprägte, große, vorspringende Schnauze.

Nase: Die schildförmige Nase ist senkrecht gestickt; die Stiche in der Mitte sind nach unten versetzt, und ein einzelner waagerechter Stich in Rosa befindet sich quer über der oberen Mitte.

Arme: Die relativ langen Arme sind gerader als bei früheren Exemplaren; sie repräsentieren die Merkmale eines Bärenjungen in der Hocke.

Füße: Die großen Füße haben beigefarbene Filzsohlen ohne Krallen.

Nabel: Der kleine, dunkle Bereich, der den Nabel darstellt, ist ein unverkennbares Merkmal von Jackie-Baby.

Beine: Die Beine sind kurz und stämmig, mit dicken Oberschenkeln und großen, eiförmigen Füßen.

1955: Baby-Bär

Größe: 25 cm

Der U-förmige Metallschwanz, mit Mohairplüsch überzogen, steuert die Kopfbewegung mittels eines eingebauten Mechanismus, ähnlich dem der Ja/Nein-Schucobären, obwohl Baby-Bärs Kopf und Gliedmaßen Gelenke besitzen. Er war auch in kleinerem Format erhältlich und wurde insgesamt 3539mal gefertigt.

Bossierter Knopf

50er bis 70er Jahre: Miniatur

Größe: 10 cm

Der erste Steiff-Miniaturteddy wurde 1909 hergestellt und hat sich im Lauf der Jahre kaum verändert. Oft geben nur Knöpfe, Etiketten und Anhänger Aufschluß über den »Jahrgang« (Schuco-Miniaturen sind an den geraden Beinen und kleinen Füßen zu erkennen).

Bossierter Knopf

50er Jahre: Zotty

Größe: 35 cm

Erstmals 1951 eingeführt, ist Zotty bis zum heutigen Tag der erklärte Favorit. Der Name leitet sich von der zottigen Beschaffenheit des Fells ab. Andere Hersteller haben den Stil kopiert, doch nur Steiff-Bären haben die pfirsichfarbenen Brustplatten.

Bossierter Knopf

50er Jahre: Schlafender Zotty

Länge: 20 cm

Steiff fertigte Zotty auch in liegender Position und in sechs Größen, von 17 cm bis 50 cm, stehend. Der schlafende Bär ist aus dem gleichen struppigen blonden Mohairplüsch mit offenem Mund und geschorener Schnauze, aber mit Filz-Augenlidern.

Bossierter Knopf

Schuco: 1949 bis 1976

NEUE NACHKRIEGSMODELLE; BÄREN MIT FEDERZUG-MECHANISMUS, BIEGSAM UND SPRECHEND

Die Nachkriegsproduktion wurde in der Schuco-Fabrik von Schreyer und Co. (siehe S. 40–43) um 1949 wieder aufgenommen. Zu den Innovationen gehörten Bär auf Rollschuhen (1954) und der Tanzende Bär (1956–62), der sich im Kreis dreht und dabei einen Ball hochwirft. Als Heinrich Müller 1958 starb, übernahm sein Sohn Wilhelm gemeinsam mit Manager Alexander Girz das Ruder. In den 60er Jahren wurde die Big Bello-Serie eingeführt, einschließlich Parlo (der Bär, der Deutsch, Französisch oder Italienisch sprechen konnte) mit Zugschnur-Mechanismus (1963). Schuco wurde 1976 von der Firma Dunbee-Combex-Marx aufgekauft.

Um 1950: Tricky

Die früheren Ja/Nein-Modelle (siehe S. 42–43) wurden nach dem Zweiten Weltkrieg als Tricky-Bären wieder eingeführt. Sie trugen eine Schleife um den Hals und ein Plastikmedaillon mit der Aufschrift auf der Rückseite: »Made in US Zone Germany«, was auf ein Entstehungsdatum vor 1953 schließen läßt. Tricky wurde in sieben Größen und in blondem, haselnuß- oder rötlichbraunem Mohairplüsch mit eingebautem Brummechanismus gefertigt. Zwei Versionen waren mit eingebauter Schweizer Spieldose erhältlich, und Tricky-Pandas wurden ebenfalls hergestellt.

Größe: 33 cm

Plastikmedaillon

Fell/ Füllung: Der Mohairplüsch ist haselnußbraun, die Füllung besteht aus Holzwolle (Diese Größe war auch in blondfarbenem Mohairplüsch erhältlich). Vier Größen wurden mit Kapokfüllung angeboten, und die 14-cm-Version hatte einen eingebauten Metallrahmen.

Krallen: Drei schwarze Krallen sind über den Plüsch an Pfoten und Füßen gestickt.

Fußsohlen: Die beigefarbenen Filzsohlen befinden sich in perfektem Zustand.

Augen: Die großen braunen Glasaugen mit schwarzen Pupillen sind eingenäht.

Nase: Die schwarze, senkrecht gestickte Nase ist schildförmig; einige Exemplare, die gegen Ende der 50er Jahre entstanden, haben geformte Plastiknasen.

Bärenprofil

Trickys Stummelschwanz, der wie bei seinem Vorgänger (siehe S. 42) die Kopfbewegung steuert, ist klar sichtbar. Diese spätere Version hat flache, versteifte Füße, aber längere, dünnere Beine als die früheren Exemplare mit den oft stämmigen Oberschenkeln. Die Arme in Bittstellung mit den sehr breiten Pfoten sind für die Ja/Nein-Bären der Nachkriegszeit typisch.

Füße: Die ovalen Füße sind breiter an den Zehen und haben Ballen, die mit Karton verstärkt wurden – typische Mermale der Schuco-Modelle.

klare Glasaugen mit braun bemaltem Hintergrund; schwarze, eingenähte Pupillen

schwarze, senkrecht gestickte, quadratische Nase

haferfarbener Mohairplüsch; eingebauter Quiekser

abgeflachte Füße; fünf Krallen am rechten Fuß, vier am linken, über den Plüsch genäht

kleine, leicht gewölbt Ohren; in der Mitte über Gesichtsnähten angebracht

offener Mund mit beigefarbenem Filzgaumen; Zunge mit Farbe aufgespritzt

abgeflachte Pfoten mit beigefarbenen Ballen; vier Krallen über dem Plüsch

flexibler, eingebauter Drahtrahmen ermöglicht Biegen der Gliedmaßen in verschiedene Positionen

60er Jahre: Big Bello-Serie Größe: 23 cm

Das ist der kleinste der Bären aus der Mohairplüsch-Serie mit offenem Mund, die als Brummi angeboten wurden. Ein ähnliches Design namens Urso wurde aus Dralon gefertigt. Beide gehörten zur Big-Bello-Familie und waren biegsame Bären, die alle Positionen einnehmen konnten.

Bedrucktes Etikett

konvexe Plastik-»Glubschaugen«

offener Mund, schwarzer Filz-Unterkiefer mit kleinerem Stück beigefarbenem Filz obenauf geklebt

hellgoldener, kurzfloriger Mohairplüsch; weißer Baumwolltorso unter der Kleidung, weiche Füllung

biegsamer, eingebauter Drahtrahmen ermöglicht alle Körperpositionen

waagerechte Naht oben quer über den Kopf

schwarze, dreieckige, geformte Plastiknase

rotes Nylon-hemd, in schwarze Shorts geschoben

quadratische, beigefarbene Filzballen an den Pfoten

lange, weiße Socken, an die Beine genäht

Ende der 60er Jahre: Fußballspieler Größe: 34 cm

Der Bär im gestreiften Fußballdreß hat seine schwarz-weißen-Plastikschuhe verloren, und das Papierabzeichen auf dem Hemd wurde teilweise entfernt. Ursprünglich hätte er einen dreieckigen Pappanhänger mit der Aufschrift »Hegi« besessen – Kennzeichen einer Schuco-Serie, nach Herta Girz benannt, die Ende der 50er Jahre eine leitende Stellung übernahm.

kleine, gewölbte Ohren, direkt hinter der waagerechten Kopfnaht; harte, eingebaute »Maske« strukturiert Kopfform

kleine, runde, schwarze Plastiknase

brauner, lächelnder Baumwoll-Mund

pilzfarbener Mohairplüsch mit weicher Füllung; eingebauter Drahtrahmen gestattet Biegen des Körpers in verschiedene Positionen

große, weiße und schwarze konvexe Plastikknopfaugen, wirken weit aufgerissen

blaß-pfirsichfarbenes Nylon im unteren Teil des Gesichts

drei schwarze Krallen an Händen und Füßen über den Plüsch gestickt

60er Jahre: Puzzi; Big-Bello-Serie Größe: 23 cm

Dieser kleine Bär war nur in einer Größe erhältlich, obwohl das Design für einen 42 cm großen sprechenden Big-Bello-Bären verwendet wurde, in Katalogen als »Jungbär« beschrieben. Der ursprüngliche dreieckige, rote Pappanhänger mit weißen Kanten, der Aufschrift »Original Schuco Big Bello DRGM« und Schleife wurde von der Brust entfernt.

goldfarbener Mohairplüsch über eingebautem Metallrahmen

schwarze Metallperlen-Augen

brauner, lächelnder

schwarze Metallperlen-Augen mit weiß bemaltem Rand

rote Zelluloid-Zunge

schwarze Metallperlen-Nase mit weiß bemaltem Metall-Mund

Gliedmaßen mit Gelenken

gerade Beine mit kleinen Füßen

1954: Janus; zweigesichtig Größe: 9 cm

Diese kleinen Bären stellen eine einzigartige Neuheit dar; ihr Kopf kann mittels Knopfdruck an der Basis des Torso »ausgetauscht« werden. Sie haben viele Merkmale der anderen Miniaturen aus der Schuco-Piccolo-Serie, die von den 50er bis 70er Jahren etwas größer reproduziert und als »Original Schuco Talisman« angeboten wurden.

Deutschland: nach 1945

ÄHNLICHE TRADITIONELLE STILRICHTUNGEN; EINFÜHRUNG EINES ETIKETTS

Viele Hersteller siedelten sich nach dem Zweiten Weltkrieg in Neustadt an (siehe S. 30–31). Einige, wie die Hermann-Fabriken, waren vor der russischen Besatzung aus dem nahegelegenen Sonneberg geflohen. Die Nachkriegsmodelle änderten sich kaum, verglichen mit dem Vorkriegsdesign: Viele Firmen brachten ähnliche Bären mit schmalen Körpern, geraden Beinen, kleinen Füßen und eingesetzter Schnauze heraus. Inzwischen hatten aber mehrere Hersteller Etiketten in unterschiedlicher Form eingeführt, um die Identifizierung ihrer Produkte zu erleichtern, z. B. dreieckige, runde und bogenförmig verzierte Anhänger, Knöpfe auf der Brust und rechteckige Fußanhänger aus Metall.

Um 1960: Anker Plüschwarenfabrik

Anker war ein in München ansässiges Unternehmen. 1954 kaufte es die Firma J. Hermann Nachf. Inh. Artur Hermann (siehe S. 94–95), die 1940 von Sonneberg nach München umgesiedelt war. Ankers Warenzeichen – ein Anker über einem Löwen – wurde auf einen Metallpapier-Anhänger gedruckt, ähnlich, wie ihn die beiden Hermann-Werke nach dem Krieg verwendeten. Die Seite mit dem Logo ist in Blau und Silber gehalten; die silberne Rückseite trägt die Aufschrift: »Anker Plüschtiere aus München«. Anker stellte in den 70er Jahren die Geschäftstätigkeit ein.

Größe: 47 cm

Bedruckter Anhänger

Ohren: Die flachen, leicht ausgepolsterten Ohren sind quer über den Gesichtsnähten angebracht.

Augen: Die braunen Glasaugen haben schwarze Pupillen.

Nase/Mund: Die ovale, schwarze Nase ist waagerecht gestickt; der doppelfädig gestickte Mund hat eine umgekehrte Y-Form.

Schnauze: Die eingesetzte, beigefarbene Schnauze aus kurzflorigem Plüsch ist länglich und spitz.

Körpernaht: Die vordere Mittelnaht wird vom Knoten des Brustanhängers unterbrochen. Die Schlußnaht befindet sich auf dem Rücken.

Fußsohlen: Die runden Fußsohlen sind in gutem Zustand, mit Ausnahme der Insektenlöcher im rechten Ballen.

Warenzeichen: Die Vorderseite des blauen und silbernen Papieranhängers auf der Brust ist mit einem Anker über einem Löwen bedruckt.

Bärenprofil

Im Profil erkennt man die eingesetzte, lange, spitz zulaufende Schnauze aus kontrastierendem kurzflorigen Plüsch, ein Merkmal der Teddybären aus dem Hause Hermann und anderer deutscher Hersteller. Der Bär hat einen geraden Körper ohne Buckel, dünne, leicht gebogene Arme, schlanke röhrenförmige Beine und kleine Füße.

Fell/Füllung/Brummechanismus: Der lockige Synthetikplüsch glänzt; die Füllung besteht aus Holzwolle, und der Bär hat eine Kippmechanismus-Brummstimme.

bernsteinfarbene Glasaugen mit schwarzen Pupillen an Drahtschäften

eingesetzte, spitz zulaufende Schnauze aus kurzflorigem, beigefarbenen Mohairplüsch

lange, gebogene Arme mit löffelförmige Pfoten und pfirsichfarben Filzballen

gerade Beine mit kaum ausgeprägtem Fuß

schwarze, waagerecht gestickte, schildförmige Nase; einfädig gestickter Mund mit umgekehrter Y-Form

grüne Origial-Schleife, nun verblichen, um den Hals gebunden

beigefarbener Mohairplüsch mit dunkelbraunen Spitzen, Holzwolle-Füllung

tropfenförmige Fußsohlen

Um 1960: EM Toy and Doll Co.　　　Größe: 38 cm

Dieser Bär der Firma EM zeigt die typischen Sonneberger Design-Merkmale mit seiner eingesetzten Schnauze aus kontrastierendem Plüsch. Der bogenförmig verzierte blau-silberne metallene Anhänger zeigt ein stilisiertes »EM« und die Aufschrift »Qualitätszeichen«.

Bedruckter Anhänger

schwarze, gesicherte Plastikaugen

schwarze, waagerecht gestickte dreieckige Nase; Mund mit umgekehrter Y-Form

Echtheitszertifikat um den Hals gebunden

lockiger, beigefarbener Mohairplüsch mit rosa Tönung; Kippmechanismus-Brummstimme

Plastikanhänger mit Konturen einer bekleideten Katze

hautfarbene Filzsohlen; »Kessel«-Signatur mit lim. Auflagen-Nummer

1985: Althans　　　Größe: 40 cm

Karl Althans, ein Sonneberger Teddy-Hersteller, gegründet in den 20er Jahren, siedelte nach dem Zweiten Weltkrieg nach Birkig in die US-Besatzungszone um, wo 1949 eine neue Firma entstand, die Althans KG. Der jetzige Leiter, Günther Kessel, führte Bären in limitierter Ausgabe ein.

Plastikanhänger

kleine, flache Ohren, quer über Gesichtsnähten angebracht

braune Plastikaugen mit schwarzen Pupillen, an kurzen integrierten, runden Schäften eingenäht

übergroßer Kopf, typisch »Grisly«

beigefarbene Filzpfoten

schwarze, waagerecht gestickte, rhombenförmige Nase; Mund mit umgekehrter Y-Form

original blaue Rayonschleife

roter Mohairplüsch (eine von 11 angebotenen Farben)

Füße ohne Pfoten

Um 1983: Grisly Spielwaren　　　Größe: 18 cm

Karl Unfrecht gründete die Firma 1954, die seine beiden Kinder nach seinem Tod 1980 übernahmen. Vor 1964 hatten die Bären eine eingesetzte Schnauze und Metallknöpfe mit dem »Grisly«-Logo auf der Brust. Die kleinen, farbigen Bären waren beliebte Exporte für den US-Sammlermarkt.

Bedruckter Anhänger

eingesetzte Schnauze aus kurzflorigem, blaßgoldenen Mohairplüsch

schwarze, waagerecht gestickte, dreieckige Nase; Mund mit umgekehrter Y-Form

beigefarbener Mohairplüsch; Holzwolle-Füllung

ungewöhnlicher Körper aus einem Vorderteil und zwei Rückenteilen

leicht gewölbte Ohren, über Gesichtsnähten angebracht

braune Glasaugen mit schwarzen Pupillen an Drahtschäften

blaß-pfirsichfarbene Filzpfoten; drei schwarze Krallen über den Plüsch gestickt

Um 1960: Hans Clemens　　　Größe: 40 cm

Clemens gründete seine Firma 1949. Den ersten Teddy fertigte er mit Hilfe seiner Schwester aus Armeedecken. Dieser Bär hat einen dreieckigen Metallanhänger, der 1957 eingeführt wurde, 1963 durch einen Plastikanhänger ersetzt wurde und von 1968 bis heute erneut in Gebrauch ist.

Bedruckter Anhänger

Deutschland: nach 1945

ZOTTY-DOPPELGÄNGER; SYNTHETISCHE MATERIALIEN

Einige deutsche Hersteller nahmen Anleihe bei den neuen Steiff-Modellen der 50er Jahre, z. B. der Zotty-Serie (siehe S. 111). Beide Hermann-Werke und Clemens fertigten ihre eigene Zotty-Version; andere deuteten das Design durch Kombination von struppigem Fell und offenem Mund mit eingesetzter Schnauze an. Die tradi-

tionellen Teddys verloren nichts von ihrer Beliebtheit, als sie mit modernen Materialien hergestellt wurden und den Sicherheitsbestimmungen entsprachen. Billigimporte aus Ostasien zwangen manche Firmen wie Petz und Eli, in den 70er Jahren zu schließen. Andere, wie Heune, ließen Bären außerhalb Deutschlands zusammensetzen, um Kosten zu sparen.

80er Jahre: Baumann & Kienel

Franz Baumann, der Sohn von Adelheid Hermann (siehe S. 94–95), und sein alter Freund Franz Kienel eröffneten die Firma 1951. Der Handelsname »Baki« leitet sich von den Namen der beiden Gründer ab. Klassische Designs, aber auch Souvenirs wie die Berliner Bären, werden noch im ursprünglichen Werk in Rodach bei Coburg traditionell von Hand gefertigt, wie aus dem gestickten Stoffetikett ersichtlich. Franz Baumann und der Sohn seines Partners, Walter, leiten derzeit das Unternehmen.

Größe: 30 cm

Gesticktes Etikett

Ohren: Die Innenkanten der Ohren wurden in den Gesichtsnähten mitgefaßt und an den Kopfseiten nach unten genäht.

Augen: Die großen, gesicherten Plastikaugen sind braun und haben schwarze Pupillen.

Nase/Mund: Die schwarze, dreieckige Nase ist waagerecht gestickt; der Mund hat eine umgekehrter Y-Form.

Schleife: Die original cremefarbene Schleife ist um den Hals gebunden.

Warenzeichen: Der runde, siegelförmige Pappanhänger mit Bogenkante ähnelt dem von der Firma Hermann verwendeten.

Fell/Füllung: Das Fell besteht aus kurzflorigem goldfarbenem Mohairplüsch; der Bär hat eine kompakte, weiche Füllung.

Fußsohlen/Krallen: Die Fußsohlen sind aus beigefarbenem Filz; drei schwarze Krallen sind über den Plüsch gestickt.

Bärenprofil

Der Bär entspricht mit seiner vorspringenden Schnauze dem traditionellen Design. Einige Merkmale sind zurückgenommen: Der Körper ist formlos und schmal, die geraden Beine haben fast dieselbe Länge und nur angedeutete kleine, plumpe Füße. Das gestickte Stoffetikett ist in der Naht im unteren Rückenbereich angebracht.

Füße: Die Füße sind schmal und oval.

verfärbter weißer Mohairplüsch; Holzwolle-Füllung

eingesetzte, kurzgeschorene, weiße Mohairplüsch-Schnauze

kurzflorige Plüschpfoten; Innenkanten-Enden im Zotty-Stil

bernsteinfarbene Glasaugen mit schwarzen Pupillen

senkrecht gestickte, schwarze Nase erstreckt sich nach unten zum offenen Mund mit Filzgaumen und bemalter Zunge

große, ovale, cremefarbene Plüsch-Fußsohlen; drei große aufgespritzte Krallen

ungewöhnliche malvenfarbene Spitzen

Um 1960: Hugo Koch　　　　Größe: 30 cm

Das Logo auf dem Anhänger zeigt einen Bären mit Kochmütze und Kochlöffel. Dieser Bär ähnelt im Design Zotty (siehe S. 111) und dem früheren Teddy Baby (siehe S. 37) der Firma Steiff mit seinem zottigem Plüschfell, dessen Spitzen heller sind, dem offenen Mund und der »Bittstellung« der Pfoten.

Bedruckter Anhänger

bernsteinfarbene, knopfähnliche Plastikaugen

kleine, runde, braune, senkrecht gestickte Nase über der Schnauzenspitze; kein Mund

kurze, röhrenförmige Arme ohne Pfoten oder Krallen

Beine und Körper aus einem Stück; kleine Füße gestatten dem Bären, aufrecht zu stehen; keine Fußsohlen oder Krallen

große, schmale, flache Ohren, an Kopfseiten nach unten genäht

spitz zulaufende Schnauze, geschoren, enthüllt Webuntergrund und Mittelnaht

bedrucktes rotes Warenzeichen auf goldenem Papieranhänger, mit gelber Kordel um den Hals gebunden

brauner, zottiger Synthetikplüsch; Schaumgummikörper aus einem Stück

1981: Käthe Kruse-Puppen　　　　Größe: 30 cm

Käthe Kruse war in den 20er und 30er Jahren für ihre lebensechten Puppen bekannt. Nach dem Zweiten Weltkrieg zog der Familienbetrieb aus dem Osten nach Donauwörth in Westdeutschland um. Käthes Tochter Johanna führte 1967 Teddys in das neue Produktionsprogramm ein (Modell Hanne Kruse).

Bedruckter Anhänger

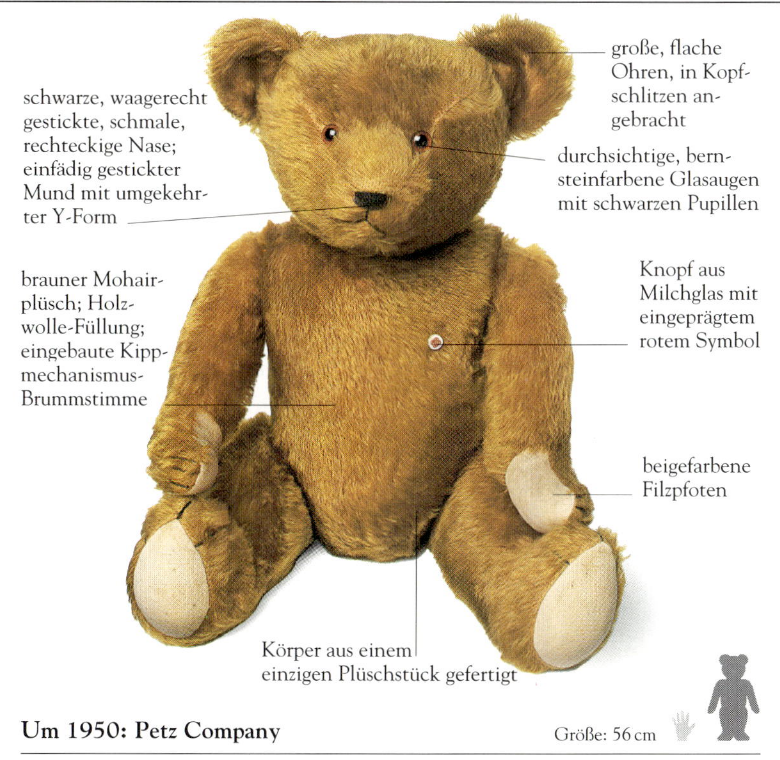

schwarze, waagerecht gestickte, schmale, rechteckige Nase; einfädig gestickter Mund mit umgekehrter Y-Form

brauner Mohairplüsch; Holzwolle-Füllung; eingebaute Kippmechanismus-Brummstimme

große, flache Ohren, in Kopfschlitzen angebracht

durchsichtige, bernsteinfarbene Glasaugen mit schwarzen Pupillen

Knopf aus Milchglas mit eingeprägtem rotem Symbol

beigefarbene Filzpfoten

Körper aus einem einzigen Plüschstück gefertigt

Um 1950: Petz Company　　　　Größe: 56 cm

Diese in Neustadt ansässige Firma stellte bis 1974 Plüschtiere und traditionelle Teddybären für deutsche Kaufhäuser her. Mit Glasknöpfen auf der Brust markiert, besaßen die nach dem Zweiten Weltkrieg produzierten Modelle außerdem Stoffetiketten mit der Aufschrift »Original Petz US Zone«.

Glasknopf

schwarze, gesicherte Plastik-Knopfaugen

schwarze, waagerecht gestickte dreieckige Nase; Mund mit umgekehrter V-Form

rotes Plastik-Warenzeichen mit goldener erhabener Aufschrift

gewölbte Ohren

traditionelle, vorspringende Schnauze

brauner, kurzfloriger Mohairplüsch; rundum weiche Füllung

gebogene, spitz zulaufende Arme

dunkelbraune Filzsohlen; keine Krallen

große Füße

1983: Althans　　　　Größe: 43 cm

Der klassische Bär mit Buckel und gesicherten Plastik-Knopfaugen trägt das »Albico«-Warenzeichen (Althans, Birkig und Coburg), das Althans (S. 115) von Anfang der 50er bis in die 80er Jahre verwendete.

Bossierter Anhänger

Schweiz und Österreich: nach 1945

FIRMEN IN ZÜRICH UND GRAZ

S eit den 20er Jahren exportierte die Schweiz ihre berühmten Spieldosen in die USA, nach Großbritannien und Deutschland, wo sie für Teddybären verwendet wurden. Die Schweiz fertigte keine Teddybären, obwohl es nach dem Zweiten Weltkrieg die Firma MCZ Schweizer Plüschtierchen gab. Österreichische Hersteller wie Schwika, Fechter und Schenker mit Standort Graz und die SAF in Mittendorf existierten auch schon vor dem Krieg. Die Firma Berg in Fieberbrunn gehört derzeit zu den größten Teddybär-Produzenten in Österreich.

50er Jahre: Mutzli

Die frühen MCZ-Bären trugen Metallanhänger oder einen Knopf im Ohr mit dem Firmenlogo: eine weiße Teddy-Handpuppe und der Handelsname »Mutzli«. Die Schweizer Firma mit Sitz in Zürich stellte auch Bären mit Jungen-, Mädchen- und Kochkleidung her ebenso wie Knautschbären ohne Gelenke (einschließlich eines Modells mit einer Rassel in jeder Pfote).

Größe: 34 cm

Bedruckter Knopf

Ohren: Die schmalen, gewölbten Ohren sind in der Mitte über den Gesichtsnähten angebracht.

Augen: Die braunen Glasaugen haben schwarze Pupillen.

Warenzeichen: Der bedruckte Metallknopf ist an der Brust befestigt.

Nase/Mund: Die senkrecht gestickte, rechteckige, schwarze Nase ist typisch für Mutzli-Bären; der Mund hat eine umgekehrte Y-Form, mit einem kurzen, senkrechten Stich.

Brust: Ein waagerechter Stich quer über die Brustmitte deutet vermutlich die Position des Original-Anhängers an.

Krallen: Drei schwarze Krallen erstrecken sich über den Mohairplüsch an Füßen und Pfoten.

Fell: Das Fell besteht aus kurzflorigem, blaßbeigem Mohairplüsch; der Bär ist mit Holzwolle ausgestopft.

Bärenprofil
Die leicht abgeflachte Schnauze nimmt den Großteil des Gesichts ein. Der Bär hat einen leichten Buckel, Gliedmaßen von gleicher Länge, spitz zulaufende Arme und schmale, ovale Füße.

Gliedmaßen: Die Gliedmaßen sind mit Gelenken ausgestattet, und Arme und Beine haben die gleiche Länge.

Fußsohlen: Die Fußsohlen und der linke Ballen wurden mit blaßpfirsichfarbem Filz ausgebessert, passend zum Original-Ballen.

80er Jahre: Berg

Größe: 14 cm

Berg stellte die ersten Bären nach dem Zweiten Weltkrieg aus Armeedecken her und benutzte ab 1951 Plüsch. Das Stoffetikett mit der Aufschrift »Berg« und gelegentlich »Made in Austria« war ins Ohr oder in den Körper genäht. »Tiere mit Herz« wurde schließlich zu Bergs Warenzeichen. Das rote Metallherz ist an der Brust befestigt. Manchmal benutzte man auch Stoffetiketten.

50er bis 60er Jahre: Fechter

Größe: 55 cm

Wilhelm und Berta Fechter begannen nach dem Zweiten Weltkrieg mit einer kleinen Heimproduktion in Graz, Österreich. 1948 eröffneten sie eine Fabrik, die ihre Pforten 1978 schloß. Dieser typische Fechter-Bär stammt aus einem unverkauften Warenhaus-Lagerbestand, der 1983 nach Kalifornien kam.

Gesticktes Etikett

50er bis 60er Jahre: Schwika

Größe: 25 cm

Wie Fechter war Schwika in Graz angesiedelt, und die Bären (zu unterscheiden am bossierten runden Metallknopf, mit einer roten Kordel am linken Ohr befestigt) ähnelten den Fechter-Bären. Die schmalen Handgelenke sind für dieses Zotty-ähnliche Modell charakteristisch.

Bossierter Knopf

1982: Mutzli

Größe: 33 cm

Nur 600 dieser Jubiläumsbären wurden hergestellt und 150 in die USA exportiert. Pappanhänger mit Bärenmotiv und Mutzli-Design haben sich seit den 50er Jahren kaum verändert, obwohl die Bären in späteren Jahren von der Firma Felpa AG in Aarau, Schweiz, gefertigt wurden.

Bedruckter Anhänger

Merrythought: 40er bis 60er Jahre

CHEEKY UND ANDERE NEUE BÄREN-NACHKRIEGSMODELLE

Cheeky erhielt während der Britischen Spiel-warenmesse 1956 wegen des breiten Lächelns seinen Namen. Die Idee mit dem Glöckchen im Ohr wurde später von anderen Herstellern aufgegriffen und 1957 bei Merrythoughts Pastel Bear, ein gelenkloser Kunst-seidenplüsch-Bär mit weicher Füllung, erneut verwendet.

Die Firma fertigte Cheeky in verschiedenen Plüscharten und schuf 1962 eine Version mit offenem Mund. Gegen Ende der 50er Jahre begann sie, Kuschelspielzeug nach der Vorlage von Fernseh- oder Trickfilmfiguren herzustellen: Die Hand-puppe Sooty wurde 1960, und Disneys Winnie the Pooh (Pu der Bär) 1966 kreiert.

1966–68: Mr. Twisty Cheeky

Herr und Frau Twisty Cheeky gehörten zu einer Serie bekleideter Plüschtiere, die 1965 von Mr. und Mrs. Twisty Bear angeführt wurde. Sie nahmen dank eingebautem Metallrahmen jede beliebige Position an. Der abgebil-dete Bär ist der kleinere in der Fami-lie, die in zwei Größen produziert wurde. Er trägt rote Arbeitshosen mit Trägern, die im Rücken mit Klettver-schluß befestigt und ausziehbar sind. Seine Partnerin, Mrs. Twisty Cheeky, trug Kleid und Kittelschürze.

Größe: 28 cm

Bedrucktes Etikett

Fell: Nur der Kopf besteht aus goldfarbenem Mohairplüsch.

Augen: Die gesicherten orange-farbenen Plastikaugen haben schwarze Pupillen.

Nase und Mund: Die Nase hat eine hohe, rechteckige Form und ist senkrecht in Schwarz gestickt; zwei gebogene Stiche bilden den breit lächelnden Cheeky-Mund.

Pfoten: Das weiße Webmaterial hat ausgeprägte Daumen.

Kragen: Der weiße Filz-kragen ist original; die dazugehörige Original-Schleife fehlt.

Arbeitshosen: Der Webstoff, nun sehr verblichen, war ursprünglich rot. Auf dem linken Knie befindet sich ein blauer Flicken.

Füße: Die übergroßen, clownartigen Füße sind aus dunkelbraunem Webmaterial.

Schnauze: Die typische Cheeky-Schnauze aus blaßgoldenem Samt hat eine vorsprin-gende, ovale Form.

Körper: Der Körper besteht aus himmelblauem Web-stoff. Der eingebaute Draht-rahmen ermöglicht, Körper und Gliedmaßen in jede beliebige Position zu drehen.

Bärenprofil
Aus diesem Winkel sieht man klar den aus-ladenden Kopf mit den großen, tief angesetz-ten Ohren. Die kecke Schnauze und das breite Lächeln sind wichtige Merkmale des Cheeky-Design, ebenso wie der dicke Bauch und die langen, flachen Füße.

Um 1960: Cheeky; Nylonplüsch Größe: 38 cm

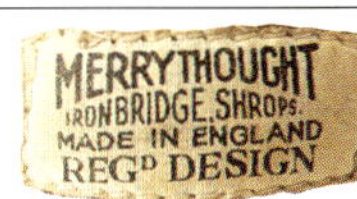

Das Cheeky-Design mit dem birnenförmigen Kopf und den großen flachen Ohren, die je ein Glöckchen enthielten, erschien erstmals im Katalog von 1957. Ursprünglich wurde der Bär nur in Kunstseiden- oder goldfarbenem Mohairplüsch hergestellt; von 1960 an verwendete man auch Nylonplüsch.

Bedrucktes Etikett

1949–56: Punkinhead Größe: 42 cm

Cheeky existierte in anderer Form in Kanada, als Maskottchen des Eaton-Warenhauses in Toronto. Er wurde der Held mehrerer Kinderbücher und führte die alljährliche Nikolausparade an. 1986 erschien eine Nachbildung, ein Nachfahre von Cheeky.

Bedrucktes Etikett

1956–57: Mr. Whoppit Größe: 23 cm

Dieser Bär stellt eine der drei Figuren aus dem Robin-Comic dar, die Mitte der 50er Jahre als Kuschelspielzeug produziert wurden. Er gehörte Donald Campbell, der zu Wasser und zu Lande Geschwindigkeitsrekorde aufstellte. Der Kapokfüllung war zu verdanken, daß der Bär nach Campbells tödlichem Rekordversuch im Jahr 1967 an die Oberfläche gespült wurde.

1962–63: Peter Bear Größe: 34 cm

Dieser sehr seltene Bär ohne Gelenke in den Beinen (der abgebildete Bär ist ein Werksmuster) wurde nur kurzfristig gefertigt und zeigt das gleiche breite Lächeln wie Punkinhead und Cheeky. Die Kulleraugen verleihen ihm ein lustiges Aussehen.

Bedrucktes Etikett

Wendy Boston: 1945 bis 1976

ENTWICKLUNG UND ERSTE MASCHINENWASCHBARE TEDDYBÄREN

Ken und Wendy Williams (geb. Boston) leisteten nach dem Zweiten Weltkrieg in Südwales Pionierarbeit in der Kuscheltier-Herstellung. 1948 zog die Firma in größere Räumlichkeiten in Crickhowell und Abergavenny um. Als Wendy Boston (Crickhowell) Ltd. erfand sie das sichere, einschraubbare Plastikauge und 1954 den ersten voll waschbaren Teddybären, der eine Revolution in der Plüschtierindustrie einleitete. Ein Jahrzehnt später produzierte sie, unter dem Namen Wendy Boston Playsafe Toys Ltd., mehr als ein Viertel aller Kuscheltiere, die Großbritannien exportierte. 1968 wurde sie von Denys Fisher Toys (anschließend Palitoy und General Mills) übernommen, aber das Werk mußte 1976 schließen.

Um 1963: Groß; Nylonplüsch

Anfang der 60er Jahre stellte Wendy Boston diesen mit Schaumgummi gefüllten Bären ohne Gelenke in 19 Größen – von 23 cm bis 1,83 m – in verschiedenen Farben her. Er hatte 1955 seinen ersten Auftritt im britischen Fernsehen, wo er durch eine Wäschemangel gedreht wurde. Hoover verlieh ihm das »Waschbar-Zertifikat«. Die großen, am Kopf angeschnittenen Ohren konnten mit Klammern an der Wäscheleine befestigt werden.

Augen: Die eingeschraubten Augen haben einen bernsteinfarbenen Plastik-Außenring; eine schwarze Nylonschraube mit Mutter bildet die Pupille.

Nase: Die Nase ist schwarz, senkrecht und eng gstickt.

Bärenprofil
Diesen typischen Wendy Boston-Teddybären ohne Gelenke aus weichem, zottigen Nylonplüsch mit leicht gebogenen Armen muß jedes Kind liebgewinnen. Die Beine haben keine ausgeprägten Fesseln oder Füße.

Krallen: Drei schwarze Krallen sind über den kurzflorigen Plüsch der Pfoten gestickt.

Größe: 55 cm

Bedrucktes Etikett

Pfoten: Die kurzflorigen Nylonplüsch-Pfoten am Ende der stämmigen Beine haben eine ovale Form.

Fell/Füllung: Das Fell ist aus struppigem, honigfarbenem Nylonplüsch; der Bär hat rundum eine Füllung aus Schaumgummi-Granulat – ein Material, das zunächst wegen seiner Waschbarkeit und Leichtigkeit beliebt war, sich später aber als gefährlich erwies, da es giftige Dämpfe ausströmte, wenn es Feuer fing.

bernsteinfarbene, fest-verankerte Plastik-augen mit kleinen schwarze Pupillen; an der Augen-Rückseite eingeschraubt

gebogene Arme ohne Gelenke, nach vorne gestreckt

drei Krallen an den Pfoten

kurzflorige, geschorene Mohair-plüsch-Pfoten

schwarze, senkrecht gestickte, rechteckige Nase; Mund mit umgekehrter T-Form

geschorener, kurz-floriger Mohairplüsch an der Schnauze

leicht ver-färbter weißer Mohairplüsch

bedrucktes Etikett in der Beinnaht angebracht

Um 1955: Weißer Mohairplüsch

Größe: 36 cm

Dieser gelenklose Bär zählt zu den früheren Wendy Boston-Modellen aus Mohairplüsch, der von der Webe-rei Norton in Yorkshire stammte. 1987 fertigte House of Nisbet Replika eines goldfarbenen Mohairplüsch-Bären von Wendy Boston, der einst dem englischen Schauspie-ler Peter Bull gehört hatte.

Bedrucktes Etikett

dreiteilige, festverankerte Plastikaugen, Wendy Boston-Patent

schwarze, senkrecht gestickte, rechteckige Nase; Mund mit um-gekehrter Y-Form

drei schwarze Krallen über Pfotennähten

Ohren und Kopf aus einem Stück zugeschnitten

eingesetzte, runde, abgeflachte Schnauze aus weißem kurzflori-gen Nylonplüsch

kurzfloriger, rosa Nylonplüsch; Schaumgummi-Füllung

Beine in permanen-ter Sitzposition

Um 1955: Klein; Nylonplüsch

Größe: 24 cm

Einer der kleinsten Wendy Boston-Bären dieser Peri-ode und in Weiß, Gold, Honig, Blau und Rosa erhält-lich. Auf dem Etikett steht »Wash in lukewarm suds« (andere empfahlen nicht die Wäsche in lauwarmem Seifenwasser, sondern in Persil, einem Waschpulver, dessen Hersteller die Wendy Boston-Bären sponsorte).

Bedrucktes Etikett

dreiteilige, festverankerte Plastikaugen, Wendy Boston-Patent

kleine, runde, gelbe Plüsch-pfoten; keine Krallen

ausgestreckte, rosafarbene Arme aus aufgerauhtem Nylon

Schottenkaro-Hosen und rotes Oberteil aus aufge-rauhtem Nylon bilden den Körper; Füllung aus Schaumgummi-Granulat

Kopf, Füße und Pfoten aus goldgelbem Nylon-plüsch

eingesetzte runde, abgeflachte Schnauze

roter Fransenbesatz am Hals und in der Taille (später hinzugefügt)

spitze »wirklich-keitsgetreue« Füße

1960: Bekleideter Bär aus einem Stück

Größe: 30 cm

Wendy Boston stellte seit Anfang der 50er Jahre Kuscheltiere her, deren Kleidung den Körper bildete; Pfoten und Kopf waren aus Plüsch. Dieses Exemplar trägt holländischen Pluderhosen mit Schottenkaro. Der rote Fransenbesatz am Hals und in der Taille wurden später hinzugefügt.

Bedrucktes Etikett

dunkel-beigefarbener Nylonplüsch

kleine, schwarze, senkrecht gestickte, rechteckige Nase

gebogene, ausgestreckte Arme ohne Gelenke

kaum angedeutete Füße, Gegensatz zu den völlig geraden Beinen der Original Wendy Boston-Bären

getrennte Ohren, tradi-tioneller Stil

eingesetzte Schnauze aus weißem Nylon-plüsch

weiße Nylon-plüsch-Pfoten

1972: Musikalischer Bär; Nylon

Größe: 33 cm

Der Bär wurde nach der Übernahme durch Denys Fisher Toys gefertigt. Die gesicherten Plastikaugen sind untypisch für Wendy Boston, wo man die dreiteiligen verwendete. Die Spieldose mit der Melodie *The Teddy Bear' Picnic* befindet sich im Kopf; der Schlüssel ragt aus dem Hinterkopf heraus.

Bedrucktes Etikett

Großbritannien: Zweiter Weltkrieg bis ca. 1970

DIE BRITISCHE INDUSTRIE HAT ZU KÄMPFEN; SCHAFFELL- UND TRADITIONELLE BÄREN

Nach dem Zweiten Weltkrieg wurden in Großbritannien einige neue Firmen gegründet. Infolge der damaligen Rationierung von Mohairplüsch fertigten sie Bären aus Schaffell, ein Material, das noch in den 60er Jahren beliebt war. Das wirtschaftliche Klima der 70er Jahr zwang viele gerade erst gegründeten Unternehmen zum Aufgeben: Gwentoys Ltd. (gegründet 1965) wurde 1972 von Dean's übernommen; Acton Toycraft Ltd. (1964 gegründet) mußte in den 70er Jahren schließen, und Real Soft Toys (gegründet 1969) wurde von Lefray Ltd. aufgekauft.

1965–72: Gwentoys Ltd.

Die Form dieser Teddybären, aber auch Nase, Samtpfoten und Position des Warenzeichen-Etiketts erinnern an die Hugmee-Serie, die Chiltern Ende der 50er und Anfang der 60er Jahre fertigte. Das erstaunt nicht, denn Gwentoys, in Pontypool ansässig, wurde von den drei früheren Leitern des Chiltern-Werks gegründet, das ebenfalls in Pontypool produzierte, nachdem es in den Besitz der Dunbee-Combex-Gruppe übergegangen war.

Größe: 58 cm

Bedrucktes Etikett

Ohren: Die großen, flachen Ohren sind quer über den Gesichtsnähten angebracht.

Augen: Die bernsteinfarbenen und schwarzen, festverankerten Augen sind mit Unterlegscheiben in den Gesichtsnähten befestigt.

Nase: Die schwarze, quadratische, senkrecht über den zusammenlaufenden Gesichtsnähten gestickte Nase entspricht dem Chiltern-Stil. Der Mund hat eine umgekehrter Y-Form.

Bärenprofil
Der gerade Kopf und die sanft gerundete Schnauze erinnern an die früheren flachgesichtigen Hugmee-Bären. Aus diesem Winkel sieht man die typischen Merkmale britischer Bären aus den 60er Jahren: Kürzere Gliedmaßen, kleine, runde Füße und das Fehlen von Krallen. Das blau auf weiß bedruckte Etikett ist in der Seitennaht unter dem linken Arm befestigt.

Fell/Füllung/Quiekser: Das Fell ist aus goldfarbenem Mohairplüsch. Der Bär hat eine weiche Füllung, bis auf die Schnauze, die mit Holzwolle ausgestopft ist, und einen eingebauten Quiekser.

Pfoten: Die beigefarbenen Baumwollsamt-Pfoten sind in perfektem Zustand, abgesehen von ein paar Flecken auf der rechten Fußsohle. Der Bär hat keine Krallen.

orangefarbene und schwarze Plastikaugen

Bereich um Augen, Ohren und Mund mit elektrischem Gerät geschoren

zimtfarbenes, gebleichtes Schaffell

gerade Beine mit dunkelbraunen Schaffell-Sohlen

nur zwei schwarze Knoten sind von der ursprünglichen senkrecht gestickten, quadratischen Tinka-Bell-Nase übriggeblieben

kurze, gebogene Arme mit Drehzapfengelenken

Etikett in der Fußsohlen-Naht angebracht

1964: Plummer, Wandless & Co Größe: 43 cm

Das ist einer der 70 000 Schaffell-Teddys, die Mitte der 50er jährlich von der Firma Plummer in Worthing hergestellt wurden. Das Modell war in acht Größen erhältlich und wurde weltweit exportiert. Die 1946 gegründete Firma wurde 1972 verkauft.

Bedrucktes Etikett

wirklichkeitsgetreue, schwarze, geformte Plastiknase, mit Unterlegscheibe befestigt

original blaues Satinband

weiches, dichtes, goldfarbenes Lammfell; Spieldose mit Brahms *Wiegenlied*

billige, orangefarbene, durchsichtige Plastikaugen an Drahtschäften; Pupillen hinten schwarz gemalt

dreieckiger Kopf mit aufwärts gebogener Schnauze; bewegt sich nach links und rechts, wenn Spieluhr ertönt

kurze, gerade Arme und Beine mit kleinen Füßen

Um 1957: Leco Toys (West End) Ltd. Größe: 33 cm

Dieser Teddy gehörte zur Musikbären-Serie von 1957, die von Leco Toys aufgelegt wurde, eine Londoner Firma, gegründet von Ludwig und Martha Levy. 1965 zog sie in größere Räumlichkeiten um, doch Anfang der 1970er Jahre stellte sie die Geschäftstätigkeit ein.

Bedruckter Pappanhänger

große, flache Ohren, in waagerechtem Abnäher über Gesichtsnähten angebracht

schwarze, senkrecht gestickte, quadratische Nase; Mund mit umgekehrter Y-Form

kurzer, goldfarbener Mohairplüsch; mit Baumwoll-»Sub« gefüllt

schwarze »Pupillen« sind eine optische Täuschung, die durch den Hohlraum am integrierten Schaft des Plastikauges entsteht

kurze Arme mit schokoladenbraunen Baumwollsamt-Pfoten

dicke Oberschenkel und stämmige Füße; keine Krallen

Mitte der 60er Jahre: Lefray Ltd. Größe: 40 cm

Während der 60er Jahre war Lefray (gegründet 1948) in St. Albans, Hertfordshire, ansässig; dieser Bär wurde vermutlich kurz vor dem Umzug der Firma nach Aberbeeg, Gwent in Südwales gefertigt, wo sie noch heute ihren Standort hat.

Bedrucktes Etikett

schwarze, eng und senkrecht gestickte, rechteckige Nase mit schwarzer Filzunterlage

weiche, cremefarbene Rexinsohlen; Risse enthüllen Webuntergrund; keine Krallen

große, durchsichtige, orangefarbene Plastikaugen mit schwarzen Pupillen an Drahtschäften; ins Gesicht genäht und auf der Rückseite verknotet

Gemisch aus lockigem weißen Woll- und möglicherweise Synthetikplüsch

große, schmale Füße; dicke Oberschenkel

60er Jahre: Acton Toycraft Ltd. Größe: 63 cm

1964 teilte sich Farnell in zwei Bereiche: Acton Toycraft übernahm unter dem Handelsnamen »Twyford« das Werk in Acton, Westlondon. Es wurden einige hellfarbene Twyford-Bären mit roten Filzsohlen aufgefunden, die auch Farnell verwendete.

Bedrucktes Etikett

Dean's: 1960 bis in die 80er Jahre

GELENKLOSE BÄREN IM TRADITIONELLEN STIL, VON TOCHTERFIRMEN GEFERTIGT

Die 60er und 70er Jahre waren eine Zeit der Veränderungen für Dean's Rag Book Company Ltd. Die Hauptproduktion fand noch im Werk in Rye, Sussex statt, das 1961 erweitert wurde. Die Firma benutzte das Childsplay Toy-Warenzeichen bis 1965, als Childsplay Ltd. (eine der beiden in den 50er Jahren gebildeten Unternehmensbereiche; der andere war Merton Toys Ltd.) zu Dean's Childsplay Toys Ltd. wurde. Von diesem Zeitpunkt an verschwand das vertraute Logo mit den kämpfenden Hunden vom Etikett. 1974, zwei Jahre nach dem Aufkauf von Gwentoys, wurde ein Teil der Herstellung nach Pontypool in Südwales verlagert. Das Werk in Rye mußte 1980 schließen.

Um 1980: Dean's/Gwentoy-Group

Dean's setzte Gwentoys Teddybär-Linie nach dem Aufkauf 1972 (siehe S. 124) mit einem Etikett fort, das auf die Produktion sowohl in Pontypool als auch in Rye hinwies. Dieser Zweig der Unternehmensgruppe konzentrierte sich auf den preisgünstigeren Marktbereich und liefert Bären en Gros an Warenhausketten und Versandhandel. Obwohl dieser Bär im traditionellen Stil Gelenke in Armen und Beinen besitzt, läßt der steife, gelenklose Hals das billigere Spielzeug erkennen.

Größe: 31 cm

Bedrucktes Etikett

Ohren: Die gewölbten Ohren sind weit hinten am Kopf angesetzt, in den Gesichtsnähten mitgefaßt und an den Kopfseiten nach unten genäht.

Augen: Die braunen und schwarzen festverankerten Plastikaugen sind an den Außenkanten der Gesichtsnähte angebracht.

Nase/Mund: Die schwarze, senkrecht gestickte, schildförmige Nase und der einfädig gestickte Mund mit umgekehrter V-Form sind durch einen winzigen, senkrechten Stich miteinander verbunden.

Schleife: Der Bär trägt die original rote Nylonschleife.

Fell: Der kurzflorige, goldfarbene Mohairplüsch befindet sich in perfektem Zustand; der Bär ist mit weicher Synthetikwattierung ausgestopft.

Pfoten: Die Pfoten sind aus dunkelbraunem, aufgerauhtem, gewirktem Synthetikmaterial gefertigt. Es gibt keine Krallen.

Bärenprofil

Dies ist eine vereinfachte Version des Gwentoy-Bären (siehe S. 124). Die Gliedmaßen sind kürzer und der Kopf mit der runden Schnauze, die beinahe im rechten Winkel aus dem Gesicht ragt, ähnelt weniger dem Chiltern- als vielmehr dem Dean's-Design. Die kurzen Glieder, die kleinen rundlichen Füße und das Fehlen der Krallen sind typische Merkmale britischer Bären aus den 60er Jahren.

Warenzeichen: Das bedruckte Stoffetikett ist in der linken Seitennaht angebracht, knapp über dem Beingelenk.

Um 1960: Childsplay Toys

Größe: 38 cm

Die geformte, weiche Gumminase, ein typisches Merkmal von Mitte der 50er Jahre an, wurde angeklebt, vielleicht von einem Restaurateur. Das Childsplay Toys-Etikett, im rechten Armgelenk eingenäht, wurde ab 1956 im Anschluß an Dean's Umzug nach Rye, Sussex, verwendet.

Bedrucktes Etikett

Ende der 60er Jahre: Dean's Childsplay Toys

Größe: 28 cm

1965 stellte Dean's einen Bri-Nylonplüsch-Bären ohne Gelenke in vier großen Größen her. In den 60er und 70er Jahren benutzte die Firma zunehmend synthetische Materialien wie den hier abgebildeten braunen Plüsch, mit Pfoten und Schnauze aus aufgerauhtem Nylon.

Bedrucktes Etikett

Um 1972: Dean's Childsplay Toys

Größe: 79 cm

Dieser große Superteddy hat eine hellere Brustplatte, und mit den Augenmarkierungen ähnelt er eher einem Brillen- als einem traditionellen Bären. Auf dem bedruckten Pappanhänger ist zu lesen, daß er chemisch gereinigt werden kann.

Bedrucktes Etikett

Um 1980: Dean's/Gwentoy Group

Größe: 33 cm

Dieser Bär hat ein kleines rundes Glöckchen im linken Ohr, eine Idee, die von vielen Herstellern aufgegriffen wurde, nachdem Merrythoughts Cheeky-Bär (siehe S. 120) im Handel war. Dean's benutzte dieses in der linken Seitennaht angebrachte Etikett von 1972–82, bei anderen Spielwaren bis 1986.

Bedrucktes Etikett

Steiff: 60er bis 90er Jahre

TRADITIONELLE BÄREN NEU UND BÄREN OHNE GELENKE: SYNTHETISCHE MATERIALIEN

Steiff entwickelte eine Reihe von Designs zu dieser Zeit, vor allem eine Teddy-Serie ohne Gelenke mit weicher Füllung. Zooby, 1964 geboren, war ein gelenkloser stehender Bär mit Filzkrallen, während Tapsy mit ihrem aufgespritzten, lächelnden Gesicht und dem kurzen Kleid sehr freundlich wirkte. 1975 ließ Steiff den immer noch beliebten Zotty wiederauferstehen und schuf Minky Zotty aus nerzähnlichem Synthetikplüsch. In dieser Zeit verwendeten die Hersteller zunehmend Kunstfasern für das Fell und Schaumgummi zum Füllen. Die Gesichtszüge entstanden durch Aufpritzen nichtgiftiger Farbe (Airbrush-Techniken).

1966–90: Original Teddy

Dies ist das Original Teddy-Design, das 1966 erstmals eingeführt wurde. Eine aktualisierte Version kam 1992 auf den Markt. Die eingesetzte, herzförmige Schnauze aus geschorenem Mohairplüsch war für Steiff etwas völlig Neues. Dieser Bär ist auch in Beige, Karamel und Schololadenbraun und wie immer in mehreren Größen erhältlich. Er hat einen Anhänger aus der Zeit nach 1972 und ein Webetikett im Ohr, das nach 1982 benutzt und mit dem »Knopf im Ohr« befestigt wurde.

Größe: 35 cm

Eingeritzter Knopf und Etikett

Arme: Die Arme laufen spitz zu und sind an den Pfoten nach oben gebogen.

Anhänger: Der Steiff-Anhänger ist an der Brust befestigt.

Fell: Der lange Mohairplüsch ist honigfarben, die Füllung aus Synthetik.

Beine: Die Beine sind kürzer als die früherer Steiff-Bären, die Füße groß.

Schnauze: Die ungewöhnliche, herzförmige Schnauze aus geschorenem Mohairplüsch ist auf den Körperplüsch abgestimmt.

Nase: Die braune schildförmige Nase ist senkrecht gestickt; durch den Mund mit umgekehrter V-Form wirkt der Bär ziemlich unfreundlich.

Bärenprofil
Hier sieht man deutlich die herzförmige, eingesetzte und traditionsgemäß vorspringende Schnauze. Die relativ langen Arme sind leicht gebogen wie die alter Bärenmodelle. Trotz der großen Füße hat dieses Exemplar kurze, stämmige Beine. Im Gegensatz zu den frühen Steiff-Bären ist der Rücken fast kerzengerade.

Pfoten: Die Fußsohlen sind aus goldfarbenem Dralon, einer aufgerauhten Kunstfaser.

80er Jahre: Cosy Teddy Größe: 35 cm

Dies ist eine vereinfachte Version des Bären, der
in den 60er Jahren als erstes im Steiff-Programm
auftauchte, als sich das Design wesentlich stärker
an Zotty orientierte. Der Teddy hat keine Gelenke, und der Mund besteht aus einem einzigen, aufgespritzten braunen Punkt.

Eingeritzter Knopf und Etikett

1967: Lully Größe: 20 cm

Dieser Babybär ohne Gelenke wurde für Kleinkinder in kleinen Größen gefertigt. Sein Name
leitet sich von »einlullen« ab. Lully entstand aus
verschiedenfarbigem Woll-/Baumwollplüsch.

Eingeritzter Knopf
und Etikett

1980: Molly-Teddy Größe: 55 cm

Dieser sehr weiche und knautschige Bär wurde als
Knuddelspielzeug für Kleinkinder entworfen. Steiff
fertigte ein ähnliches Modell, das flach auf dem
Bauch liegt.

Eingeritzter Knopf und Etikett

60er Jahre: Dralon Petsy Größe: 30 cm

Steiff führte Petsy im neuen Stil erstmals 1961 ein.
Der Bär bestand aus Dralon, und der Körper war
mit Schaumgummi gefüllt. Die Petsy-Neuauflage
aus dem Jahr 1984 war der erste maschinenwaschbare Steiff-Teddybär mit Gelenken.

Eingeritzter Knopf und Etikett

Chad Valley: 1960 bis 1978

GELENKLOSE BÄREN IN TRADITIONELLEM STIL: CHILTERN/CHAD VALLEY-ÜBERNAHME

I m Jahr 1960 war Chad Valley 100 Jahre alt und hatte sieben Fabriken und mehr als 1000 Beschäftigte. Nach dem Zusammenschluß mit Chiltern Toys im Jahr 1967 wurde Chad Valley der größte Kuscheltier-Hersteller Großbritanniens. Die Rezession der 70er Jahre führte jedoch zur Schließung der Wrekin-Werke in Wellington; die Fabrik in Pontypool überlebte als einzige. 1978 wurde Chad Valley von Palitoy übernommen und 1988 von der US-Firma Kenner Parker aufgekauft. Woolworths erwarb 1988 den Handelsnamen und führte eine neue, in Ostasien gefertigte Chad Valley-Plüschtierserie ein.

Um 1960: Super; Mohairgemisch

In den Chad Valley-Katalogen der 60er Jahre wurden vier traditionelle Bären-Serien mit Gelenken angeboten: *De Luxe* in London (goldfarbener Mohairplüsch; *Super* in honig- oder goldfarbenem Mohairplüsch-Gemisch; *Popular* in goldfarbenem Mohairplüsch-Gemisch; und Nylon in weißem und später gelbem Plüsch mit roten Pfoten. Zu dieser Zeit stellt man auch musikalische und sprechende Bären her.

Größe: 58 cm

Bedrucktes Etikett

Kopf: Der Kopf ist mit Holzwolle gefüllt.

Augen: Die orangefarbenen und schwarzen Plastikaugen an Drahtschäften sind ins Gesicht genäht und am Hinterkopf verknotet.

Nase/Mund: Der breite, dichte und senkrecht gestickte Nase ist für viele Chad Valley-Bären charakteristisch. Zwei gerade schwarze Stiche bilden den Mund.

Fell: Das honigfarbene Fell besteht aus Nylon und Mohairplüsch auf Webuntergrund. Das Gemisch wirkt weniger seidig als reines Mohair.

Körper/Gliedmaßen: Körper und Gliedmaßen sind mit »Sub« ausgestopft; die Gliedmaßen haben Gelenke.

Warenzeichen: Die Überreste des ursprünglichen quadratischen Etiketts mit dem Königlichen Gütesiegel sind auf dem rechten Fußballen sichtbar.

Bärenprofil

Dieser große Bär zeigt viele typische Chad Valley-Merkmale: ausgeprägter Kopf mit leicht vorspringender Schnauze, breite, dicht gestickte Nase und große, flache Ohren, die quer über den Gesichtsnähten angebracht sind. Der Rücken ist gerade mit breiten Schultern und gebogenen, spitz zulaufenden Armen, von der gleichen Länge wie die Beine. Die dicken Oberschenkel und großen Füße sind ebenfalls charakteristisch.

Pfoten: Das Rexin an Fußsohlen und Pfoten ist verschlissen und läßt das Webmaterial darunter erkennen.

rotbraune, gesicherte Plastikaugen mit schwarzen Pupillen

geformte, schwarze, gesicherte Plastiknase

original Nylonschleife

»Honigtopf«, mit Velcro-Klettband an Pfoten befestigt

dunkelbraune Nylonppfoten, aufgerauht

Innenkante der Ohren gefalzt und in Gesichtsnaht, Rest des Ohrs in Abnäher an der Kopfseite befestigt

Mund mit umgekehrter Y-Form, nur ein Stich

goldfarbener Nylonplüsch auf gewirktem Untergrund

Gliedmaßen ohne Gelenke in permanenter Sitzposition

Um 1967–77: Gelenklos; Nylon

Größe: 25 cm

Dieser Bär, dessen Beine eine permanente Sitzhaltung einnehmen, hält einen Honigtopf aus weich ausgepolstertem Nylon in der Hand, mit einem Klettband an den Pfoten befestigt. Das Etikett in der linken Seitennaht läßt darauf schließen, daß der Bär nach der Chiltern-Übernahme 1967 entstanden ist.

Bedrucktes Etikett

Ohren quer am Kopf angenäht; Innenkante beginnt an den Gesichtsnähten

eingesetzte, geschorene Mohairplüsch-Schnauze

goldfarbener Mohairplüsch; Körper weich gefüllt, möglicherweise mit »Sub«

Beine ohne Gelenke, in permanenter Sitzposition

runder, knolliger Kopf mit hoher Stirn

braune, gesicherte Plastikaugen mit schwarzen Pupillen

geformte, schwarze, festverankerte Plastiknase; kein Mund

ausgestreckte Arme, in Position fixiert

beigefarbene, gewirkte Synthetikpfoten; keine Krallen

Um 1967–77: Ohne Gelenke; Mohairplüsch

Größe: 39 cm

Obwohl gelenklos wie der Bär links, ist dieses Exemplar aus Mohairplüsch von guter Qualität mit gelegentlich dunklen Strähnen wie bei Chilterns Hugmee-Bären (siehe S. 198–199), was auf seine Herkunft, das Pontypool-Werk, schließen läßt. Das Etikett ist oben in der linken Beinnaht befestigt.

Bedrucktes Etikett

Ohren und Kopf aus einem Stück gefertigt; Kopf mit Holzwolle ausgestopft

eingesetzte, leicht vorspringende Schnauze; Mund mit umgekehrter Y-Form

rot/weiß/blauer Kunstseidenplüsch (Rückseite des Bären ist blau)

blaßblaue gesicherte Plastikaugen mit schwarzen Pupillen, die Bären auf Beginn der 60er Jahre zurückdatieren

ungewöhnliche, dreieckige schwarze Filznase

Arme, Beine und Körper aus einem Stück

Anfang 60er Jahre: Kunstseidenplüsch

Größe: 58 cm

Dieser patriotische Bär aus rot/weiß/blauem Kunstseidenplüsch hat keine Gelenke. Arme und Beine wurden aus einem Plüschstück zugeschnitten. Chad Valley produzierte auch eine billigere Serie aus feuerfestem Acryl ohne Gelenke und Panda-Bären unter dem Handelsnamen »Acme«.

Bedrucktes Etikett

braune, gesicherte Plastikaugen mit schwarzen Pupillen

senkrecht gestickte, schwarze Nase; einzelner waagerechter Stich quer darüber

Original orangefarbene Schleife

goldfarbener Mohairplüsch von guter Qualität; Körper mit Synthetikabfällen ausgestopft; eingebauter roter Plastik-Quiekser in Ziehharmonika-Form

kleine, spitze, tropfenförmige Füße mit braunen Synthetikpfoten; keine Krallen

1977: Gelenklos; Mohairplüsch

Größe: 30 cm

Chad Valley stellte diesen klassischen Mohairplüsch-Bären kurz vor der Übernahme durch Palitoy her, sehr wahrscheinlich im Pontypool-Werk. Er hat Ähnlichkeit mit frühren Chad Valley-Modellen, doch die typische breite, eng gestickte Nase ist nicht mehr vorhanden.

Bedruckter Pappanhänger

Pedigree: 60er bis 80er Jahre

MASCHINENWASCHBARE, SYNTHETISCHE MATERIALIEN: NEUES CANTERBURY- ETIKETT

I n den 60er Jahren fertigten die Pedigree-Werke in Nordirland und Neuseeland Teddybären. In dieser Zeit fanden zunehmend maschinenwaschbare, synthetische Materialien Verwendung wie Nylonplüsch und Schaumgummi-Füllung. Später führte Pedigree neuartige Bären ein wie Simon, der batteriebetrieben war und laufen, oder Rupert, der sprechen konnte. 1966 verlegte Pedigree, eine Tochter der Lines Brothers-Gruppe, die gesamte Kuscheltier-Produktion nach Canterbury, England. Dunbee-Combex-Marx übernahm Lines 1972. 1988 beendete Pedigree die Geschäftstätigkeit.

Anfang der 60er Jahre: Nylonplüsch; ohne Gelenke

Dieser cremefarbene Nylonplüschbär, der einmal auf der Titelseite eines Katalogs aus dem Jahr 1961 in den Armen eines kleinen Mädchens abgebildet wurde, ist mit Schaumgummi gefüllt und maschinenwaschbar. Er gleicht dem Wendy Boston-Bären (siehe S. 122–123) beinahe aufs Haar. Die Überreste des Pedigree-Schildchens in der Halsnaht bezeugen seine eigentliche Herkunft.

Größe: 35 cm

Bedrucktes Etikett

Ohren: Die Ohren, mit dem Rest des Bären aus einem Stück gefertigt, sind einfach eine Verlängerung des Kopfes.

Augen: Die festverankerten Plastikaugen sind dem Wendy Boston-Design sehr ähnlich; sie haben undurchsichtige, schwarze Pupillen inmitten eines durchsichtigen, bernsteinfarbenen Rings.

Nase: Die senkrecht gestickte, rechteckige schwarze Nase hat links ein paar Stiche eingebüßt.

Mund: Der typische Pedigree-Mund hat eine umgekehrte T-Form und ist doppelfädig gestickt.

Bärenprofil
Die Ähnlichkeit zwischem dem Pedigree- und dem Wendy Boston-Bären ist bei der abgeflachten, runden Schnauze, den Ohren, die vom großen Kopf wegstehen, und den röhrenförmige Beinen offenkundig, die im rechten Winkel an den Körper genäht sind, so daß der Bär eine permanente Sitzposition einnimmt.

Arme: Die leicht gebogenen Arme ohne Gelenke ragen an den Körperseiten heraus.

Krallen: Ungewöhnlich für Pedigree-Bären sind die drei doppelfädig gestickten schwarzen Krallen an jeder Pfote.

Fell: Das Fell ist aus leicht zottigen cremefarbenem Nylonplüsch auf gewebtem Untergrund.

Beine: Die Beine ohne Gelenke bestehen aus geraden Plüschröhren; es sind keine Füße zu erkennen.

60er Jahre: Bri-Nylon; teilweise mit Gelenken

Größe: 48 cm

1960 wurde »Bri« von der British Nylon Spinners Ltd. in Pontypool, Monmouthshire, als Handelsname ein-getragen. Pedigree war einer von mehreren Teddybär-Herstellern, die in diesem Jahrzehnt sehr viel britische Nylonprodukte verwendeten.

Bedrucktes Etikett

60er Jahre: Zottiger Nylonplüsch; mit Gelenken

Größe: 30 cm

Obwohl dem Bären links ähnlich, ist dieses Exemplar mit Gelenken versehen, hat eine Holzwolle-Füllung im Körper und eine rote Filzzunge. Andere Versionen besitzen Glasaugen mit drei Farbschichten und eine Plüschschnauze mit offenem Mund.

Bedrucktes Etikett

1975: Canterbury-Etikett

Größe: 40 cm

Dieser Bär trägt das neue Etikett, nachdem Pedi-gree die Produktion nach Canterbury, England, verlegt hatte. Ann Wood, Designerin im Bel-faster Werk, führte um 1960 die eingesetzte Schnauze bei den Pedigree-Teddys ein.

Bedrucktes Etikett

60er Jahre: Weißer Nylonplüsch; ohne Gelenke

Größe: 30 cm

Dieser Bär mit dem knolligen Kopf und den gesicherten Plastikaugen ähnelt im Stil den früheren Pedigree-Modellen (siehe S. 92–93). Er besteht jedoch aus Synthetikplüsch und hat keine Gelenke. Die kurzen, stämmigen Gliedmaßen ragen aus dem Körper heraus.

Bedrucktes Etikett

Merrythought: 70er bis 80er Jahre

MODERNES »M«-DESIGN: TRADITIONELLE BÄREN UND NOVITÄTEN

Während dieser Periode wurde der traditionelle »M«-Teddy aus goldfarbenem Mohairplüsch weiterhin gefertigt, aber man führte zusätzliche Farben ein. Die Aktualisierung des Designs begann 1983 mit dem Aristocrat-Bären, in sieben Größen erhältlich, mit geschorener Schnauze und nach unten versetzten Außenstichen an der Nase. Merrythoughts beliebtes Cheeky-Modell wurde in den 70er Jahren wieder aufgelegt, sowohl in Mohair- als auch Synthetikplüsch. 1972–73 wurden die London Bears eingeführt, in der Uniform eines Guardsman, Polizisten, Beefeaters und Highlanders. Die 45 cm großen Beefeater und Guardsman-Teddys wurden 1985 erneut hergestellt.

1976: Klein; traditionelles »M«-Design

Von 1965 bis heute hat Merrythought eine Reihe traditioneller Bären mit Gelenken aus Mohair in der Farbe »London Gold« und in neun Größen hergestellt. Dies ist die kleinste, die der Serie 1975 hinzugefügt wurde. Der Teddybär ist mit Kapok gefüllt, die Schnauze mit Holzwolle ausgestopft.

Größe: 25 cm

Bedrucktes Etikett

Ohren: Die großen, flachen Ohren sind in der Mitte über den Gesichtsnähten angebracht.

Augen: Die festverankerten bernsteinfarbenen und schwarzen Plastikaugen sind gesichert und festverankert.

Bärenprofil
Verglichen mit dem früheren Merrythought-Bären (siehe S. 88) sieht man, wie sich das Design entwickelt hat: Die Schnauze ist weniger vorspringend und der Rücken gerade, die Gliedmaßen sind kürzer, aber von gleicher Länge und die Füße kaum ausgeprägt.

Nase: Die abgerundete, quadratische Nase ist senkrecht in Schwarz gestickt, mit einigen waagerechten Stichen über der Oberkante – ein Design, das in den 50er Jahren eingeführt wurde.

Band: Das rote Band, zur Schleife gebunden, ist original.

Fell: Die Farbe des Mohairplüsch war im Handel als »London Gold« bekannt.

Arme: Die kurzen, spitz zulaufenden Arme enden in aufwärts gebogenen Pfoten ohne Krallen.

Beine: Die kurzen, stämmigen Beine enden in kaum erkennbaren kleinen Füßen; die Gliedmaßen haben Gelenke.

Füße: Die ovalen Füße sind unregelmäßig geformt und haben keine Krallen.

Pfoten: Die Pfoten sind aus braunem, gewirktem Synthetikmaterial gefertigt.

70er Jahre: Mittelgroß; »M«-Design

Größe: 40 cm

Dieses Modell war ab 1965 in neun Größen erhältlich, von 35 cm bis 101 cm und ab 1981 auch mit 25 cm und 30 cm. Von 1971 bis 1982 und 1984 wurde er sogar in der Größe von 122 cm angeboten.

Bedrucktes Etikett

1986: »AR«-Design; Plastiknase

Größe: 45 cm

»AR« war ein traditioneller Bär mit Gelenken in neuem Stil, der erstmals im Katalog von 1986 er-schien. Er hatte ein muskatfarbenes Synthetikplüsch-Fell, wurde aber in verschiedenen Farben und immer mit geformter Plastiknase gefertigt.

Bedrucktes Etikett

80er Jahre: »LM«-Design

Height: 45cm (18in)

Dieser Luxusbär mit dem Namen »Champagne Luxury Bear«, ein M-Design aus einer neuen Plüschart, wurde 1982 erstmals eingeführt. Zwei Jahre später war er in sieben Größen erhältlich. Eine frühere Serie aus den 70er Jahren bestand aus ähnlichem Material.

Printed label

1974–75: »NY«-Design; Synthetikplüsch

Größe: 39 cm

1974–75 wurde eine Serie brauner Bären in sechs Größen produziert, von 35 cm bis 122 cm. Dieses Exem-plar ist ziemlich kahl, der Flor verschlissen. Er ähnelt dem »M«- Modell mit dem großen, runden Kopf, dem schlanken Körper und den kurzen Extremitäten.

Bedrucktes Etikett

Australien und Neuseeland: 70er bis 90er Jahre

KONKURRENZ AUS OSTASIEN; WACHSTUM DES SAMMLERBÄREN-MARKTES

In den 70er Jahren mußten mehrere Hersteller in Australien (siehe S. 80–81) und Neuseeland infolge der billigeren Importe aus Ostasien Konkurs anmelden. Neue australische Firmen, einschließlich Teddy & Friends, Tomfoolery und C. A. Toys, erschienen auf der Bildfläche. Sie entwarfen die Modelle selbst, ließen aber in China oder Korea fertigen. Jakas zählte in den 80er und 90er Jahren zu den wenigen, die ihre Bären in Australien produzierten. Kleinere Firmen wie Sheepskin Products, Harrison Textiles und Robin Rives Robbity Bob entstanden, und manche zielten auf den Sammlermarkt ab.

1978: Jakas Soft Toys

Dieser blaue Synthetikbär mit den langen, schlaff herabhängenden Beinen zeigt das typische Jakas-Design der 70er Jahre, obwohl einige mit steifen Beinen gefertigt wurden. Wendy McDonald, seit 1989 Firmeninhaberin, brachte 1991 gelenklose Synthetikbären in limitierter Auflage heraus, um den wachsenden Bedarf des Sammlermarktes zu befriedigen. 1992 wurde eine ähnliche Serie in Mohairplüsch aufgelegt.

Größe: 34 cm

Gesticktes Etikett

Augen: Die kleinen, blauen, sicheren Plastikaugen haben schwarze Pupillen.

Kopf/Schnauze: Der Kopf ist rund, hat eine hohe Stirn und flache Schnauze.

Nase/Mund: Die schwarze, schildförmige Nase ist senkrecht gestickt; der einfädige Mund hat eine umgekehrte T-Form.

Bärenprofil
Dieser typische Jakas-Bär ähnelt den Wendy Boston-Modellen (siehe S. 122–123). Merkmale wie der runde Kopf, die flache Schnauze, der quadratische Körper, die Stummelarme und langen Beine (ungefüllt am Ansatzpunkt im Torso) sind auch beim britischen Hersteller vorhanden.

Arme/Krallen: Die kurzen, geraden Arme haben keine Pfoten, aber drei schwarze, über den Plüsch gestickte Krallen.

Körper: Körper, Arme und Beine sind aus einem Plüschstück gefertigt.

Beine: Die Beine sind lang und gerade, die Füße klein und rund, ohne Pfoten oder Krallen.

Fell/Füllung: Das Fell besteht aus blauem Nylonplüsch; der Bär ist mit Schaumgummi-Stücken ausgepolstert.

Warenzeichen: Das gestickte Jakas Toys-Etikett ist in die Innenseite des rechten Beins eingenäht.

1989: Harrison Textiles

Größe: 107 cm

Adam wurde von Clive und Precille Harrison in ihrer Firma in Auckland (gegründet 1977) exklusiv für die US-Boutique Bear Hunt hergestellt. Sie verkauften Harrison Textiles 1989 und stiegen 1992 mit der Firma Bear with Us wieder ins Geschäft ein.

Bedrucktes Etikett

1982: Maxwell Hay

Größe: 30 cm

Maxwell Hay gründete seinen Familienbetrieb 1964 in Mount Albert, einem Vorort von Auckland. Die Firma stellte in erster Linie Kuscheltiere aus Schafwolle her und hatte von 1976–82 Teddys im Programm. Bei diesem Bären ohne Gelenke wurden nur Materialien aus Neuseeland verwendet.

Bedrucktes Etikett

1986: Sheepskin Products

Größe: 40 cm

Dieser Bär aus blaßgoldener, gebleichter Lambswool kann zum Verstauen des Nachthemds/Pyjamas benutzt werden. Valda McCombe, die Designerin, gründete ihre in Auckland ansässige Firma 1981 mit ihrem Mann Peter. Sie produzieren das größte Schaffellspielwaren-Sortiment der Welt.

Bedrucktes Etikett

70er Jahre: Malrob Cuddle Toys

Größe: 32 cm

Dieser gelbe Nylonplüsch-Bär hat ein satiniertes Etikett mit Känguruh-Logo unter der linken Fußsohle. Die Firma Malrob Cuddle Toys (gegründet 1961 in Brisbane) hatte sich auf Synthetikbären ohne Gelenke spezialisiert. 1985 zog sie sich aus dem Markt zurück.

Bedrucktes Etikett

USA: 1955 bis in die 80er Jahre

KUSCHEL- UND SYNTHETIKBÄREN, IN OSTASIEN PRODUZIERT

Gegen Ende der 50er und Anfang der 60er Jahre wurden in den USA mehrere neue Teddybären-Firmen gegründet: R. Dakin & Co. (1955); California Stuffed Toys (1960); Russ Berrie & Co. (1963); und Princess Soft Toys (1965). Sie verlegten ihre Produktion in die Billiglohnländer Ostasiens und setzten damit einen Trend. Viele alteingessene Firmen florierten noch, wie die Mary Meyer Corporation und Gund, die Anfang der 70er Jahre den Luv-me-Bären einführten. In den 80er Jahren gaben Knickerbocker, Character und Ideal auf, deren Teddys nach der Übernahme durch CBS Inc. ausgemustert wurden.

Anfang der 60er Jahre: Knickerbocker Toys

Die Plastikaugen mit den glitzernden Linien um die Iris sind typisch für die Bären, die Knickerbocker in dieser Zeit fertigte. Das New Yorker Etikett zeigt, daß dieser Bär Anfang der 60er Jahre entstand, weil die Firma in der zweiten Hälfte der Dekade nach Middlesex, New Jersey, in eine größere Fabrik übersiedelte. Knickerbocker stellte auch einen ähnlichen weißen Plüschbären mit Gelenken, roten Filzpfoten und drei Glöckchen entlang der Körper-Mittelnaht her. Die knautschigen, gelenklosen Teddys der 60er und 70er Jahre, einschließlich der Kuddles-Serie, hatten eingesetzte Schnauzen – wie das abgebildete Exemplar.

Größe: 35 cm

Bedrucktes Etikett

Augen: Die großen, bernsteinfarbenen, gesicherten Plastikaugen haben strahlende Linien um die Iris, ein typisches Knickerbocker- Merkmal.

Schnauze: Die Schnauze ist aus dem gleichen honigfarbenen Samt wie die Pfoten.

Nase/ Mund: Die senkrecht gestickte schwarze dreieckige Nase geht in einen lächelnden Mund mit umgekehrter Y-Form über.

Fell/ Füllung: Das Fell besteht aus lockigem, goldfarbenem Nylonplüsch. Der Bär ist mit Holzwolle und »Ico« (ähnliches Material wie »Sub« = Baumwollabfall) ausgestopft.

Pfoten: Die Pfoten sind aus honigfarbenem Baumwollsamt und haben keine Krallen.

Bärenprofil

Der Bär hat eine relativ traditionelle Form mit langen, gebogenenen Armen und vorspringender Schnauze; die Beine sind jedoch kurz und stämmig. Das »Animal of Distinction«-Etikett ist in der Seitennaht angebracht; vor 1950 befand es sich in der vorderen Naht.

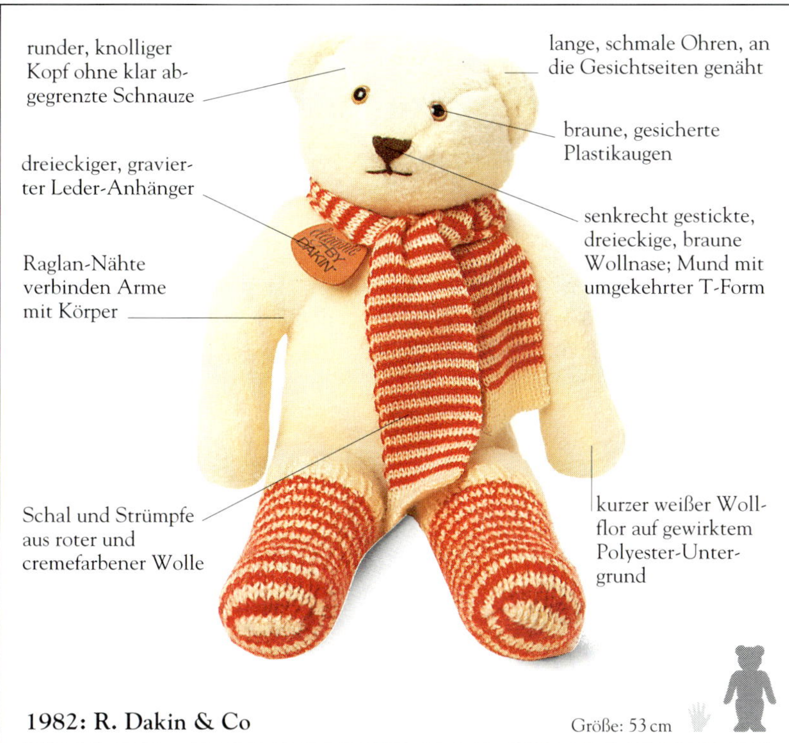

runder, knolliger Kopf ohne klar abgegrenzte Schnauze

dreieckiger, gravierter Leder-Anhänger

Raglan-Nähte verbinden Arme mit Körper

Schal und Strümpfe aus roter und cremefarbener Wolle

lange, schmale Ohren, an die Gesichtseiten genäht

braune, gesicherte Plastikaugen

senkrecht gestickte, dreieckige, braune Wollnase; Mund mit umgekehrter T-Form

kurzer weißer Wollflor auf gewirktem Polyester-Untergrund

1982: R. Dakin & Co

Größe: 53 cm

Woolie-Bär ist auch in goldfarbenem Plüsch erhältlich; er trägt einen grün-beigefarbenen Schal und passende Strümpfe. Kleinere Modelle, Wee Woolie genannt, wurden nur mit Schal gefertigt. Die Beine nehmen eine permanente Sitzposition ein; der Kopf hat jedoch ein Drehzapfengelenk.

Bedrucktes Etikett

Ohren weit auseinanderstehend, an den Seiten der ausladenden Stirn angebracht

ovale, weiße Plüschschnauze mit schwarzer, dreieckiger, aufgespritzter Nase

vorquellende schwarze, gesicherte Plastikaugen mit aufgespritzten Wimpern

blaßgrauer weicher Acrylplüsch; sehr weiche Synthetikfüllung

blaßgraue, kurzflorige Plüschsohlen

1983: Applause Inc.

Größe: 48 cm

Wallace Berrie kaufte die Firma Applause, ein Unternehmen von Knickerbocker, 1982. Später wurde das gesamte Unternehmen in Applause umbenannt. Applause setzte die Avanti-Linie, die Berrie einführte, in weniger Farben und Größen fort.

Gesticktes Etikett

leicht gewölbte Ohren; weit auseinanderstehend hinten am Kopf angesetzt

eingesetzte, ovale Schnauze aus weißem Acrylplüsch; Nase und Mund aufgespritzt

große, schwarze, gesicherte Plastikaugen mit aufgespritzten schwarzen Wimpern

brauner Acrylplüsch; sehr weiche Synthetik-Füllung

hellbraune Acrylplüsch-Pfoten

1982: Wallace Berrie & Co.

Größe: 70 cm

Die Avanti-Serie wurde von Riccardo Chiavetta, Mitarbeiter der Firma Jocky in Rom, entworfen. Wallace Berrie erwarb 1982 die weltweiten Marketingrechte. Der knuddelige Teddy erinnert an die Bären von Aux Nations, ein Unternehmen, für das Chiavetta vorher tätig gewesen war.

Gesticktes Etikett

bernsteinfarbene und schwarze, gesicherte Plastikaugen

bossierte Plastikscheibe

stilisierte, dreieckige schwarze Nase, festverankert

offener, lächelnder, mit schwarzem Filz gefütterter Mund, überlappt von rosafarbener Filzzunge

kurzflorige Synthetikplüsch-Pfoten in Rohweiß (passend zum Ohrfutter)

1986: Russ Berrie & Co

Größe: 38 cm

Snuggle wurde von Russ Berrie in Lizenz hergestellt. Lizenzgeber war die internationale Firma Lever Bros., die den Bären als Reklamezugpferd für einen gleichnamigen Weichspüler einspannte. Der Bär wurde aufgrund der Abweichungen im Produktnamen in jedem Land anders genannt.

Webetikett

USA: Ende der 70er bis in die 80er Jahre

MASSENMARKT, LIMITIERTE AUSGABEN, SAMMLERBÄREN

Gegen Ende der 70er Jahre begannen die US-Hersteller, zusätzlich zu ihren Standard-Serien limitierte Auflagen für den boomenden Sammlermarkt herauszubringen. Die Firma Gund, die 1979 die Serie Collectors Classics einführte, brachte ab 1983 jedes Jahr Bären in begrenzter Stückzahl heraus. Sie markierten oft besondere Ereignisse, wie ein Firmenjubiläum. 1988, anläßlich des 85. Geburtstags des Teddybären, schufen California Stuffed Toys und die Firma Determined Productions Inc. Neuausgaben des ersten Ideal-Bären.

1984: Wallace Berrie

Wallace Berrie stellte diesen Valentine-Bären aus reinem weißen Plüsch 1984 in einer auf 6000 Stück limitierten Auflage her. Es ist ein Avanti-Bär, gelenklos, knautschig, aus Acrylplüsch mit weicher Füllung (siehe S. 139). Er ähnelt anderen von Jockline entworfenen Avanti-Bären, abgesehen von der roten Satinschleife und dem bedruckten, rot-weißen Etikett mit der Auflagennummer des Bären: 0113.

Größe: 40 cm

Bedrucktes Etikett

Ohren: Die großen, leicht gewölbten Ohren sind weit auseinanderstehend angebracht; die Innenseiten wurden in Airbrush-Technik bearbeitet.

Augen: Die großen, runden, festverankerten schwarzen Plastikaugen haben aufgespritzte »Augenhöhlen«.

Nase: Wie bei vielen Avanti-Modellen ist die schwarze, dreieckige Nase aufgespritzt, mit unsauberen Kanten.

Bärenprofil
Man sieht klar das klassische, runde Profil des Avanti-Bären mit den für diese Serie typischen Merkmalen: mäßig vorspringende Schnauze, leichter Bauchansatz und gerade, stämmige Beine und Arme ohne Gelenke. Der Bär hat einen großen, knolligen Kopf; die Augen sind tief eingesetzt, um die Stirn tiefer und die Ohren größer wirken zu lassen.

Schleife: Das rote Satinband ist zur Schleife gebunden.

Pfoten: Die runden Pfoten am Ende der Arme und Beine sind aus dem gleichen Plüsch wie der Rest des Bären, aber kurzgeschoren.

Fell/Füllung: Das weiche, zottige Fell ist aus reinem, weißen Acrylplüsch. Der Bär hat rundum eine weiche Synthetik-Wattierung, vermutlich Polyester.

Gliedmaßen/Füße: Arme und Beine sind kurz und stämmig, die Füße groß und plump.

1978: Ideal Toy Corporation

Größe: 40 cm

Dieser Bär wurde in limitierter Auflage zum 75. Geburtstag von Ideal herausgebracht. Die Firma behauptet, 1903 den Original-Teddy geschaffen zu haben. Obwohl er sein Etikett verloren hat, war auf dem anderer Exemplare die eingetragene Nummer, die New Yorker Adresse und der Vermerk zu lesen, der Bär sei in Haiti zusammengesetzt, maschinenwaschbar und könne im Trockner getrocknet werden.

1985: R. Dakin

Größe: 40 cm

Dakins weißer Bentley-Bär erschien anläßlich des dreißigjährigen Firmenbestehens in limitierter Auflage und sollte den Eintritt des Unternehmens in den Sammlermarkt ankündigen. Dakin fertigte später den Baron-Sammlerbären mit ähnlichem Anhänger auf der Brust.

Gesticktes Etikett

1984: California Stuffed Toys

Größe: 30 cm

Silver-Bär ist der kleinere der beiden Teddys, die anläßlich des 25. Jubiläums der in Los Angeles beheimateten Firma und zur Feier des Year of the Teddy Bear gefertigt wurden. Die 25 000 Silver-Bären (die erste limitierte Auflage des Unternehmens) trugen ein Etikett mit der Signatur des Firmenpräsidenten.

Bedrucktes Etikett

1988: Gund

Größe: 38 cm

Bären wie Winston, Dickens und Golly Golly kündigten Gunds Eintritt in den Sammlermarkt an, gefolgt 1983 von einem Jubiläumsbären zum 85jährigen Bestehen der Firma. »1898–1988« ist auf das Etikett im Saum dieses Bären aufgestickt, der zur Feier des 90. Geburtstags erschien.

Bedrucktes Etikett

Großbritannien: 1970 bis in die 80er Jahre

NEUE HERSTELLER; TRADITIONELLE UND SYNTHETIKBÄREN OHNE GELENKE

O bwohl viele Firmen, die traditionelle Bären fertigten, in den 70er Jahren schließen mußten oder aufgekauft wurden, entstanden etliche neue, die infolge des Teddy-Sammelfiebers florierten. Little Folk begann 1976 mit der Kuscheltierproduktion, und der erste, 1980 eingeführte Teddy wurde zum größten Renner.

Alresford Crafts (1970–92) hatte ursprünglich Plüschtiere im Programm und stellte erst später die Produktion auf Teddybären um. Big Softies ging 1982 zu traditionellen Teddys über und konzentriert sich nun auf den wachsenden Sammlermarkt.

80er Jahre: Golden Bear Products Ltd.

Diese in Telford, Shropshire, ansässige Firma wurde 1979 gegründet und gilt heute als größter Kuscheltier-Hersteller Großbritanniens. Sie stellt vor allem knautschige Bären, oft ohne Gelenke, für den Massenmarkt her. Alle entsprechen den britischen Sicherheitsbestimmungen: Sie sind mit festverankerten Augen und Nasen ausgestattet und aus feuerfestem Material gefertigt. Dieser Bär trägt ein bedrucktes Stoffetikett und einen roten, rosettenförmigen Pappanhänger mit einem goldenen Teddybären in der Mitte.

Größe: 29 cm

Bedrucktes Etikett

Ohren: Die Ohren sind mit kurzflorigem Stoff gefüttert; die Rückseiten bestehen aus dem gleichen Plüsch wie der Körper.

Kopf: Der große, runde Kopf hat eine hohe, leicht vorstehende Stirn.

Schnauze: Die kleine, eingesetzte, vorspringende Schnauze ist aus goldfarbenem kurzflorigem Mohairplüsch gefertigt.

Fell: Der hellbraune, zottige Synthetikplüsch ist feuerfest.

Arme: Die kurzen, leicht gebogenen Arme haben spitz zulaufende Pfoten.

Fußsohlen: Die Fußsohlen sind aus kurzflorigem Synthetikplüsch.

Beine: Die kurzen, geraden und stämmigen Beine haben runde Pfoten.

Bärenprofil

Aus diesem Winkel sieht man deutlich den großen, knolligen Kopf und die kontrastierenden Stoffohren, passend zur leicht vorspringenden Schnauze. Die Schnauze ist im Winkel an den Kopfseiten nach unten festgenäht. Der Bär hat einen großen, gerundeten Schwanz.

ungewöhnliche Ohren mit Filz-Innenfutter und abgesteppten Kanten

wirklichkeitsgetreue, schwarze, geformte Plastiknase, mit Unterlegscheibe befestigt

mittelgrauer Acrylplüsch

geschorener Plüsch an der Schnauze enthüllt kontrastierenden dunkelgrauen Untergrund

dunkelbraune Veloursleder-Pfoten, verstärkt mit Hartfaser, so daß der Bär stehen kann

Um 1982: Little Folk; groß; grau　　Größe: 68 cm

Dieser Bär wurde von Graham McBride entworfen, der mit seiner Partnerin Maggie Breedon Little Folk-Plüschspielzeug in der Grafschaft Devon herstellte. Sie verwendeten hauptsächlich Acrylplüsch, wählten aber Mohairplüsch für ein frühes Design und spätere, limitierte Sammlerbär-Ausgaben.

Goldenes Medaillon

große, flache Ohren, über Gesichtsnähten angebracht

schmale, schildförmige, senkrecht gestickte, schwarze Nase

gerade Beine ohne Gelenke; keine Pfoten oder Krallen

kleine Füße mit weißen Plüschsohlen

festverankerte Plastikaugen

weiße, eingesetzte Plüschschnauze

maschinenwaschbarer, feuerfester grauer Acrylplüsch; Polyester-Füllung

Original dreieckiger Pappanhänger

Um 1982: Alresford Crafts Ltd.　　Größe: 53 cm

Obwohl dieser Teddy keine Gelenke hat, fertigte diese Firma aus Hampshire auch traditionelle Bären mit Gelenken oder mit Kleidung, die sie weltweit exportierte. Sie wurden von Margaret Jones entworfen, die das Unternehmen mit ihrem Mann John gründete.

Bedrucktes Etikett

große Ohren; Innenkanten in Gesichtsnähten mitgefaßt

dreieckige, senkrecht gestickte, braune Wollnase

hellbraune Veloursleder-Pfoten

große, gesicherte Plastikaugen

eingesetzte, spitz zulaufende Schnauze aus dunkel-beigefarbenem Synthetikplüsch

weicher, cremefarbener Synthetikplüsch; weiche Synthetik-Füllung

Anfang der 80er Jahre: Big Softies　　Größe: 60 cm

Dieses frühe Synthetikplüsch-Exemplar stammt aus Valerie und Fred Lyles Firma in Yorkshire. Sie ist besser für ihre traditionellen Mohairplüsch-Bären bekannt, dazu gehört auch »Edward auf Reisen« (siehe S. 196). Derzeit führt sie Bären in limitierter Auflage für Sammler ein.

Bedrucktes Etikett

gesicherte, festverankerte Plastikaugen, weit auseinanderstehend angebracht

schwarze, schildförmige, senkrecht gestickte Nase; Mund mit umgekehrter Y-Form

dunkelbraune, kurzflorige Synthetikplüsch-Pfoten

große, flache Ohren, über Gesichtsnähten angebracht

großer Kopf ohne Gelenk mit ausladender Stirn

kleine, runde, eingesetzte Schnauze

kurzfloriges, goldfarbenes Nylonplüsch-Fell; rundum weiche Synthetik-Füllung

Um 1986: Mulholland & Bailie Ltd.　　Größe: 81 cm

Im Anschluß an Pedigrees Umzug nach Canterbury im Jahr 1971 gründete der ehemalige Leiter James Mulholland seine eigene Firma in Belfast, wo die Wiege dieses Bären stand. Ähnlich wie bei späteren Pedigree-Modellen ist das satinierte Nylena-Etikett in der linken Naht am Hinterkopf angebracht.

Bedrucktes Etikett

House of Nisbet: 1976 bis 1989

VON PETER BULL INSPIRIERTE BÄREN UND SAMMLERBÄREN

Jack Wilson kaufte 1975 die Peggy Nisbet Ltd., eine Firma, die sich auf die Herstellung von Puppen mit lebensechten Gesichtern spezialisiert hatte. Er taufte sie in House of Nisbet um und führte die Childhood Classics ein. Peggy Nisbets Tochter Alison (die später Jack Wilson heiratete) schuf diese klassische, traditionelle Bären-serie. 1979 entstand in Zusammenarbeit mit Schauspieler und Teddybärenliebhaber Peter Bull die Bully-Serie. 1987 brachte House of Nisbet eine Neuauflage seines Bären »Delicatessen« heraus, aus einem antik wirkenden Mohairplüsch gefertigt. An dieser Entwicklung war Jack Wilson beteiligt. Die britische Firma Dakin kaufte House of Nisbet 1989 auf.

1981: Bully Bär

Dieser Bär aus limitierter Auflage war das ursprüngliche Ergebnis der Zusammenarbeit zwischen Peter Bull und House of Nisbet. Er wurde zur Hauptfigur in den sechs von Bull verfaßten Büchern und entstand in den verschiedensten Versionen: ein klei-nerer Young Bully, Bully Minor, Captain Bully (limitierte Auflage), Harrods Bully und der Tribute Bully-Bär (nach Bulls Tod mit einer Nachbildung seines Lieblingspullovers gefertigt) und Woolly Bully mit Schal und Mütze.

Größe: 45 cm

Bedrucktes Etikett

Ohren: Die großen, flachen, schmalen Ohren sind quer über den Gesichts-nähten angebracht.

Augen: Die ge-sicherten bern-steinfarbenen Plastikaugen haben schwarze Pupillen.

Bärenprofil
Bully Bär, nach Peter Bulls Bär »Delicatessen«, Jahrgang 1907, gefertigt, hat die typischen Merkmale der frühen US-Bären: buckliger Rücken, dreieckiger Kopf, spitz zulaufende Schnauze, lange Glied-maßen und konische Arme.

Nase/Mund: Die schwarze, senkrecht gestickte, quadratische Nase hat einige Stiche in der Mitte, die in den Mund übergehen.

Fell/Füllung: Der goldfarbene Mohair- und Wollplüsch hat einen Baumwoll-Untergrund; die Füllung besteht aus weichem Synthetikmaterial.

Pfoten: Die Pfoten sind aus Kunst-samt; zwei schwarze Krallen sind quer darüber genäht.

Fußsohlen: Drei schwarze Krallen sind über die Fuß-ballen genäht.

Warenzeichen: Das gestick-te Etikett, auf die Fußsohle genäht, zeigt zwei Bären, die ein Wappen mit der Inschrift »NCC« (Nisbet Childhood Classics) tragen.

große, flache, schmale Ohren

rot-braune, gesicherte Plastikaugen

schwarze, senkrecht gestickte, schildförmige Nase; Mund mit umgekehrter Y-Form, einfädig

knautschige gelb-schwarze Mütze aus kariertem Gingham

eingesetzte Schnauze

brauner Synthetikplüsch; weiche Synthetik-Füllung

große gelbe Schleife

dunkelgrüne Kordsamthose

beigefarbene Kunstsamt-Fußsohlen

1984: Zodiac-Bär

Größe: 35 cm

Peter Bull, ein leidenschaftlicher Astrologe und Mitbesitzer der Londoner Teestuben »Zodiac: the Astrological Emporium«, schrieb zwölf Bücher über die Zodiac-Bärenserie. House of Nisbet arbeitete alle Figuren nach (hier Tunbridge) und veröffentlichte die Bücher.

Bedrucktes Etikett

---

antik wirkender, beigefarbener Mohairplüsch; rundum weiche Füllung

schwarze, senkrecht gestickte, rechteckige Nase

Mund mit umgekehrter Y-Form

Gliedmaßen mit Gelenken

drei Krallen an den Pfoten

blaßpfirsichfarbene Filzsohlen

vier Krallen über den Plüsch gestickt

Etikett mit limitierter Auflagen-Nummer

1988: Ja/Nein-Bär

Größe: 28 cm

Dieser Bär gehört zur Nisbet-Jubiläumsserie, 1987 eingeführt, um Bärenhersteller und -liebhaber zu ehren. Er wurde von Fritz Ferschl inspiriert, von 1945 an Werkzeugmacher bei Schuco; später restaurierte er Schuco-Spielzeug und schrieb ein Buch über das Unternehmen.

Besticktes Etikett

---

flache Ohren, über Gesichtsnähten angebracht

schwarze, gesicherte Plastikaugen

schwarze, senkrecht gestickte, ovale Nase; Mund mit umgekehrter Y-Form

weiße Lederpfoten

Abzeichen an die linke Seite der Brust genäht

goldfarbener Mohairplüsch

bedrucktes Etikett unter linkem Arm, mit Wappen und Auflagennummer auf der Rückseite

kastanienbrauner Schal aus feiner Wolle

1987: Body Language-Bär

Größe: 38 cm

Dieser Bär, der die »Körpersprache« beherrscht und alle Positionen einnehmen kann, hat Ösen an den Fußsohlen, die in einen Metallständer passen. Jack Wilsons Unterschrift erscheint auf einem Lederstreifen, der am rechten Bein, hinten, befestigt ist. Nur 5000 dieser signierten Bären wurden gefertigt.

Bedrucktes Etikett

---

rot-blaue-Stoffrose

blaue und schwarze, gesicherte Plastikaugen

braune, senkrecht gestickte Nase; Mund mit umgekehrter Y-Form

rot-weiß gestreifte Weste mit blauem Besatz

blaue Satinschleife

weißer Wollplüsch

blaßblaue Kunstsamt-Pfoten

gesticktes Etikett auf der linken Fußsohle

1987: The Anything Bear

Größe: 23 cm

Dieser Bär verdankt seine Existenz und seinen Namen Rosemary Volpp, deren Enkel Jess sich wünschte, »jedermann« glücklich zu machen. Die signierte Auflage erschien auch zu Ehren anderer Sammler und Autoren, wie Linda Mullins.

Gesticktes Etikett

North American Bear Co: 1979 bis 1992

BÄRENPERSÖNLICHKEITEN, EINIGE BEKLEIDET, FÜR SAMMLER

Die North American Bear Company wurde von der New Yorkerin Barbara Isenberg gegründet, nachdem Albert, der laufende Bär, auf der Grundlage eines Buches entstanden war, das sie mitverfaßt hatte. Die Very Important Bear-Serie ist von historischen, literarischen Persönlichkeiten und Leinwandgrößen inspiriert. Abgesehen von Oatmeal und Ruggles sind die meisten Bären bekleidet, einschließlich der berühmten VanderBear-Familie. Die Bären wurden von Plüsch-Designern und Barbara Isenberg entworfen und die Kleidung von Odl und Katya Bauer geschaffen.

1980–83: Amelia Bearhart

Inspiriert durch Amelia Earhart, eine bekannte Fliegerin in den 30er Jahren, war dies der erste Bär der 1980 eingeführten VIB-Serie. In einer zweiten Auflage trug Amelia einen beigefarbenen, in der ersten einen magentaroten Overall. Jährlich werden vier neue »Sehr Wichtige Bären« geschaffen und später in den »Ruhestand« geschickt, so daß immer nur zwölf verschiedene Modelle erhältlich sind. Weitere Prominente sind Scarlett O'Beara, Bearb Ruth, Cyrano de Beargerac, Mr. Spock aus Bear Trek und Hans Christian Anbearsen: Die Schneekönigin.

Größe: 50 cm

Bedrucktes Etikett

Fliegerkappe: Die weiche, lederähnliche Plastikkappe hat an den Ecken Öffnungen für die Ohren.

Fliegerbrille: Die türkisfarbene Plastikbrille umrahmt kleine, runde, schwarze, gesicherte Plastikaugen.

Nase: Die runde, schwarze Plastiknase ist sicher und festverankert.

Fliegerschal: Der Schal ist aus einem cremefarbenen, seidigen Material

Flieger-Overall: Der beigefarbene Overall hat an der Vorderseite einen Reißverschluß und einen Gummizug an Taille und Knöcheln.

Fell/Füllung: Der weiche, synthetische Velourstoff wurde bei allen Bären der VIB-Serie benutzt. Der Bär ist mit einem Synthetikgemisch ausgestopft.

Bärenprofil
Die große, vorspringende, kuppelförmige Schnauze ähnelt denen anderer Bären aus der VIB-Reihe. Sie ist aus einem separaten Stück des aufgerauhten Nylonfells entstanden.

1991: Aloysius Größe: 53 cm

Die North American Bear Co. fertigte 1984 den ersten gelenklosen Aloysius nach der beliebten TV-Serie *Wiedersehen mit Brideshead*. House of Nisbet stellte eine eigene Version her, aber da es kein Urheberrecht besaß, nannte es seinen Bären »Delicatessen«.

Bedrucktes Etikett

80er Jahre: Muffy; Dutch Treat Größe: 18 cm

Muffy, das kleinste Mitglied der VanderBear-Familie, bestehend aus Alice, Cornelius, Fuzzy und Fluffy, wurde 1984 im weißen Taufkleid eingeführt. Sie besitzt nun eine ansehnliche Garderobe, ein-schließlich dieser holländischen Tracht.

Bedrucktes Etikett

1983: Ted Mentens Bär Hug Größe: 70 cm

Hug basiert auf einer Cartoon-Figur des New Yorker Bärenkünstlers, Schriftstellers und Sammlers Ted Menten. Die Arme scheinen rückwärts angebracht zu sein, aber so wird Hug in den Cartoons darge-stellt. Es wurde auch ein Junior Hug gefertigt.

Bedrucktes Etikett

1978–82: Albert the Running Bear Größe: 48 cm

Die *Adventures of Albert The Running Bear* wurden 1982 vom Verlag Houghton Mifflin anläßlich des Good Bear Day (am 27. Oktober) veröffentlicht. Albert (von dem auch eine kleinere Version existiert), inzwischen im Ruhestand, wurde von der North American Bear Co. auf verschiedene Art eingekleidet.

Bedrucktes Etikett

Russ Berrie: Bären für den Massenmarkt

MODERNE BÄREN, IN OSTASIEN PRODUZIERT UND WELTWEIT VERKAUFT

Russ Berrie ist das weltweit größte Unternehmen, das Geschenke herstellt und vertreibt, einschließlich Kuschelspielzeug, Krüge, Figurinen, Grußkarten und Poster, Kerzen und Puppen. Der 400 Millionen Dollar schwere Multi ist seit Ende der 70er Jahre in der Kuscheltier-Industrie führend und verkauft an mehr als 95000 Einzelhändler in aller Welt.

Russ Warenzeichen
Bei Teddybären ist das Warenzeichen (oben, eingetragen in den 60er Jahren) oft auf einem bossierten, am Ohr befestigten Plastik-Medaillon zu finden.

1963 gründete Russell Berrie, damals Handelsvertreter und heute Präsident des weltberühmten Unternehmens, eine Firma im New Yorker Randbezirk Palisades Park, die Neuheiten verkaufte. Seine Garage als Lager und sein Haus als Büro benutzend, war er jeden Tag von 6 Uhr morgens bis 10 Uhr nachts im Alleingang damit beschäftigt, Einzelhändler anzurufen, die bestellten Artikel zu verpacken und die Papierarbeit zu erledigen.

EINE MODERNE ORGANISATION

Dank Russels Flexibilität und Kundenorientierung konnte die Firma rapide Umsatzsteigerungen und ein weltweites Vertriebsnetz aufbauen. 1982 wurde Russ Berrie & Co vom Wirtschaftsmagazin INC als eine der 500 US-Firmen (in privater Hand) mit dem schnellsten Wachstum bezeichnet. 1984 schaffte sie den Sprung an die Börse.

Die Mitarbeiter in der Unternehmenszentrale in Oakland sind für Produktforschung, Design und Entwicklung, Marketing und Werbung, Finanzen, Rechnungswesen und Budgets, Verwaltungs- und Führungsaufgaben zuständig. Die firmeneigene Marktforschungsabteilung studiert die Trends in der schnellebigen Geschenke-Industrie und arbeitet eng mit dem Produktentwicklungsteam zusammen, um ständig Innovationen herauszubringen. Alle Neuheiten werden gründlichen Markttests unterzogen.

Das Unternehmen wurde in zwei Bereiche aufgeteilt, die zusammen mehr als 10 000 Artikel in den Handel bringen: Der Geschenke-Bereich ist für Figurinen, Trolle, Bilderrahmen, Schreibwaren usw. zuständig, der Plush 'n' Stuff-Bereich für ausgestopfte Tiere und andere »weiche« Produkte, einschließlich Teddybären und Stoffpuppen.

New Jersey, Hauptquartier
Die Russ Berrie-Zentrale am 111 Bauer Drive in Oakland, New Jersey (oben), wo alle Fäden der weltweiten Unternehmensaktivitäten zusammenlaufen.

WELTWEITE AKTIVITÄTEN

Russ Berrie hat weltweit 2600 Beschäftigte; dazu zählen mehr als 800 Verkaufsrepräsentanten und Führungskräfte, und über 350 Mitarbeiter in Niederlassungen in Hongkong, Korea, Taiwan, Thailand und Indonesien. In den USA gibt es vier Vertriebszentren und eine Tochterfirm in Kanada, Amram's. Der britische Russ Berrie-Ableger in Southampton ist nicht nur für den Vertrieb in Europa zuständig,

Reisefertig
Das Spielzeug wird sorgfältig verpackt und versandfertig gemacht, wobei nicht zuviel in einem Behältnis untergebracht ist, um Druckstellen und Bruch zu vermeiden.

Teddybär-Kobolde
Keramik-Kobolde in Teddybärform (oben) wurden 1988 vor allem für den St. Patricks-Tag hergestellt. Solche Figurinen sind ein wichtiger Teil des Geschenke-Bereichs der Firma Russ Berrie.

Ausgewogene Füllung
Arbeiter in einer chinesischen Fabrik (oben) wiegen Polyester ab, um zu gewährleisten, daß jeder Teddy die gleiche Füllmenge erhält.

Sicherheitskontrolle
Jeder Teddy muß einen Metall-Detektor passieren (oben), damit keine Nadeln im Fell zurückbleiben.

sondern hat auch eine eigene Produktentwicklungs- und Marktforschungsabteilung, die sich mit europaspezifischen Trends befaßt. Russ Berrie & Co in Kirrawee, New South Wales, ist einer der größten Kuschelspielzeug-Anbieter in Australien. Das Unternehmen befindet sich zu 100 Prozent in australischem Besitz und führt viele Russ Berrie-Produkte, aber auch Koalabären und Kängeruhs, die auf den australischen Markt zugeschnitten sind. In der Tri Russ-Niederlassung in Hongkong gibt es eine Kunst- und Designabteilung, die sich auch mit dem weltweiten Export befaßt. In anderen ostasiatischen Filialen suchen die Mitarbeiter nach geeigneten Fabriken für die Herstellung von Russ-Kuschelspielzeug, deren Standorte sich vor allem in Korea oder China befinden. Aufgrund der steigenden Kosten in den letzten Jahren wurde Korea durch Indonesien als Fertigungsbasis ersetzt. Die Größe der Produktionsstätten reicht von kleinen Familienbetrieben bis hin zu großen Konzernen. Russ-Teddys werden einer strengen Qualitätskontrolle unterzogen. Es dürfen keine Tierhäute oder -produkte verwendet werden und alle Materialien sind allergiegetestet, von Hand waschbar und entsprechen internationalen Sicherheitsbestimmungen.

Schlußinspektion
Jeder Bär wird noch einmal überprüft (links), um zu sehen, ob die Nähte halten, das Gesicht zufriedenstellend ist und das Produkt dem Muster entspricht, das von Russ geliefert wurde.

LUV PETS, CARESS UND YOMIKO

Russ stellt drei spezielle Kuschelspielzeug-Marken her: Luv Pets, Caress und Yomiko. Caress ist heute die beliebteste Produktlinie, die sich durch gute Qualität, Weichheit, reizvolles Aussehen und vernünftige Preise auszeichnet. Die bekanntesten Bären Brittany, Benjamin und Gregory (siehe S.170) sind aus lockigem, langflorigem Synthetikplüsch gefertigt.

AUSTRALISCHE BÄREN

Im Februar 1993 brachte Russ (Australien) zwei Teddybären – Barton und Deacon – auf den Markt. Sie gehörten zu einer eigenständigen australischen Serie von hoher Qualität, die den Namen »Koala Families« trug und bei Sammlern auf Anhieb sehr begehrt war. Sie waren einzigartig für die Firma Russ Berrie, die ihre Bären normalerweise in China fertigt, und für Australien, wo die Mehrzahl der handelsüblichen Teddys aus Ostasien importiert werden.

Gregory
Gregory ist in den 90er Jahren entstanden und einer der beliebtesten Russ-Bären (oben). Er wurde aus lockigem, langflorigem Synthetikplüsch gefertigt und stellt eine Abwandlung des ursprünglichen Designs dar, das die Bärenkünstlerin Carol-Lynn Rössel Waugh schuf – ein Aufbruch zu neuen Ufern für die Firma, die in der Regel ihre eigenen Designer beschäftigt.

Die drei Bären
Drei Henkeltassen (oben), 1988 aus dem Geschenke-Bereich der Firma Russ Berrie als Set auf den Markt gebracht.

Snuggle Bear
Dieser Bär aus dem Jahr 1986 (links) war Hauptakteur in der weltweiten Werbekampagne für einen Weichspüler von Lever Brothers. Er trug verschiedene Namen, je nach Produktbezeichnung in den einzelnen Ländern.

Canterbury-Bären: 1980 bis in die 90er Jahre

TRADITIONELLE BÄREN FÜR DEN SAMMLERMARKT VON EINEM BRITISCHEN FAMILIENBETRIEB

John Blackburn gründete Canterbury Bears 1980 mit seiner Tochter Kerstin in ihrem Haus in West-bere, Kent. Seine Frau Maude und die Kinder Mark und Victoria traten später in den Familienbetrieb ein, der 1984 nach Littlebourne, nahe Canterbury, umsiedelte. Die Canterbury-Bären sind mit Gelenken ausgestattet, aus natürlichen oder Kunstfasern von bester Qualität hergestellt und der Klassischen oder Spezialserie zugeordnet, die jedes Jahr erweitert wird. Sie haben oft ungewöhnliche Merkmale, z. B. geschorene Gesichter oder unverkennbare Krallen. Ende der 80er Jahre wurden Bären als Sonderanfertigung, in limitierter Auflage und Nachbildungen eingeführt.

1989: Klassische Serie

Louise ist der größte Bär der klassischen Serie von Canterbury – eine Serie, die Bären zwischen 15 cm und 68 cm umfaßt. Die Firma stellt ein ähnliches Modell namens Gregory aus goldfarbenem Mohairplüsch her. Ab 1987 durfte der Familienbetrieb das historische Wappen der Stadt Canterbury auf seinem Etikett zu verwenden, das man hier auf dem Pappanhänger um den Hals des Bären erkennt.

Größe: 69 cm

Ohren: Die großen, flachen Ohren sind über den Gesichtsnähten angebracht.

Augen: Die braunen gesicherten Plastikaugen haben schwarze Pupillen.

Nase/Mund: Die schwarze, senkrecht gestickte Nase ist oval; der Mund hat eine umgekehrte Y-Form.

Bärenprofil
Hier sieht man die leicht vorspringende Schnauze, die dicken, gebogenen Arme, die großen Füße und die großen, flachen Ohren.

Anhänger: Auf der Innenseite ist der Aufdruck »My name is Louise« (mein Name ist Louise) und die Signatur der Blackburns zu finden.

Schleife: Die rosafarbene Satinschleife ist original.

Fell/Füllung: Das Fell besteht aus weichem, weißen Mohairplüsch; der Bär ist mit weichem Polyester gefüllt.

Pfoten: Die krallenlosen Pfoten sind aus blaßgrauem Wildleder, bei Canterbury-Bären bevorzugt.

Beine: Die Beine und Arme haben ein Drehzapfengelenk.

braune, gesicherte Plastikaugen mit schwarzen Pupillen

lange, rechteckige, schwarze, senkrecht gestickte Wollnase

blonder, antik wirkender Mohairplüsch-Kopf; weiche Polyester-Füllung

traditionelles Jabot aus gerüschter Nylonspitze

authentischer McKinnon-Schottenrock; Ledergürtel mit Messingschnalle

Etikett mit Canterbury-Wappen

schokoladenbraune Wildleder-Pfoten

1990: Clan-Bär

Größe: 45 cm

Canterbury Bears brachte seine Clan-Bären Ostern 1990 auf den US- und im Juni 1990 auf den britischen Markt. Die Firma fertigte diesen Spezialauftrag in einem der 700 echten Schottenmuster-Stoffe, mit Kalbs- oder Wildlederpfoten und Köpfen in farbigem Mohairplüsch, Wolle oder Alpaka.

Gesticktes Etikett

gewölbte Ohren mit braunem Lederfutter; Innenkanten in Gesichtsnähten mitgefaßt

braunes Alpaka-Fell; Polyester-Füllung

cremefarbene, senkrecht gestickte, quadratische Nase

cremefarbene Krallen, drei an den Pfoten, vier an den Füßen

braune Lederpfoten

John und Maude Blackburns Signatur

gesticktes Etikett mit Aufschrift »Exclusively for Gund«

1991: Für Gund hergestellt

Größe: 25 cm

Sophie, der braune Alpaka-Bär, ist eines der elf Sondermodelle, die Canterbury 1991 exklusiv für den Vertrieb durch Gund in USA und Kanada fertigte. Canterbury produziert seither jährlich eine neue limitierte Teddy-Auflage für Gund.

Gesticktes Etikett

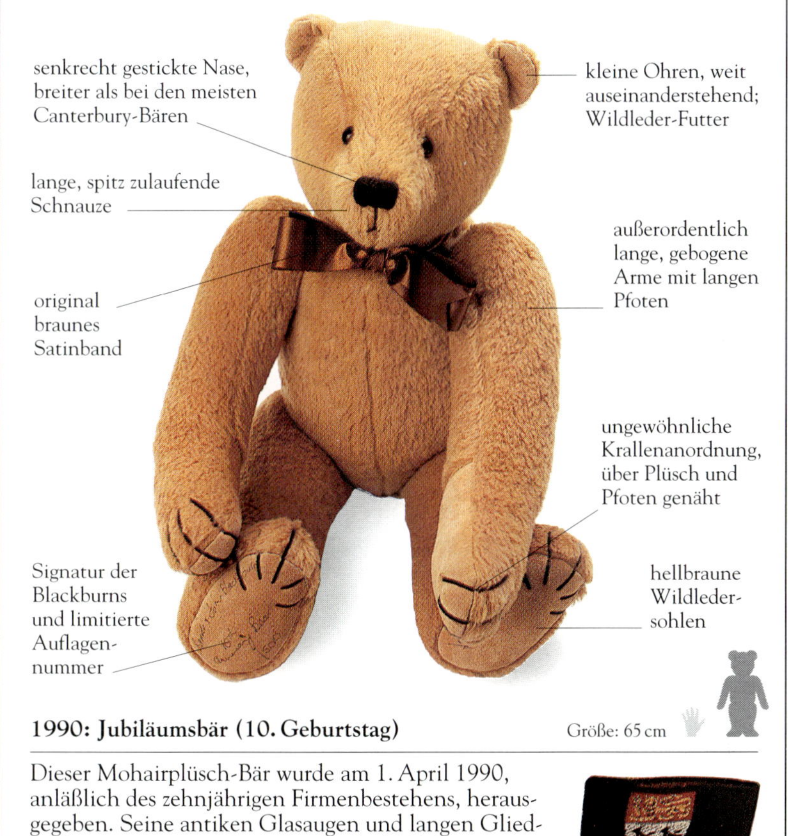

senkrecht gestickte Nase, breiter als bei den meisten Canterbury-Bären

kleine Ohren, weit auseinanderstehend; Wildleder-Futter

lange, spitz zulaufende Schnauze

außerordentlich lange, gebogene Arme mit langen Pfoten

original braunes Satinband

ungewöhnliche Krallenanordnung, über Plüsch und Pfoten genäht

Signatur der Blackburns und limitierte Auflagennummer

hellbraune Wildledersohlen

1990: Jubiläumsbär (10. Geburtstag)

Größe: 65 cm

Dieser Mohairplüsch-Bär wurde am 1. April 1990, anläßlich des zehnjährigen Firmenbestehens, herausgegeben. Seine antiken Glasaugen und langen Gliedmaßen erinnern an ältere Bären. Auf 500 begrenzt, gehört dieses Modell zur Blackburn Family Collection, eine Kollektion von Prototypen und Unikaten.

Gesticktes Etikett

orangefarbene und schwarze gesicherte Plastikaugen

goldfarbener Synthetikplüsch auf Webuntergrund; weiche Polyester-Füllung

schmale, rechteckige, schwarze, senkrecht gestickte Nase

Logo des Bethnal Green Museum of Childhood

Pappanhänger mit Canterbury-Wappen

cremefarbene, gewebte Synthetik-Fußsohlen

Um 1987: Bethnal Green Museum-Bär

Größe: 28 cm

Seit 1985 haben britische Geschäfte und Museen wie Daks-Simpson, Daihatsu, Liberty's, Laura Ashley, das Victoria & Albert Museum und das dazugehörige Bethnal Green Museum of Childhood die exklusive Fertigung von Bären bei Canterbury in Auftrag gegeben. Dieses Modell wird im Laden des Bethnal-Museums verkauft.

Steiff: 1980 bis 1992

NACHBILDUNGEN FÜR SAMMLER; SONDERANFERTIGUNGEN

Eine Nachbildung des Original Teddy von 1905 wurde 1980 in limitierter Auflage hergestellt; seither reproduziert man jedes Jahr eine Reihe alter Modelle aus Archiven (oft in begrenzter Stückzahl). Andere Trends folgten: so zum Beispiel Kopien berühmter Bären-Unikate wie »Alfonzo« (siehe S. 19) und »Happy« (siehe S. 37), länderspezifische Ausgaben, Leckerbissen für Sammler wie Goldlöckchen und die drei Bären als Gruppe, und eine historische Miniatur-Serie. Sonderanfertigungen, zum Beispiel Waldi, Maskottchen der Olympiade 1970, wurden auch für Museen und Läden in Auftrag genommen.

1987-88: Teddy Rose-Nachbildung

Steiff stellte zwischen 1925 und 1930 ursprünglich 5000 Teddy Rose-Exemplare her. 1987–88 wurden 10 000 Nachbildungen in limitierter Auflage gefertigt und weltweit vertrieben. Jeder Bär wurde in einer Geschenkschachtel mit Echtheitszertifikat geliefert. Von einer 25 cm großen Version kamen 1990 nur 8000 Stück auf den Markt, und Record Teddy Rose, mit ganzen 20 cm, wurde 1992 als Teil der Museumskollektion von Steiff eingeführt. Der weiße statt gelbe Ohranhänger deutet auf die limitierte Auflage hin.

Größe: 40 cm

Eingeritzter Knopf

Warenzeichen: Das weiße Etikett im Ohr, mit dem Steiff-Knopf in Kursivschrift zeigt, daß dieser Bär zu einer limitierten Auflage gehört.

Nase/Mund: Die braune Nase ist senkrecht gestickt und schildförmig. Einige Stiche in der Mitte gehen in den V-förmigen Mund über.

Fell/Füllung/Brummstimme: Das Fell besteht aus blaßrosa, zottigem Mohairplüsch. Der Bär ist rundum mit Holzwolle ausgestopft und hat eine eingebaute Kippmechanismus-Brummstimme.

Arme: Die traditionellen, gebogenen, spitz zulaufenden Arme sind länger als die Beine.

Pfoten: Die Pfoten sind aus blaßrosa Filz mit braunen gestickten Krallen über dem Plüsch.

Bärenprofil
Im Profil sieht man das markante Gesicht des Bären, in Anlehnung an frühere Modelle. Er hat ein gewinnendes Lächeln, das entlang der länglichen, leicht aufwärts gebogenen, geschorenen Schnauze aufgestickt ist.

Füße: Die Füße sind lang, schmal und oval.

1989–90: Petsy Replica Größe: 50 cm

Das ist eine Reproduktion des ungewöhnlichen »Dual«-Plüschbären von 1927 mit großen Drahtschaft-Augen (siehe S. 37). Das weiße bedruckte Etikett im Ohr weist auf seine Zugehörigkeit zu einer limitierten Auflage hin; der Pappanhänger auf der Brust ist eine Nachahmung der von 1928–50 benutzten Schildchen.

Eingeritzter Knopf

1991: Bär 35 PB Replica Größe: 50 cm

Dieser Bär aus einer begrenzten Auflage von 6000 Stück mit einzigartigem Kartonscheiben- und Zwirngelenksystem ist eine Kopie des Modells von 1904, das zwischen dem inzwischen verlorenen »55 B«- und dem »28 PB«- Bären liegt (siehe S. 16–17). Er gewann den Toby für das beste Design des Jahres 1991.

Eingeritzter Knopf

1984: Mr. Cinnamon Bear Größe: 40 cm

Auf dem Bärle-Modell von 1903 fußend (siehe S. 38–39), stellt dieser Teddy die Hauptfigur in der Geschichte von Sara Tawney Lefferts dar, die 1907 für Kinder geschrieben und 1984 neu aufgelegt wurde. Hier wird beschrieben, wie ein kleines Mädchen versucht, sein Spielzeug zu überreden, den neuen deutschen Bären zu akzeptieren.

Eingeritzter Knopf

1989: Dicky, Replica Größe: 30 cm

Diese Nachbildung des Dicky-Bären von 1930 wurde speziell für das New Yorker Geschäft F. A. O. Schwartz anläßlich der Wiedereröffnung der Golden Gate Bridge in San Francisco gefertigt. Viele namhafte Anbieter, einschließlich Harrods und Hamleys, verkaufen nun ihre »hauseigenen« Steiff-Bären.

Eingeritzter Knopf

Gebrüder Hermann: 80er Jahre bis 1992

BÄREN OHNE GELENKE, IN LIMITIERTEN AUFLAGEN UND REPLIKA

N achdem sich die drei Hermann-Brüder aus dem Geschäft zurückgezogen hatten (siehe S. 96–97), wurde das Unternehmen in den 80er Jahren von den Töchtern geleitet (siehe S. 95). Obwohl man noch immer Teddys für Kinder herstellte, expandierte die Firma und peilte den Markt der erwachsenen Sammler an. 1984 wurde das Modell 63 gefertigt, eine Nachbildung des ersten klassischen Teddybären der Gebrüder Hermann. Andere Replika und limitierte Ausgaben folgten wie der Bernhard-Bär (benannt nach dem ursprünglichen Gründer). Zu den Spezialanfertigungen gehörten auch drei 91 cm große Bären für das Kaufhaus P. & E. Rubin, jedes Modell auf 10 Stück begrenzt.

Um 1983: Ohne Gelenke; Synthetikplüsch

Dieser gelenklose Bär aus zottigem rostfarbenem Synthetikplüsch auf Wirkuntergrund (was auf ein Material von minderer Qualität hindeutet) ist ringsum mit Polyester gefüllt. Als Kinderspielzeug ausgelegt, hat er festverankerte Plastikaugen und eine gesicherte, stilisierte schwarze Plastiknase. Er besitzt nicht nur einen grün-goldenen Anhänger aus Metallicpapier, sondern auch ein weißes Stoffetikett mit dem grünen Aufdruck: »Hermann Teddy Original«, das in die rechte Seitennaht eingefaßt ist.

Größe: 38 cm

Pappanhänger

Nase: Die stilisierte, schwarze, geformte Plastiknase ist mit einer Unterlegscheibe fest verankert.

Schleife: Der Bär trägt seine ursprüngliche rote Schleife.

Fell/Füllung: Der zottige, rostfarbene Synthetikplüsch hat einen Wirkuntergrund; der Bär ist mit weicher Polyester-Füllung ausgestopft.

Pfoten: Die Pfoten sind aus blaßgoldenem, aufgerauhten, gewirkten Synthetikmaterial.

Füße: Die großen, schmalen ovalen Füße haben eine traditionelle Form.

Ohren: Die weit auseinanderstehenden Ohren sind leicht gewölbt.

Augen: Die großen, braunen und schwarzen festverankerten Plastikaugen sind in den Gesichtsnähten angebracht.

Bärenprofil
Dieser Bär trägt die Züge der Nachkriegs-Teddys, bei denen Sicherheit großgeschrieben war. Er hat einen großen, knolligen Kopf, große Ohren, kurze Arme, einen geraden Rücken und lange Beine mit großen Füßen.

1991: Replika des Sonneberg-Bären

Größe: 50 cm

Mit diesem Bären in einer limitierten Auflage von 4000 Stück wurde ein Design von 1922 reproduziert, als Bernhard Hermanns Firma noch in Sonneberg ansässig war. Das Pferd auf dem Informationskärtchen spielt darauf an, daß in Sonneberg seit langem Holzspielzeug hergestellt wurde.

Gesticktes Etikett

1982: Fuddo

Größe: 40 cm

Dieser ungewöhnliche schwarze Bär stellt Fuddo dar, die Hauptfigur aus dem Kinderbuch der Amerikanerin Sally Bowen. Er besaß nicht nur ein eigenes, signiertes, schwarzes Etikett, sondern auch das übliche grün bedruckte Hermann-Etikett in der Armnaht und ein rotes Plastiksiegel auf der Brust.

Bedrucktes Etikett

Um 1983: Payne, The Toothache Bear

Größe: 30 cm

Der »Bär mit Zahnschmerzen«, in limitierter Auflage von der Bärenboutique *Bear With Us* in Los Angeles in Auftrag gegeben, trägt ein Tuch um die geschwollene Backe und einen Plastikzahn an einer Kette. 1992 fertigte die österreichische Firma Berg ein ähnliches Exemplar.

Bedrucktes Etikett

1990: Deutscher Wiedervereinigungsbär

Größe: 43 cm

Dieser Bär mit der Nr. 642 (limitierte Auflage mit 4000 Stück) wurde zur Feier der Deutschen Wiedervereinigung am 3. Oktober 1990 gefertigt. Das Etikett auf der rechten Fußsohle ist aus Filzstreifen in Schwarz-Rot-Gold wie die deutsche Nationalflagge.

Gesticktes Etikett

Deutschland: 80er Jahre bis 1992

TRADITIONELLE SERIEN, EINSCHLIESSLICH LIMITIERTER AUFLAGEN UND NACHBILDUNGEN

Seit den 80er Jahren zielen viele deutsche Firmen mit ihrem Bären-Programm auf den Sammlermarkt ab. Oft bieten sie traditionelle Designs (manchmal in limitierter Auflage) oder Nachbildungen früherer Modelle aus eigener oder fremder Produktion an. 1992 führte Hermann-Spielwaren eine Reproduktion von »Leven« in begrenzter Stückzahl ein, der 1910 vom alten Sonneberger Werk gefertigt worden war; der Anlaß war die Rückgabe der Fabrik an die rechtmäßigen Besitzer Dora-Margot Hermann und ihre Schwester nach der deutschen Wiedervereinigung. Manche Firmen feiern mit solchen Bären-Auflagen auch nationale und internationale politische Ereignisse.

1990: Hermann-Spielwaren, Jubiläumsbär

Dieser Bär ist eine Reproduktion der 111-Serie, die Max Hermann in den 20er Jahren fertigte. Damit feierte man das 70. Firmenjubiläum und kündigte den Eintritt in den Sammlermarkt an. Das Unternehmen stellte eine Reihe von Bären in begrenzter Auflage her, die für den europäischen Markt reizvoll waren, so den »Berlin Deutsche Hauptstadt-Bär«, und für den US-Sammlermarkt die »American Cheerleader-Bären«.

Größe: 20 cm   Bedruckter Anhänger

Ohren: Die kleinen, schmalen, flachen Ohren sind über den Gesichtsnähten angebracht.

Augen: Die braunen, gesicherten Plastik-augen haben schwarze Pupillen.

Nase/Mund: Die Nase ist waagerecht gestickt; der Mund hat eine umgekehrte Y-Form.

Bärenprofil
Zu den traditionellen Merkmalen des Bären gehören die lange, vor-springende Schnauze, die Gliedmaßen von gleicher Länge, die gebogenen, spitz zulaufenden Arme und die kleinen aus-geprägten Füße.

Warenzeichen: Das gefalzte, bedruckte Etikett ist in die rechte Seitennaht eingefaßt.

Anhänger: Der grün-goldene Papp-anhänger ist mit goldfarbenem Garn an der Brust befestigt.

Fell/Füllung: Das Fell besteht aus kurz-florigem, goldfarbenem Mohairplüsch; der Bär ist rundum mit Holzwolle ausgestopft.

Gliedmaßen: Die gebogenen, spitz zulaufenden Arme sind genauso lang wie die Beine.

Pfoten: Die Pfoten sind aus Plüsch und mit kürzerem Flor hergestellt, als für den Rest des Bären verwendet wurde.

1991: Hermann- Spielwaren; Replika

Größe: 39 cm

Hermann-Spielwaren fertigte zwei Nachbildungen des Alten Deutschen Teddybären in einem Design, das im Katalog des Sonneberger Max Hermann-Werks von 1929 zu finden war. Die Bären 115 (oben) und Bär 113 (goldfarbener Mohairplüsch) wurden beide in limitierter Auflage von 3000 Stück verkauft.

Bedrucktes Etikett

1992: Sigikid; Miro-Sammlung

Größe: 20 cm

1992 führte Sigikid Nachbildungen von Hamiro-Modellen ein, einer tschechischen Firma, die von der kommunistischen Regierung konfisziert wurde. »Made in CSFR« auf dem Etikett zeigt an, daß der Bär in der neuen Miro-Fabrik gefertigt wurde, errichtet vom Sohn des Gründers.

Gesticktes Etikett

80er Jahre: Clemens; traditioneller Stil

Größe: 50 cm

Während der 80er Jahre stellte Clemens traditionelle Teddybären mit Gelenken aus verschiedenen Plüsch-sorten her, einschließlich Miniaturen und bekleideter Modelle. 1992 führte die Firma anläßlich des 40jähri-gen Bestehens eine Sammlerreihe mit einem kamel-haarfarbenen Wollbären ein.

Bedrucktes Etikett

1992: Heike-Bär; Schuco-Replika

Größe: 7 cm

Dieser winzige Bär, von Karl Bär mit Werkzeug gefertigt, das er nach dem Schuco-Bankrott 1977 aus der Konkursmasse erstand, ist eine Kopie des ursprünglichen Schuco-Designs (siehe S. 41). Der Name setzt sich aus dem Namen von Karl Bärs Frau Heike und dem Familiennamen Bär zusammen.

Bedrucktes Etikett

Irland: 1938 bis 1979

SUBVENTIONIERTE SPIELZEUGINDUSTRIE UND BÄREN IM TRADITIONELLEN STIL

Irische Hersteller wie Philip Sher's Hibernian Novelty Company in Dublin hatten seit dem Ersten Weltkrieg Teddybären im Programm. 1938 schuf eine irische Regierungsabteilung, die Gaeltacht Services Division (seit 1957 Gaeltarra Eireann, »Irisches Produkt«), eine subventionierte Spielzeugindustrie mit drei Fabriken. Die Spielwaren wurden bis 1969 von Dublin aus vermarktet, als die Zentrale in die Grafschaft Galway umsiedelte. Da Irland im Zweiten Weltkrieg neutral geblieben war, erhöhte sich das irische Exportvolumen drastisch infolge der ausländischen Nachfrage.

1964: »Republic of Ireland«- Etikett

Der traditionelle Bär wurde von Tara Toys im Elly Bay-Werk hergestellt – dem Kuscheltier-bereich der Spielwarenindustrie, die von der Irischen Regierung bezuschußt wurde. 1969 verlegte man die Produktion nach Crolly in die Grafschaft Donegal und in eine neue Firma namens Soltoys Ltd., die 1979 ihre Pforten schloß. Traditionelle Bären wie diese sind typisch; die irischen Hersteller brachten aber auch Neuheiten heraus wie Freddie, den lachenden Bären, und den musikalischen Bären, Tara the Tuneful Teddy.

Größe: 50 cm

Gesticktes Etikett

Augen: Die bernsteinfarbenen Glasaugen mit den schwarzen Pupillen sind an Drahtschäften ins Gesicht genäht.

Nase/Mund: Die senkrecht gestickte, schwarze Nase ist schildförmig, der Mund mit umgekehrter Y-Form doppelfädig gestickt.

Bärenprofil
Im Profil zeigt dieser Bär einige typisch Merkmale der irischen Modelle nach dem Zweiten Weltkrieg: spitz zulaufende, vorspringende Schnauze, hohe Stirn und große, flache Ohren. Die gebogenen Arme sind von der gleichen Länge wie die Beine und verjüngen sich stark zu den Pfoten hin. Der Bär hat runde, stämmige Füße.

Fell/Brummstimme: Der blaßgoldene Mohairplüsch ist verblichen und stellenweise abgenutzt. Der Bär hat eine Kippmechanismus-Brummstimme.

Pfoten: Die Pfoten sind aus schokoladenbraunem Filz.

Füße: Die ovalen Füße haben keine Krallen.

Etikett: Das ursprüngliche, gestickte Etikett ist in der Fußsohlen-Naht angebracht.

Kopf ohne Gelenke

braune Glasaugen mit schwarzen Pupillen

aufgeklebte, schwarze, dreieckige Nase

schwarzer, doppelfädig gestickter Mund mit umgekehrter Y-Form

goldfarbener Mohairplüsch

rotes, gesticktes Fuß-Etikett

zwei bedruckte Pappanhänger auf der Brust

gerade Beine und kleine Füße mit ovalen Pfoten

kurze, leicht gebogene Arme

braune Fußsohlen aus Wildleder-Imitat ohne Krallen

60er Jahre: Tara Toys; Filznase Größe: 30 cm

Der Bär besitzt noch sein original Fußetikett und zwei bedruckte Pappanhänger. Auf der Rückseite des dreieckigen Schildchens ist zu lesen: »He, kleines Mädchen … Ho, kleiner Junge! Ich möchte gern dein Plüschtier sein. Ich möchte, daß du mich fest in den Arm und jede Nacht mit ins Bett nimmst.«

Gesticktes Etikett

breite, hohle Ohren, quer über Gesichtsnähten angebracht

hohe Stirn mit waagerechter Naht über der Kopf-Oberseite

bernsteinfarbene Glasaugen mit schwarzen Pupillen, an Drahtschäften ins Gesicht genäht

waagerecht gestickte, schildförmige schwarze Nase; Mund mit umgekehrter Y-Form

goldfarbener Mohairplüsch; weiche Füllung in den Gliedmaßen; Holzwolle und weiche Füllung andernorts

kurze, gebogene, spitz zulaufende Arme

kurze, stämmige Beine mit dicken Füßen

rostrote Filzpfoten

rotes, gesticktes Fuß-Etikett

1938 – 49: »Made in Eire«-Etikett Größe: 40 cm

Von 1937 bis 1949, als Irland den Commonwealth verließ und Republik wurde, war das Land als Eire (das gälische Wort für Irland, in der Verfassung von 1937 benutzt) bekannt. Etiketten mit dieser Aufschrift lassen also auf ein Geburtsdatum der Bären zwischen 1938 und 1949 schließen.

Bedrucktes Etikett

große Ohren, über Gesichtsnähten angebracht

senkrecht gestickte, dreieckige, schwarze Nase mit einzelnem langen Stich von oberen Ecken ausgehend

bernsteinfarbene und schwarze Plastikaugen, an Drahtschäften ins Gesicht genäht

dunkelgoldener Mohairplüsch; Holzwolle-Füllung im Kopf; Holzwolle-Kapok-Mischung in den anderen Teilen

spitz zulaufende Arme

Kordsamt-Pfoten, Ersatz, Original aus Rexin

kleine, stämmige Füße

Um 1957: Tara Toys; einzigartige Nase Größe: 56 cm

Obwohl unmarkiert, ähnelt die Form dieses Exemplars, vor allem die unverkennbare Nase, den Bären, die in den Anzeigen der Handelsmagazine von *Gaeltarra Eireann* angeboten wurden. Sie waren von 1950 bis 1965 von ehemaligen Sonneberger Designern wie Hans Weberpals für die Gaeltacht entworfen worden, der dann sein eigene Firma Celtic Toys in der Grafschaft Cork gründete.

flache Ohren, über Gesichtsnähten angebracht

kleine, blaß-orangefarbene Glasaugen mit schwarzen Pupillen

eingesetzte runde Schnauze mit T-förmiger Naht, die sich über die Nase zum Kinn hin erstreckt

abgenutzte, waagerechte, dreieckige, schwarze Nase; schwarzer gestickter Mund, fast nicht mehr sichtbar

kurze, gebogene Arme mit ungewöhnlich spitz zulaufenden Pfoten

stämmige Füße mit braunen Filzpfoten

weißer Baumwollplüsch; mit Holzwolle ausgestopft; eingebauter Quiekser

Um 1947: Erris Toys; Baumwollplüsch Größe: 33 cm

Teddybären, die in Elly Bay gefertigt wurden, trugen bis ca. 1953 das Warenzeichen »Erris Toys«, das dann in »Tara Toys« geändert wurde. Dieses seltene gälische Etikett *»Bréagain Iorruis; Déantús Na Gaeltachta«* bedeutet: »Erris Toys; in der Gaeltacht hergestellt«. Der Baumwollplüsch ist für diese Zeit typisch.

Gesticktes Etikett

Merrythought: 1982 bis 1992

SAMMLERBÄREN, REPLIKA UND SONDERANFERTIGUNGEN

Merrythought führte 1982 eine Bären-Serie in limitierter Auflage für den US-Import durch die Firma Tide-Rider in Baldwin, New York, ein – eine Partnerschaft, die bis heute besteht. Zu den Neuheiten gehörten grün/blaue Teddys im traditionellen Stil, und 1984 die Seasonal Bear-Linie, in der die Bären die vier Jahreszeiten repräsentierten. 1992 wurden Mr. und Miss Mischief ins Programm aufgenommen, und 1986–87 erlebten Punkinhead und der Magnet-Bär eine Wiedergeburt. 1992 folgten auch Nachbildungen von Mr. Whoppit, Bingie und dem *Titancic*-Überlebenden Gatti.

1983: Edwardian-Bär

Der Name bezieht sich auf das »antike Aussehen« des Modells mit seiner langen Schnauze und dem buckligen Rücken, typisch für Bären des Edwardianischen Zeitalters der Englischen Geschichte (1901–1910). Wie auf dem Etikett in der linken Seitennaht zu sehen, ist dies Bär Nr. 493 aus der limitierten Auflage von 1000 Stück und das zweite Modell in der Sammlerreihe Tide-Rider. Das erste war der Jubiläumsbär mit runderen Zügen und einer schwarzen gestickten Nase.

Größe: 50 cm

Bedrucktes Etikett

Nase: Die breite, senkrecht gestickte Nase mit dem nach unten versetzten Mittelstich, der in einen breiten Y-förmigen Mund übergeht, erinnert an die Steiff- und Bing-Bären vor dem Ersten Weltkrieg.

Schnauze: Die längliche Schnauze wurde zu Stoppeln geschoren, die den Webstoff-Untergrund durchscheinen lassen.

Bärenprofil
Im Profil sieht man klar den buckligen Rücken und die extrem langen, gebogenen Arme – Merkmale, die vor Merrythoughts Gründung zu Beginn des Jahrhunderts typisch für Teddybären waren.

Fell: Der reine Mohairplüsch wird als »Old Gold« beschrieben, vielleicht, weil die Farbe Ähnlichkeit mit dem Fell alter Teddybären hat.

Krallen: Vier braune, vernetzte Krallen sind über die Filzpfoten gestickt.

Etikett: Das Etikett mit einer seit Ende der 50er Jahre verwendeten Aufschrift ist mit Maschine auf die Fußsohlen genäht.

Anhänger: Der bedruckte Pappanhänger garantiert, daß das Fell aus reinem Mohair besteht; der Lieferant, eine Angoraziege, ist abgebildet.

Pfoten: Die beigefarbenen Filzpfoten sind an den Armen löffelförmig gebogen und leicht zugespitzt an den großen, schmalen Füßen.

1992: Touch of Silk

Größe: 45 cm

Im International Collectors' Catalogue von 1992 vorgestellt, weichen die ungewöhnlichen Arme und Beine dieses Teddybären vom traditionellen Stil ab. Er wurde von Jaqueline Revitt entworfen, seit den 70er Jahren Merrythoughts Chefdesignerin, und trägt das Gabelbein-Etikett.

Gesticktes Etikett

1990: Lavender; Magnet-Nachbildung

Größe: 19 cm

Diese Reproduktion des Magnet-Bären aus den 30er Jahren ist aus beigefarbenem »Dual«- Mohairplüsch mit malvenfarbenen Spitzen und wurde mit Lavendel imprägniert. Er gehört zu Merrythoughts Duftbären-Reihe, zu der noch ein Exemplar mit Rosen- und eines mit Pfirsichblütenduft zählten.

Bedrucktes Etikett

1986: Harrods-Bär

Größe: 30 cm

Während der 80er Jahre produzierte Merrythought verschiedene Bären, wie diesen für Harrods. Dazu gehörte ein stehender Bär in der grünen Livree des großen Londoner Kaufhauses. Das grün-goldene Etikett ist exklusiv für Harrods gefertigt.

Gesticktes Etikett

1992: Birthday Bear (Geburtstagsbär)

Größe: 39 cm

Seit 1984 hat Karin Heller, eine deutsche Puppendesignerin, eine Reihe von Teddybären entworfen, die von Merrythought in Deutschland hergestellt wurden. Dieses ist eines der vier Modelle, die 1992 in limitierter Auflage (500 Stück) entstanden und von Karin dem Geschmack des deutschen Marktes entsprechend gekleidet wurden.

Bedrucktes Etikett

Dean's: 80er bis in die 90er Jahre

I m Jahr 1981 stieg Dean's in den Sammlermarkt ein, mit drei Bären in begrenzter Stückzahl, die von Norman Rockwells Zeichnungen inspiriert waren. Auf den US-Markt abzielend, fertigte die Firma auch den Porridge-Bären nach einer Illustration von Jessie Willcox Smith aus dem Jahre 1909, in dem man den Pyjama ver-

staunen konnte. 1983 kam eine limitierte Auflage zum 80. Firmenjubiläum in den Handel, und 1984 entstanden nach dem Design von Donna Harrison und Dottie Ayers die beiden Bären Teddy B und Teddy G. 1986 wurde Dean's von der Spielwaren-Firma Plaintalk übernommen und in The Dean's Company (1903) Ltd. umbenannt.

1987: Traditionelles Design

Dieser traditionelle Bär mit Gelenken besaß ursprünglich einen bedruckten Kattunbeutel mit Schnur als Kennzeichen. Er hat ein rot auf weiß gesticktes Etikett in der linken Seitennaht, nach der Übernahme durch Plaintalk entworfen. Die Rationalisierung zwang das Unternehmen zur Auflösung, doch der neu ernannte Leiter Neil Miller kaufte es auf und nahm am 7. März 1988 als neue Firma die Geschäftstätigkeit wieder auf.

Größe: 48 cm

Bedrucktes Etikett

Ohren: Die kleinen flachen Ohren sind in den senkrechten Nähten an den Gesichtsseiten mitgefaßt.

Augen: Die gesicherten bernsteinfarbenen Plastikaugen haben schwarze Pupillen.

Mund: Der breite, lächelnde Mund ist nach oben gebogen.

Nase: Die schwarze, schildförmige Nase ist senkrecht gestickt.

Schleife: Der Bär hat seine rote Original-Schleife.

Fell/Füllung: Das Fell besteht aus »London Gold«-Mohairplüsch auf gewebtem Wolluntergrund; der Bär ist mit Plastikschaum-Granulaten gefüllt.

Arme: Die Arme haben die gleiche Länge wie die Beine und enden in gebogenen, spitz zulaufenden Pfoten.

Füße: Die Füße sind groß und rund mit braunen Kunstsamt-Sohlen.

Bärenprofil

Im Profil sieht man den lächelnden Mund, der auf die eingesetzte, abgeflachte, vorspringende Schnauze gestickt ist. Der große runde Kopf besteht aus vier Plüschteilen; die Ohren sind in den Seitennähten mitgefaßt. Der Bär hat kurze Arme, ungewöhnlich eckige Schultern und kleine, spitz zulaufende Pfoten.

1991: Dean's Rag Book Co. Ltd.

Größe: 43 cm

Dieser alte Name wurde nach der Übernahme durch Plaintalk abgelegt, doch Neil Miller erwarb 1990 die Handelsrechte und das Logo. 1991 brachte die Firma eine neue Bärenreihe in limitierter Auflage mit dem alten »Kämpfende Hunde«-Logo heraus.

Bedrucktes Etikett

Um 1984: Dean's Childsplay Toys

Größe: 40 cm

Von 1982 bis 1986 benutze Dean's nur für die Teddybären ein neues grünes, gesticktes Etikett (und behielt den Namen Dean's Childsplay Toys). Es war in einer Seitennaht angebracht und wurde sowohl für allgemeine als auch Sammlerserien verwendet.

Gesticktes Etikett

1991: Limitierte Auflage; Nachbildung

Größe: 43 cm

Dean's brachte 1991 eine Replika-Serie heraus; dieser Bär basiert auf einem Design aus den 40er Jahren, das vom Verkaufsleiter Jack Crane stammte, dem Vater des heutigen Verkaufsdirektors Michael Crane. Auf den Etiketten steht »Made in Great Britain«; vor 1956 hieß es »Made in England«.

Bedrucktes Etikett

1985: Norman Rockwell-Serien III

Größe: 30 cm

Dieser Bär, der letzte in einer Serie limitierter Auflagen, wurde nach der Vorlage der Rockwell-Bären (nach der Zeichnung »Election Day« von 1948) gefertigt, die auf den Titelseiten der *Saturday Evening Post* erschienen. 1000 Bären wurden mit republikanischer Schleife, 1000 mit demokratischer hergestellt.

Gesticktes Etikett

Frankreich: nach 1945

NEUE FIRMEN, DIE GELENKLOSE KUSCHELBÄREN HERSTELLEN

Einige französische Firmen wie Pintel und A.L.F.A., die vor dem Zweiten Weltkrieg entstanden waren (und von 1936 an bekleidete Teddys fertigten), setzten die Produktion nach 1945 fort, aber mit synthetischen Materialien. In den 50er und 60er Jahren wurden neue Unternehmen gegründet, z. B. Anima (1947), Boulgom (1954) und Nounours (1963). Sie verwendeten die neue Schaumgummi-Füllung, die eine Revolution in der Kuschelspielzeug-Branche darstellte. Einige Hersteller mußten in den 70er und 80er Jahren schließen, andere wurden von der Firma Nounours aufgekauft, die in den 90er Jahren 80 Prozent aller französischen Plüschspielzeug-Exporte bestreitet.

Um 1980: Boulgom

M. Frenay gründetet die Firma 1954 in Oullins. 1964 zog sie nach Chaponost, nahe Lyon, um, wo sie noch heute ansässig ist. Boulgom zählte zu den ersten, die maschinenwaschbare Bären mit Schaumgummi-Füllung fertigten. In den 70er Jahren expandierte das Werk beträchtlich und kaufte 1972 Anima dazu, ging aber 1990 in Konkurs. Heute gehört die Firma, wie auch die Spielwarenhersteller Joustra und Vulli, zur bekannten französischen Herstellergruppe Alain Thirion.

Größe: 23 cm

Bedrucktes Etikett

Ohren: Die große Ohren sind weit auseinanderstehend an den Kopfecken angebracht.

Augen: Die gesicherten, festverankerten Augen sind aus ungewöhnlichem blauen Plastik.

Nase: Die gesicherte, festverankerte Nase ist aus pfirsichfarbenem Plastik.

Mund: Der Mund ist durch die rosafarbene, gefalzte Filzzunge angedeutet.

Halsband: Die original blaue Kordel ist um den Hals gebunden.

Fell/Füllung: Der weiße Synthetikplüsch hat einen gewirkten Untergrund. Der Bär ist rundum weich ausgepolstert und hat eine Rassel im Kopf.

Bärenprofil

Das abgeflachte Profil und der große, knollige Kopf mit den großen, breiten Ohren ist typisch für die gelenklosen Knuddelbären nach dem Zweiten Weltkrieg. Der Bär hat gerade Stummelbeine, kurze Arme und eine ungewöhnliche rosa Filzzunge, die aus der rundlichen Schnauze herausragt.

Beine: Die kurzen Stummelbeine lassen kaum eine Andeutung von Füßen erkennen.

schwarze, gesicherte
Plastikaugen

schwarze, leder-
ähnliche Vinylnase

Schnauzen-Nähte
bilden Mund

kurze Arme
ohne Gelenke

brauner, zottiger
Synthetikplüsch;
rundum weich
ausgestopft

1980: Nounours

Größe: 71 cm

Die Firma »Nounours« (abgeleitet von einem mundartlichen Ausdruck für Teddy) wurde 1963 von
Jacky Dubois gegründet und gehörte später zur
Nounours-Gruppe mit Hauptsitz in der Bretagne
und Fabriken in Frankreich, Italien, Tunesien und
auf Mauritius.

Bedrucktes Etikett

große flache
Ohren, weit aus-
einanderstehend
angebracht

schwarze gesicherte,
festverankerte
Plastikaugen

harte, aus-
gepolsterte
Wildledernase

bedruckter Papp-
anhänger mit
französischer
Nationalflagge,
Pfotenabdruck
und Anima-Logo

zottiger,
honigfarbener
Mohairplüsch;
weiche
Füllung

Um 1983: Les Créations Anima

Größe: 45 cm

Suzanne Vangelder gründete 1947 die Firma Anima
in Paris. 1992 siedelte das Unternehmen, nachdem
es eine Boulgom-Tochter geworden war, nach
Chaponost um. Gund kaufte es 1992 auf. Spezielle
Nähmaschinen, wie man sie in Kürschnereien verwendet, wurden für diese Teddybären benutzt.

Bedruckter Anhänger

kürzerer Flor,
Plüschschnauze

braune und schwarze
gesicherte Glasaugen

Mund aus gefalztem
Lederstreifen, wirk-
lichkeitsgetreu

wirklichkeitsgetreue
schwarze Ledernase

langer, dunkelbrau-
ner Nylonplüsch;
rundum weich
gefüllt

gesticktes Etikett,
oben an die linke
Hüfte genäht

Um 1988: Aux Nations

Größe: 55 cm

Angeregt durch Annauds Film *L'Ours* (Der Bär)
entwarf Emile N. Jacon diesen Kodiak-Bären für
Aux Nations. In den 60er Jahren gegründet, wurde
die Firma 1975 Teil der Nounours-Gruppe. Ihre
Teddy-Serien werden in der italienischen
Nounours-Fabrik gefertigt.

Gesticktes Etikett

große, runde,
braune Plastik-
augen, gesichert

eingesetzte Schnauze

ovale, gesicherte,
samtbezogene Nase

kreisrunder, bedruck-
ter Pappanhänger,
an der rechten
Pfote befestigt

Hemd aus
Synthetik-
material

Leder-Abzeichen
mit Aufschrift
»Léon«

hellbrauner kurz-
floriger Synthetik-
plüsch auf Web-
untergrund: weiche
Polyester-Füllung

große Füße;
keine Krallen

Um 1980: Ajena

Größe: 39 cm

Dieser Bär namens Léon ist um 1980 in dem großen Pariser Kaufhaus Prin-
temps erstanden worden. 1989 wurde die in Le Nude nahe Tours beheimatete Firma von der Nounours-Gruppe gekauft, die den Handelsnamen
beibehielt. Heute produziert sie ein billigeres Ajena-Sortiment, das in
französischen Supermärkten angeboten und in den Nounours-Fabriken in
Tunesien und auf Mauritius gefertigt wird.

Europa: 30er bis in die 80er Jahre

OSTEUROPA, MITTELMEERRAUM, SKANDINAVIEN, BENELUX-LÄNDER

I n den Jahren zwischen den Weltkriegen und bis 1948 gab es in der Tschechoslowakei eine blühende Teddybär-Industrie. 1938 war Hamiro der zweitgrößte Plüschtier-Hersteller in Europa, und von 1925 bis 1948 fertigte Wilhelmine Walter Kersa-Bären in Lobositz, damals Böhmen. Polen war ebensfalls ein führender Teddy-bär-Exporteur in den 50er Jahren. Lenci führte 1931 Teddys nach Italien ein (drei Bären mit offenem Mund und Lätzchen). GZB fertigte ähnliche Modelle, und Trudi und Jocky produzieren seit neuerem Teddys. Einige wenige Bären stammen aus Spanien, zum Beispiel von G. Falis, wie der Babybär »Osito«, der Glubschaugen hatte und ca. 1959 entstand.

Um 1960: Polen

Obwohl unmarkiert, zeigt dieser Bär viele der Merkmale, die für die wenigen noch existierenden Bären mit »Made in Poland«-Papieretikett (in der Fußsohle oder als Anhänger) typisch sind. Zwischen den 50er und 60er Jahren entstanden, wurden diese Bären mit traditionell gestickten Gesichtszügen, aber auch Ledernasen und Filzzungen gefertigt. Die beliebteste Farbe war goldbraun, aber weiße, graue und braune Exemplare wurden ebenfalls in verschiedenen Größen hergestellt.

Größe: 38 cm

Ohren: Die flachen, schmalen Ohren sind über den Gesichtsnähten angebracht.

Augen: Die klaren Glasaugen mit bernsteinfarben bemaltem Hintergrund sind an Drahtschäften eingenäht.

Mund: Nur ein Teil der ursprünglich halbrunden roten Filzzunge ist erhalten.

Nase: Die Nase besteht aus einem schmalen braunen Lederstück; die eng eingerollten Enden bilden die »Nasenlöcher«. Sie ist in der Mitte der Schnauze mit Schmelzdraht befestigt.

Fell/Füllung: Der kurzflorige, lockige, goldfarbene Mohairplüsch ist typisch für die polnischen Bären. Der Bär ist rundum mit Holzwolle ausgestopft – ein weiteres charakteristisches Merkmal.

Gliedmaßen: Die Gliedmaßen haben Gelenke mit dünnen Sperrholz-Unterlegscheiben, die mit Metallstäben, an Schultern und Oberschenkeln angebracht, den Körper verbinden. Das ist ein billiges Gelenksystem, mit dem sich Arme und Beine gleichzeitig vor- und zurückbewegen lassen.

Bärenprofil

Von der Seite sieht man die kompakte Statur des Bären. Der breite Kopf mit der eckigen Schnauze und dem dicken Hals ist auf einen Körper aufgesetzt, der mehr Tiefe als Breite hat. Die kurzen gebogenen Arme enden in spitz zulaufenden Pfoten. Die längeren Beine mit Trommelstock-Oberschenkeln werden an den Fesseln schmal und haben runde, stämmige Füße.

Pfoten: Die für polnische Bären typischen Pfoten, aus der Plüsch-Rückseite gemacht, enthüllen den blaßgelben (nun verfärbten und fleckigen) Webstoff. Das Fehlen der Krallen ist ebenfalls charakteristisch.

80er Jahre: Lenci

Größe: 40 cm

Der gelenklose Bär mit weicher Füllung und breiten Hüften ist typisch für die modernen Modelle der italienischen Firma, deren lateinischer Name bedeutet »Zu spielen ist uns ständige Pflicht«. Sie ist weltberühmt für ihre Puppen mit den geformten Filzköpfen, die in den 20er Jahren entstanden.

Gesticktes Etikett

80er Jahre: Ab Merimex

Größe: 43 cm

Dieser Bär aus Schaf- und Wildleder ist typisch für Ab Merimex, dem bekanntesten schwedischen Teddybär-Hersteller, nach dem Zweiten Weltkrieg von dem Emigranten Emil Grünfeldt gegründet. Ursprünglich in Malmö ansässig, hat das Unternehmen seine Produktion nun nach Portugal verlegt.

Pappanhänger

Um 1973: Fluffies

Größe: 43 cm

Ein typisches Exemplar der gelenklosen Synthetik-Bären, die von dieser belgischen Firma in den 70er Jahren hergestellt wurden. Nach Angaben des Verbandes der Benelux- Spielzeughersteller gibt es keine Unternehmen mehr in Belgien oder den Niederlanden, die Teddybären fertigen.

Gesticktes Etikett

60er Jahre: Polen

Größe: 33 cm

Der bedruckte Anhänger deutet darauf hin, daß der Bär in der Bajka Spielzeug-Kooperative in Lublin gefertigt wurde, südöstlich von Warschau. Bajka bedeutet »Märchen«, und das Logo zeigt ein blondes Mädchen (Fee). Mitte der 60er Jahre gab es in Polen fünfzehn Kooperativen, die Spielwaren herstellten.

Bedruckter Papieranhänger

Weltweite Expansion: nach 1945

EXPORT UND BINNENHANDEL: ISRAEL, KANADA, CHINA UND SÜDAFRIKA

N ach dem Zweiten Weltkrieg war die Teddybär-Herstellung nicht mehr auf Europa und die USA beschränkt. Viele Länder, einschließlich China, Israel und Brasilien, fertigten nun Billig-Teddys für den Export nach Großbritannien, Amerika und Australien. Auch in Kanada entstanden während der 50er Jahre mehrere Kuscheltier-Firmen wie Ganz Brothers und Mighty Star Ltd., um die In- und Auslandsnachfrage zu befriedigen. In Südafrika werden Bären primär für den heimischen Markt hergestellt, zum Beispiel von dem Prima Toys Werk in Durban.

1980: Toyland

In Israel produzierte Bären wurden seit den 60er Jahren in mehrere Länder exportiert, zum Beispiel Großbritannien, USA und Australien. Einige, wie dieser zottige beigebraune Teddy, tragen sowohl den Herstellernamen als auch das Logo mit dem sitzenden Pudel auf dem Etikett, das in der linken Seitennaht mitgefaßt wurde; bei anderen heißt es schlicht »Made in Israel«. Toyland ist ein Unternehmensbereich von Caesarea, dessen Zentrale sich in Glenoit, Indiana, befindet.

Größe: 40 cm

Bedrucktes Etikett

Ohren: Zwei große kontrastierende Plüschstücke, mittig über den Gesichtsnähten angebracht, bilden die Ohren.

Augen: Die braunen, gesicherten Plastikaugen haben schwarze Pupillen.

Nase: Die festverankerte Plastiknase ist aus schwarzem, ausgeformtem Plastik gemacht.

Schnauze: Die eingesetzte, vorspringende Schnauze besteht aus zwei blaßgoldenen Synthetikmaterial-Stücken, ähnlich wie Samt beschaffen.

Schleife: Die original rote Schleife ist um den Hals gebunden.

Arme: Die gebogenen Arme enden in spitz zulaufenden Pfoten.

Fell/Füllung: Das Fell besteht aus zottigem beige-braunem Synthetikplüsch mit kontrastierendem beigefarbenem Plüsch an Schnauze und Pfoten. Der Bär ist mit zerkleinertem Schaumstoff gefüllt.

Bärenprofil

Im Profil sieht man die ungewöhnliche, vorspringende, aus zwei Stücken zusammengesetzte Schnauze und die Ohren, die ebenfalls aus zwei Teilen bestehen. Die leicht gebogenen Arme sind kürzer als die Beine und haben ausgeprägte Fesseln. Die Füße sind klein und rund.

Beine: Die kurzen Beine ähneln Trommelstöcken; die Füße sind klein.

aufgenähte Kappe und marineblau-weiß gestreifte Baumwoll-Latzhose

Kopf, Ohren, Pfoten und Füße aus dunkelbraunem Synthetikplüsch

wirklichkeitsgetreue, schwarze, geformte Plastiknase, festverankert

große, bernsteinfarbene, gesicherte Plastikaugen mit schwarzen Pupillen

eingesetzte, hellbraune Synthetikplüsch-Schnauze

roter Synthetikplüsch-Körper, gefüllt mit allergiegetesteten Schaumgummi-Chips

gefalzter Anhänger mit englischer und französischer Aufschrift

gewebtes »CN Rail«-Abzeichen

1984: Cuddly Toys Ltd.

Größe: 40 cm

Oscar (Spitzname für Eisenbahner in Montreal) ist das Maskottchen der Kanadischen Eisenbahn. Er wurde von Dalyce Feir (Mara's Stuffed Animals) für die 50prozentige Tochterfirma Cuddly Toys entworfen, die sich auf den Vertrieb von Maskottchen für Unternehmen spezialisiert hat. Alle Cuddly-Bären sind in Kanada entworfen und mit kanadischen Materialien gefertigt.

gelenkloser Kopf mit eingesetzter, blaßgoldener Synthetikplüsch-Schnauze

grüner Veloursleder-Hut mit schwarzem Band; immer in Cartoons von Yogi getragen

große, runde, schwarze Nase

große, ovale Plastikaugen mit schwarzen Pupillen

breiter, schwarzer, gestickter Mund; aufgespritzter Schnauzbart

brauner Synthetikplüsch, ausgestopft mit einer Mischung aus Zellulose, zerkleinertem Plastik und Kunststoffschaum-Kugeln

bebilderter Pappanhänger mit Aufschrift »Characters by Mighty Star«

1980: Mighty Star

Größe: 40 cm

Yogi-Bär, benannt nach dem US-Baseballspieler Yogi Berra, wurde in den 60er Jahren nach seinem Auftritt in einer US-Fernsehsendung berühmt. 1964 spielte er in einem Film mit, und seither hat er viele Spielwaren-Hersteller inspiriert so wie zu diesem kanadischen Teddybären.

Bedrucktes Etikett

braune und schwarze, gesicherte Plastikaugen

große, gewölbte Ohren, von Gesichtsnähten an den Seiten nach unten und zum Hinterkopf genäht

dunkelbraune, quadratische Nase aus Synthetikmaterial; Mund mit umgekehrter Y-Form, einfädig gestickt

kurzfloriger, goldfarbener Synthetikplüsch auf Webuntergrund; weich ausgestopft

dunkelbraune Synthetik-Pfoten mit drei schwarzen, genähten Krallen

Folienrosette mit Aufschrift »SDF Shanghai Dolls Factory«

80er Jahre: Shanghai Dolls Factory

Größe: 38 cm

Die Teddybären haben sich kaum verändert, seit sie nach dem Zweiten Weltkrieg erstmals vom Chinesischen Festland exportiert wurden. Gesicherte Plastikaugen haben jedoch inzwischen die Glasaugen ersetzt. Die Shanghai Dolls Factory ist einer der größten chinesischen Teddybär-Hersteller.

Bedrucktes Etikett

große, gewölbte Ohren; Innenkanten in Gesichtsnähten mitgefaßt

hochfloriges Acrylgewebe, Polyester-Füllung

schwarze, dreieckige, geformte Nase; schwarzer doppelfädiger Mund

kurze, stämmige Beine; Pfoten aus dunkelbraunem Plüsch

Stoffetikett in Beinnaht eingefaßt

Anhänger mit Pflegeanleitungen

1992: Bunjy Toys

Größe: 25 cm

Honey-Bär (oben) stammt von der südafrikanischen Firma Bunjy Toys, die 1980 von Eve Mayhew gegründet wurde. Sie zog 1982 in größere Räumlichkeiten um, um der wachsenden Nachfrage gerecht zu werden. Ihr Kuschelspielzeug ist aus importierten und heimischen Materialien gefertigt.

Gesticktes Etikett

Für den Massenmarkt: 80er bis in die 90er Jahre

IN GROSSEN MENGEN HERGESTELLTE, VON KÜNSTLERN ENTWORFENE TEDDYBÄREN FÜR SAMMLER

Die wachsende Liebe zu den Teddybären führte zu einer Allianz zwischen Bärenkünstlern und Herstellern, die Sammelobjekte in limitierter Auflage für einen breitgefächerten Markt schufen. Die US-Firma Applause nahm als erste 1985 die Robert Raikes-Bären in ihr Programm auf. 1987 reproduzierte House of Nisbet in Großbritannien das Design bekannter amerikanischer Künstler, zum Beispiel von Carol-Lynn Rössel Waugh, Beverly Port, Ted Menten, Dee Hockenberry und April Whitcomb. 1990 waren Firmen in Großbritannien, den USA und Deutschland dem Beispiel gefolgt. Die limitierten Auflagen großer Hersteller umfaßten oft bis zu 10 000 Stück.

1991: Carol-Lynn Rössel Waugh

Carol-Lynn Rössel Waugh schuf 1989 Gregory, nach ihrem Bruder benannt, für die New Yorker Firma Effanbee. Später wurde Effanbee von Russ Berrie aufgekauft; das Unternehmen führte 1991 als erstes Gregory und Eureka ein, von der US-Bärenkünstlerin Linda Spiegel Lohre entworfen. Der Original-Gregory war 35 cm groß und hatte Gelenke; später entwickelten die Hersteller dieses kleinere, gelenklose Modell.

Größe: 23 cm

Gesticktes Etikett

Augen: Die schwarzen gesicherten Plastikaugen ähneln Knopfaugen.

Schnauze: Das Plüschmaterial an der vorspringenden Schnauze ist geschoren.

Nase/Mund: Die quadratische, braune Nase ist senkrecht gestickt; der Mund hat eine umgekehrte Y-Form.

Schleife: Der Bär trägt noch seine kastanienbraune Original-Satinschleife.

Arme: Die langen Arme haben die gleiche Länge wie die Beine und löffelförmigen Pfoten.

Fell: Das Fell ist zottiger, lockiger goldfarbener Synthetikplüsch; die Füllung besteht aus weichem Polyester.

Bärenprofil
Es ist schwierig, Arme, Beine und Körper oder die Ohrenposition bei diesem zottigen Bären zu unterscheiden. Man sieht jedoch die vorspringende Schnauze und den kurzen Stummelschwanz. Die Arme sind genauso lang wie die Beine.

Füße/Pfoten: Die ovalen Füße haben braune, samtähnliche Synthetik-Sohlen und keine Krallen.

1986: Robert Raikes Größe: 45 cm

Robert Raikes, ein professioneller Holzschnitzer, begann in den 70er Jahren Puppen zu schnitzen und fügte 1982 Teddybären hinzu, die als »Woody«-Bären und später »Raikes«-Originale bekannt wurden. Die US-Firma Applause vermarktet seine Entwürfe seit 1985. Dieser bärige Seemann namens Christopher hat ein unverwechselbares Holzgesicht und Holzpfoten.

1992: Joyce Ann Haughey Größe: 38 cm

Während der 80er Jahre entwarfen Werner Hermann und seine Nichte Trau-del Mischner die Gebrüder Hermann-Bären. 1992 führte die Firma Bären ein, die von den US-Künstlerinnen Joyce Ann Haughey und Jenny Krantz für den Sammlermarkt geschaffen wurden. Robin Hood (oben) aus einer auf 2000 Stück limitierten Auflage, wurde 1992 für den TOBY nominiert.

1990: Cathie Hanna Größe: 50 cm

Die in Ohio ansässige Künstlerin Cathie Hanna entwarf diesen Groß-mutter Brompton-Bären und deren Enkelin Abbey (ein weißer Teddy). Sie schrieb auch eine Geschichte über Abbey, deren Foto sich in Oma Bromptons silbernem Medaillon befindet. Canterbury Bears (siehe S. 150–151), deren Modelle normalerweise von John und Maude Blackburn entworfen werden, haben diese Bären hergestellt.

1990: Bonita Warrington Größe: 35 cm

Bonita begann 1983 Bären zu fertigen, angeregt durch eine Reproduktion antiker Teddybären. Später stellte sie ihre Arbeiten mit großem Erfolg anläßlich der Fachtagung in San José aus und verlegte sich dann haupt-beruflich auf die Teddy-Produktion in ihrem Haus in Kalifornien. Der hier abgebildete C. Owen wurde in drei Größen in einer limitierten Auflage von 5000 Stück und als eines ihrer ersten Modelle von Applause gefertigt.

Bärenkünstler

INDIVIDUELLE SCHÖPFUNGEN AUS ALLER WELT

Die Bärenkunst hat sich seit Beginn der 70er Jahre, als sie an der Westküste der USA ihren Anfang nahm, über die ganze Welt verbreitet. Viele Länder sind heute für ihre Designerbären und Bärenkünstler bekannt, so zum Beispiel Großbritannien, Deutschland, Frankreich, Holland, Neuseeland, Australien und Kanada. Es ist aus Platzgründen nicht möglich, von jedem Bärenkünstler auch nur eine Arbeit vorzustellen; deshalb haben wir uns auf eine Auswahl beschränkt, die eine breitgefächerte Skala von Nationalitäten und Designrichtungen umfaßt.

Bärenkünstler entwerfen und fertigen ihre Teddybären von Hand; sie stellen somit Unikate her. Manche Künstler erhalten dabei Hilfe von Familienmitgliedern und Freunden, und einige wenige haben aufgrund der steigenden Nachfrage ihre Geschäftstätigkeit ausgeweitet und Mitarbeiter beschäftigt, die zuschneiden, die Maschinen bedienen oder die Bären ausstopfen. Die Mehrzahl der Künstler gibt jeder einzelnen Kreation eigenhändig den letzten Schliff. Sie fertigen in der Regel limitierte Ausgaben mit nicht mehr als 25 Stück; diejenigen, die zusätzliche Leute beschäftigen, vielleicht mehr. Wert und Individualität jedes Bären ist durch die begrenzte Stückzahl gewährleistet.

Die Bärenkünstler verwenden oft dekorative, bedruckte oder gestickte Etiketten als Warenzeichen. Die Signatur und Ausgabe-Nummer befindet sich auf dem Schildchen oder an der Fußsohle, und einige charakteristische Symbole sind auf anderen Teilen des Körpers zu finden. Manche verkaufen ihre Bären daheim, andere bieten sie in Spezialgeschäften oder auf Fachmessen an. Und einige entwerfen Teddybären, die von namhaften Herstellern in wesentlich größerem Stil gefertigt werden (siehe S. 170–171).

Um 1980: Beverly Port   Größe: 40 cm

Beverly Port aus Retsil, Washington, gilt als erste professionelle Bärenkünstlerin. Die ehemalige Porzellanpuppenmacherin entdeckte 1974 ihre Liebe zu Teddybären. Sie erhielt viele Auszeichnungen für ihre innovativen Arbeiten, von denen einige in Kunstgalerien ausgestellt wurden. Ihre Kinder Kimberlee und John Paul sind inzwischen in ihre Fußstapfen getreten.

Um 1988: Steve Schutt   Größe: 35 cm

Steve, Kunstlehrer aus Clarion, Iowa, ist seit 17 Jahren Puppenmacher. 1980 begann er, Bären für den Sammlermarkt zu fertigen, und später wurde er als Teddybären-Künstler unter dem Handelsnamen »Bear -'s'-ence« bekannt. Er hat begehrte Preise für seine Arbeiten erhalten; hier sind Tyler und Pawpet abgebildet. Seine Assistentin Barbara Smith hat seit 1983 die Modelle für ihn zugeschnitten und genäht.

schwarze, waage-
recht gestickte, drei-
eckige Nase; Mund
mit umgekehrter
T-Form

schwarze Replika-
Knopfaugen

roter Veloursplüsch

schwarze Krallen,
über Plüsch
gestickt

goldfarbenes
Metallherz, auf
Plüsch befestigt

große Füße und
schmale Fesseln im
traditionellen Stil

löffel-
förmige,
schwarze
Velours-
leder-
Pfoten

1984: K. und H. Calvin

Größe: 45 cm

Karin Calvin fertigte erstmals 1979 Bären mit Freunden und bildete 1982 mit Howard eine Partnerschaft.
Ihre Ballard Baines Bear Company hat ihren Namen
von einem Bären erhalten, den Karin kaufte. Sie fertigten ihn für die Große Teddybären Westernshow
nach, die 1984 stattfand.

BALLARD BAINES
Bear Company (c)
Bellevue, Wash.

Bedrucktes Etikett

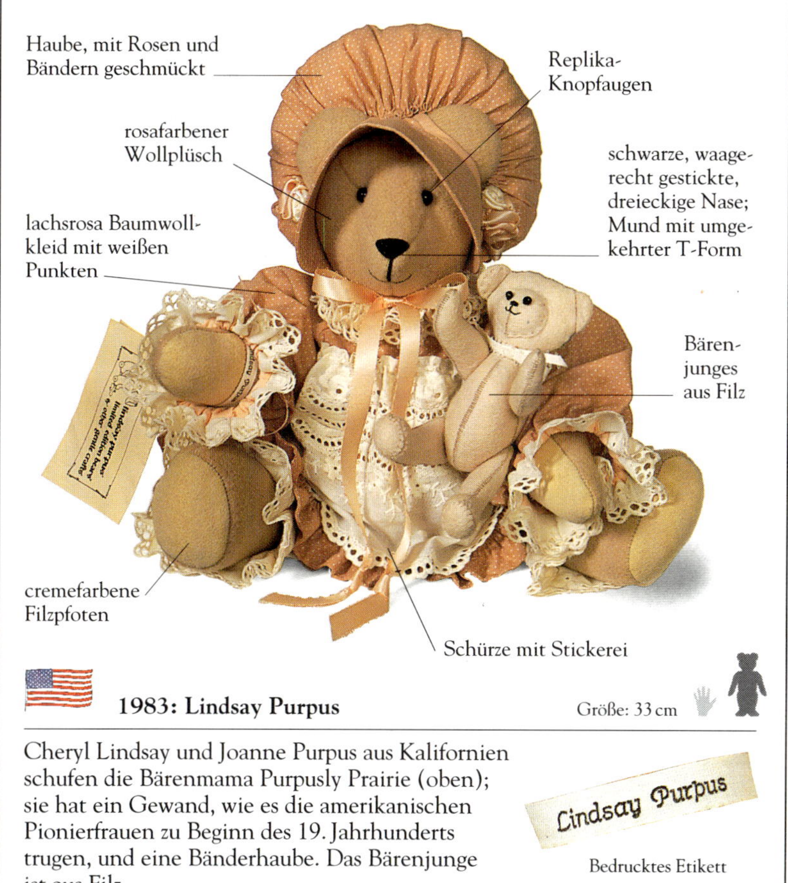

Haube, mit Rosen und
Bändern geschmückt

Replika-
Knopfaugen

rosafarbener
Wollplüsch

schwarze, waage-
recht gestickte,
dreieckige Nase;
Mund mit umge-
kehrter T-Form

lachsrosa Baumwoll-
kleid mit weißen
Punkten

Bären-
junges
aus Filz

cremefarbene
Filzpfoten

Schürze mit Stickerei

1983: Lindsay Purpus

Größe: 33 cm

Cheryl Lindsay und Joanne Purpus aus Kalifornien
schufen die Bärenmama Purpusly Prairie (oben);
sie hat ein Gewand, wie es die amerikanischen
Pionierfrauen zu Beginn des 19. Jahrhunderts
trugen, und eine Bänderhaube. Das Bärenjunge
ist aus Filz.

Lindsay Purpus

Bedrucktes Etikett

schwarze Knopf-
augen mit einzelner,
diagonal gestickter
Augenbraue

braune, senkrecht
gestickte, schild-
förmige Nase; Mund
mit umgekehrter
Y-Form, einfädig

zottiger, zimtfarbener
Mohairplüsch

schokoladenbraune
Samtpfoten

vier dunkelbraune,
gestickte Krallen

bemalter, weißer
Keramikherz-Anhänger

1989: C.L. Rössel Waugh

Größe: 38 cm

Caroll-Lynn Rössel Waugh aus Winthrop, Maine,
Schöpferin der PJs (oben), zählte zu den ersten
US-BärenkünstlerInnen und VerfasserInnen von
Büchern über dieses Thema. Sie begann 1975
Porzellan- und Latex-Teddybären und von 1985 an
Mohairplüsch-Bären herzustellen.

Handgeschriebenes
Etikett

schwarze und
braune Glasaugen

schwarze, senkrecht
gestickte, dreieckige
Nase; Mund mit
umgekehrter
Y-Form

geschorene, spitze
Schnauze

gebogene Pfoten
mit grauen Filz-
ballen

mittelgrauer,
deutscher Mohair-
plüsch; Polyester-
Füllung

lange Beine
mit Gelenken;
große Füße

1983: Chester Freeman

Größe: 25 cm

Dieser Bärenkünstler, ein ehemaliger Geistlicher,
begann 1982 Teddybären zu fertigen. 1983 gründete er
mit Korbmacher John MacGuire Baskets and Bears,
einen Versandhandel. Sie arbeiten in einem Haus, das
von 1820 stammt, in Geneva im Bundesstaat New
York.

A HAND-MADE ORIGINAL

Bedrucktes Etikett

1990: Barbara Conley   Größe: 48 cm

Auf einer Teddybären-Fachtagung 1990 in Clarion, Iowa, wurden die Bärenkünstler um eine Interpretation von Grant Woods Gemälde »American Gothic« gebeten, das ein älteres Paar vor ihrem Haus im Mittleren Westen der USA zeigt. Die Siegerin des Wettbewerbs, Barbara Conley aus San Jose, Kalifornien, war sehr genau im Nachfertigen der Details, bis hin zur Brosche der Frau und der Brille des Mannes.

1985: Barbara Sixby   Größe: 48 cm

Die kalifornische Bärenkünstlerin schuf 1985 eine Nachbildung des Trappers Daniel Boone, der im 18. Jahrhundert lebte. Boone, ein geschickter Jäger, trug bekanntlich ein Fransen-Jagdhemd, das ihm bis zu den Knien reichte. Nur zwei dieser Bären wurden hergestellt.

Bedrucktes Etikett

1983: Bev Miller Landstra   Größe: 20 cm

Diese Künstlerin aus Veneta, Oregon, fertigte 1963 die ersten Bären für ihren Sohn. Sie hat nicht nur Shirley Teddy (oben), sondern zahlreiche berühmte Bären-Persönlichkeiten kreiert, einschließlich Stan und Ollie, die Marx Bears und T.R. Bear.

Bedrucktes Etikett

1984: Doris King   Größe: 33 cm

Dieser Bär ist eine Hommage an den Romanhelden Huckleberry Finn und wird von der Künstlerin als »Bild der Unschuld« beschrieben. Als zweites Modell in der Serie The Pre Loved Ted ist er mit Köper-Latzhosen und Strohhut bekleidet. Er wurde 1984 geschaffen und gehört zu einer limitierten Auflage von 75 Stück, die Doris King aus Sacramento, Kalifornien, nur ein Jahr nach Fertigung ihres ersten Teddybären entwarf.

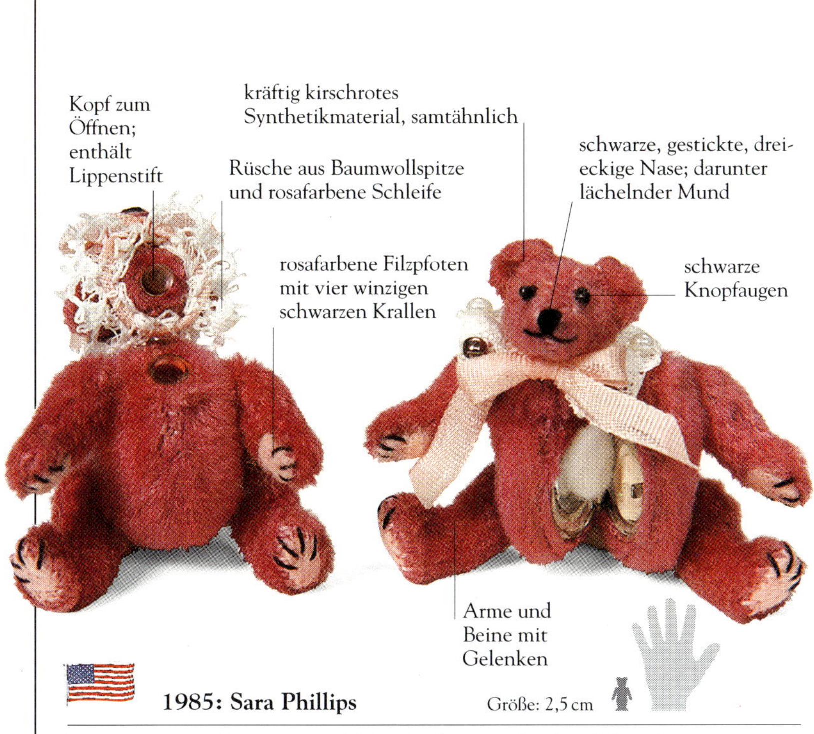

Kopf zum Öffnen; enthält Lippenstift

kräftig kirschrotes Synthetikmaterial, samtähnlich

Rüsche aus Baumwollspitze und rosafarbene Schleife

schwarze, gestickte, dreieckige Nase; darunter lächelnder Mund

rosafarbene Filzpfoten mit vier winzigen schwarzen Krallen

schwarze Knopfaugen

Arme und Beine mit Gelenken

1985: Sara Phillips   Größe: 2,5 cm

Diese winzigen Bären von 1984 enthalten ein Parfumflakon bzw. eine Puderdose und ähneln den Miniaturen, die Schuco in den 20er und 30er Jahren herstellte. Sara Phillips aus Westminster, Maryland, fertigte ab 1981 Kopien von alten Miniaturbären für ihren kleinen Teddy-Laden, den sie eröffnet hatte, und entwarf eigene Modelle.

winzige, schwarze, waagerecht gestickte, ovale Nase

breiter lächelnder Mund im Stil des Steiff-Bären Dicky

eingesetztes, leicht vorspringendes cremefarbenes Filzgesicht; Augen nahe Naht eingenäht

Gliedmaßen und Kopf mit Gelenken

kurzfloriger goldfarbener Mohairplüsch von guter Qualität

cremefarbene Filzfüße mit vier langen schwarzen Krallen

1988: E. Fujita-Gamble   Größe: 7,5 cm

Elaine ist Sportlehrerin im Staat Washington, aber sie fertigt seit 1979 Teddybären in ihrer Freizeit, vor allem Miniaturen, und verkauft sie auf Messen. Als eifrige Sammlerin läßt sie sich bei ihren Kreationen gern von antiken Bären inspirieren. Dieser Winzling ist eine Nachbildung von Dicky, einem Steiff-Bären aus dem Jahr 1930. Ihr Mann ist fürs Zuschneiden und Zusammenstecken der Schnittmuster-Teile verantwortlich.

rote Schleife

kleine, schwarze Knopfaugen

rote Filzjacke und Pagenhut mit Goldkordel

Kopf und Gliedmaßen mit Gelenken

schwarze, gestickte Krallen

hellbrauner Plüsch

große, schmale Füße

Um 1984: Susan L. Kruse   Größe: 15 cm

Der kleine Hotelpage Baby Bear Hop, 1984 entstanden, ist eine Kopie der Bell Hop-Teddys von Bing und Schuco aus den 20er Jahren. Die kalifornische Bärenkünstlerin hat sich das Handwerk selbst mit Hilfe eines Bärenbastelbuchs beigebracht, als sie ihr erstes Kind erwartete.

Bedruckter Pappanhänger

goldfarbener Mohairplüsch

geschorene Schnauze

waagerecht gestickte, schwarze, rechteckige Nase

lächelnder Mund mit umgekehrter Y-Form

ausgebeulte Strickjacke

große, schmale, löffelförmige Pfoten

hellgoldene Kunststoff-Pfoten

große, ovale Füße

1985: D. & T. Michaud   Größe: 45 cm

Der Professor ist nach der Vorlage eines alten amerikanischen Bären aus Doris und Terry Michauds Carrousel Museumskollektion enstanden. Ihr erster kommerziell hergestellter Bär erschien 1980; sie fertigen sowohl Reproduktionen als auch nach eigenen Entwürfen.

Bedrucktes Etikett

1983: Loretta Botta

Größe: 63 cm

Dieses mit Plastik-Weintrauben geschmückte Unikat von 1983 wird Vino genannt. Loretta Botta aus San Francisco war eine der ersten Bärenkünstlerinnen, die unter dem Namen Botta Bears in den USA ar- beitete. 1992 stellte sie ihre Geschäftstätigkeit ein.

Handgeschriebenes Etikett

Um 1990: Lynn Lumley

Größe: 11 cm

1921 geboren, begann Lynn Lumley aus Carson City, Nevada, 1983 mit der Herstellung von Teddybären – trotz ihrer Arthritis. Sie stellt ihre Modelle in drei Größen her: 11 cm, 14 cm und 16 cm. Ihr Warenzeichen ist eine gestickte Blume auf dem linken Fuß. Sie fertigt im Jahr 250 – 350 Teddy- bären in limitierter Auflage. Ihr Etikett »Grandma Lynn's Teddy Bears«.

1984: Diane Gard

Größe: 15 cm

The Crooner ist ein frühes Exemplar der Künstlerin. Diane begann 1982 ihre »Bären mit Herz«-Reihe zu fertigen. Heute entwirft sie Teddybären in weniger traditionellem Stil, einschließlich origineller Persön- lichkeiten und ihrer bekannten Fashion Model-Bären.

Glasherz

Um 1985: G. und M. Nett

Größe: 45 cm

Bears by Nett ist ein Team, bestehend aus Gary, der 1983 mit der Bärenherstellung begann, als er arbeitslos geworden war, und seiner Mutter Margaret, einer Nähe- rin. Sie fertigen detailgenaue Bären nach historischen amerikanischen Figuren, wie diesen Artillerie-Sergean- ten aus dem Bürgerkrieg.

Gesticktes Logo

weiße, Synthetikplüsch-Mütze mit rosa gefütterten Kaninchenohren

gesicherte Plastikaugen

Pfoten aus imitiertem Polstersamt

goldfarbener Synthetikplüsch

schwarze, waagerecht gestickte ovale Nase; Mund mit umgekehrter Y-Form

rosafarbene Satinschleife

drei schwarze Krallen

1984: Linda Spiegel Lohre   Größe: 18 cm

Wee Bunny Basil, als Kaninchen verkleidet mit langohrigem Hut und Pompom-Schwanz: bei Bärenkünstlern ein beliebtes Thema. Linda aus Fountain Valley, Kalifornien, gründete 1980 im Hinterstübchen ihres Hauses Bearly There und beschäftigt heute mehrere Festangestellte und Mitarbeiter in Heimarbeit.

Gesticktes Etikett

Nachtmütze mit kleinem Bommel

Glasaugen

lange Arme mit löffelförmigen Pfoten

Wildlederimitat-Pfoten

zottiger, antiker, Mohairplüsch

braune, senkrecht gestickte Nase; Mund mit umgekehrter T-Form

Nachthemd mit Kragen zum Knöpfen

lange Beine und große Füße

1987: Serieta Harrell   Größe: 35 cm

Serieta Harell aus San Diego, Kalifornien, war als Chefdesignerin tätig, bevor sie Teddybären zu fertigen begann. Sie hat viele Auszeichnungen für ihre unverkennbaren Sersha-Sammlerbären erhalten. Dieser 1987 entstandene Beddy-Bye-Bär hat einen Bauchnabel aus gerafftem Mohair.

Handgeschriebenes Etikett

braune Glasaugen mit weißen Wildleder-Augenlidern

kurzfloriger, weißer Mohairplüsch; kompakte Polyester-Füllung

langes, rosafarbenes Abendkleid aus seidenähnlichem Material und passende Kopfbedeckung

Bergkristall-Ohrringe und Perlenkette

rosafarbene, waagerecht gestickte, schildförmige Nase; rosafarbener Mund mit umgekehrter Y-Form

S-förmige Arme

lange Handschuhe

1988: Ted Menten   Größe: 58 cm

Der New Yorker Bärenkünstler Ted Menten schuf dieses einzigartige Exemplar für *Teddy's Bearzaar*, eine Parodie auf die Modezeitschrift *Harper's Bazaar*. Er verfaßte auch den *Teddy Bear Lovers Catalogue* (1984) und die Comics *The World According to Hug*.

Handgeschriebenes Etikett

schwarze Glasaugen

schwarze, senkrecht gestickte, dreieckige Nase; Mund mit umgekehrter Y-Form

Gliedmaßen und Kopf mit Gelenken

Drahtfühler

Schnauze oben geschoren

Organza-Flügel, mit goldfarbenem Faden eingefaßt

Wildlederimitat-Pfoten mit schwarzen Krallen

Um 1990: Ginger T. Brame   Größe: 21 cm

Ginger T. Brame aus Raleigh, North Carolina, fertigt ihre Bären aus importiertem Fell und von Hand; jeder trägt ein Glöckchen um den Hals. Bumblebear, in drei Größen erhältlich, ist aus schwarzem und goldfarbenem Mohair. Verkauft werden die Bären unter dem Handelsnamen The Piece Parade, eine Anspielung auf ihre stückweise Zusammensetzung.

Bedrucktes Etikett

1988: Joanne Mitchell Größe: 65 cm

Joanne aus Houston, Texas, wurde 1984 Bärenkünstlerin, nachdem sie seit Jahren Teddys gesammelt hatte. Rusty the Bagman, hier abgebildet, führt die Habseligkeiten eines »Tippelbruders« mit sich, einschließlich eines Teddys in der Tasche. Joannes Paws for Peace, ein Bär, der für den Frieden warb, wurde 1990 mit dem TOBY ausgezeichnet.

1988: Cindy Martin Größe: 88 cm

Cindy aus Fresno, Kalifornien, schuf ihren ersten Bären 1982, durch antike Teddys inspiriert. Sie fertigt sowohl Miniaturen als auch 122 cm große Riesen. Sailor Bear, ein echter Seebär mit ausgeprägten Gliedmaßen und langem Hals, ist für ihre Schöpfungen typisch.

Handgeschriebenes Etikett

1992: Marcella Pittana Größe: 44 cm

Vagabond Teddy ist Hauptfigur in einer Serie von Malbüchern mit Text, die von der pensionierten Französischlehrerin geschaffen wurden. Sie erscheinen seit 1986 und waren die ersten dieser Art in Kanada. Marcella Pittana besitzt eine große Teddybären-Sammlung in ihrem Haus in Port Colborne, Ontario, und führt Workshops in Kanada und den USA durch, in denen Bären gefertigt werden.

1992: Trudy Teneycke Größe: 45 cm

Trudy Teneycke aus Regina, Saskatchewan, ist seit 1987 Bärenkünstlerin und hat mehrere Auszeichnungen erhalten. Sergeant Sam Brown (oben) gehört zu einer auf 150 Stück begrenzten Auflage. Er trägt die Uniform der berittenen Kanadischen Polizei und hält die Nationalflagge in der Hand.

Bedruckter Anhänger

braune, senkrecht gestickte Nase: Mund mit umgekehrter Y-Form

spitz zulaufende Schnauze, zwischen Nase und Mund geschoren

große, ovale Füße mit dunkelbraunen Lederpfoten

leicht gewölbte Ohren, an den Gesichtseiten angebracht

braune Glasaugen mit schwarzen Pupillen

S-förmige Arme, an Ellenbogen und Handgelenken gebeugt

vier braune, gestickte Krallen

hellbrauner Mohairplüsch

1989: Joan Rankin

Größe: 33 cm

Joan, eine pensionierte Lehrerin aus Moose Jaw, Saskatchewan, begann 1988, Bären zu fertigen. 1989 schuf sie Baxter Brown Bear und schrieb Bücher über ihn mit eigenen Illustrationen, die bald veröffentlicht und zusammen mit Baxter-Replika verkauft wurden.

Bedrucktes Etikett

braune und schwarze Plastikaugen, festverankert

melierter Synthetikplüsch, weich gefüllt, Kippmechanismus-Brummstimme

schmale Fesseln und große Füße

große, rundliche Ohren, weit auseinanderstehend eingesetzt

schwarze, senkrecht gestickte, kreisrunde Nase; Mund mit umgekehrter Y-Form

lange, gebogene, spitz zulaufende Arme

orangefarbene Synthetik-Pfoten aus samtähnlichem Material ohne

1990: Susan Rixon

Größe: 45 cm

Susan Rixon und Ehemann David aus Berkshire haben seit 1979 Bären unter dem Namen Nonsuch Soft Toys hergestellt. Dieser Teddy, nach dem britischen Archäologen Sir Mortimer Wheeler benannt, wurde anläßlich der Ausgrabung von Silchester, Berkshire, gefertigt, die sich zum hundertsten Mal jährte.

Bedrucktes Etikett

rosa-braune, gesicherte Plastikaugen mit schwarzen Pupillen

geschorene Schnauze

kurzfloriger zimtfarbener Mohairplüsch; Kippmechanismus-Brummstimme

lange Arme; braune Wildlederimitat-Pfoten mit fünf Krallen

senkrecht gestickte, quadratische Nase; Mund mit umgekehrter Y-Form, doppelfädig gestickt

Original-Gliedmaßen mit Gelenken

lange Beine und große Füße

1990: Bedford Bears

Größe: 35 cm

Bedford Bears stellte Mohairplüschbären für Sammler und eine Acrylplüsch-Serie her, entworfen von Eddie Owen in Dunton, Bedfordshire. Dieser Teddy aus einer limitierten Auflage, zum 10. Firmenjubiläum gefertigt, wird am unternehmenseigenen Verkaufsstand in Covent Garden angeboten.

Gesticktes Etikett

braune, gesicherte Plastikaugen mit schwarzen Pupillen

Nase und Mund schwarz und handgestickt

Wildlederimitat-Pfoten; vier schwarze Krallen über Pfoten gestickt

Baumwollpopeline-Hemd

Synthetikplüsch auf Acryluntergrund; weiche Polyester-Füllung; Kippmechanismus-Brummstimme

lederner Schulranzen

graue Schulhose

1987: Sue Quinn

Größe: 38 cm

Sue, die seit den 60er Jahren Kuschelspielzeug herstellt, gründete 1978 Dormouse Designs in einer alten Textilfabrik in Renfrewshire, Schottland. 1982 nahm sie Teddys in ihre Produktlinie auf, und 1986 entstanden die ersten limitierten Auflagen. 1987 schuf sie, durch ihren Sohn angeregt, der eingeschult wurde, den abgebildeten Bramble Schooldays. 1983 wurde sie zur Britischen Spielzeugmacherin des Jahres gekürt.

1991: Stacey Lee Terry   Größe: 33 cm

Stacey, seit 1987 Vollzeit-Bärenkünstler aus Winslow, Bucks, fertigte diesen Teddy 1991. Er entstand nach der Vorlage von Theo, dem britischen, von Prue Theobald gezeichneten Schuljungen, und wurde in einer Auflage von 250 Stück hergestellt.

Gesticktes Etikett

1987: Brian Beacock   Größe: 40 cm

Brian Beacock, Bärenkünstler, Sammler und Restaurator, zeichnete diese Karikatur des klassischen alten Teddybären für Joan Bland of Asquiths (erstes Geschäft in Großbritannien, das nur Teddybären verkaufte). Er wurde von Big Softies in drei Farben und Größen produziert (siehe S. 143). Obwohl dieses Exemplar fabrikgefertigt ist, erkennt man Brians künstlerisches Talent auf beiden Seiten des Atlantik.

1991: Pam Howells   Größe: 43 cm

Pam war Designerin im Chiltern-Werk in Pontypool von 1957–67 und fertigt seit 1972 Kuscheltiere nach eigenem Entwurf. Diese Bärenmama gehört zu einer Teddybären-Szene, Feeding the Ducks (Beim Entenfüttern), die 1991 entstand.

Gesticktes Etikett

1991: Sue Schoen   Größe: 34 cm

Dewi stammt aus der Werkstatt von Sue Schoen; ihr Walliser Geschäftsname »Bocs Teganau« bedeutet »Spielzeugkiste«. Sue produziert seit 1986 Standardbären und limitierte Auflagen, viele mit Wallisischen Namen.

Bedrucktes Etikett

1985: Naomi Laight

Größe: 33 cm

Dieser Bär wurde 1985 für eine Wohltätigkeitsauktion zugunsten der Organisation *Save the Children* aus khakifarbenem Chenilleplüsch gefertigt. Naomi stellt seit Anfang der 80er Jahre in den häuslichen vier Wänden Bären in limitierter Auflage her.

Gesticktes Etikett

1992: A. & W. Mullaney

Größe: 60 cm

Alistair erblickte 1992 im Haus von Alan und Wendy Mullaney im Schottischen Hochland das Licht der Welt. Das Paar begann 1989, Bären zu entwerfen und zu fertigen. Das Original-Sortiment bestand aus sechs Größen und drei Farben. Heute stellen sie acht Bären pro Woche her.

Bedrucktes Etikett

1991: Liz Carless

Größe: 63 cm

Nach ihrer Schöpferin Elizabeth Anne genannt, war dieser Bär eine Sonderanfertigung aus dem Jahr 1991 für das Cotswold Teddy Bear Museum. Liz pflegte zwischen ihrem Wohnsitz in Florida und London zu pendeln; daher ihr Geschäftsname Transatlantic Teddies. Sie fertigt seit 1987 Teddybären.

Bedrucktes Etikett

1991: Romsey Bear Co.

Größe: 40 cm

Li.Bear.A.Ted ist die zweite von drei limitierten Bärenauflagen, die 1990, 1991 und 1992 zum Gedenken an die Befreiung der Kanalinseln im Jahr 1945 entstanden. Die Firma ist nach der Stadt Romsey in Hampshire benannt, wo die Bären hergestellt werden.

Gesticktes Etikett

»antiker«, zottiger Mohairplüsch; weiche Polyester-Füllung

schwarze Knopfaugen, von der Künstlerin handgefertigt

senkrecht gestickte, längliche Nase; Mund mit umgekehrter V-Form

gestopfter Flicken auf linker Fußsohle verleiht antikes Aussehen

lange gebogene Arme

beigefarbene Filzpfoten

ovale Füße mit vier braunen, gestickten Krallen

1992: Maddie Janes Größe: 33 cm

Cobweb aus einer auf 12 Stück begrenzten Auflage ist eine Arbeit von Maddie Janes aus Shropshire, England, seit 1991 Bärenkünstlerin. Der Bärenkörper ist mit Kunststoff-Kügelchen gefüllt, damit er sich schlaff und »alt« anfühlt. Das handgeschriebene Etikett trägt den Namen der Künstlerin.

Handgeschriebenes Etikett

kleine schwarze Perlenaugen

Kopf, Hände und Unterschenkel aus kurzflorigem goldfarbenen Mohairplüsch; rundum weiche Füllung

marineblaue Filzkappe

beigefarbene Wildleder-Pfoten mit drei schwarzen Krallen

waagerecht gestickte Nase; Mund mit umgekehrter Y-Form

Unterkörper und Oberschenkel aus grünem Filz

1992: Deborah Canham Größe: 6 cm

Die in Devon wohnende Künstlerin entwirft und fertigt winzige Bären mit Gelenken. Ihr größes Exemplar mißt 7 cm. Punch und Judy, die hier abgebildeten Bärenpersönlichkeiten, sind limitierte Sonderausgaben, basierend auf französischen Kasperlfiguren. 1992 wurde Deborah von S.M.A.L.L., Gesellschaft für Miniatur-Bärenliebhaber, zur Künstlerin des Jahres ernannt.

braune, senkrecht gestickte Nase; Mund mit umgekehrter Y-Form

zottiger, rosafarbener Mohairplüsch

leicht geschorene, weiße Mohairplüsch-Schnauze

eingenähte schwarze Perlenaugen

Spitzenrüsche mit Satinrose

Gliedmaßen und Körper mit Gelenken

lila Lederpfoten

1991: Catherine M. While Größe: 9 cm

Die Künstlerin fertigte ihre erste Miniatur 1989 in ihrem Haus in Chesterfield, Derbyshire, inspiriert durch einen neu erworbenen Raikes-Bären aus limitierter Auflage. Hyacinth (oben) enstand 1991. Catherines Mutter hilft beim Zuschneiden und Nähen, der Vater beim Ausstopfen der Bären. Ihre Kreationen werden unter dem Namen Chasing Rainbows verkauft.

schwarze, gestickte Augen

schwarze, waagerecht gestickte Nase; Mund mit umgekehrter Y-Form

handgestrickter Shetlandpullover

sehr weicher, kurzfloriger, goldfarbener Vliesstoff; Kapok-Füllung

lange gebogene Arme

Gliedmaßen und Kopf mit Gelenken

goldfarbene Kunstsamt-Pfoten

lange Beine und große Füße

1991: Anita Oliver Größe: 6 cm

Boris Bär, von dem nur 200 Exemplare aufgelegt wurden, war in eine handmarmorierte Geschenkschachtel verpackt. Er ist ein typisches Modell von Anita Oliver, einer der ersten Miniatur-Bärenkünstlerinnen in Großbritannien. Ihr erster Mini-Teddy entstand 1980. Ihre Bären werden in Europa und den USA verkauft.

schwarze, gesicherte
Plastikaugen

schwarze, rechteckige
Nase; Mund mit um-
gekehrter Y-Form

braune Filzpfoten
mit drei schwar-
zen Krallen über
Plüsch gestickt

»antiker«, gold-
farbener Mohair-
plüsch; rundum
Polyester-Füllung

spitz zulaufende ge-
schorene Schnauze, mit
Holzwolle ausgestopft

handgestrickter
roter Schal

lange Glied-
maßen mit
Gelenken

1992: Irene Moore   Größe: 35 cm

Oscar, einer von 25 Bären aus limitierter Auflage,
ist das Produkt der ersten nordirischen Bärenkünstlerin. Irene Moore begann 1991, Bären im traditionellen Stil zu fertigen und nannte ihr Geschäft
nach der Grafschaft, in der sie lebt, Pinecroft Bears.

Bedrucktes Etikett

gesicherte schwarze
Replika-Knopf-
augen

goldfarbener,
»antiker« Mohair-
plüsch; weiche
Polyester-Füllung

braune Baumwollsamt-
Pfoten mit vier schwar-
zen Krallen

schwarze, senkrecht
gestickte, schildförmige
Nase; Mund mit um-
gekehrter Y-Form

lange, gebo-
gene Arme

schmale
Fesseln und
große Füße

1991: Joan Hanna   Größe: 34 cm

Joan aus der Grafschaft Cork soll die erste Bärenkünstlerin aus der Irischen Republik sein. Sie fertigte schon als Teenager Kuschelspielzeug und 1990
Craft-T-Bären. Joan arbeitet allein; wenn's hoch
hergeht, hilft ihr die Familie. Tuffy gehört zu ihrer
traditionellen Bärenserie.

Bedrucktes Etikett

geschorene, spitz
zulaufende Schnauze

vier Stiche bilden
W-förmigen Mund

Gliedmaßen
mit Ge-
lenken

Pfoten im
rechten Winkel
zu Armen ge-
bogen; keine
Ballen

tief angesetzte Ohren

kleine bernsteinfarbene
Glasaugen mit schwar-
zen Pupillen

Veloursleder-Nase

zimtfarbener
Synthetik-
plüsch

gerade Beine und
beigefarbene
Filzpfoten, mit
Karton verstärkt

1992: Jonette Stabbert   Größe: 28 cm

Honey Bear wurde von der ersten holländischen, in den
USA geborenen Bärenkünstlerin Jonette Stabbert
geschaffen. Sie hat Kunst und Design studiert und war
eine der weltweit führenden Stoffpuppen-Künstlerin-
nen, bis sie ca. 1983 Teddys unter dem Handelsnamen
»Poppette Bears« zu fertigen begann.

Gesticktes Etikett

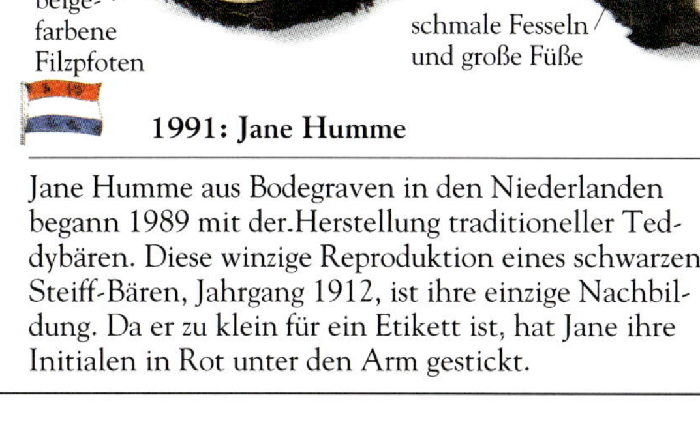

schwarze Knopf-
augen über
rotem Filz

breiter Mund mit
umgekehrter
Y-Form, doppelfädig

lange, geboge-
ne Arme

beige-
farbene
Filzpfoten

schmale Fesseln
und große Füße

leicht gewölbte
Ohren

Nase in dickem, schwar-
zen Garn gestickt

»antiker« schwar-
zer Mohairplüsch;
weiche Füllung

Glied-
maßen
und Kopf
mit Ge-
lenken

1991: Jane Humme   Größe: 13 cm

Jane Humme aus Bodegraven in den Niederlanden
begann 1989 mit der Herstellung traditioneller Teddybären. Diese winzige Reproduktion eines schwarzen
Steiff-Bären, Jahrgang 1912, ist ihre einzige Nachbildung. Da er zu klein für ein Etikett ist, hat Jane ihre
Initialen in Rot unter den Arm gestickt.

Gesticktes Etikett

klare Glasaugen mit schwarzen Pupillen auf handbemaltem Hintergrund

Ohren mit rotem Seidensamt aus den 40er Jahren gefüttert; über Gesichtsnähten angebracht

blaßgoldener Mohairplüsch, mittelhoher Flor; Holzwolle-Füllung

rote, gestickte Y-förmige Nase

Gliedmaßen mit Gelenken

lange, leicht gebogene Arme und spitz zulaufende Pfoten

Lederanhänger mit Aufschrift »Les Ours de Marcelle«

große ovale Füße mit roten Seidensamt-Sohlen

1992: Marcelle Goffin Größe: 34 cm

Marcelle Goffin aus Rouen hat sich auf Kopien alter französischer Bären spezialisiert. Tintin, 1990 entstanden, ist die Nachbildung eines Teddys aus den 40er Jahren, der ursprünglich aus Wolldecken gefertigt war. Marcelle hat mit Marylou Jouet einen Club namens »Teddy's Patch« gegründet.

Gesticktes Etikett

eingenähte, antike, schwarze Knopfaugen

breiter Kopf, mit Holzwolle gefüllt

Mund mit umgekehrter T-Form, einfädig gestickt

halbkreisförmige Nase, mit schwarzem Garn handgestickt

kurzfloriger Baumwoll- und Rayonplüsch; mit Kapok gefüllt

drei lange schwarze, gestickte Krallen

dunkelbeigefarbene Filzpfoten

lange, schmale Füße

schlanke Beine mit schmalen Fesseln

1991: Aline Cousin Größe: 26 cm

Aline Cousin stellt seit Dezember 1990 in Noisy le Grand, außerhalb von Paris, Sammlerbären in limitierter Auflage her. Sie benutzt alten und neuen Mohair-, Baumwoll-, Woll- und Rayonplüsch und bevorzugt traditionelle Designs, wie beim abgebildeten Napoleon zu sehen.

Gesticktes Etikett

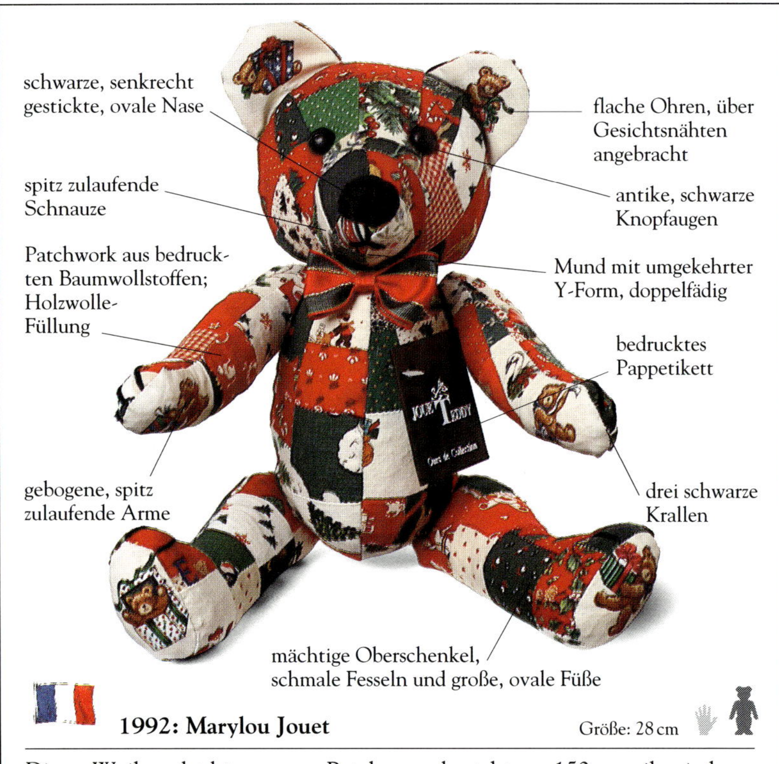

schwarze, senkrecht gestickte, ovale Nase

flache Ohren, über Gesichtsnähten angebracht

spitz zulaufende Schnauze

antike, schwarze Knopfaugen

Patchwork aus bedruckten Baumwollstoffen; Holzwolle-Füllung

Mund mit umgekehrter Y-Form, doppelfädig

bedrucktes Pappetikett

gebogene, spitz zulaufende Arme

drei schwarze Krallen

mächtige Oberschenkel, schmale Fesseln und große, ovale Füße

1992: Marylou Jouet Größe: 28 cm

Dieser Weihnachtsbär namens Patchnours besteht aus 150 amerikanischen Stofflicken. Marylou Jouet (Ihr Familienname bedeutet Spielzeug) aus der bretonischen Stadt Rennes ist Mitglied des Pariser Patchwork-Verbandes und führt seit 1984 Quilt-Kurse durch. Sie fertigt auch traditionelle, bekleidete Miniaturbären aus Mohairplüsch.

schwarze Knopfaugen aus Plastik

große, flache Ohren

schwarze, dreieckige Nase; Mund mit umgekehrter T-Form

handgemachter Wollfilz; Wollfüllung

Filztasche enthält Anhänger mit näheren Angaben über den Bären

kurze, stämmige, knollige Beine

1988: Dawn Nicholl Größe: 30 cm

Dawn Nicholl aus Neuseeland hat mit verschiedenen Kunstformen experimentiert, um ihre unverkennbaren, handgearbeiteten Teddybären aus reinem Neuseeland-Wollfilz zu fertigen. Mr. Oz E. Bound entstand anläßlich der Weltausstellung 1988 in Australien.

Gesticktes Etikett

kleine schwarze, gesicherte Plastikaugen

schwarze, senkrecht gestickte, schildförmige Nase

bedruckter Anhänger

beigefarbene Samtpfoten ohne Krallen

große, ovale Füße

kleine, leicht gewölbte Ohren, an Kopfseiten angebracht

Mund mit umgekehrter V-Form

lange, gebogene Arme, über Beine hinausreichend; löffelförmige Pfoten

kurzfloriger Mohairplüsch; gefüllt mit Baumwollfaser-Abfällen

1991: J. und M. Walton   Größe: 34 cm

Halifax wurde von den Waltons aus Neuseeland entworfen, seit 1989 Teilzeit-Bärenkünstler. Judy ist Krankenschwester und ihr Mann Michael Zahnarzt. Beide gehören der Antipodean Bear Makers-Kooperative und der British Toymakers Guild an.

Bedrucktes Etikett

bernsteinfarbene und schwarze, durchsichtige Glasaugen; darunter weißes opakes Glas

zimtfarbener Mohairplüsch; weich gefüllt

leicht gebogene Arme

braune Lederpfoten

längliche schwarze Nase; Mund mit umgekehrter Y-Form

schwarz-goldener, herzförmiger Pappanhänger; schwarzes Band mit Messingglöckchen

lange, ovale Füße, keine Krallen

1992: Janis Harris   Größe: 35 cm

Die ehemalige Puppenmacherin fertigt seit 1985 in ihrem Haus in Auckland Bären in limitierter Auflage und Unikate. Baby Bobby hat ungewöhnliche Glas-Glubschaugen aber ein traditionelles Design, das von der Künstlerin, die viele Auszeichnungen gewonnen hat, bevorzugt wird.

Gesticktes Etikett

Hut mit Krempe

große, flache Ohren; an Gesichtsseiten

schwarze, gesicherte Plastik-Knopfaugen

Mund mit umgekehrter Y-Form, doppelfädig gestickt

goldfarbenes Synthetikplüsch-Fell; Dacron-Polyester-Füllung

ausgebeulte Tweedhosen mit Gummiband in der Taille

Kopf aus langflorigem grauen Mohair auf goldfarbenem Plüsch-Untergrund

schwarze, senkrecht gestickte, dreieckige Nase

gestreiftes Hemd mit Stehkragen und Manschetten

blaßbeigefarbene Wildleder-Pfoten

schwarze, lederähnliche Stiefel

1992: Frances McLeary   Größe: 53 cm

Frances McLeary schuf den Gärtner Garmonsway als Teil ihrer Colonial Character-Sammlung mit Hilfe ihres Mannes Bill auf ihrem Bauernhof »Braidwood« nahe Frankton auf der Nordinsel. Sie hat mehrere neuseeländische Auszeichnungen für ihre Teddybären erhalten.

Bedrucktes Etikett

handgefärbter Mohairplüsch auf Baumwollunterlage; Füllung aus zerkleinerten, gemischten Fasern

handgetönte, dunkelbraune, gesicherte Plastikaugen mit schwarzen Pupillen

geschorene, spitz zulaufende Schnauze

Arme länger als Beine, mit langen gebogenen Pfoten

Pappanhänger

kleine, leicht gewölbte Ohren

schwarze, rechteckige Nase

Mund mit umgekehrter Y-Form, doppelfädig gestickt

Filzpfoten, doppelfädig gestickt

lange, schlanke, ovale Füße

1992: Allie und Nigel Hanton   Größe: 30 cm

Thaddeus wurde von den Hantons gemacht, Künstler mit formaler Ausbildung und Lehrer, die 1989 mit der Teddybären-Fertigung begannen. Jeder Bär aus limitierter Auflage wird kundenspezifisch in ihrem Studio in Wellington hergestellt und basiert auf traditionellen Modellen der Edwardianischen Epoche.

Bedrucktes Etikett

1989: Pat Lovelock   Größe: 45 cm

Crocodile Dunbear entstand 1989, inspiriert durch den Kinohelden »Crocodile Dundee«. Pat Lovelock aus Rosebud, Victoria, ist seit 1984 Teddybären-Künstlerin und hat für ihre Pat L. Original-Bären Preise in Australien erhalten.

An Original by Pat L.

Bedrucktes Etikett

1985: Marjory Fainges   Größe: 28 cm

Rembearandt, im Künstlergewand, ist eine der frühen Arbeiten von Marjory Fainges. Die meisten Bären fertigt sie nun in limitierten Auflagen unter dem Handelsnamen »Miffi«, von ihren Initialen abgeleitet. Die Künstlerin aus Queensland ist in Australien und den USA auch als Restauratorin, Sammlerin, Autorin und Lehrerin bekannt, die das Handwerk der Teddybärenfertigung weitervermittelt.

1987: Gerry Warlow   Größe: 40 cm

Gerry stellt seit 1983 Teddybären her, und Edgar ist eine ihrer ersten Arbeiten; ihre Modelle aus jüngerer Zeit sind aus Mohairplüsch. Gerry fertigt ihre Bären zu Hause in Rosewood, Queensland, Australien unter dem Namen Gerry's Teddy and Craft Designs.

Gerry's

Bedrucktes Etikett

1992: Jennifer Laing   Größe: 20 cm

Die Künstlerin aus Sidney fertigt seit 1990 traditionelle, handgenähte Bären, im Anschluß an ihre Ernennung zur Geschäftsführerin von *The Teddy Bear Shop* in Neutral Bay, New South Wales, wurde sie selbst tätig. Sie ist Mitglied der Antipodean Bear Maker's-Kooperative.

Bedrucktes Etikett

weißer Mohairplüsch, deutsches Fabrikat (ungebürstet und ungefärbt)

schwarze, waagerecht gestickte, dreieckige Nase; Mund mit umgekehrter Y-Form, einfädig

große, schmale, ovale Füße; schmale Fesseln

schwarze Glasaugen

spitz zulaufende, geschorene Schnauze

längliche Arme mit gebogenen, löffelförmigen Pfoten, traditioneller Stil

beigefarbene Samtpfoten

1991: Jenny Round

Größe: 43 cm

Jenny Round erhielt auf der australischen Puppen- und Teddybärenausstellung 1991 mit Ben (oben) die Auszeichnung »Beste Bärenkünstlerin«. Sie begann 1988, Teddybären und die dazugehörigen Gelenke zu fertigen. Sie lebt in New South Wales, Australien, und besitzt eine Sammlung von 400 Teddybären.

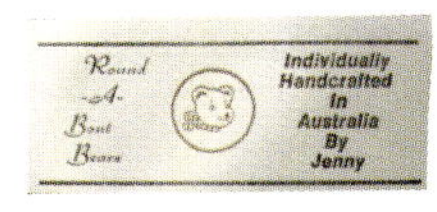

Bedrucktes Etikett

braune und schwarze, gesicherte Plastikaugen

»Tippelbruder«-Bündel (zusammengerolltes Buschmann-Bett)

brauner Synthetikplüsch

breite Beine; Fußsohlen mit Holz verstärkt

Buschmann-Filzhut mit Korkrinde und Gummibaumblättern

rotes »Tippelbruder«-Hemd mit offenem Kragen, und Tweed-Weste

beigefarbene Lederpfoten

Proviantbeutel aus Juteleinen

1990: Bob White

Größe: 45 cm

Der Kunstlehrer Bob White beschloß, seinen ersten eigenen Teddybären zu fertigen, als er kein australisches Modell in den einschlägigen Geschäften finden konnte. Seine Bären, unter dem Namen Bob's Bears im Handel, sind immer sehr markante Persönlichkeiten männlichen Geschlechts.

Bedrucktes Logo

eingenähte, schwarze Perlenaugen

gerade Arme

vier schwarze, gestickte Krallen

beigefarbene Wildlederimitat-Pfoten

aufgenähte, weiche, schwarze Wachstuchnase; schwarzer, gestickter Mund mit umgekehrter Y-Form

goldfarbener, kurzfloriger Baumwollsamt

breiter, flacher Körper mit seitlicher Schlußnaht

Gliedmaßen mit Gelenken

1992: Mary Kelly

Größe: 26 cm

Mary verkauft ihre Kreationen in Bear Basics, dem ersten Teddybär-Laden in Simon's Town, Südafrika. Mit Hilfe ihrer Tochter Samantha fertigt sie ihre Bären vor allem in Baumwollsamt und Polstermaterialien, da traditionelle Plüschsorten in Südafrika teuer und nicht leicht erhältlich sind.

eingenähte braune und schwarze Plastikaugen

lächelnder Mund aus zwei schwarzen Stichen

gelenkloser Körper

schwarze Ledernase

schwarze Lederpfoten

Leder-Anhänger mit der Aufschrift »wa me« (»warum ich«)

1990: In Botswana hergestellt

Größe: 25 cm

Bären wie »Wa Me« (oben) werden von einer Frau auf einer Farm in einem Dorf in Botswana hergestellt. Die Frauen vor Ort helfen beim Verzieren der Schachteln, die Holzkisten für den Transport von Tieren darstellen sollen. Der Bär ist aus reiner Wolle und teilweise in einer Schlingentechnik gehäkelt, die zottigem Mohairplüsch ähnelt, während die glatte Häkelarbeit an der Schnauze geschoren wirkt.

Teddybären-Muff
Teddybären-Muffs
waren schon immer
beliebt. Dieses deutsche
Modell (rechts) hat einen
Quiekser.

Silbernes Kinderbesteck
Besteck mit Bären (oben
und links), Ende 19. und
Anfang 20. Jahrhundert.

Tea for Two
Mutter Bärs Kleid (oben)
ist ein Teekannenwärmer;
das Baby hat Gelenke.

Teddy-Philatelie
Teddys auf Briefmarken
aus aller Bären Länder
(links).

Der erste Freund
Studio-Porträtaufnahmen mit Teddys sind reizvolle Sammelobjekte. Dieses Foto von 1913 (links) stammt aus Hackney im Osten Londons.

Flaschenwärmer
Dieser originelle Flaschenwärmer aus den 40er-50er Jahren war auch in rosafarbenem Plüsch erhältlich.

In Reih' und Glied
Diese Teddy-Sammlung aus der Kindheit wurde von Mitgliedern des Design- und redaktionellen Teams zusammengetragen, die an diesem Buch mitgearbeitet haben.

Arctophilie: Bären- sammeln

Mitte der 80er Jahre hatte sich das Sammeln von Teddybären zu einer ernsthaften Freizeitbeschäftigung entwickelt und einen weithin akzeptierten Namen erhalten: »Arctophilie«, aus dem Griechischen arctos (Bär) und philos (Liebe) abgeleitet.

Das Schöne an diesem Hobby ist, daß man es auf verschiedenen Ebenen angehen kann – ein individueller, wunderschöner und vielseitiger Zeitvertreib für jung und alt. Man kann sich auf antike Bären, Designer-Bären, moderne Bären aus limitierter Auflage oder preiswerte Bären aus zweiter Hand spezialisieren. Oder man sammelt einfach alles, was mit Teddybären zu tun hat – angefangen von teuren Silber- oder Porzellanmodellen bis hin zu preisgünstigeren Artikeln wie bärigen Keksverpackungen, Briefmarken oder Abzeichen. Als Sammler können Sie beispielsweise Grenzen überschreiten und Polarbären, Pandabären oder sogar Objekte einbeziehen, die mit Teddy Roosevelt in Zusammenhang stehen, der den Teddybären seinen Namen gab. Die Entscheidung liegt ganz allein bei Ihnen.

In diesem Kapitel betrachten wir die historische Entwicklung der Arctophilie und besprechen Themen, die in der Praxis damit einhergehen. Außerdem geben wir Tips zum Aufbau einer Sammlung, nennen Bezugsquellen und informieren Sie, wie Sie Ihr Wissen über dieses außerordentlich faszinierende und weltweit beliebte Thema erweitern können.

Arctophilie: Teddybären sammeln

EIN UMFASSENDER ÜBERBLICK

Erwachsene und Kinder haben Teddybären schon lange als Maskottchen akzeptiert. Teddybären zu sammeln war jedoch bis vor kurzem ein ziemlich unbekanntes Hobby. Der englische Schauspieler Peter Bull (1912–84), der als Lokomotive der Arctophilie gilt, ermutigte das Sammeln nicht nur, sondern führte auch gegen Ende der 60er Jahre die Philosophie des »Bärenbewußtseins« ein. Die Anerkennung dieses Hobbys erfolgte jedoch erst in den 80er Jahren, als die Teddymanie wieder ausbrach. Mitte der 80er Jahre war das Wort Arctophilie dann in das Fachvokabular der Teddybären-Sammler eingegangen.

schafter des Teddybären. Er besuchte Wohltätigkeitsveranstaltungen und Fachtagungen in den USA und Großbritannien und arbeitete mit dem House of Nisbet (siehe S. 144–145) an einer limitierten Bärenausgabe. Sein berühmter Bär »Aloysius« erwies sich als Motor der Teddybären-Renaissance zu Beginn der 80er Jahre, als er in der britischen Fernsehfassung von Evelyn Waughs Roman *Wiedersehen mit Brideshead* sein Debut gab und später vom House of Nisbet und der North American Bear Company reproduziert wurde (siehe S. 147).

Peter Bulls Buch *A Hug of Teddy Bears* wurde 1984, in seinem Todesjahr, veröffentlicht. Seine Sammlung von rund 250 Teddybären hinterließ er dem Londoner *Toy und Model Museum*, wo die meisten noch zu besichtigen sind. Einige wurden indessen verkauft, so »Aloysius«, der nun mit Paul und Rosemary Volpp in Kalifornien lebt.

DER TEDDYBÄR ALS BOTSCHAFTER

Als Peter Bull sechzehn war, gab seine Mutter den Teddybären seiner Kindheit weg, ein für ihn unermeßlicher Verlust. Ende der 60er Jahre wurde ihm bewußt, daß andere ähnlich traumatische Erlebnisse gehabt haben könnten, und er beschloß, der Sache auf den Grund zu gehen. In der US-Talkshow *Today* bat er die Zuschauer im Studio um Zusendung interessanter Teddybären-Geschichten, und innerhalb von einer Woche gingen mehr als 2000 Briefe bei ihm ein. Seine Nachforschungen hatten 1969 die Veröffentlichung des Buches *Bear with Me* (Hutchinson) zur Folge. Als Verfasser mehrerer Autobiografien war diese Arbeit ein Markstein für seine beginnende Laufbahn als internationaler Bot-

Der Vater der Arctophilie
Peter Bull (oben) mit Bully Bear, dem ersten Bären, der in Zusammenarbeit mit dem House of Nisbet entstand

BÄRENLIEBE

Teddybären sammeln zählt heute zu den Hobbys, die weltweit Anhänger gefunden haben. Für manche ist es mehr als ein Vergnügen, nämlich eine Investition in Antiquitäten. In den Augen der meisten sind Teddybären indessen treue Kameraden und liebgewordene, hochgeschätzte Familienmitglieder. Wie Peter Bull schon erkannt hatte, besteht eine enge emotionale Beziehung zwischen einem Menschen und seinem Teddy aus Kindertagen, oft dem ersten und engsten Vertrauten.

Bär aus dem House of Nisbet
Dieser Riesenbär trägt Peter Bulls Pullover, in den einige seiner Lieblingssprichwörter eingestrickt sind. Der 1984 zu seinem Gedenken gefertigte Tribute Bully ist mit einer Nachbildung dieses Pullovers bekleidet.

Bärenpartie
Der alte Koffer ist eine perfekte Plattform für diesen Trupp Gebrüder Hermann-Bären (oben).

BÄREN IM KARITATIVEN DIENST

Inspiriert durch solche Gefühle hatte der Amerikaner Jim Ownby die Idee, die »Good Bears of the World« zu schaffen. Diese Organisation verteilt Teddybären an Kinder, die schwer krank sind oder an einem Trauma leiden, und an ältere, psychisch kranke Menschen. Sie ernannte den 27. Oktober, den Geburtstag Theodore Roosevelts, zum »Good Bear Day«. Die Mitglieder führen Spendensammlungen durch; das Geld wird zur Herstellung oder zum Kauf von Teddybären verwendet, die als »Helfer« in Krankenhäusern, Polizeistationen, Pflegeheimen und anderen Institutionen tätig sind.

BÄREN ALS THERAPEUTEN

Seit mehreren Jahren setzt die amerikanische Polizei Teddybären ein, um Kindern, die einen seelischen Schock erlitten haben, zu helfen, über ihre traumatischen Erlebnisse zu sprechen. Dieses Modell hat inzwischen auch in anderen Ländern Nachahmer gefunden. Manche Ärzte führen »Operationen« an Teddybären durch, um den kleinen Patienten die Angst vor einem chirurgischen Eingriff zu nehmen. Einige Bären wurden gefertigt, um Spezialaufgaben zu bewältigen. Sir Koff-a-Lot von Muffin Enterprises ist beispielsweise von zwei Herzchirurgen als »Therapeut« für Patienten eingesetzt worden, die sich von einer Herz-, Brust- oder Bauchoperation erholen.

Teddybären wurden für Gehörlosenschulen entwickelt: Honey, der singende Bär (erfunden von Pat Yockey von der kalifornischen Firma Quiet Bears) hat Arme ohne Gelenke, in die Lehrer ihre Hände schieben können, um den Schülern die Zeichensprache zu vermitteln. Teddys mit »Herzschlag« haben ängstliche Kinder in den Schlaf gelullt. Teddybären sind häufig ein Symbol für karitative, kinderspezifische Anliegen und rufen selbst oft zu Spenden auf: Pudsey rührt die Werbetrommel für die alljährliche BBC-Kampagne »Children in Need« (Kinder in Not), und in Australien hat der Bandaged Bear Geld für das Kinderkrankenhaus in Campertown, New South Wales, gesammelt.

Verletzte Teddybären
Der Bär auf Krücken von Softouch Inc. (oben) und Port Wine von E. Kay Peck (unten) sind zwei Teddys, die Kindern helfen, mit Behinderungen fertigzuwerden.

Bären-Liebhaber
Nick Bisbikis Jr. (rechts) und seine Frau Cassie leben seit Beginn der 80er Jahre mit rund 700 alten und neuen Sammlerbären in ihrem Haus in Kalifornien. Nick Bisbikis verkauft außerdem Gebrüder Hermann- und Fechter-Bären (hier abgebildet).

Spendensammler
Teddybären-Händlerin und Autorin Linda Mullins (oben) organisiert Tagungen in San Diego, Kalifornien, deren Erlös an ein Heim für mißhandelte/sexuell mißbrauchte Kinder in ihrer Heimatstadt geht. Ein Geschenk ihres Mannes Wally, ein früher Steiff-Bär, brachte sie 1974 auf den Arctophilie-Kurs.

SAMMELSTRATEGIE

Wenn Sie sich ernsthaft auf das Sammeln von Teddybären einlassen, sollten Sie sich eine Strategie zurechtlegen, die auf Ihre individuellen Umstände – die finanzielle und räumliche Situation, aber auch Ihren persönliche Geschmack – zugeschnitten ist. Sie können sich auf antike Bären spezialisieren, wobei der Begriff »antik« solche Bären bezeichnet, die vor dem Ersten Weltkrieg entstanden sind. Teddys aus den 20er und 30er Jahren werden heute gleichwohl höher gehandelt, und sogar Bären aus den 50er und 60er Jahren erfreuen sich wachsender Nachfrage. Sie können aber auch Teddybären nach anderen Gesichtspunkten sammeln, z.B. von bestimmten Herstellern, nach Ursprungsland oder mit spezifischem Design.

TEDDYS VON GESTERN UND HEUTE

Im breitgefächerten Spektrum antiker Bären könnte es interessant sein, Teddys mit schillernder Vergangenheit zu sammeln, die vielleicht namhaften Persönlichkeiten gehört oder als Maskottchen bei sportlichen Ereignissen gedient haben. Das könnte sich allerdings als kostspielig erweisen: »Alfonzo«, ein früher Steiff-Bär aus rotem Mohairplüsch mit Kosakenbluse, die von der Kinderfrau seiner Besitzerin, einer russischen Prinzessin (siehe S. 19), geschneidert worden sein soll, erzielte bei einer Versteigerung des Auktionshauses Christie die Rekordsumme von 12 100 britischen Pfund.

Einige Bärenliebhaber spezialisieren sich auf limitierte Ausgaben von zeitgenössischen Herstellern oder Teddybärenkünstlern, von denen es weltweit viele gibt. Vielleicht möchten Sie sich lieber auf einen bestimmten Designer konzentrieren oder erstehen einen Bären einfach, weil Ihnen »sein Gesicht gefällt«. Oder Sie lassen sich beim Kauf von der Farbe lenken und sammeln zum Beispiel ausschließlich weiße Teddybären.

AUS ALLER BÄREN LÄNDER

Sie können auch Teddys aus allen Ländern der Welt sammeln, oder nur Souvenirs, wie die bunte Palette der Berliner Bären (ein Bär ist auf dem Wappen der Stadt zu sehen). Die meisten dieser Bären, die in der Region um Neustadt produziert werden, haben keine Herstellermarkierung. Sie sind aber auch im Programm einiger führender Firmen wie Steiff und Schuco zu finden.

MINIATUREN-SAMMLUNG

Bei Platzmangel könnten Sie Ihre Aufmerksamkeit auch auf die winzigen Exemplare richten, entweder von den alten Meistern der Miniatur, wie Steiff und Schuco (siehe S. 40–41), oder auf die Arbeiten zeitgenössischer Bärenkünstler (siehe S. 172 bis 187), die immer kleinere, formvollendete Teddybären mit traditionellen Gelenken herstellen.

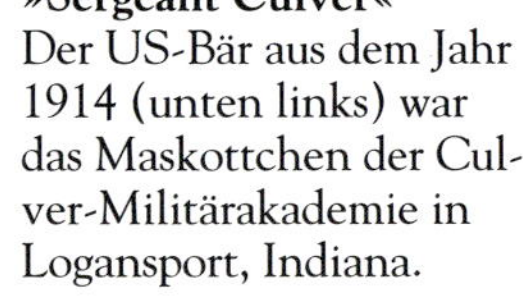

Fingerhut-Größe
Die Amerikanerin Sandy Williams fertigt diese winzigen Teddybären aus Wildlederimitat von 2 cm bis 5 cm Größe. Die Steppnähte bestehen aus rund 22 Stichen je Zentimeter.

»Sergeant Culver«
Der US-Bär aus dem Jahr 1914 (unten links) war das Maskottchen der Culver-Militärakademie in Logansport, Indiana.

Historisches Relikt
»Fritz« (oben), ein frühes Steiff-Exemplar, war von seinem früheren Besitzer, einem deutschen Kriegsgefangenen, unter dem Zementboden einer britischen Wellblechbaracke versteckt worden.

Arbeitende Bären
Harmles (links unten) von Steiff war vor 1914 das Sport-Maskottchen der US-Jungenschule Kimbal Union Academy. Ein weiteres Mitglied der Steiff-Familie (unten rechts) tat während des Zweiten Weltkriegs bei den deutschen Luftangriffen auf London als Feuerwehrmann Dienst.

Überlebender
Dieser frühe Bing-Bär (oben), nun im englischen Ribchester, im Museum of Childhood, beheimatet, ist ein glücklich Geretteter, der 1912 den Untergang der Titanic überlebte, im Gegensatz zu seinem Besitzer, dem Proviantmeister Gaspare Gatti.

Cheeky-Sammlung
Zu dieser Gruppe von Cheeky-Teddys der Firma Merrythought (rechts) gehört Bedtime Bertie (oben) mit Miniatur-Wärmflasche, der 1992 nach der Vorlage von Bedtime Cheeky aus dem Jahre 1977 entstand und im Cotswold Teddy Bear Museum zu besichtigen ist.

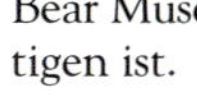

VERZEICHNIS

Sobald die Arctophilie eine ernstzunehmende Beschäftigung geworden ist, sollte man sich mit praktischen Notwendigkeiten auseinandersetzen wie dem Katalogisieren, Durchnumerieren und Fotografieren. Irgendeine Checkliste oder ein Verzeichnis mit Bildmaterial ist nützlich, wenn Sie etwas nachschlagen, Nachforschungen anstellen oder anderen Teddybärensammlern, Schätzern oder Liebhabern Informationen zukommen lassen möchten. Sie können Ihr eigenes System entwickeln und Karteikarten, Kladde, ein Ringheft oder auch den Computer zum Speichern der Informationen benutzen. Ungeachtet der Methode sollten Sie jedoch darauf achten, daß die Datei nach Möglichkeit folgende Einzelheiten enthält: Name, Hersteller, Herstellungsdatum, Etikett-Aufschrift in allen Einzelheiten und alle Hintergrunddaten bezüglich der Provenienz; Kaufdatum, Ort des Kaufs und Kaufpreis. sowie grundlegende Informationen über Fell, Füllung, Augen, Pfoten, usw. Sie sollten auch vermerken, ob die Kleidung Original ist, ob der Bär eine Kippmechanismus-Brummstimme oder einen Quiekser hat, und ob der Mechanismus funktioniert oder nicht. Außerdem sollten Sie mögliche Reparaturarbeiten beschreiben. Es ist ratsam, alles Zubehör wie Pappanhänger, Original-Fotos und Empfangsbestätigungen aufzubewahren. Wenn Sie eine große Sammlung haben, sollte jeder Bär eine Nummer (auf Karton, Papier oder Stoffetikett geschrieben und an der Kleidung befestigt) und die Entsprechung in seiner Datei erhalten.

Machen Sie auch Fotos von Ihren Bären, nicht nur für die Versicherung oder Taxierung, sondern auch als Hilfe, wenn Sie »Ahnenforschung« betreiben oder Ihre Sammlung ausstellen wollen. Nehmen Sie die Bären von vorne und im Profil auf, da es für den Schätzer nützlich ist, Form und Größe der Schnauze oder des Buckels zu erkennen. Fügen Sie, wenn möglich, schriftliche Einzelheiten hinzu, zum Beispiel die Art des Füllmaterials

Zotty-Bären
Manche Sammler versuchen, jede Größe eines besonders beliebten Teddybären-Designs zu ergattern, wie diese verschiedenen Zotty-Versionen von Steiff (oben).

oder die Methode der Augenbefestigung, da dies aus dem Foto nicht hervorgeht.

Eine umfassende Dokumentation ist auch versicherungstechnisch wichtig, und Sammler sollten sich vergewissern, daß Ihre Teddybären in der Hausratsversicherung berücksichtigt sind. Da man Ihnen unter Umständen nur den Kaufpreis des Bären rückerstattet und nicht seinen derzeitigen Marktwert, könnte es ratsam sein, die Sammlung zusätzlich zu versichern und jedes Objekt nebst Schätzwert aufzuführen. Sie sollten alle Belege bezüglich des Kaufpreises aufbewahren und sich gleichzeitig über die aktuellen Preisentwicklungen auf dem laufenden halten.

TEDDYBÄREN SCHÄTZEN

Sie können sich eine ungefähre Vorstellung vom Wert Ihrer Sammlung machen, wenn Sie die verschiedenen Teddybären- und Kuschelspielzeug-Preistabellen zu Rate ziehen, die seit den 80er Jahren veröffentlicht werden. Sie werden regelmäßig aktualisiert und geben die Werte in Dollar, Pfund Sterling und DM an. Namhafte Teddybären-Händler oder internationale Auktionshäuser wie Sotheby's, Christie's oder Phillips mit Abteilungen, in denen Teddybär-Experten Anfragen bearbeiten, können Ihnen auch Auskünfte über den Wert eines Teddys geben.

Rekordbrecher
Bunny Campione, die Teddybären-Auktionen bei Sotheby's hoffähig machte, hält Objekt 19, einen Steiff-Bären um 1926, auf dem Arm, der am 19. September 1989 die Rekordsumme von 55 000 englischen Pfund erzielte.

Frannie-Bär
Dieser Bär aus einer limitierten Auflage (unten) wurde eigens zur Eröffnung des Teddybär-Museums in Naples, Florida, geschaffen.

FAKTOREN, DIE ZU BERÜCK- SICHTIGEN SIND

Ich werde oft gefragt, was einen Bären so wertvoll macht. Natürlich ranken sich um viele Bären aus der Kinderzeit Erinnerungen, und daher sind sie unbezahlbar. Wenn es Ihnen jedoch um finanzielle Gewinne geht, so gibt es mehrere, oft miteinander verbundene Kriterien, die Sie bezüglich antiker Bären in Betracht ziehen sollten. Teddybären von weltweit führenden Herstellern wie Steiff, Bing oder Schuco haben größeren Wert als andere, und wenn sie noch Knopf, Etikett oder Pappanhänger mit Warenzeichen tragen, steigt der Preis noch einmal. Auch das Alter ist wichtig: Bären aus der Periode vor dem Ersten Weltkrieg gelten allgemein als die kostbarsten, obwohl die britischen Bären aus den 20er und 30er Jahren ebenfalls einen Preisanstieg verzeichnen. Faktoren wie Seltenheit des Modells, Farbe und Geschichte können sich gleichermaßen auf den Wert auswirken. Auch der Zustand, in dem sich der Bär befindet, spielt eine gewichtige Rolle: starke Abnutzung oder offenkundige Reparaturen drücken den Preis. 1986 wurde bei Sotheby's in Chester, England, ein 75 cm großer weißer Steiff-Bär von 1904 für 5280 Pfund versteigert. Das frühe Herstellungsdatum, die seltene Farbe und Größe und der tadellose Zustand (der ursprüngliche Besitzer hatte nie damit gespielt) trugen zu dieser damaligen Rekordsumme bei.

Auch der Gesichtsausdruck der Teddybären beeinflußt den Wert. Die Rekordsumme von 55 000 Pfund, die 1989 für »Happy« auf den Tisch geblättert wurde, lag bei weitem höher als der Preis, den ein Jahr später ein ähnliches Steiff-Modell aus »Dual«-Plüsch mit

großen, hervorquellenden Glasaugen erzielte (3250 Pfund). Das lag nicht nur daran, daß Preise schwanken können, sondern auch an den Bietern und nicht zuletzt an Happys glücklichem, gewinnendem Lächeln.

Berühmte britische, auf Kunst spezialisierte Auktionshäuser wie Christie's, Sotheby's und Phillips hielten ihre ersten Teddybär-Versteigerungen Mitte der 80er Jahre ab. Die Preise erreichten in kürzester Zeit astronomische Höhen, was dem wachsenden Interesse an der Arctophilie zugeschrieben wird. Inzwischen gibt es verschiedene Fachmessen und Kataloge, sie sind inzwischen wertvolle Orientierungshilfen für frischgebackene Sammler.

Antike Bären kann man auch in Spezial-

Bären-Auktionen
Christie's (oben), seit 1766 für Kunstauktionen berühmt, führte am 13. Dezember 1985 als erstes Auktionshaus eine Teddybären-Versteigerung in seiner Zweigstelle in South Kensington durch.

Nichts als Bären
1984 eröffnete Joan Bland das erste britische Teddybären-Spezialgeschäft in Windsor, Berkshire (oben).

Archie
Archie (oben) wurde von dem Bärenkünstler Brian Beacock speziell für Asquiths Teddy Bear Shop entworfen.

The Calico Teddy
Donna Harrison und Dottie Ayers fertigen Bären nur für ihr Geschäft (Etikett oben).

geschäften kaufen, die seit den 80er Jahren wie Pilze aus dem Boden geschossen sind. Dazu gehören Pam Hebbs in London und Ian Pout in Oxfordshire (Großbritannien); Barbara und Bob Lauber in Annville, Pennsylvania, Barbara Baldwin in Sparks, Maryland, und The Rare Bear-Laden in New York (USA).

MESSEN UND TAGUNGEN/-VERKAUFSAUSSTELLUNGEN

Einige Spielzeug-Händler, insbesondere in den USA, organisieren Verkaufsausstellungen, wo eine breitgefächerte Palette, von antiken bis zu Designer-Bären, angeboten wird. In den USA finden viele Teddybären-Fachmessen statt, und die Termine werden in den einschlägigen Fachzeitschriften bekanntgegeben. Sammler können Bären in limitierter Auflage kaufen, die von Herstellern und Bärenkünstlern für ein bestimmtes Ereignis gefertigt wurden, beispielsweise die jährliche Ausstellung in Disney World, Florida. Großbritannien ist diesem Beispiel gefolgt und hält jedes Jahr im August ein Teddybärenfest ab. In Sidney, Australien, führt Jacki Brooks seit 1989 alljährlich eine Teddybären-

Ausstellung durch, und 1992 fand in Neuseeland die erste Teddybären-Tagung statt.

TEDDYBÄR-SPEZIALGESCHÄFTE

Mit wachsender Nachfrage sind Läden entstanden, die ausschließlich Teddybären und verwandte Artikel feilbieten. Bear in Mind, 1978 in Concord, Massachusetts gegründet, gibt außerdem ein vierteljährliches Informationsrundschreiben, The Arctophile, für die Sammler neuer Bären heraus. In Großbritannien war Asquiths das erste Geschäft dieser Art, das inzwischen in fast jeder größeren Stadt zu finden ist. Sie verkaufen Teddybären, die auf den Sammler abzielen – limitierte Auflagen und Repliken oder auch Modelle, die speziell für sie gefertigt wurden. Teddybär-Spezialgeschäfte findet man inzwischen weltweit zum Beispiel in Kanada, Neuseeland, Südafrika, Nordirland, auf Jersey und Hawaii. In den USA werden Sammlerbären sogar per Teleshopping verkauft. Und denken Sie daran, Teddybären müssen nicht neu gekauft werden: auf Flohmärkten, bei Wohltätigkeitsveranstaltungen, in Trödelläden und Nachlaßversteigerungen könnten Sie unter Umständen auch ein echtes Schnäppchen machen.

Jacks Werbebär
Ein kleines Modell von Jack's Bear, gefertigt vom House of Nisbet. Er war der erste Bär, den Jack Wilson in antikem Alpakaplüsch herstellte, ein Material, an dessen Entwicklung er beteiligt war.

Limitierte Auflagen
Die drei Bären (unten) wurden in limitierter Auflage exklusiv für bestimmte Läden hergestellt. Von Steiff stammt »Klein Archie« (links), und von Merrythought der Spezialbär (rechts) zum 25. Firmenjubiläum des Enchanted Doll House in Vermont. Sapphire (Mitte) wurde von Canterbury Bears Ltd. für das US-Geschäft The Bear Tree kreiert.

BÜCHER FÜR SAMMLER

Als Bärenliebhaber sollte man sich unbedingt eine umfassende Fachbibliothek aufbauen. Bahnbrechende Arbeiten wie die der US-Sammlerin Patricia Schoonmaker (*The Collector's History of the Teddy Bears*), Linda Mullins (*Teddy Bears: Past and Present;* Band 1 und 2) und Margaret Fox Mandels mehrbändige Reihe mit Identifikationshilfen sind von unschätzbarem Wert. Auch britische Autoren wie Phillipa und Peter Waring, deren Buch *In Praise of Teddy Bears* 1980 erschien, und Teddybär-Bücher von Pam Hebbs, Sue Pearson und nicht zuletzt mein eigener Beitrag *Das große Buch der Teddybären*, München 1992, sind hier zu nennen. In Australien führen Romy Roeder und Jacki Brooks das Feld der Teddy-Publikationen an. Auch in anderen Ländern schreiben immer mehr Arctophile Teddybären-Bücher: z. B. Geneviève und Gérard Picot in Frankreich, Christina Björk in Schweden, und Erika Casparek-Türkkan in Deutschland. Alte Fachblätter der Spielzeugindustrie sind hervorragende Quellen für Informationen über die Geschichte der Teddybären-Hersteller. Und die alten Hersteller-Kataloge leisten wiederum gute Dienste beim Identifizieren der Bären. Es gibt jedoch nur wenige Firmen wie Merrythought und Steiff, die eigene Archive haben.

IDENTIFIKATIONSMERKMALE

Sie können jedoch nicht erwarten, alles Wissenswerte über Teddybären herausfinden, wenn Sie nur Bücher lesen. Versuchen Sie, soviel Hintergrundforschung zu betreiben wie möglich, indem Sie Auktionen und Messen/Ausstellungen besuchen, mit Experten sprechen und »Umgang« mit alten Bären pflegen. Lernen Sie, zwischen Mohair- und Kunstseidenplüsch, und zwischen Kapok- und Holzwolle-Füllungen zu unterscheiden (letztere ist schwerer und knistert unter den Fingern). Versuchen Sie, die charakteristischen Merkmale zu erkennen, die auf Alter oder Herkunft eines Bären schließen lassen: Nehmen Sie die Körperform unter die Lupe und prüfen Sie die Länge der Gliedmaßen, die Beschaffenheit der Schnauze und ob ein Buckel vorhanden ist. Bestimmen Sie die Materialien, die für Fell, Augen, Pfoten und Füllung verwendet wurden. Machen Sie sich mit den charakteristischen Merkmalen bestimmter Hersteller vertraut, zum Beispiel den Nasen der ersten Bing-Bären, die eine spezielle Stichtechnik aufweisen, und lernen Sie, Ersatz-Augen zu erkennen. Sie sollten auch wissen, daß inzwischen gefälschte antike Bären im Handel sind, von denen manche obendrein sogar noch gefälschte Warenzeichen tragen.

Edward auf Reisen
Dieser reine Mohairplüsch-Bär (oben) von Big Softies (siehe S. 143) wird in einem Karton mit »Luftlöchern« verschickt.

Aus einem Guß
Bei einigen der frühen Bing-Bären sind Ohren und Kopf aus einem Stück zugeschnitten (unten) – nützlich zu wissen, wenn man unmarkierte alte Bären zu identifizieren versucht.

Profilierte Persönlichkeiten
Hier sieht man den subtilen Unterschied zwischen einem frühen Steiff-Bären (oben links) und einer Schuco-Miniatur (oben rechts). Bei letzterem sind Körper und Gliedmaßen dünner und gerader, die Schnauze spitzer und die Füße kleiner.

Gyles'-Bär
Der Nisbet-Bär (oben) ist nach Gyles Brandreth benannt, Teddyliebhaber und Gründer des Teddybär-Museums in Stratford-upon-Avon, Mitglied des Britischen Parlaments, bekannte TV-Persönlichkeit und ein Mann, der für seine Pullover bekannt ist, die speziell für ihn angefertigt wurden.

Helen Sieverling
Die in Kalifornien lebende Sammlerin (rechts), die Artikel für die Zeitschrift Teddy Bear and Friends schreibt, hält einen frühen Steiff- und einen Gebrüder Hermann-Bären aus limitierter Auflage auf dem Arm, gefertigt als Erinnerung an ihre Arbeit für den US-Verlag Hobby House Press.

TEDDYBÄREN-MUSEEN

Museen, vor allem Spielzeugmuseen rund um die Welt, sind eine weitere Quelle, um Fakten zu sammeln. Das erste Museum, das ausschließlich Teddybären gewidmet ist, wurde 1986 in Berlin eröffnet; es enthält die rund 2000 Bären umfassende Sammlung von Florentine Wagner. Danach entstanden Judy Sparrows Bear Museum in Petersfield, Hampshire und weitere Museen in Großbritannien: die Gyles Brandreths Sammlung in Stratford-upon-Avon (1988); das Cotswold Teddy Bear Museum in Broadway (1991); und Teddy Melrose in Schottland (1992). Das erste Teddybären-Museum in den USA wurde im Dezember 1990 in Naples, Florida mit der rund 1800 Bären umfassenden Sammlung

Kalifornische Sammlerin
Mrs. Sydney Charles (oben) mit ihrem Knickerbocker-Kindheitsteddy »Frederick Pooh Robinson III« und einem frühen amerikanischen Bären.

nach speziellen Teddybären zu befriedigen. Das Angebot wird ständig erweitert, weil die Firmen Repliken früherer Modelle fertigen. Bei diesen Bären ist die Auflagen-Nummer normalerweise auf einem angenähten Etikett vermerkt, manchmal mit aufgedruckter Signatur des Firmenleiters, und in der Regel ist ein Echtheitszertifikat beigefügt. Unbekanntere Hersteller und Teddybären-Künstler schreiben die Nummer meistens von Hand, zum Beispiel auf die Fußsohle oder auf ein eingenähtes Etikett. Bei Messen oder in Spezialgeschäften können Sammler ihre Bären auch signieren lassen, was ihren Wert nochmals erhöht. Limitierte Auflagen und Reproduktionen sind boomende Märkte; hier werden VIBs im Ruhestand (siehe S.146 bis 147), Raikes-Bären (siehe S.152–153) und Steiff-Replika (siehe S. 152–153) verkauft, da viele Arctophile bestrebt sind, ihre Kollektion ständig zu erweitern. Das Sammeln von Bären, die in begrenzter Stückzahl hergestellt wurden, ist nicht unbedingt ein billigeres Hobby als das Sammeln antiker Bären.

»Glückliche« Einfälle
Steiff brachte 1990 eine Neuauflage des Rekordbrechers »Happy« in limitierter Auflage heraus; 1991 folgte ein kleineres Modell. Auch House of Nisbet fertigte eine »Happy«-Version als Teil seiner Way We Were-Serie.

Museum in Florida
George B. Black Jr., Sohn der Gründerin Frannie Hayes, ist Direktor des Teddy Bear Museums in Naples, Florida (oben). In Einklang mit seiner Zweckbestimmung befindet es sich inmitten von speziell angefertigten Bärenskulpturen und Kiefernwäldern.

von Frannie Hayes eröffnet. Der Kurator baut außerdem ein Archiv mit Informationen über Teddybären-Hersteller und -Künstler auf.

LIMITIERTE AUFLAGEN

Während der 80er Jahre wurden neue Sammlerobjekte, Bären in limitierter Auflage, von den Herstellern und Künstlern eingeführt, um die wachsende Nachfrage

»Happy«-Wiedergeburt
Jörg Jünginger (unten), Steiffs Chef-Designer, Archivar und Großneffe von Margarete Steiff, nimmt Maß für die »Happy«-Replika. In den Steiff-Archiven gibt es keine Original-Mustervorlagen des Bären.

BÄRIGE ERINNERUNGS-STÜCKE

Nur wenige Bärenliebhaber können der Versuchung widerstehen, teddybezogene Objekte in ihre Sammlungen einzubeziehen. Dieser Ableger des Hobbys kann sogar eine Leidenschaft für sich werden. Über diesen Aspekt des Teddybären-Sammelns wurden einige nützliche Bücher und Nachschlagewerke geschrieben.

Anzeigen im US-Fachjournal *Playthings* und in Frauenzeitschriften um 1907 zeigen, daß die Liebe zu Teddybären keineswegs ein neuzeitliches Phänomen ist. Während der ersten Teddyfieber-Welle wurden Mohairplüsch-Mäntel für Kinder mit Messingknöpfen, Muffs, Geldbörsen und Beutel in Teddybärenform und festliche Kleidchen für Säuglinge, Decken für die Wiege und Kopfkissenbezüge mit Teddybär-Muster hergestellt.

Es gibt alle nur erdenklichen Teddybär-Behältnisse, wie die Wärmflasche (S. 23), Behältnisse für Parfüm und Puder (S. 40 bis 41) und zum Aufbewahren des Nachthemdes/Pyjamas (S. 91) in traditionellem Plüsch. Auch Pralinenschachteln in Bärenform wurden um 1910 gefertigt. Und in Amerika gab es gußeiserne Spardosen, lithografierte Keksdosen und Zahnbürstenhalter aus Vinyl in Bärenform.

SILBERWAREN

Vor dem Ersten Weltkrieg wurden Teddy-Beißringe und Rasseln aus Sterlingsilber hergestellt; letztere hatten oft einen Perlmutt-Handgriff und die Bären kleine Glöckchen an den Füßen oder am Körper befestigt. Solche Arbeiten stammten vornehmlich von Silberschmieden aus Birmingham.

Zu den weiteren Gegenständen aus Silber, die aus dieser Periode stammen, gehören Häkchen für Schnürschuhe, Glücksbringer, Hutnadeln, Fingerhüte, Nadelkissen, Speisekarten-Halter, Serviettenringe, Eierbecher, Brieföffner und Sanduhren. Silberlöffel mit ziselierten Bären (siehe S. 200) sind unter Sammlern besonders beliebt. Viele tragen einen englischen Silber-Feingehaltstempel, obwohl mehrere, ursprünglich als Souvenir gedacht, aus den USA, der Schweiz oder Rußland stammen und manche sich auf das 19. Jahrhundert zurückdatieren lassen.

Schreibzubehör aus Messing, Bronze oder Zinn wie Tintenfässer, Löschkissen, Brieföffner und Briefbeschwerer wurden auch in Bären-Form hergestellt oder mit Teddys verziert. Man glaubt, daß sie zumeist deutschen Ursprungs sind.

BÄRIGE HOLZSCHNITZEREIEN

Verschiedene holzgeschnitzte Bärenartikel – angefangen von großen, sperrigen Möbelstücken wie Garderobenständern und Stühlen bis hin zu feinem Zubehör wie Rauch- und Schreibgarnituren, Flaschenverschlüssen, Bürstenhaltern und Nußknackern – sind bei Sammlern ebenfalls heiß begehrt. Sie lassen sich auf das Ende des 19. Jahrhunderts bis ins Jahr 1914 zurückdatieren und stammen häufig aus dem Schwarzwald. Viele Objekte wurden jedoch auch in der Schweiz und Rußland gefertigt. Bärige Möbel nach alten Vorlagen wurden in den 80er Jahren von Firmen wie Bartholomew & Company gefertigt.

TEEGESCHIRR UND PORZELLAN

Kinder- und Teegeschirr aus Porzellan, mit Teddybär-Bildern bedruckt, stehen bei Arctophilen hoch im Kurs, vor allem, wenn ein Bärenpicknick darauf abgebildet ist. Das Drei-Bären-Motiv war schon vor der Erfindung des Teddys beliebt und wurde auf Babytellern gesichtet, die aus der Zeit vor 1903 stammen. Viele Artikel sind leider unmarkiert, aber einige stammen aus Stoke-on-Trent, der Wiege der englischen Töpferwaren, während andere in Deutschland oder Japan hergestellt wurden. Zu den weiteren sehr beliebten Keramik-Objekten gehören (unglasierte) Biskuit-Porzellanbären oder Kinder-Figurinen, die Teddybären im Arm halten, aber auch Krüge, Honigtöpfe, Salz- und Pfeffer-

Porträtaufnahme im Studio
Fotos von Kindern mit ihren Teddybären, wie das vom »Kleinen Lord Fauntleroy« (oben) um 1905 aufgenommene, haben einen hohen Sammlerwert und sehen gerahmt bezaubernd aus.

Beißring-Rassel
Diese hohle, versilberte Teddybären-Rassel mit knöchernem Beißring wurde um 1910 in England hergestellt.

Mohairplüsch-Mantel
Nach der Teddy-Manie im Jahr 1907 wurden Kindermäntel in Mohairplüsch mit Messingknöpfen hergestellt, auf denen aufgeprägte Bären prangten. Dieser Mantel (oben) besteht aus feinstem, zimtfarbenen Mohairplüsch.

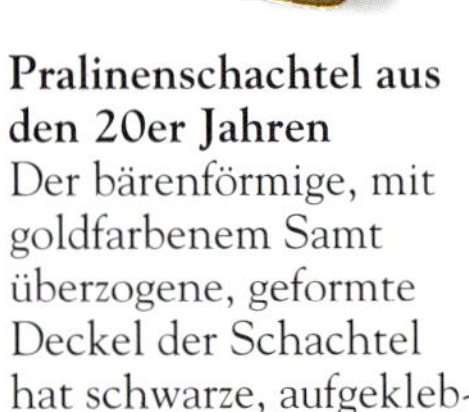

Pralinenschachtel aus den 20er Jahren
Der bärenförmige, mit goldfarbenem Samt überzogene, geformte Deckel der Schachtel hat schwarze, aufgeklebte Perlenaugen.

streuer oder Zahnstocher-Behältnisse, die Teddybären ähneln.

TEDDY ROOSEVELT-SAMMLUNG

Einige Arctophile sammeln alles, was mit Teddy Roosevelt in Zusammenhang steht: Bücher, die von ihm oder über ihn geschrieben wurden, Wahlkampfzubehör (siehe S. 200), Anstecknadeln, Münzen (links), Porzellan und geformte Glasteller. Verschiedene Versionen von »Teddy und der Bär« – kleine, billige Porzellan-Zahnstocherhalter, die den Präsidenten und einen Bären neben einem Baumstumpf zeigen – sind heute bei Sammlern sehr begehrt. Ein 53-teiliges Set aus geschnitzten Holzfiguren, hergestellt 1909 von dem US-Puppenmacher Schoenhut, ist heißbegehrt und sehr teuer, vor allem, wenn es vollständig ist. Einige Arctophile sammeln auch Clifford K. Berryman-Cartoons, entweder aus Zeitungen oder Originale. Roosevelt-Fans können die Bibliothek des Harvard College besuchen, das einige Erinnerungsstücke beherbergt, oder sein Geburtshaus in New York, das heute ein Museum ist.

TEDDYBÄRGESCHICHTEN

Teddyliebhaber beginnen oft Teddybären-Bücher zu sammeln, die es zu Tausenden gibt. Einige der frühen Exemplare, wie Frederic L. Cavallys *Mother Goose's Teddy Bear*, 1907 von Bobbs Marrill Company, Indianapolis, veröffentlicht, sind eine Rarität. Sie können auch Versionen von *The Three Bears* oder Bücher über andere Bärenpersönlichkeiten, wie Puh der Bär, Rupert Bär oder Geschichten über Paddington sammeln. Pooh-Erstausgaben (erschienen bei E. P. Dut-

ton in den USA und Methuen in Großbritannien) sind bei Sammlern ebenfalls beliebt. Gut Betuchte stoßen bei Auktionen gelegentlich auf Original-Shepard-Zeichnungen. Zu den weiteren Puh-Artikeln zählen Brettspiele aus den frühen 30er Jahren, hergestellt von Parker Bros. in den USA oder der englischen Teddy Toy Company.

Rupert-Jahrbücher, gezeichnet von Alfred Bestall und zuerst 1936 veröffentlicht, werden ebenfalls leidenschaftlich gesammelt. Zu den weiteren Rupert-Erinnerungsstücken zählen die sehr seltenen Postkartenserien, die in den 20er Jahren in Holland erschienen, wo Rupert unter dem Namen Bruintje Beer (Braunbär) bekannt war. Paddington-Produkte gibt es in Hülle und Fülle.

Abzeichen und Buttons
Einige Teddyliebhaber sammeln Roosevelt-Buttons, Werbe-Anstecknadeln und Kindermantel-Knöpfe aus Messing (oben).

Taschentuchbeutel
Norah Wellings, bekannt für ihre Stoffpuppen und Maskottchen, entwarf diesen Bärenbeutel (oben) Ende der 30er Jahre in ihrem Werk in Wellington, Shropshire, England.

Sportskanonen
Dieses Motiv (unten) war von ca. 1910 bis in die 30er Jahre sehr beliebt und ist auf vielen Porzellangeschirren unterschiedlicher Qualität zu finden, die aus England, der Tschechoslowakei, Deutschland und Japan stammen.

Teddy-Postkarte
Teddys sind oft auf Schreibutensilien, Briefbögen usw. abgebildet (oben).

POSTKARTEN UND ANDERE BÄRIGE ERSCHEINUNGEN

Teddybären-Postkarten zu sammeln ist eine beliebte Seitenlinie der Arctophilie. Man kann sich auf Weihnachts- oder Osterkarten, Souvenirs, Fotos oder lustige Motive spezialisieren.

Teddybär-»Ankleidepuppen« aus Papier gehen auf das Jahr 1907 zurück und werden noch heute hergestellt. Sammelbilder (bedruckte, bossierte, geformte Bilder, die man vor allem im

Steiff-Runde
Sammler wissen die frühen Steiff-Postkarten (oben) zu schätzen, stets mit Knopf im Ohr-Warenzeichen.

Silberwaren
Manche der Silberbecher und Löffel (oben) aus dem frühen zwanzigsten Jahrhundert sind mit Teddybären geschmückt.

Viktorianischen und Edwardianischen Zeitalter in Sammelalben klebte) mit Teddybären wurden im Lauf der Zeit reproduziert und erfreuen sich bei Arctophilen heute großer Beliebtheit. Briefmarken und Postkarten, Broschüren, Zeitschriften oder Ausschnitte aus Tageszeitungen, Anstecknadeln aus Metall, Gläser und Schachteln mit Teddy-Werbung für alle möglichen Produkte sind ebenfalls ein interessanter Bereich.

Da inzwischen bekannt ist, daß zwischen 1907 und 1911 die Urheberrechte für 400 Melodien angemeldet wurden, deren Titel das Wort »Teddy« oder »Teddybär« enthielt, kann man auch alte Platten sammeln, viele mit attraktiven Plattenhüllen.

Warmhalteteller
Ein Warmhalteteller für ein Kind um 1920, aus Porzellan mit Metallbasis (oben).

MODERNE TRENDS

Sie müssen sich nicht auf bärige Erinnerungsstücke konzentrierem. Es sind auch viele moderne Teddybär-Artikel, zum Beispiel Kleidung und Schmuck, Gemälde und Dekorationsgegenstände im Handel. Eine wachsende Anzahl von Künstlern in aller Welt malen oder zeichnen Teddybären, entweder in Buchform, oder als Wandbilder.

Auch Figurinen erfreuen sich wachsender Beliebtheit: »The Cherished Teddies Collection« von Hamilton Gifts Ltd. aus Kalifornien (limitierte Auflagen, basierend auf Entwürfen von Priscilla Hillman), oder Peter und Frances Fagans »Colour Box Miniature Teddy Bears«, 1988 nach der Vorlage ihrer eigenen Teddysammlung in Schottland eingeführt.

Nur wenige Bereiche sind von der Teddy-Manie verschont worden: Es gibt Teddy-Alarmsysteme für Autos, Teddy-Telefone und sogar Computer, die mit nur wenigem Zubehör eine Teddybärform annehmen.

TEDDYBÄR-ZEITSCHRIFTEN

Die Arctophilie ist ein geselliges Hobby; die Sammler in allen Ländern der Welt sind durch eine Fülle von Zeitschriften und Clubs miteinander »vernetzt«. Die Organisation Good Bears of the World (siehe S. 191), in Ohio beheimatet, veröffentlicht vierteljährlich in ihrer Zeitschrift *Bear Tracks* nicht nur Artikel und Leserzuschriften, sondern gibt auch die neuen Stützpunkte (sogenannte »dens«) rund um die Welt und bevorstehende Tagungen bekannt.

In den USA kamen Zeitschriften wie *Teddy Bear and Friends*, *The Teddy Tribune* und *The Teddy Bear Review*, Pflichtlektüre für alle Teddybär-Liebhaber, während der 80er Jahre in den Handel. In Großbritannien veröffentlichten Glenn und Irene Jackman, die schon den Bärenbastel-Leitfaden *Hugglets* herausgegeben hatten, 1988 den *UK Teddy Bear Guide*, ein Handbuch, in dem wichtige Adressen – zum Beispiel von Teddybären-Künstlern, Herstellern, Mate-

Stimmenfänger
Während des Wahlkampfs 1904 von den Roosevelt-Anhängern am Revers getragen, ist dieser 7,5 cm große Bär mit Papierpfoten und Siegellack-Nase heute sehr begehrt.

Seeräuber-Billy
Dieser Seeräuber, in limitierter Auflage erschienen, wurde speziell für die Tagungen des Robert Raikes Sammlerclubs geschaffen.

rallieferanten, Läden und Museen – aufgelistet sind. 1990 brachten sie das *Teddy Bear Magazine* auf den Markt. Im selben Jahr ging ein weiteres britisches Bärenmagazin namens *The Teddy Bear Times* an den Start, das auch in Kanada und den USA erhältlich ist.

Der *Australian Doll Digest* wurde erstmals 1985 von Jacki Brooks veröffentlicht; er enthielt eine Sparte mit Bäreninformationen, und daraus entstand 1991 eine separate Zeitschrift, die *Bear Facts Review*. In den Niederlanden, wo die Liebe zu Teddybären stetig wächst, ist nun die Zeitschrift *Beer Bericht* im Handel.

CLUB-KONTAKTE

Die Zahl der Teddybären-Clubs nimmt weltweit zu, und zwar nicht nur Organisationen wie Good Bears of the World, sondern auch solche, die unter der Schirmherrschaft von Teddybär-Spezialgeschäften stehen und Teddy-Liebhaber und Sammler über das aktuelle Angebot informieren.

Hersteller wie Steiff und Canterbury Bears haben ihre eigenen Clubs. In den USA leitet Robert Raikes (siehe S. 171) einen Sammlerclub und organisiert eine jährliche Tagung, während solcher Treffen signiert er begehrte Sammlerbären.

Es gibt auch Clubs, die von Sammlern ins Leben gerufen wurden, um sich regelmäßig zum Informations- und Ideenaustausch zu treffen, obwohl die meisten sich auch philantropischen Aktivitäten widmen. In den USA haben sich viele von der Arbeit des B.E.A.R.-Sammlerclubs (Bear Enthusiasts' All 'Round) inspirieren lassen, der 1983 gegründet wurde.

In Großbritannien gründete *Hugglets* 1991 die British Teddy Bear Association, die ihre Mitglieder regelmäßig in ihrem Rundschreiben *Bearings* über neue Bären und Läden informiert und Kontaktadressen von Clubs und einzelnen Sammlern bekanntgibt.

Clubs entstehen auch in anderen Teilen Europas, z. B. der Berenfanclub in den Niederlanden, der Club Francais de l'Ours Ancien oder Le Club des Amis de L'Ours in Frankreich.

Sammler und Bärenfanclubs findet man auch in Kanada, Australien, Neuseeland und Südafrika, und es gibt heute eine Internationale Liga, die versucht, alle Teddybären-Clubs unter einem Dachverband zu organisieren. Es sieht ganz so aus, als ob dem Hobby der Arctophilie ein langes Leben beschieden sein wird.

Bärige Presse
Teddybärzeitschriften für Sammler sind überall im Handel: zum Beispiel Beer Bericht (unten links), 1991 in Amsterdam herausgegeben und Hugglets Teddy Bear Magazin, 1990 in Großbritannien veröffentlicht.

Tagungsbär
Der Bär (oben) wurde in limitierter Auflage von Doris und Terry Michaud für die Auktion während der Teddy-Tribune-Tagung 1983 geschaffen.

Club-/Zeitschriftenbären
Jamie (unten links) wurde 1988 von Irene Jackman hergestellt, Mitarbeiterin von Hugglets, einem Bärenhersteller, der sich im Verlagswesen betätigt. Der britische Bär (unten Mitte) stammt von Teddy Bear Times, und das zweite Exemplar der Good Bears of the World-Teddybären (unten rechts) von der Firma Dakin.

J. K. Farnell »Sammelsurium«, 30er Jahre
Der abgenutzte Teddy (rechts) mit Ersatzaugen aus Hosenknöpfen könnte geschickter mit Glasaugen aus derselben Epoche restauriert werden.

Opfer der Kindheit, 30er Jahre
Die Holzwolle-Füllung in den Gliedmaßen dieses kahlen und blinden, alten Teddybären (rechts) ist zu Pulver zerfallen und hat sich in Pfoten und Füßen abgesetzt; Oberarme und Beine sind leer.

Ersatz-Plüsch
Halten Sie nach Plüsch von altem Kuscheltier-Spielzeug oder -Kleidung Ausschau, um einen Teddy zu flicken oder Teile zu ersetzen.

Traditionelle Gelenke
Benutzen Sie neue Gelenke aus Kartonscheiben, Unterlegscheiben und Splinte, um alte Gelenke zu ersetzen.

Aufgetrennte Nähte
Bessern Sie aufgetrennte Nähe mit starkem Baumwollgarn in passender Farbe aus.

Schweizer Spieldosen aus den 30er Jahren
Diese Schweizer Spieldosen funktionieren nicht mehr; man kann jedoch moderne, japanische als Ersatz kaufen.

Kahlschlag
Dieser leidgeprüfte Teddybär aus den 30er Jahren braucht eine Generalüberholung, einschließlich Oberflächenwäsche, Insektenschutz, Extrafüllung und einem neuen Ohr.

Katastrophe am Waschtag
Gelenke mit Karton- und Unterlegscheiben würden ein Vollbad nicht überleben.

Mohairplüsch-Bär aus den 50er Jahren
Kleidung kann abgenutzte Bereiche schützen oder Makel kaschieren. Abgerissene Pfoten und verlorene Füllung sollten ersetzt werden.

Früher Steiff-Bär
Trotz der Felleinbußen, Schäden an den Pfoten und des möglichen Verlusts von Füllmaterial hat dieser Bär noch seine Original-Knopfaugen.

Metallsplinte
Splinte und Nägel, die zum Sichern von Scheibengelenken verwendet wurden, können rosten oder Materialermüdung zeigen.

Abgerissene Arme
Zerbrochene Gelenke werden von der Körperinnenseite repariert; das heißt, daß Sie die Schlußnaht vorher auftrennen müssen.

Pflege und Reparatur von Teddybären

Teddybären bestehen aus den unterschiedlichsten Materialien und Füllungen. Sie können, wie alle anderen textilen Gegenstände, durch eine Reihe von Faktoren Schaden nehmen, zum Beispiel Staub, grelles Licht, Feuchtigkeit und Ungeziefer, aber auch die heftige Zuneigung von Kindern und der Spieltrieb von Hunden macht ihnen zu schaffen.

Heute gibt es viele Pflegeprodukte für Teddybären im Handel: Mottenschutzmittel, Shampoo, Schutzhüllen gegen Staub und sogar »Erste-Hilfe-Sets«. Die grundlegenden Pflegemethoden, die auf den folgenden Seiten beschrieben werden, sind jedoch einfach, und man braucht nicht mehr dazu als Produkte, die in jedem Haushalt vorhanden sind.

Die wachsende Arctophilie hat dazu geführt, daß es inzwischen professionelle Teddybär-Restaurateure gibt; Teddybär-»Kliniken« und »ambulante Zentren«, einst unbedeutende Ableger der Puppenkliniken, sind heute ein weltweit blühendes Phänomen. Bei größeren Operationen sollten Sie Ihren wertvollen Teddy nur einem renommierten Restaurator anvertrauen, der sich nicht nur aufs Nähen, sondern auch auf Anatomie und Geschichte des Teddybären versteht. Nehmen Sie zum Ausbessern keinen Klebstoff; oberflächlich mag das Ergebnis befriedigend erscheinen, aber Klebemittel schaden grundlegend dem Material.

Mit ein wenig Geduld, einer ruhigen Hand und Kenntnissen von der Anatomie Ihres Teddybären können Sie kleine Reparaturen zu Hause durchführen. Die bebilderten, schrittweise erklärten Anleitungen auf den nachfolgenden Seiten werden Ihnen dabei helfen.

Reparatur von traditionellen Bären

ZERLEGEN UND ZUSAMMENSETZEN; REPARIEREN UND ERNEUERN

Bären, die von zwei oder drei Kindergenerationen geliebt wurden, sind vermutlich die reparaturbedürftigsten, und Sie sollten diese Arbeit mit Sorgfalt und Fingerspitzengefühl durchführen, um ihren Charme und Charakter zu bewahren. Das gilt vor allem für wertvolle antike Objekte, die man nur einem professionellen Restaurator anvertrauen sollte.

Die schrittweise Generalüberholung auf den folgenden Seiten zeigt, wie alte Teddybären konstruiert sind, und wird Ihnen Mut machen, sich an das Zerlegen heranzuwagen. Einen alten Bären zum Säubern zu baden ist im allgemeinen nicht zu empfehlen, aber Sie müssen ihn wie beschrieben auseinandernehmen, um Gelenke zu reparieren bzw. zu ersetzen oder ihn mit zusätzlicher Füllung auszustopfen.

Der Patient
Dieser Merrythought-Bär aus den 30er Jahren läßt Zeichen fortgeschrittenen Verfalls erkennen: Das linke Ohr ist locker, der Körper schlaff und die Original-Pfoten wurden mit unpassendem Stoff bezogen.

Kopf ist schlaff infolge des Verlusts von Füllmaterial um Halsgelenk

aufgetrennte Fäden an Nase und Mund

Mohairplüsch verfärbt, fleckig und arg abgewetzt

abgenutzte, kreisrunde Stelle auf der Brust deutet auf Vorhandensein eines Quieksers hin

Körper schlaff infolge Zerfall und Verlust von Füllmaterial

Original-Pfoten mit unpassendem Stoff bezogen

ZERLEGEN

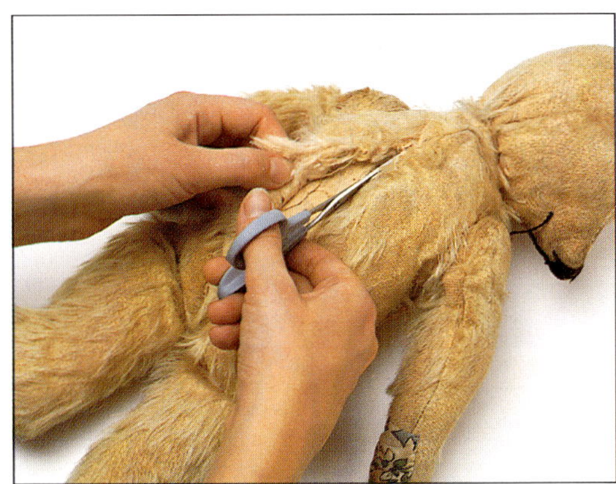

1 Hauptnaht auftrennen. Mit einer scharfen Schere sorgfältig einige Stiche der Hauptnaht aufschneiden (die Schlußnaht, normalerweise auf der Rückseite des Körpers; nach dem Füllen von Hand geschlossen); handgenähte Stiche vorsichtig auftrennen.

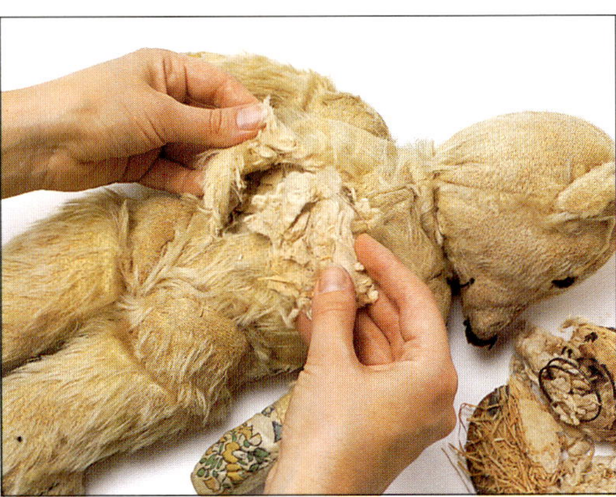

2 Füllung entfernen. Füllung entfernen und für Wiederverwendung aufheben. Vorsichtig nach Stimm-Mechanismus tasten, der zerbrochen sein kann; für spätere Reparatur beiseite legen. Dieser Bär ist mit Kapok ausgestopft; die Holzwolle um den ovalen Quiekser verhindert, daß Kapok das Rohr für die Stimmzunge verstopft.

Bärenbazillen!
Teddys leiden unter den Auswirkungen von Licht, Staub, Feuchtigkeit und Ungeziefer. Vor dem Reparieren sollten Sie nach Anzeichen von Insekten Ausschau halten. Falls Sie fündig werden, binden Sie den Teddy mit Mottenkugeln über Nacht in eine Plastiktüte ein.

Erste-Hilfe-Koffer
Die Grundausstattung – Garn, Nadeln, Schere und Zange – ist leicht zu beschaffen. Gelenke, Augen, Splinte, Unterlegscheiben, Plüsch und Filz sind in Spezial-Bastelläden erhältlich.

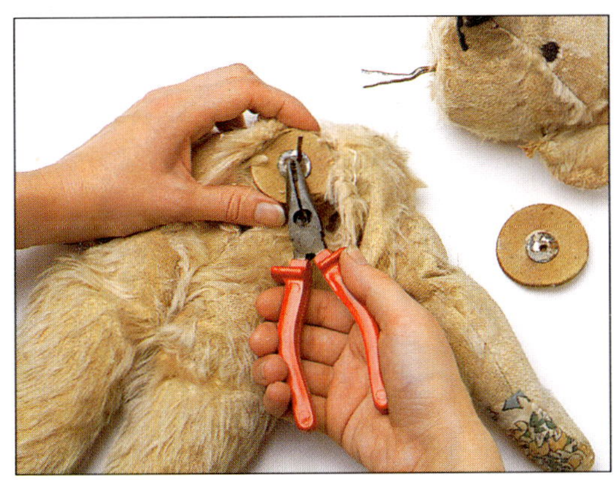

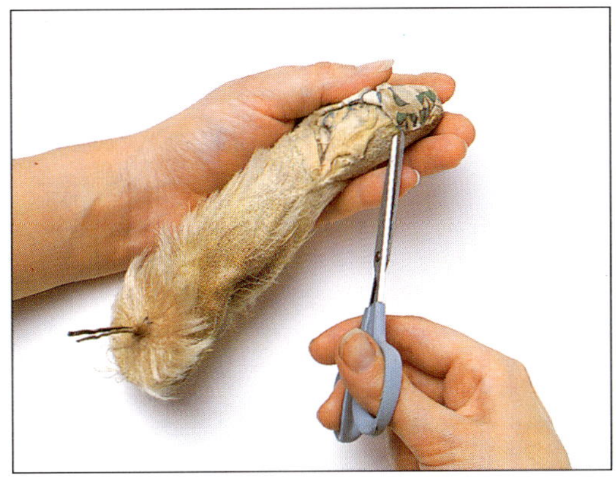

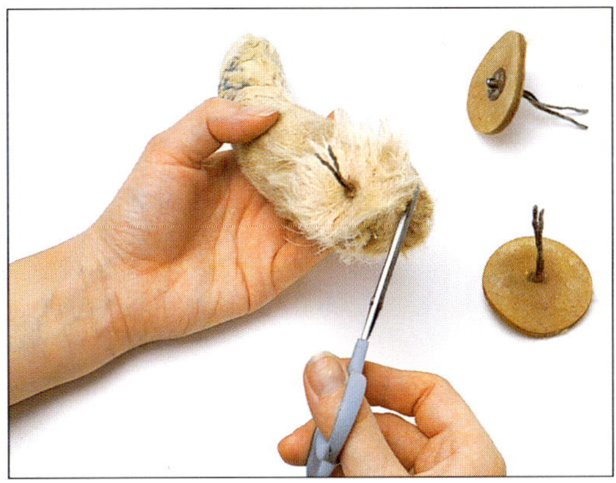

3 **Gliedmaßen abtrennen.** Armgelenk innerhalb der Körperhülle festhalten, zusammengerollte Dornen der Splinte mit der Zange glätten und den Arm entfernen. Bei anderen Gliedmaßen wiederholen. Der Kopf wurde bereits auf diese Weise entfernt.

4 **Ersatzpfoten entfernen.** Mit einer scharfen Schere vorsichtig die Naht auftrennen, mit der das Ersatzgewebe befestigt ist, um die darunterliegenden Original-Pfoten freizulegen. Achten Sie darauf, keine Überreste vom Original-Hersteller-etikett zu zerstören.

5 **Gelenke entfernen.** Handgefertigte Schluß-naht oben an den Gliedmaßen auftrennen. Öffnung zurückziehen, Unterlegscheibe herausnehmen und Splint glätten. Schritte bei restlichen Gliedmaßen wiederholen.

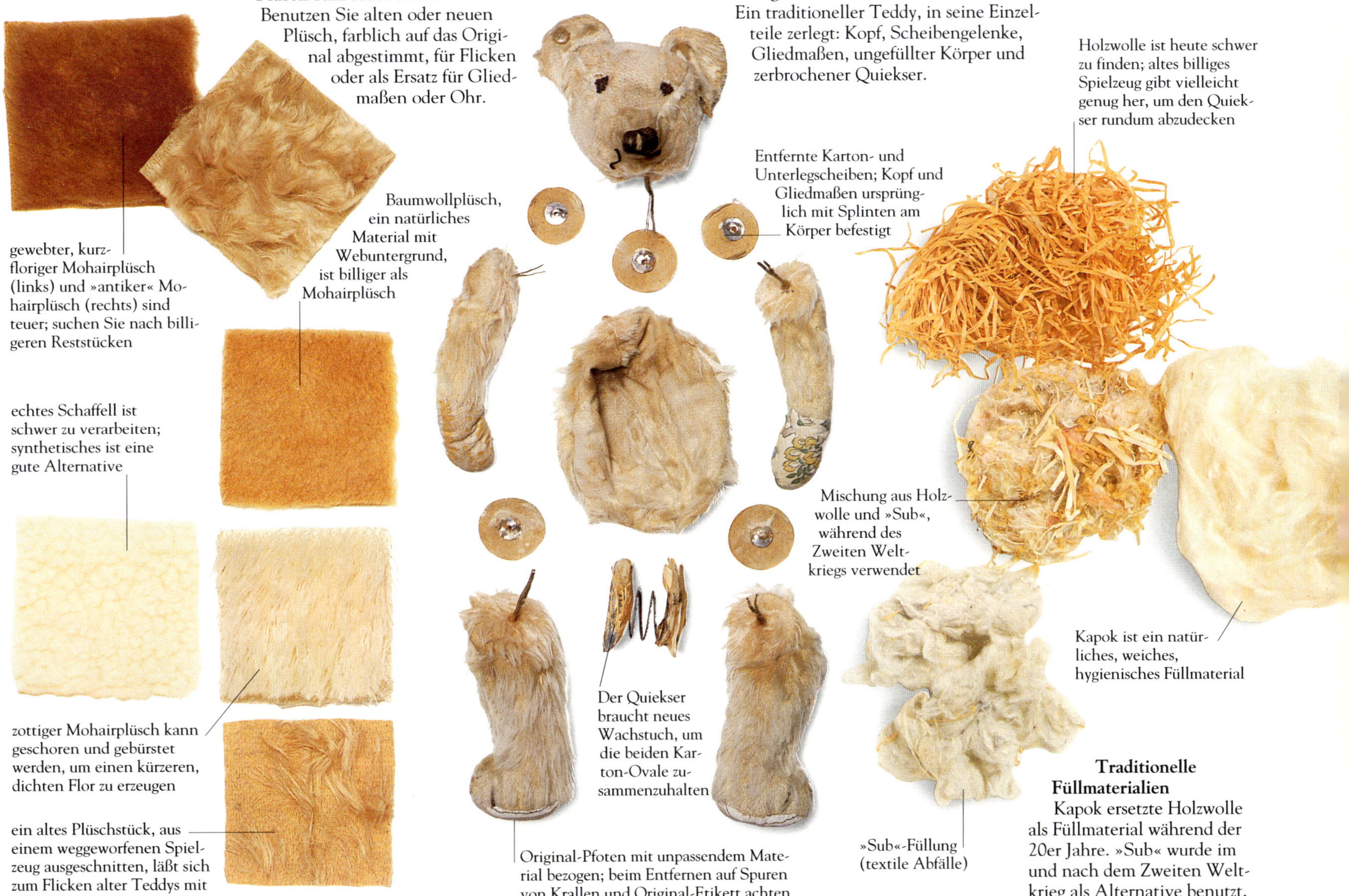

Plüsch zum Ausbessern
Benutzen Sie alten oder neuen Plüsch, farblich auf das Original abgestimmt, für Flicken oder als Ersatz für Gliedmaßen oder Ohr.

Zerlegter Bär
Ein traditioneller Teddy, in seine Einzelteile zerlegt: Kopf, Scheibengelenke, Gliedmaßen, ungefüllter Körper und zerbrochener Quiekser.

Holzwolle ist heute schwer zu finden; altes billiges Spielzeug gibt vielleicht genug her, um den Quiekser rundum abzudecken

gewebter, kurzfloriger Mohairplüsch (links) und »antiker« Mohairplüsch (rechts) sind teuer; suchen Sie nach billigeren Reststücken

Baumwollplüsch, ein natürliches Material mit Webuntergrund, ist billiger als Mohairplüsch

Entfernte Karton- und Unterlegscheiben; Kopf und Gliedmaßen ursprünglich mit Splinten am Körper befestigt

echtes Schaffell ist schwer zu verarbeiten; synthetisches ist eine gute Alternative

Mischung aus Holzwolle und »Sub«, während des Zweiten Weltkriegs verwendet

zottiger Mohairplüsch kann geschoren und gebürstet werden, um einen kürzeren, dichten Flor zu erzeugen

Kapok ist ein natürliches, weiches, hygienisches Füllmaterial

ein altes Plüschstück, aus einem weggeworfenen Spielzeug ausgeschnitten, läßt sich zum Flicken alter Teddys mit abgenutztem Fell verwenden

Der Quiekser braucht neues Wachstuch, um die beiden Karton-Ovale zusammenzuhalten

Traditionelle Füllmaterialien
Kapok ersetzte Holzwolle als Füllmaterial während der 20er Jahre. »Sub« wurde im und nach dem Zweiten Weltkrieg als Alternative benutzt.

Original-Pfoten mit unpassendem Material bezogen; beim Entfernen auf Spuren von Krallen und Original-Etikett achten

»Sub«-Füllung (textile Abfälle)

WASCHEN UND TROCKNEN

Sie sollten alte Teddybären mit Gelenken nie in Wasser einweichen. Die Metallteile rosten und es bildet sich Schimmel, wenn Sie den Bären nicht richtig trocknen. Bei einigen Materialien, wie Kapok und Kunstseide, entstehen Flecken, wenn sie mit Wasser in Berührung kommen. Ich habe Gelenke und Füllung bei diesem Bären entfernt, so daß nur die Plüschhülle gewaschen wird. Achten Sie darauf, daß sich die empfindlichen Fasern beim Waschen nicht noch mehr auflösen.

ein weißes Baumwoll/Frotteehandtuch saugt Feuchtigkeit auf und verhindert Auslaufen der Farbe

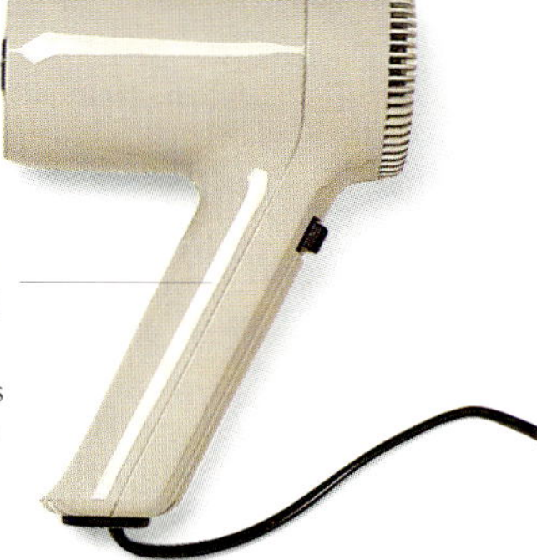

benutzen Sie den Föhn mit niedrigster Temperatur und Geschwindigkeit im Abstand von ca. 30 cm, um das Trocknen zu beschleunigen

den trockenen Flor mit einer Nylonbürste auflockern

Bürste mit weichen Borsten

bei hartnäckigen Flecken eine Zahnbürste benutzen

eine Waschschüssel ist ideal für das Säubern des Teddy-Materials

Babyshampoo, in warmem Wasser aufgelöst, erzeugt einen milden Schaum zum Waschen empfindlicher alter Materialien

Mohairplüsch waschen
Sanft in einer Lösung aus mildem Shampoo und warmem Wasser ausdrücken und gründlich unter fließendem Wasser nachspülen. Weichspülmittel im letzten Spülgang entfernt Gerüche.

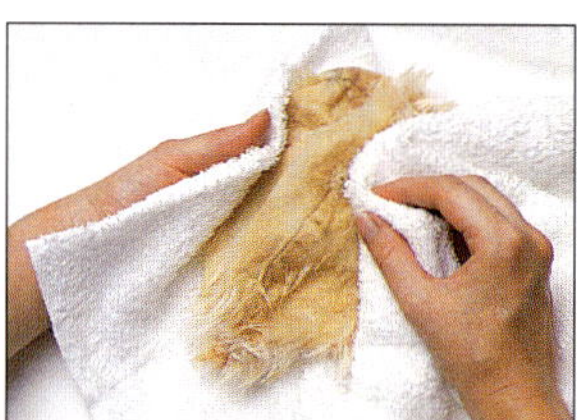

Trocknen
Restliches Wasser vorsichtig ausdrücken; in ein Handtuch legen; vorsichtig trockenföhnen.

PFOTEN REPARIEREN

schwarzer Filz

brauner Filz

rostfarbener Baumwollsamt

senffarbener Baumwollsamt

gewebte Baumwolle

Rexin

feine, spitze Nadeln

Baumwollgarn

Pinsel zum Auftragen der Acrylfarbe

Pfoten-Reparaturset
Pfoten bei alten Teddybären müssen oft ausgebessert oder ersetzt werden. Sammeln Sie Filz, Baumwollsamt und Wildleder-Reste und legen Sie sich ein Nadel- und Garnsortiment zu. Rexin läßt sich imitieren, wenn Sie gewebte Baumwolle mit brauner Acrylfarbe bemalen.

festes, synthetisches Garn

6 Pfoten ersetzen. Neues Material an Original-Pfoten anpassen. Hier wurde Filz verwendet, aber andere alte Bären brauchen vielleicht Pfoten aus Baumwollsamt oder gewebter Baumwolle. Eine Papierschablone herstellen, etwas größer als die Pfote, und die neuen Pfoten aus Filz zuschneiden. Überschüssiges Material unterschlagen und auf Original-Pfoten heften. Mit Synthetikgarn, feiner Nadel und winzigen Stichen aufnähen. Bei zweiter Pfote und Füßen wiederholen.

DEN KOPF REPARIEREN

7 **Kopf neu füllen.** Eine kleine Menge Holzwolle in die Schnauze stopfen; den Rest mit Kapok füllen. Ursprüngliches Füllmaterial wiederverwerten, wenn es in gutem Zustand ist. Fest, aber nicht übermäßig ausstopfen.

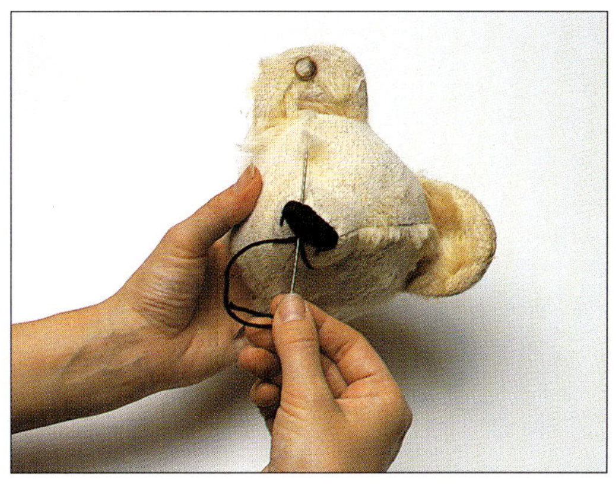

10 **Nase und Mund sticken.** Überreste entfernen; dabei die Linienführung beachten. Mund und Nase mit schwarzem Stickgarn neu arbeiten, dabei den Nadellöchern folgen.

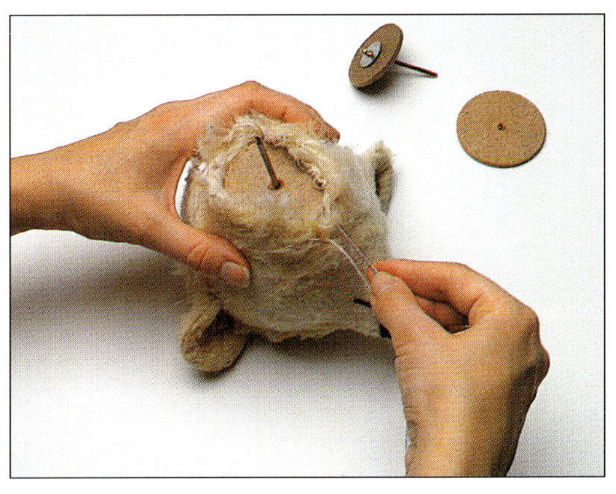

8 **Halsgelenk einpassen.** Neue Metallscheibe mit Unterlegscheibe und Splint (oder alte wiederverwenden) in die Halsöffnung schieben, wobei der Splint nach oben zeigt. Mit Nadel und starkem Faden, nahe an der Oberkante, rund um die Öffnung heften.

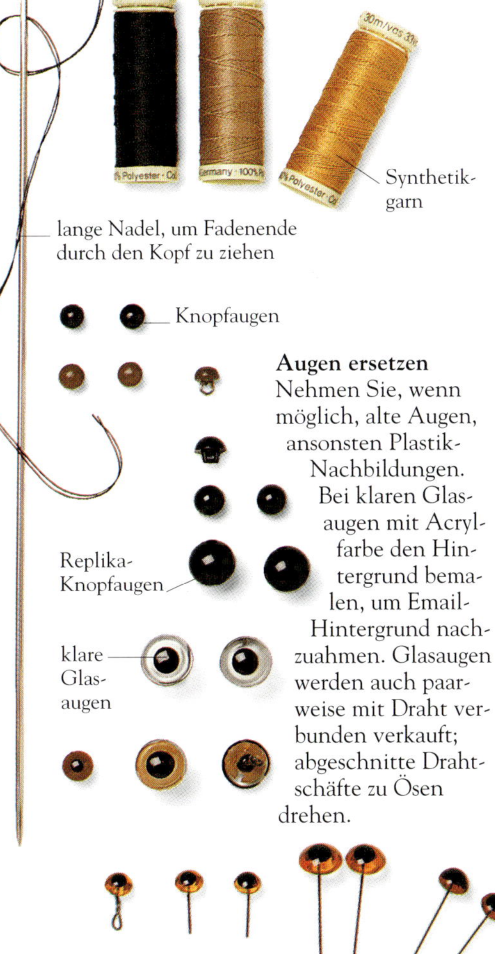

Augen ersetzen
Nehmen Sie, wenn möglich, alte Augen, ansonsten Plastik-Nachbildungen. Bei klaren Glasaugen mit Acrylfarbe den Hintergrund bemalen, um Email-Hintergrund nachzuahmen. Glasaugen werden auch paarweise mit Draht verbunden verkauft; abgeschnitte Drahtschäfte zu Ösen drehen.

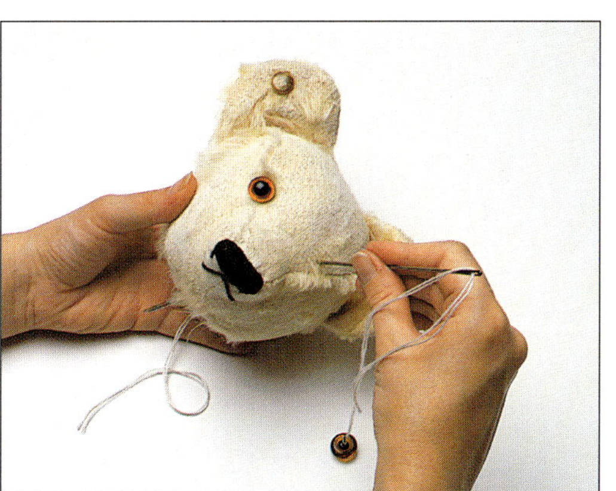

11 **Neue Augen einsetzen.** Wählen Sie passende neue Augen, in diesem Fall Glasaugen an Drahtschäften. Starken Doppelfaden am Drahtschaft befestigen; mit langer Nadel das Auge positionieren und Faden an der Kopfrückseite ausführen.

9 **Halsöffnung schließen.** Kopf fest in einer Hand halten; Heftfaden kräftig anziehen, so daß sich das Material um den Splint rafft. Faden versäubern, indem Sie die Nadel hinten oder seitlich am Kopf ausführen.

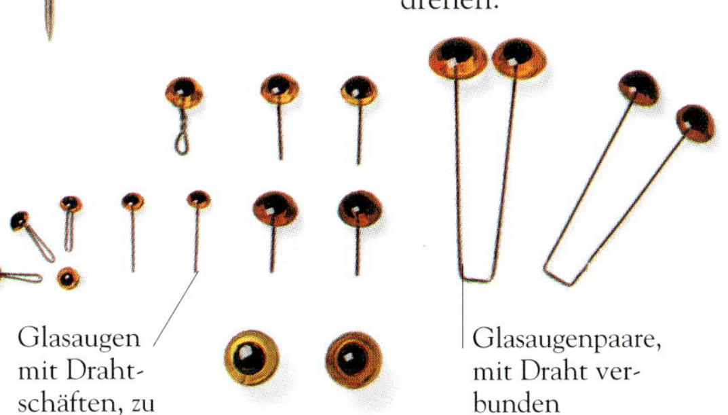

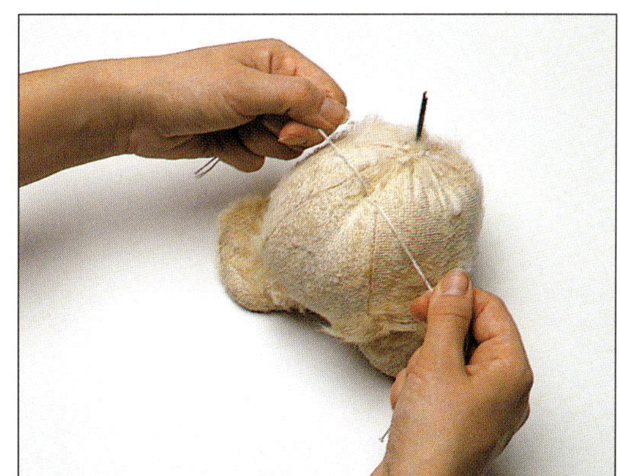

12 **Augen versäubern.** Lose Fäden von den Augen am Hinterkopf festziehen. Fäden mit mehreren Knoten sichern; überschüssige Enden abschneiden oder im Kopf vernähen.

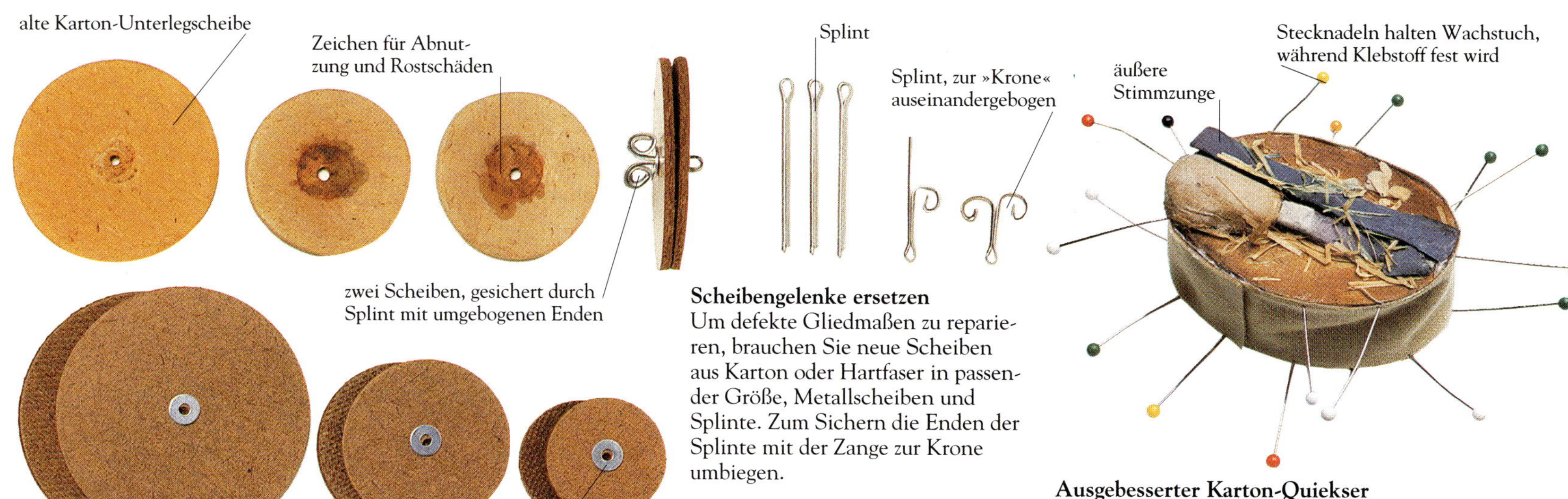

Scheibengelenke ersetzen
Um defekte Gliedmaßen zu reparieren, brauchen Sie neue Scheiben
aus Karton oder Hartfaser in passender Größe, Metallscheiben und
Splinte. Zum Sichern die Enden der
Splinte mit der Zange zur Krone
umbiegen.

Ausgebesserter Karton-Quiekser
Das fadenscheinige Wachstuch am Blasebalg wurde
durch einen neuen Streifen ersetzt, zwischen den
beiden Kartonovalen angeklebt und mit Sicher-
heitsnadeln befestigt, bis der Klebstoff trocken ist.

WIEDER ZUSAMMENSETZEN

13 **Offene Nähte schließen.** Nähte können
beim Waschen alter empfindlicher Materialien aufgehen oder ausfransen. Wenn sie trocken
sind, prüfen, und, falls erforderlich, mit passendem
Garn ausbessern.

14 **Gliedmaßen versäubern.** Nach dem Füllen
mit Kapok eine Unterlegscheibe oben in
Gliedmaßen plazieren. Nadel durch Scheibe und
Original-Loch im Stoff führen. Schlußnaht von
Hand mit Leiterstich (gegenüber) arbeiten. Bei
allen Gliedmaßen wiederholen.

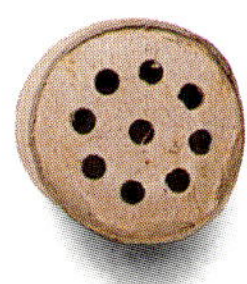
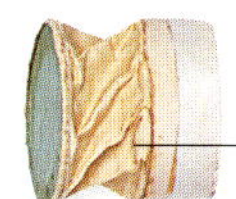

Stimmboxen
Kippmechanismen (oben) lösen sich
mit dem Alter auf und verlieren oft
ihren ursprünglich röhrenförmigen
Behälter. Karton-Quiekser (Mitte)
fallen auseinander: Die Sprung-
federn leiern aus, die äußere Stimmzunge ist beschädigt oder der Blasebalg hat ein Loch. Die Kippmechanismus-Brummstimme mit Porzel-
langewicht (unten) gleitet vielleicht
nicht länger im Behälter hin und
her.

15 **Kopf am Körper befestigen.** Splint vom
Kopfgelenk oben durch Körperhülle führen;
die rechten Seiten liegen aufeinander. Zweite
Scheibe und Unterlegscheibe über Splint streifen;
Splintenden umbiegen.

16 **Quiekser ersetzen.** Quiekser, mit Stimmzunge vorne, in der Mitte des Körpers einsetzen. Mit Holzwolle umgeben. Rest der Höhle mit
Kapok ausstopfen; altes Material – wenn möglich –
wiederverwenden. Nicht zu viel oder zu wenig
einfüllen.

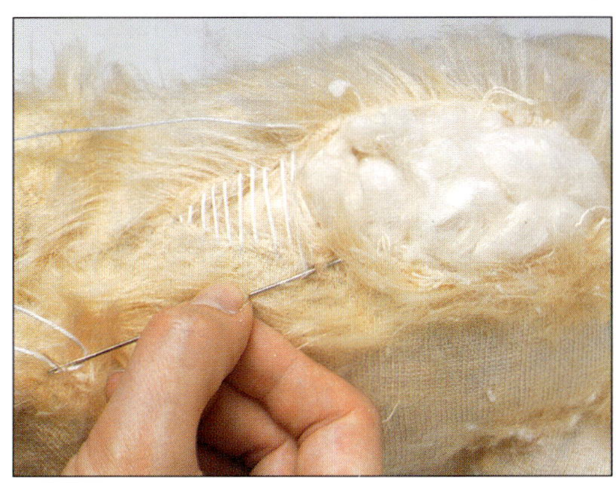

17 **Schlußnaht mit Leiterstich.** Für die Schlußnaht an Gliedmaßen und Körper Leiterstich verwenden; Faden zum Versäubern fest anziehen.

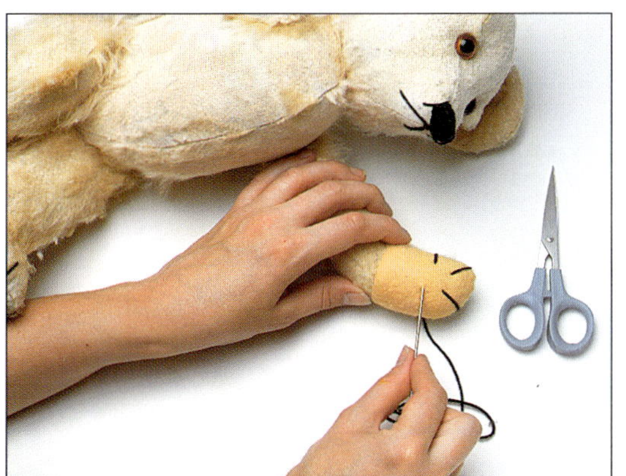

18 **Krallen sticken.** Mit passendem Garn Krallen sticken nach Original- oder klassischem Design – hier Merrythoughts vernetzte Krallen.

Restaurierter Bär
Sauber, aufrecht und mit neuen Gesichtszügen und Pfoten hat dieser Teddybär etwas von seiner früheren Schönheit zurückgewonnen. Der Restaurator sollte natürlich mit Umsicht und Fingerspitzengefühl ausbessern, um den einzigartigen Reiz eines vielgeliebten Teddys nicht zu zerstören.

Krallen-Materialien
Stickseide ist ideal, um fehlende Krallen zu ersetzen. Original-Farbe verwenden oder, falls keine Reste vorhanden, eine passende Farbe wählen.

OHREN REPARIEREN (AUS 1 MACH 2)

1 **Ohr entfernen.** Oft fehlt ein Ohr bei Teddys, deren Ohren nicht in den Gesichtsnähten mitgefaßt, sondern quer an den Kopf genäht sind. Restliches Ohr vorsichtig entfernen. Naht auftrennen und die zwei flachen Ohrteile ausbreiten.

2 **Neues Ohr fertigen.** Original-Ohr als Schablone verwenden; zwei neue Ohrteile aus passendem Plüsch ausschneiden. Ein altes auf ein neues Ohrteil legen; die rechten Seiten liegen aufeinander. Mit Rückstichen zusammennähen. Bei anderem Ohr wiederholen.

3 **Ohren an den Kopf nähen.** Die zwei neuen Ohren nach rechts wenden; über der Mitte der Gesichtsnähte feststecken, wobei der Original-Plüsch nach vorne zeigt. Mit winzigen Stichen vorne und hinten festnähen.

Der Umgang mit modernen Teddybären

WÄSCHE UND PFLEGE GELENKLOSER SYNTHETIKPLÜSCH-BÄREN

Die Einführung gelenkloser, maschinenwaschbarer Bären im Jahr 1955 revolutionierte die Kuschelspielzeug-Industrie. Der Teddy mit Fell und Füllung aus Kunstfaser und gesicherten, festverankerten Plastikaugen konnte innerhalb kürzester Zeit gewaschen und getrocknet werden. Das gilt jedoch nicht für alle Synthetikbären: Schaumgummigefüllten Bären gefällt das Bad nicht, und andere Kunstmaterialien reagieren sehr schlecht auf Wasser. Beachten Sie deshalb die Pflegeanleitungen auf den Etiketten. Auf den nachfolgenden Seiten finden Sie die Komponenten moderner Teddybären beschrieben und Tips für die Pflege, einschließlich der Empfehlung, daß Handwäsche und natürliche Trockenmethoden das Leben des Teddys erheblich verlängern.

abgetragener Plüsch enthüllt Webuntergrund; Hinweis auf Bär von minderer Qualität

Unterlegscheiben mit Riegel in Plastiknasen

integriertes Gelenk

Geformte Plastiknasen
Moderne, geformte Plastiknasen sind wirklichkeitsgetreu oder stilisiert. Eine Metall-Unterlegscheibe, über den Schaft geschoben, hält die Nase in Position.

Synthetikplüsch-Bär
Dieser Nylonplüsch-Bär, mit granuliertem Schaumgummi gefüllt, läßt Zeichen von »Materialermüdung« erkennen: Das Fell ist schmutzig und der abgenutzte Webuntergrund zu erkennen. Bessern Sie die Nähte mit Synthetikgarn aus.

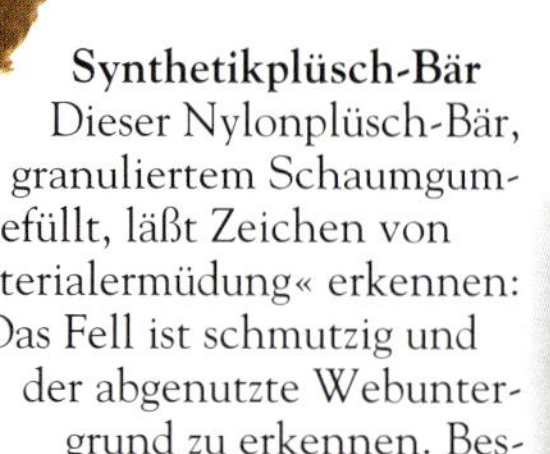

starkes Polyestergarn

Plastikgelenk

Plastikgelenke
In verschiedenen Größen erhältlich, bestehen sie aus einer Scheibe mit integriertem Schaft und einer zweiten, kleineren Scheibe.

zwei Plastikscheiben und Unterlegscheibe

moderne Plastikaugen

Zähne der Metall-Unterlegscheibe fixieren das Auge

gesicherte Replika-Knopfaugen

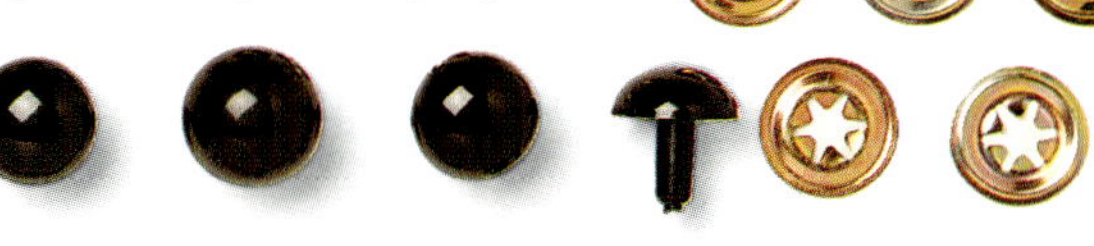

Sicherheitsgeprüfte Augen
In den 50er Jahren führten die Hersteller sicherheitsgeprüfte Augen ein, die in der Spielzeugindustrie bald gesetzlich vorgeschrieben waren. Teddybären müssen sich Härtetests unterziehen, um zu gewährleisten, daß die Augen festverankert sind. Wenn Sie beabsichtigen, einem Kind Ihren alten Teddy zu schenken, sollten Sie die eingenähten Augen ersetzen.

Moderne Plastikaugen
In vielen Größen und Farben erhältlich, werden sie mit einer Unterlegscheibe festverankert.

Metall-Unterlegscheibe

Gesichertes Plastikauge einsetzen
Schaft durch Material drücken; gezahnte Unterlegscheibe zum Sichern des Auges über den Schaft schieben. Um das neue Auge einzusetzen, zuerst die Füllung aus dem Kopf entfernen, um an die Rückseite des Materials heranzukommen.

WIE MAN EINEN SYNTHETIK-TEDDY WÄSCHT

1 **Bären waschen.** Bär in eine Schüssel mit warmem Wasser und Baby-Shampoo tauchen; fleckige Bereiche mit Bürste (harte Naturborsten) vorsichtig abrubbeln.

2 **Im Freien trocknen.** Bären in Musselinbeutel (Nylonstrumpfhose) auf die Leine hängen. Nicht am Ohr anklammern!

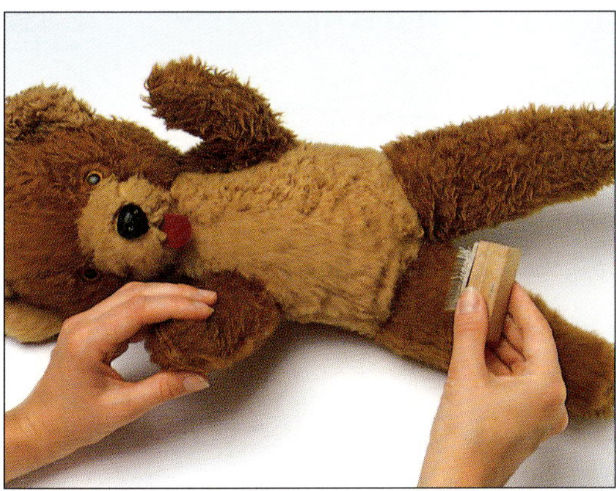

3 **Bürsten.** Nach dem Trocknen den Bären kräftig mit der Weberkarde (Drahtbürste) bearbeiten; die feinen »Borsten« bewirken, daß der Plüsch entfilzt und aufgelockert wird.

Pfotenmaterial

Nach dem Zweiten Weltkrieg ersetzten Synthetikfasern wie Wildlederimitat und Dralon die am häufigsten verwendeten Materialien für die Pfoten, Baumwolle und Baumwollsamt. Synthetik-Teddys ohne Gelenke haben oft Pfoten aus kontrastierendem Plüsch.

Synthetik-
plüsch

Wildlederimitat

Rexin

Gewebter
Baumwollstoff

Baumwollsamt

Filz

Moderne Stimmboxen

Moderne Kippmechanismus-Brummstimmen und Quiekser sind in der Regel aus Plastik. Die meisten Spieldosen für Teddybären kommen heute aus Japan.

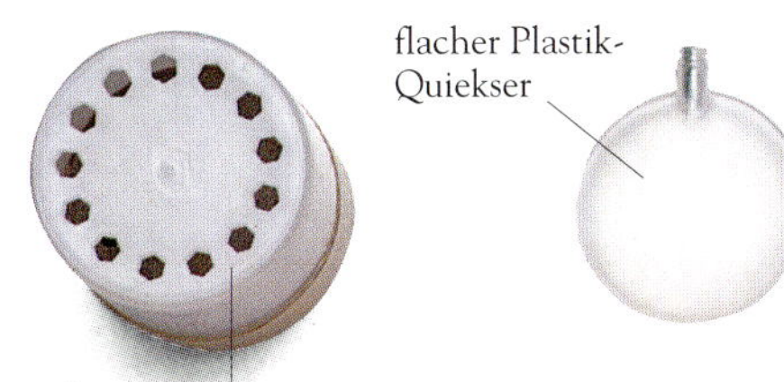

flacher Plastik-
Quiekser

Kippmechanismus
in Plastikgehäuse

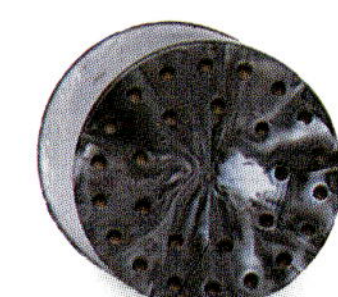

Spieldose

Kippmechanismus-
Brummstimme

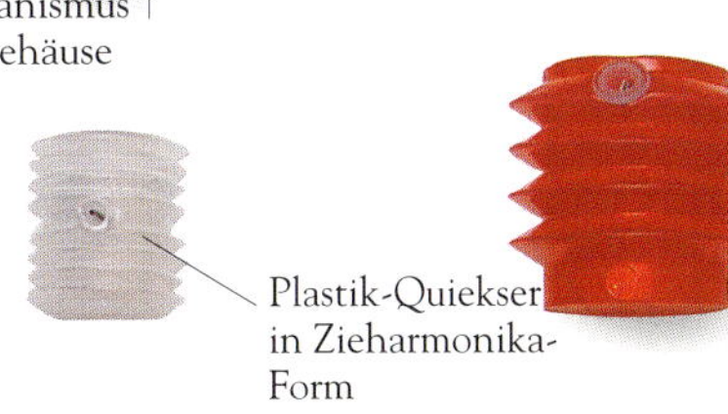

Plastik-Quiekser
in Zieharmonika-
Form

Synthetik-Fasern

Nylon (1938 erstmals kommerziell hergestellt) und andere Kunstfasern wie Orlon, Dralon, Acrilan und Courtelle wurden zu Plüsch für Teddybären gewoben. Billigere Kunstfasern haben einen gewirkten Untergrund.

Synthetikplüsch-Material

Dralon

Synthetikplüsch auf
gewirktem Untergrund

Füllmaterial nach dem Zweiten Weltkrieg

Schaumgummi wurde beliebt, weil es leicht und waschbar war, und man verarbeitete textile Abfälle zu »Sub« (siehe S. 205). Heute verwendet man weitgehend Polyester-Füllung.

Mischung aus
Schaumgummi
und Polystyrol-
Kügelchen

Polyester-
Füllung

Schaumgummi-
Granulate

Holzwolle

Synthetik-
Abfall von
geringer
Qualität

Präventivmaßnahmen und Pflege

INSEKTEN ENTFERNEN, FELL ABSAUGEN, OBERFLÄCHENREINIGUNG UND FLICKEN

Teddybären-Liebhaber müssen die vielfältigen Faktoren berücksichtigen, einschließlich Sonnenlicht und Staub, die ihrer Sammlung schaden können. Das Fell zieht die Larven von Fell- und Kleidermotten an. Selbst Hunde- und Katzenflöhe gedeihen im langen Flor. Systematisches Überprüfen, Abstauben und sofortiges Eingreifen bei Insektenbefall sind unerläßlich.

Sie sollten jedoch keine chemischen Reinungsmittel verwenden und Bären mit traditionellen Gelenksystemen nicht im Wasser einweichen. Bei Mohairplüsch nur die Oberfläche waschen und den Teddybären danach gründlich trocknen lassen. Eine Kleiebehandlung ist normalerweise eine nützliche Methode, um Schmiere aus dem Fell zu entfernen.

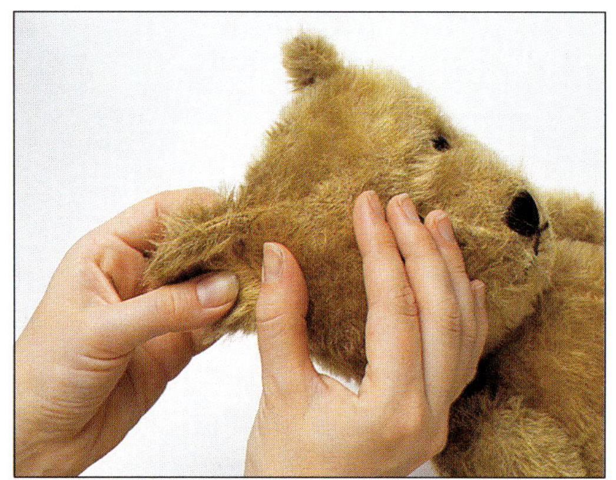

1 **Auf Insekten überprüfen.** Bären, vor allem alte, sollten regelmäßig auf Insektenbefall untersucht werden. Das Fell, vor allem Ohren und Gelenkhöhlen, systematisch teilen, nach Ungeziefer absuchen und mit entsprechenden Insektiziden behandeln.

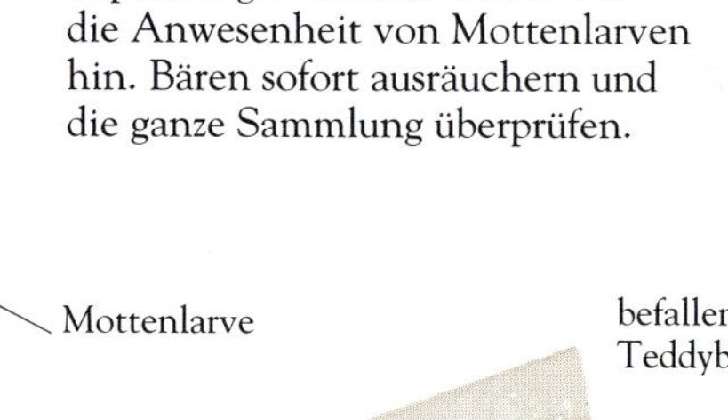

Larven im Plüsch
Papierartige Gehäuse weisen auf die Anwesenheit von Mottenlarven hin. Bären sofort ausräuchern und die ganze Sammlung überprüfen.

Ausräuchern
(Bei Insektenbefall) Teddy über Nacht in eine luftdicht verschlossene Plastiktüte mit Mottenkugeln oder Flohpulver legen. Alle frisch erworbenen, alten Teddybären auf diese Weise behandeln.

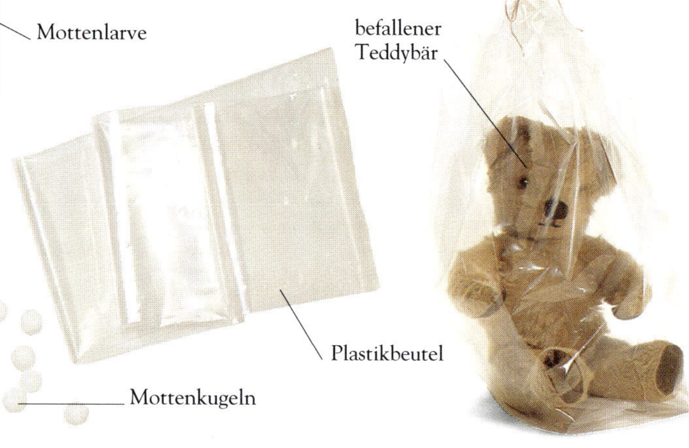

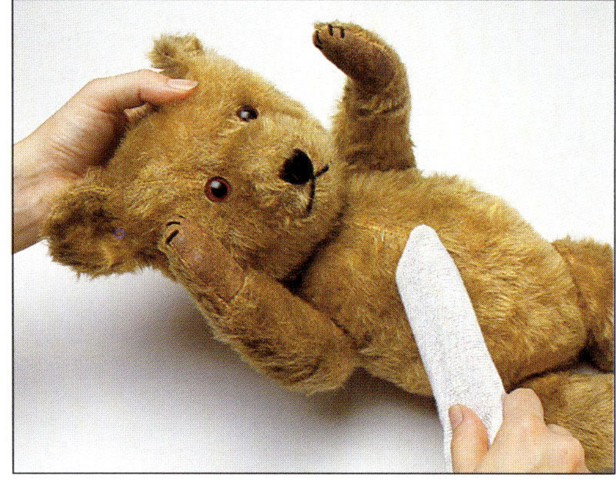

2 **Fell absaugen.** Bären ziehen Staub an, der letztlich Fell und Aussehen schadet. Das Fell regelmäßig absaugen; bei Gerät mit starker Saugleistung die Düse mit Gaze umwickeln, um den Sog zu verringern.

FAMILIEN-ERBSTÜCK
»Jessica« ist ein ganz besonderer Bär: der kahle, schlaffe, oft geflickte Körper repräsentiert viele Kindheitserinnerungen – einschließlich der Doktor- und Krankenschwesterspiele, bei denen »Jessica« die gefügige Patientin war, wie die liebevoll zugestichelte »Operationswunde« beweist. Jessicas unbezahlbarer Reiz würde, wie bei vielen Teddybären, durch Restaurationsarbeiten nur zerstört. Das gilt auch für Bären, wie den Überlebenden der Großangriffe auf London (S. 192) mit den versengten Füßen, oder den altersschwachen Aloysius (S. 190); sie würden nicht nur ihren einzigartigen Zauber verlieren, sondern auch an Wert, wenn man die Zeichen ihrer bewegten Vergangenheit auslöschte.

BÄREN FLICKEN

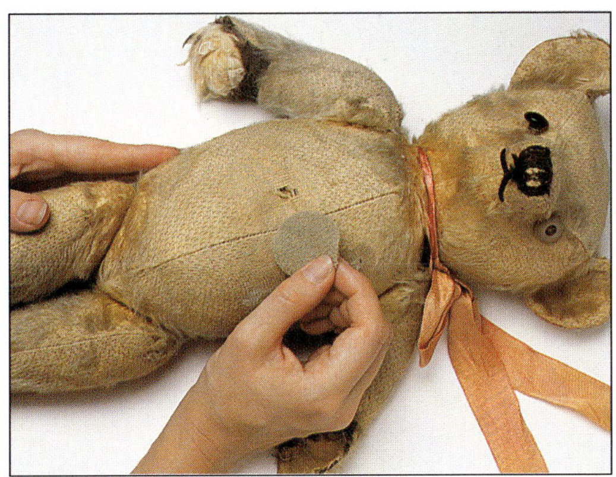

1 Passendes Material wählen. Farbe und Flor des Flickens sollten auf Original-Plüsch abgestimmt sein. Bei kahlem Bären Plüsch umdrehen und mit Webuntergrund zuoberst hinlegen. Flicken etwas größer als das Loch zuschneiden.

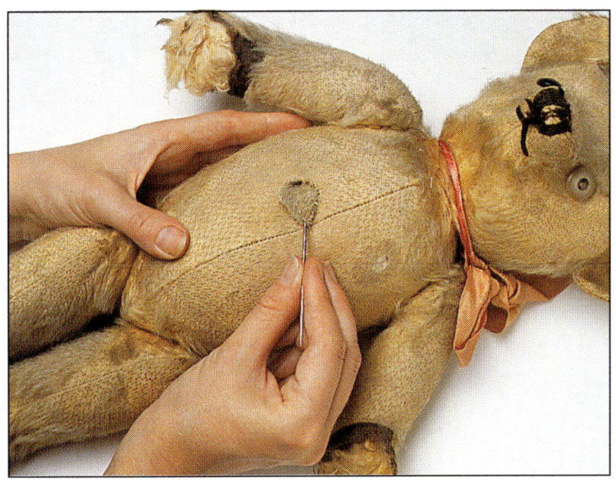

2 Flicken einpassen. Flicken um Stopfnadel wickeln und ins Loch schieben. Glätten und vorsichtig, mit übereinstimmendem Strich, in Position schieben.

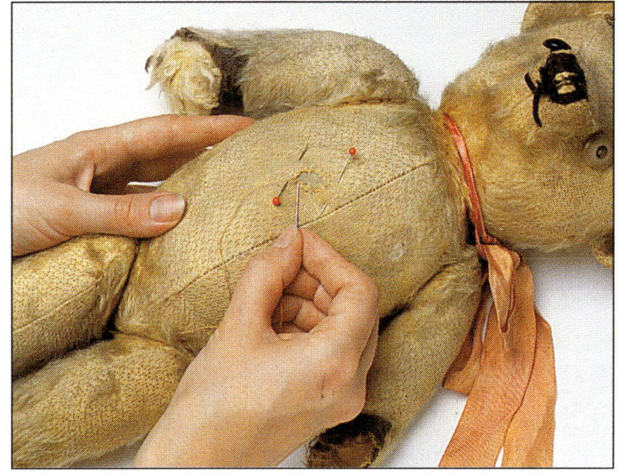

3 Flicken festnähen. Flicken mit Stecknadeln fixieren und überwendlich entlang den Lochkanten annähen. Faden versäubern und Ende im Körper hängenlassen.

KLEIEBEHANDLUNG

1 Kleie einreiben. Sauberen Plastikbeutel mit Kleie füllen (Reformhaus, Supermarkt, Tierhandlung). Teddybären hineinlegen und Kleie großzügig ins Fell reiben.

2 Ausbürsten. Wenn der Teddy mit Kleie getränkt ist, mit einer Bürste aus harten Naturborsten bearbeiten. Mit feuchtem Tuch den Staub aus den Augen entfernen.

OBERFLÄCHENREINIGUNG UND TROCKNEN

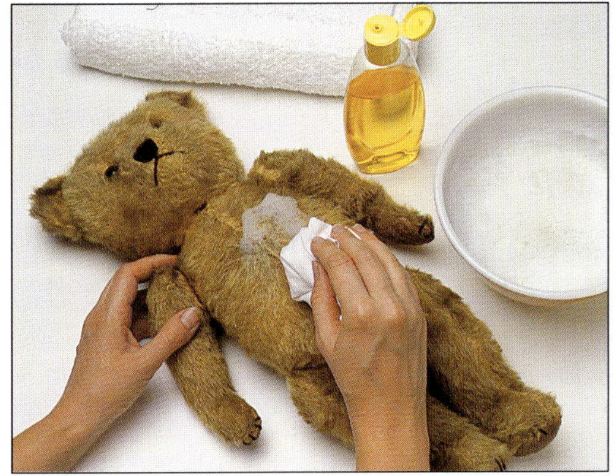

1 Wäsche. Schüssel mit warmem Wasser füllen; Baby-Shampoo zugeben und Schaum schlagen. Mit Wattebausch aufs Fell tupfen; Oberfläche abwischen.

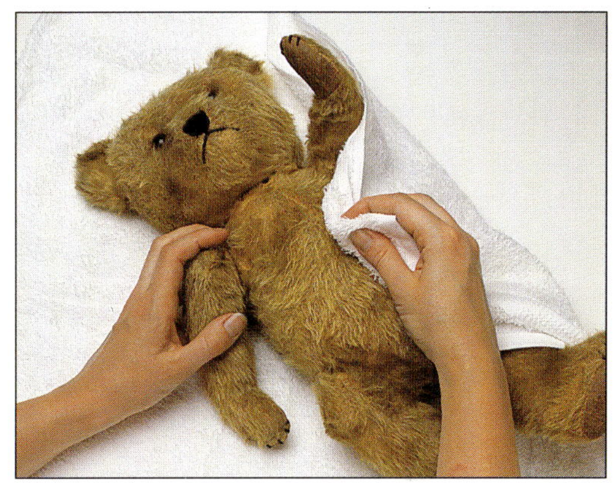

2 Mit Handtuch trocknen. Oberfläche mit fließendem Wasser nachspülen. Bären mit weißem Handtuch abrubbeln. Ohne Sonnenlicht auf natürliche Weise trocknen lassen.

3 Bürsten. Nach dem Trocknen mit Metallkamm oder Naturborsten-Bürste den Flor auflockern. Nach unten bürsten, um das Fell zu glätten, nach oben, um dem Plüsch mehr Volumen zu geben.

Föhnen
Wenn Sie in Eile sind, können Sie den Föhn benutzen. Mit niedrigster Temperatur und Geschwindigkeit vorsichtig trocknen; dabei mindestens 30 cm Abstand halten.

Ausstellung und Lagerung

WIE SIE IHRE BÄREN RICHTIG ZUR GELTUNG BRINGEN UND AUFBEWAHREN

Teddybären müssen mit Sorgfalt und Achtung behandelt werden, wenn sie ein langes Leben haben sollen; deshalb gilt es, ihre Sicherheit und ihr Wohlbefinden im Augen zu behalten, wenn Sie Ihre Schätze zur Schau stellen wollen. Vor allem empfindliche, alte Teddys lösen sich schnell in ihre Bestandteile auf, wenn sie häufig in die Hand genommen oder Staub, direktem Sonnenlicht und Insekten ausgesetzt werden. Glasvitrinen oder Schränke mit Glastüren sind ideal, um die Sammlung zu zeigen und zu schützen. Trotzdem muß sie regelmäßig auf Insektenbefall untersucht werden. Wenn Sie Ihre Bären »einkleiden«, können Sie ebenfalls Schäden durch Staub und Sonneneinstrahlung vorbeugen.

Auswirkungen des Sonnenlichts
Bei diesen alten Teddybären sieht man, welche Schäden Sonnenlicht anrichten kann. Der musikalische Bär aus den 20er Jahren (rechts) war einmal hellgrün; nun sind nur noch in den Gelenkhöhlen Spuren der einstigen Farbe sichtbar. Der Bingie Guardsman (rechts, Mitte) hat eine schmutziggraue Farbe – bis auf den Flecken am Kopf, wo das ursprünglich zimtfarbene Fell durch die Mütze geschützt wurde.

grüner Mohairplüsch, sichtbar an Kanten des Nackengelenks

Original-Farbe sichtbar, wenn Mütze entfernt wird

verblichene Flicken an roter Filzjacke

Schutz
Ein älteres, kahl werdendes Steiff-Modell wird von diesem »Lord Fauntleroy«-Anzug geschützt, der außerdem kleine Makel zu verbergen hilft.

Bären-Ausstellung
Teddybären und verwandte Erinnerungsstücke (oben), arrangiert auf Regalen im Haus der Familie Volpp. Ein antikes Dreirad stützt den großen Steiff-Bären.

VERSCHACHTELTE BÄREN

Wenn der »Schauplatz« für Ihre Sammlung nicht mehr ausreicht, sollten Sie einige Teddybären verpacken und einlagern. Plastikbeutel sind nur für einen kurzen Zeitraum zu empfehlen, da sich darin Flüssigkeit sammeln und Schimmel entstehen kann. Baumwollbeutel, saubere braune Papiertüten mit Schnur zum Zubinden oder Pappkartons – wobei der Bär zuerst in weißes Küchenkrepp gewickelt wird – sind ideal (für kleine Teddys reicht eine Schuhschachtel). Fügen Sie Mottenkugeln, mottenabweisendes Schrankpapier, Zedernholz-Rasierseife oder Gewürznelken hinzu, um Insektenschäden vorzubeugen. Lagern Sie den Teddybären an einem trockenen, staubfreien Platz mit gleichbleibenden Temperaturen.

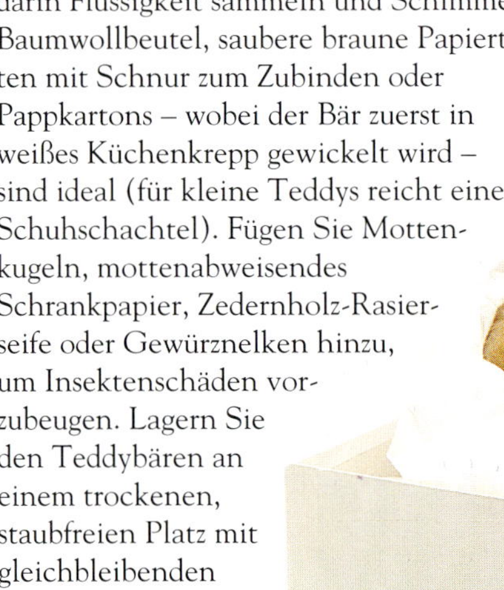

Das Teddybären-Verzeichnis

Die Einführung (S. 8–13) bietet einen generellen Überblick über die Geschichte der Teddybären, die im Katalog (S. 14–187) genauer unter die Lupe genommen wird. Die praktischen Aspekte sind im Kapitel über Arctophilie angesprochen: Sammeln (S. 188–201), Pflege und Reparatur (S. 202–214) von Teddybären. Und im nachfolgenden Verzeichnis finden Sie in komprimierter Form eine Chronik der Teddybären, die Entwicklungsgeschichte führender Herstellerfirmen, nützliche Adressen und ein Glossar, das Teddyliebhaber auf Amateur- und professioneller Ebene gleichermaßen schätzen werden.
Die Teddybären-Chronik knüpft an weltweite Ereignisse an, die ihre Entwicklung stark beeinflußt haben, während Sie in den Firmengeschichten Einzelheiten über alle genannten, namhaften Teddybären-Hersteller finden. Die nützlichen Adressen umfassen Anschriften von Museen, Spezialgeschäften, Clubs und Zeitschriften, die ausschließlich dem Teddybären gewidmet sind.

Teddybären-Chronik

DIE GESCHICHTE DER TEDDYBÄREN

Bären haben in westlichen Kulturen seit der Zeit des Neandertalers und seiner Rituale der Bärenverehrung, aber auch in vielen Geschichten und Legenden, eine Rolle gespielt. In der griechischen Mythologie wurde Callisto, eine Geliebte des Zeus, von der eifersüchtigen Hera in eine Bärin verwandelt, und »Mischka« ist seit dem zwölften Jahrhundert Teil der russischen Volkssagen. »Bruin«, ein Name für Braunbären, wurde erstmals in Caxtons Übersetzung des Tierepos *Roman de Renart* (Reinhart Fuchs) aus dem Jahr 1481 erwähnt. Bären waren begehrt wegen ihres Fells und um Hausmittelchen daraus herzustellen, oder sie wurden gefangen und dressiert, um als Tanzbären oder Köder bei der Bärenjagd zu dienen.

Kinderspielzeug ist oft ein Spiegelbild des Lebens, und so war es nur natürlich, daß Bären eine große Rolle spielten, als sich die Spielwarenindustrie im neunzehnten Jahrhundert zu entwickeln begann. Das sieht man am Sortiment der deutschen Spielzeugfabrikanten und der russischen Kooperativen, die seit etwa 1890 kleine geschnitzte Bären in Bogorodskoje fertigten. Die Pariser Firmen Rouell et Décamps und Martin stellten in dieser Zeit originelle Blech- und Fellbären zum Aufziehen her. Meistens wurden sie auf allen vieren oder auf den Hinterbeinen stehend dargestellt, im Gegensatz zu den heutigen, sitzenden Teddybären.

BÄREN FÜR DIE KINDERSTUBE

Obwohl die wilden Bären gegen Ende des neunzehnten Jahrhunderts nicht länger die Wälder durchstreiften, waren die Kinder mit dem Anblick der Tanzbären vertraut, die aus Mitteleuropa kamen. Die ursprüngliche Fassung der *Three Bears* (Die drei Bären) wurde erstmals 1831 niedergeschrieben, und die Firmen von W. J. Terry und J. K. Farnell, die Kuschelspielzeug fertigten (und später als Teddyhersteller marktführend waren), entstanden 1890 und 1897.

Bären haben im geschichtlichen Erbe der USA immer eine Rolle gespielt, und Anfang des 19. Jahrhunderts tauchten sie erstmals in Kinderbüchern auf. Die Standardversion von *The Three Bears* (Goldlöckchen und die drei Bären) wurde 1888, und um 1890 in den *Uncle Remus-*Büchern von Joel Chandler Harris veröffentlicht. Die Frauenzeitschriften der damaligen Zeit brachten Schnittmuster für Plüschtiere, einschließlich Bären.

KUSCHELSPIELZEUG-INDUSTRIE

Bis zum Ausbruch des Ersten Weltkriegs 1914 war Deutschland weltweit als Spielzeugmetropole bekannt, wobei sich einige Regionen auf bestimmte Produkte spezialisiert hatten: in Nürnberg wurde Blechspielzeug hergestellt, und die Puppen- und Holzspielzeugmacher siedelten sich im Sonneberger Raum an. Gegen Ende des 19. Jahrhunderts entstanden mehrere große Spielzeugfabriken. Margarete Steiff (siehe S. 38–39) nahm 1880 Puppen und 1892 Teddybären in ihren Versandhandel für Filzbekleidung auf.

Reinhold Schulte eröffnete 1901 in Duisberg eine Mohairweberei und belieferte Kuschelspielzeug-Fabrikanten mit Plüsch; das Mohair stammte aus Nordengland.

TRENDSETTER

Obwohl es in den Kinderzimmern damals schon viel Spielzeug gab, bei dem der wilde Bär Pate gestanden hatte, ebnete der 26. Präsident der Vereinigten Staaten von Amerika, Theodore (»Teddy«) Roosevelt einer Bewegung den Weg, die den Teddybären weltweit zum liebsten Spielzeug der Kinder und zu einem der reizvollsten Phänomene des zwanzigsten Jahrhunderts machen sollte.

1. WELTKRIEG

1902–03

1902
12. November: Theodore Roosevelt bricht zu einem viertägigen Jagdausflug nach Smedes, Mississippi, auf, wo er sich weigert, einen durch Hetzjagd erschöpften, angebundenen Bären zu erlegen.

16. November: Clifford J. Berrymans Karikatur in der Washington Post zeigt Roosevelt, der dem Bärenjungen das Leben schenkt. Der Titel »Drawing the Line« bezieht sich auf Roosevelts Bemühen, Grenzstreitigkeiten zwischen Louisiana und Mississippi beizulegen, der Hauptgrund für seine Reise in die Südstaaten.

Angeregt von Berrymans Karikatur fertigen die russischen Emigranten Morris und Rose Michtom »Teddy Bear«, der in ihrem Schreibwarenladen in Brooklyn verkauft wird.

1903
Februar: Steiff schickt eine Ladung Kuschelspielzeug per Schiff an Paul Steiff in New York, einschließlich Bär 55PB, der sich zunächst als Ladenhüter erweist.

März: Bär 55 PB wird auf der Leipziger Spielwarenmesse ausgestellt; Hermann Berg, Einkäufer der New Yorker Großhandelsfirma Geo. Borgfeldt & Co., ordert 3000 Stück.

Juli: Steiff läßt Teddybär-Design mit Gelenken als Warenmuster eintragen und experimentiert weiter mit Gelenksystemen.

August: Henry Samuel Dean gründet in London Dean`s Rag Book Co.

Morris Michton eröffnet die Ideal Novelty & Toy Co; er wird mit Unterstützung der Großhandelsfirma Butler Bros. erster US-Teddybären-Hersteller.

1903–08: Steiff-Werke expandiert dreimal in dieser als »Bärenjahre« bekannten Periode.

1904–05

1904
Februar: Letzter Eintrag von Bär 55 PB in Steiffs Preisliste.

März: Steiff läßt die neue, verbesserte Version von Bär 35 PB mit Zwirngelenken registrieren; Franz Steiff entwickelt das »Knopf im Ohr«-Warenzeichen; Einführung des blanken Knopfes.

November: Steiff führt den Knopf mit Elefanten-Logo ein.

Dezember: Steiff läßt verbessertes Gelenksystem mit doppeltem Draht patentieren und »Knopf im Ohr«-Warenzeichen eingetragen.

Gegen Jahresende nimmt Steiff Bär 28PB mit Metallstab-Gelenken in die Produktpalette auf; stellt in diesem Jahr insgesamt 12000 Teddybären her.

1905
Februar: Steiff läßt Bär 35 PAB eintragen: erster Bär mit Scheibengelenken, heute Standard-Design.

Mai: Steiffs »Knopf im Ohr«-Warenzeichen offiziell bestätigt.

Juni: Steiff läßt Bär 28 PB mit Metallstab-Gelenken patentieren.

August: Bär 35 PAB taucht als »Bärle« mit Elefanten-Knopf erstmals in Steiffs Preisliste auf.

1905–06: Seymour Eatons Roosevelt-Bärengedichte erstmals in US-Zeitungen und von 1906 an in Büchern veröffentlicht; bald folgen bekleidete Bären von Steiff und US-Herstellern wie Kahn & Mossbacher und D.W. Shoyer & Co.

1905–09: US-Präsident Roosevelts zweite Amtszeit fällt mit Höhepunkt des Teddybär-Fiebers zusammen.

1906–07

1906
Mai: *Playthings*, Fachblatt der US-Spielwarenindustrie, benutzt als erste den Ausdruck »Teddy's Bear«.

Juli: Steiff wird GmbH.

November: Charles Sackman und Martha Borchardt melden getrennt Patente für Teddybär-Modelle in New York an.

1906–07: Viele kurzlebige Teddy-Hersteller entstehen in den USA; sie verwenden oft Mohair und Brummstimmen-Mechanismen aus Deutschland, z. B. Aetna Bruin, Hecla, Columbia, Miller, Harman. Mit wachsender Konkurrenz entwickeln Steiff und andere Hersteller Bären-Novitäten.

1907
Februar: Begriff »teddybears« zuerst in Seymour Eatons Reimen The Roosevelt Bears Abroad benutzt; Veröffentlicht in The Sunday Oregonian, Portland.

Mr Cinnamon Bear von Sara Tourney Lefferts in USA veröffentlicht.

Steiff produziert 975 000 Bären – ein bis heute ungebrochener Rekord.

US-Komponist John W. Bratton schreibt *The Teddybears Picnic.*

Thomas A. Edison Co. produziert in den USA *The Teddy Bears*, den ersten Film mit Bewegungsbildern, in denen Bären die Hauptrolle spielen.

Erste Teddy-Fortsetzungsgeschichte in Bildern, *Little Johnny and The Teddy Bear*, erscheint in der Zeitschrift *Judge*.

1907–11: Urheberrechte für 400 Lieder mit Teddy oder Teddybär im Titel registriert.

1908–09

1908
US-Geschäftsmann beauftragt Firma Karl Hofmann in der Nähe von Neustadt, Deutschland, Teddys für den US-Markt herzustellen; Beginn der Neustadter Teddybärindustrie.

Deutscher Exporteur Eisenmann schlägt englischer Firma J.K. Farnell vor, Teddybären in eigener Regie zu fertigen; Geburt der englischen Bären-Industrie.

Kippmechanismus-Brummstimme erstmals in Steiff-Katalog erwähnt; Glasaugen erstmals von Steiff für den englischen Markt benutzt.

William Taft zum US-Präsidenten gewählt; Verschiedene Maskottchen als Konkurrenz zum Teddybären geschaffen – z. B. Billy Possum (Steiff und US-Firmen), Billiken (Horsmann in USA).

Dean's Rag Book & Co. stellt Knockabout-Ausschneidebögen mit Teddybären aus bedruckter Baumwolle und Teddybären-Pappbücher her.

Erste Prozesse zwischen Steiff und deutschen Firmen wie Wilhelm Strunz und Gebrüder Bing wegen »Knopf im Ohr«-Warenzeichen.

1909
9. Mai: Margarete Steiff stirbt mit 61 Jahren.

Teddy Bright Eyes veröffentlicht, eine der ersten britischen Teddybären-Geschichten.

Steiff führt goldfarbenen Mohairplüsch in Serie aus hellbraunen, dunkelbraunen und weißen Bären ein.

1909–12: Heinrich Schreyer arbeitet für die Nürnberger Firma Gebrüder Bing.

1910–14

1910–13: Steiff ernennt Handelsvertreter und eröffnet Läden in New York, Sydney und in mehreren europäischen Ländern.

1912
Steiff führt Schwarzbären mit Knopfaugen über orangefarbenem Filz speziell für den englischen Markt ein.

Heinrich Müller und Heinrich Schreyer gründen Schreyer & Co. in Nürnberg.

Steiff führt rot-weißblauen Dolly-Bären anläßlich US-Wahl ein.

1913
Oktober: Erster Hermann-Bär von Artur, Adelheid und Max Hermann in Neufang bei Sonneberg hergestellt.

Steiff führt Record Teddy auf Chassis mit Rädern ein, später von britischen Herstellern, z. B. British United Toy Manufacturing Co., kopiert.

1914–15: Kuschelspielzeug-Industrie in England entsteht, da deutsche Importe verboten.

East London Federation Toy Factory von Sylvia Pankhurst gegründet ; Wm. H. Jones eröffnet Plüschtierfirma, da er keine Arbeit als Handelsvertreter für deutschen Puppenmacher erhält; Teddy Toy Co. von B.C. Hope und Abe Simmonds ins Leben gerufen; Harwin & Co. gegründet unter Mithilfe eines ehemaligen Steiff-Handelsvertreters.

1914–18: Erster Weltkrieg unterbricht Produktion in Deutschland, da Männer eingezogen werden; Steiff-Werke arbeiten für die Rüstung; Grenzen geschlossen und verhindern Export; Margarete Steiff Freres, die Pariser Niederlassung, wird geschlossen.

1915–20

1915–16: Dean's und Chad Valley produzieren erste Mohairplüsch-Teddybären mit Gelenken.

Britische Firmen fertigen patriotische Teddybären: z. B. Dean's einen russischen und Harwin die Ally-Bären in der Uniform der Alliierten Streitkräfte.

1919
Thiennot, einer der ersten französischen Hersteller, gegründet.

Josef Eisenmann stirbt; hinterläßt Chiltern Toy Works Leon Rees.

Bobby Bear erscheint im *Daily Harald*, erster Comicstrip-Bär in englischer Tageszeitung.

1919–21: Steiff produziert Bären aus wiederverwertetem Nessel infolge Plüschknappheit.

1920
Februar: Londoner Teddy Toy Co. läßt »Softanlite« Kapok-Füllung patentieren; Anfang 20er Jahre von anderen englischen Firmen kopiert: Terrys »Ahsolite«- und Chad Valleys »Aerolite«-Bären.

November: Mary Tourtels Rupert der Bär gibt Debut in britischer Zeitung *Daily Express.*

Chad Valley verlegt Kuschelspielzeug-Produktion von Birmingham nach Wellington, Shropshire.

Harry Stone und Leon Rees gründen H.G. Stone, um Chiltern-Plüschspielzeug herzustellen.

Thiennot gewinnt im Lépine-Wettbewerb die Bronzemedaille für Teddy-Design.

20er–30er Jahre: Import-Verbot für deutsches Spielzeug und Einfuhr-Zölle zwingen britische Firmen, heimische und ausländische Märkte zu beliefern, z. B. Chad Valley, J.K. Farnell, H.G. Stone, Merrythought und Dean's.

2. WELTKRIEG

1921–29

1921
J. K. Farnell als Gesellschaft mit Haftungsbeschränkung eingetragen; Alpha Works gebaut und Warenbezeichnung »Alpha« benutzt.

A. A. Milnes Frau kauft Bären (möglicherweise Alpha) von Harrods zu Sohn Christopher Robbins erstem Geburtstag.

Steiff führt Glasaugen und Kapok-Füllung, Hugo Steiff das Fließband ein.

Schreyer & Co. lassen Warenzeichen »Schuco« eintragen und Ja/Nein-Bären patentieren.

Erste Rupert Bär-Produkte hergestellt.

1923
Werbung für erste Chiltern Hugmee-Bären.

1925–28: »Dual«-Mohairplüsch beliebt; Neuheiten wie Gebrüder Süssenguths Bär Peter mit offenem Mund und rollenden Augen, Gross & Schilds sprechender Bruno und musikalische Bären mit Schweizer Federwerk (zum Drücken) eingeführt.

1926
Oktober: *Winnie the Pooh* (Pu der Bär) von Methuen veröffentlicht.

Teddys mit Pierrot-Hüten und Rüschen (Steiffs Clown-Bär; Chad Valleys Tubby-Bär) gewinnen an Beliebtheit.

1929
Wall Street-Crash und wirtschaftliche Depression führen zur Herstellung von qualitativ minderwertigen Teddybären, wie die amerikanischen »Stick«-Bären.

Kunstseidenplüsch-Bären wie J. K. Farnells Silkalite-Bär (März) und Chilterns Silky Teddy (Juli) erstmals angeboten.

J. K. Farnell eröffnet Ausstellungsräume in New York und Paris.

1930–37

1930
Steiff bringt einzigartige und einflußreiche Teddy Baby- und Dicky Modelle heraus.

Merrythought Ltd. in Ironbridge, Shropshire, gegründet.

Mary Plain von Gwynaed Rae veröffentlicht (später von J. K. Farnell als Kuschelspielzeug hergestellt).

1930–35: Winnie the Pooh-Spielzeug und Brettspiele in GB von Chad Valley und Teddy Toy Co. hergestellt; in den USA von Parker Brothers und F. W. Woolnough

30er Jahre: Teddy-Neuheiten werden populär, z. B. Schuco-Miniaturen, Nachthemd/Pyjama-Behältnisse und -Beutel.

1933
Hitler gelangt an die Macht; Aufstieg der Nationalsozialistischen Partei wirkt sich auf deutsche Spielwaren-Industrie aus; Hugo Steiff als jüdischer Sympathisant seines Postens enthoben. Der Jude Adolf Kahn verläßt Schuco und emigriert nach England.

1935
US-Patentanmeldung für Nylon; Erfinder W. H. Carothers.

1937
British Lines Bros., damals weltweit größter Spielwaren-Hersteller, gründet Pedigree Soft Toys.

Krönung des englischen Monarchen George VI regt zur Herstellung patriotischer Bären in Rot, Weiß und Blau an.

Zoo in Chicago erhält ersten Riesenpanda im Westen; Geburt der Pandabären-Industrie.

1938–44

1938
Chad Valley erhält Königliches Gütesiegel verliehen (Königin Elizabeth, Gemahlin von Georg VI)

Erste kommerzielle Nutzung der US-Erfindung Nylon.

1939
Ausbruch des Zweiten Weltkriegs zwingt viele europäische Spielwaren-Hersteller, zu schließen oder für die Rüstung zu produzieren.

Ende 30er–50er Jahre: *Teddybären mit Kleidung an einem Stück populär, um Plüsch zu sparen.*

1940–45: Rohmaterialien knapp, führt zu verringertem Ausstoß und Sparmaßnahmen, z. B. Verwendung alternativer Stoffe, neuer Designs mit kürzeren Gliedmaßen/Schnauzen und ohne Gelenke.

Zeitschriften veröffentlichen Strickmuster für Bären aus aufgeribbelter Wolle.

Teddybär-Firmen produzieren kriegswichtige Güter: Dean's stellt Schwimmwesten, Chad Valley Kinderkleidung, Merrythought Uniform-Zubehör, Steiff Munition und Schuco Telefonausrüstung her.

Manche Firmen, z. B. Schuco und J. K Farnell, werden ausgebombt.

1941
Polyester von J. R. Whinfield und J. T. Dickson in Großbritannien entwickelt.

1944
Smokey der Bär wird Symbol der US-Kampagne für die Verhütung von Waldbränden.

1945–50

1945
Ende des Zweiten Weltkriegs; Deutschland in vier Besatzungszonen unterteilt.

1945–51: Rationalisierung bewirkt, daß nur wenig Spielwaren erhältlich sind.

Heimindustrien in Deutschland, Österreich und Großbritannien fertigen Teddys aus verfügbaren Materialien; Schaffell bleibt Alternative zu Mohairplüsch; »Sub« wird Kapok-Ersatz.

Nylon- und Rayonplüsch weitgehend für Teddys in der Nachkriegsperiode verwendet.

1940–45: Sonneberger Firmen nun in sowjetisch besetzter Zone. Viele siedeln aus Furcht vor kommunistischem Regime in die amerikanisch besetzte Zone um; zusätzliches »Made in US-Zone« auf eingenähten Etiketten.

1948
Wendy Boston läßt erste festverankerte Augen patentieren.

1950–53: Erste kommerzielle Verwendung von Synthetikfasern wie Terylen, Dacron, Orlon, Dralon und Acrilan.

50er Jahre: Japans Aufstieg zur Industriemacht; japanische Federzugmechanismen und später batteriebetriebene Bären zwingen deutsche Firmen, die früher führend auf dem Markt für aufziehbares Blechspielzeug waren, zum Aufgeben.

50er–60er Jahre: Synthetik-Plüsch und Füllung (z. B. Polyester) bei Teddybären sehr beliebt.

1951–57

1951
Steiff führt neue Zotty-Version ein.

1952
Einführung von Vinyl-Schnauzen, vor allem von US-Herstellern wie Gund und Ideal verwendet.

Britische Handpuppe Sooty erscheint erstmals im Fernsehen; Chad Valley erhält Exklusivrecht für Sooty-Spielzeugproduktion.

1953
Teilung Deutschlands in Ost und West; »US Zone«-Etikett geändert in »Made in the Federal Republic of Germany«.

Krönung von Elisabeth II regt Produktion patriotischer Bären an. Chad Valley-Warenzeichen mit Königlichem Siegel von »Queen Elizabeth« in »Queen Mother« geändert.

Erster Smokey-Bär von Ideal für Werbefeldzug zur Verhütung von Waldbränden in den USA gefertigt.

Toffee (aus BBC-Kinderfunksendung *Listen with Mother*) von Chad Valley hergestellt.

1954
Wendy Boston erprobt ersten voll maschinenwaschbaren Nylonplüsch-Bären mit gesicherten, festverankerten Augen und Schaumstoff-Füllung auf britischen Testmärkten.

1955
Wendy Boston-Bär erstmals im BBC-Fernsehen mit Waschdemonstration. Boulgom in Frankreich bringt ähnlichen Bären heraus; andere Hersteller folgen.

1957
Merrythought führt Cheeky mit Glöckchen im Ohr ein; andere britische Hersteller kopieren dieses Merkmal.

1958–63

1958
Michael Bonds *A Bear called Paddington* in Großbritannien veröffentlicht.

1959
Wendy Boston führt neue sicherheitsgeprüfte Augen mit Nylonschraube und -mutter ein. Festverankerte Vinyl-Nasen finden zunehmend Verwendung.

1960
Warenzeichen »Bri-Nylon« von den British Nylon Spinners eingetragen; Teddybären aus Bri-Nylon von Dean's und Pedigree produziert.

J. K. Farnell stellt eigene Version von Toffee (aus BBC-Kinderfunkserie) her.

Anfang 60er Jahre: Yogi-Bär erscheint erstmalig in Fernsehsendungen, produziert in USA von Hanna Barbera.

Australische TV-Persönlichkeit Humphrey B. Bear von L. J. Sterne in Melbourne erstmals als Kuschelspielzeug gefertigt.

Winnie the Pooh aus Disney-Zeichentrickfilmstudios regt zur Herstellung neuer Pooh-Produkte an.

Erste sprechende Teddybären mit Minitur-Schallplatte, durch Zugkordel aktiviert.

1961
Hoover erteilt Wendy Boston Waschbarkeits-Zertifikat.

1962
Teddy Edward von Patrick und Molly Edwards in Großbritannien veröffentlicht.

1963
Teddy Bear-Comic in Großbritannien herausgebracht.

1964–72

1964
Margaret Hutching veröffentlicht Bärenbastelbuch *Teddy Bears and How to Make Them*.

Theodore Roosevelts Enkel schenkt frühe Ideal-Teddys dem Smithsonian Institute in Washington, D.C.

Um 1965
Schaumgummikörper aus einem Stück eingeführt.

1967
Mr. Whoppit, Donald Campbells (von Merrythought hergestelltes) Teddy-Maskottchen, überlebt den tödlichen Unfall seines Besitzers, als dieser den Geschwindigkeitsweltrekord auf dem Wasser in Coniston Water, England, brechen will.

1969
Veröffentlichung von Peter Bulls Buch *Bear with Me*.

Anfang 70er Jahre:
US-Puppendesigner beginnen Teddybären als Kunstobjekte zu fertigen.

70er Jahre: Viele führende US-Firmen und alteingesessene britische Firmen müssen infolge Rezession und rückläufiger Geburtenrate ihre Tore schließen. Einige Hersteller verlegen die Produktion aus Kostengründen nach Ostasien.

1971
Wildlederimitat, in den USA entwickelt, wird erstmals benutzt und als Material für Pfoten und Miniatur-Teddybären beliebt.

1972
Der Bär Paddington wird erstmals in Großbritannien von Gabrielle Designs als Plüschspielzeug hergestellt.

1973–80

1973
Organisation Good Bears of the World von James T. Ownby in der Schweiz gegründet.

1974
Beverly Port zeigt ersten Designer-Bären in Reno, Nevada, bei Internationaler Puppenmacher-Tagung.

1975
Eden Toys erhält Weltrechte für Herstellung von Paddington-Bären.

Carol-Lynn Rössel Waugh fertigt Porzellan-Designerbären mit Gelenken und aufmodellierter Kleidung.

1978
Bear in Mind-Versandhandelsfirma in Concord, Massachusetts, gegründet.

1979
Internationales Jahr des Kindes von Teddybär-Aktionen für guten Zweck begleitet, z. B. Spendensammlung des Marquis von Bath in Großbritannien; ähnliche Veranstaltungen in Australien und Neuseeland folgen.

Sammlerbären und limitierte Auflagen beliebt; Gund bringt klassische Serien für Sammler auf den Markt.

1980
Steiff führt erste Repliken ein; North American Bear Company bringt VIB-Serie heraus; Dakin produziert Mishka, das Maskottchen der Olympischen Spiele in Moskau.

The Teddy Bear Catalogue: Prices, Care & Repair, Lore, von Peggy und Alan Bialosky, wird in den USA veröffentlicht.

1981–84

1981
Peter Bulls Teddybär »Delicatessen« ändert nach dem Auftritt in *Brideshead Rivisited* (Wiedersehen mit Brideshead) seinen Namen gemäß Zuschauervotum in »Alyosius«.

House of Nisbeth produziert Bully Bär-Serie.

The Collector's History of the Teddy Bear von Patricia Schoonmaker wird in den USA veröffentlicht.

Der Begriff »Teddybären-Künstler« wird von der US Zeitschrift Doll Reader geprägt. Anzahl der britischen und amerikanischen Bären-Künstler wächst.

1982
Merrythought führt Sammlerbären in Sonderausgaben ein.

1983
Oktober: Bunny Campione macht Teddybär-Versteigerungen im Auktionshaus Sotheby's salonfähig.

Die Zeitschrift *Teddy Bear and Friends* wird in den USA für Bärensammler von Hobby House Press herausgegeben.

Der Sammlerclub B.E.A.R. (Bear Enthusiasts All Round Collectors Club) wird in Kalifornien gegründet.

1984
Peter Bull stirbt im Alter von 72 Jahren.

Joan Bland eröffnet Asquiths in Windsor, das erste Teddybären-Spezialgeschäft in Großbritannien.

Teddy Bear Artists: Romance of Making and Collecting Bears von Carol-Lynn Rössel Waugh wird in den USA veröffentlicht.

Steiff produziert Petsy, den ersten voll maschinenwaschbaren Bären mit weicher Füllung und Gelenken.

Gebrüder Hermann führen Sammlerbären in Sonderausgaben ein.

1985–88

1985
Mai: Erster Teddybär (Steiff, um 1905–10) erzielt bei Sotheby-Auktion in London mehr als 1000 Pfund.

Dezember: Christie's of London hält erste reine Teddybären-Versteigerung ab.

Dakin bringt Mike Youngs »Super Ted« nach dem Erfolg der Cartoon-Serie im US-Fernsehen auf den Markt.

1985 wird von der Organisation Good Bears of the World zum Internationalen Jahr des Teddybären erklärt.

Teddybärenkünstler-Verband American Teddy Bear Artists von Rowbear Lohman gegründet.

1986
Erstes Teddybär-Museum der Welt in Berlin eröffnet.

Veröffentlichung der Zeitschrift *Teddy Bear Review* in den USA.

Teddy Bears Past and Present, Bd. I von Linda Mullins in den USA veröffentlicht.

Jack Wilson von House of Nisbet entwickelt Verfahren, um Mohairplüsch »antikes« Aussehen zu verleihen.

1987
Auszeichnung Golden Teddy Awards von der Zeitschrift *Teddy Bear Review* ins Leben gerufen.

Big Softies produziert Tough Red, eine Simon Bond-Figur.

1988
Teddyberendag, erster Tag des Teddybären in den Niederlanden, im Amsterdamer Artis-Zoo begangen.

»Loc-Line«-Gelenkverbindung bei Designer-Bären in den USA von Jeff Trager, Mitarbeiter von Beaver Valley, eingeführt.

Gyles Brandreths Teddy Bear Museum in Stratford-upon-Avon eröffnet.

1989–90

1989
»Happy«, ein Steiff-Bär (um 1926), gelangt mit seiner bei Sotheby's erzielten Höchstsumme ins *Guinessbuch der Rekorde*.

Nach deutscher Wiedervereinigung Rückkehr der Hermann-Familie nach Sonneberg; Erforschung der Familiengeschichte.

Erste große Teddybären-Ausstellung in Sydney.

Knopf im Ohr, autorisierte Geschichte der Steiff-Familie, von Jürgen und Marianne Cieslik veröffentlicht.

1990
Osteuropäische Firmen werden ursprünglichen Eigentümern zurückgegeben; Reproduktion alter Modelle, z. B. Leven von Hermann-Spielwaren oder Hamiro von Sigikid.

Veröffentlichung der Zeitschriften *Teddy Bear Magazine* und *Teddy Bear Times* in Großbritannien.

Mary Holden von Only Natural fertigt Bill Bear, den ersten britischen Bären für Allergiker (gegen Chemikalien), mit »EVE«-Symbol für Umweltschutz.

Wachsende Zahl von Teddybär-Künstlern in Europa, vor allem Deutschland, Frankreich und Holland.

Teddy Bears and Friends führt TOBY-Auszeichnung ein.

CE-Markierung in Großbritannien bei Spielzeug eingeführt, das EG-Sicherheitsbestimmungen entspricht.

1991–93

1991
Eröffnung von Teddybär-Museen in USA und Großbritannien. Erstes Bären-Fest in Niederlanden.

Dorling Kindersley veröffentlicht *The Ultimate Teddy Bears Book*; Platz 1 auf der britischen Bestseller-Liste.

Dean's führt Replika-Serie in limitierter Auflage ein.

Jakas bringt limitierte Auflage und Nachbildung von *Playschools* »Big Ted« heraus.

Verband British Teddy Bear Association gegründet.

Bear Facts Review kommt in Australien, und *Beer Bericht* in Holland in den Handel.

1992
Steiff-Sammlerclub gegründet, mit limitierten Auflagen nur für Mitglieder.

Limitierte Auflage des Columbus-Bären von Hermann-Spielwaren zur Fünfhundertjahrfeier Amerikas.

Hermann-Spielwaren stellt Europa-Bären her.

Erste neuseeländische Teddybären-Ausstellung in Tauranga.

Berg legt 500 Stück begrenzte Nachbildung eines Teddybären von 1952 auf.

Clemens bringt »40 Jahre Clemens-Bären« heraus.

Merrythought reproduziert »Gatti« zum Gedenken an Titanic-Untergang.

1992–93: Thiennot bringt auf 100 Stück limitierte Neuauflage eines Bären von 1920 auf den Markt.

1993
Sigikid-Bär »Vereintes Europa« markiert Entwicklung des Binnenmarktes.

Firmenchronik

VERZEICHNIS DER TEDDYBÄR-FIRMEN IN VERGANGENHEIT UND GEGENWART

Die Informationen auf den nachfolgenden Seiten wurden aus den unterschiedlichsten Quellen zusammengetragen und umfassen in alphabetischer Reihenfolge alle ehemals und derzeit namhaften, in dieser Enzyklopädie genannten Teddybär-Hersteller-firmen. Für jeden Eintrag ist weitmöglichst das Datum der Gründung/Schließung angegeben sowie ein kurzer Abriß der wichtigsten Ereignisse aus der Geschichte des Unternehmens.

Acton Toycraft Ltd. (siehe auch J.K. Farnell & Co Ltd.)
1. 10. 1964 als Privatunternehmen Nr. 821,432 eingetragen; Leiter W.E.Hunt und F.W.Hase; Teil von Farnell, mietet ehemalige Farnell-Fabrik, die Alpha Werke in Acton, Westlondon, im Anschluß an Farnells Umzug nach Hastings. Fabrik nahe Twyford Avenue in Westlondon umbenannt in Twyford-Werke;
Mitte der 70er Jahre Schließung.
Handelszeichen: »A Twyford Product«.

Aetna Toy Animal Co.
Um 1906 Teddybär-Herstellung in New York (in Werbung wird Aetna-Teddy als »ehemals Keystone-Bär« beschrieben); Exklusivverkauf über Großhandelsfirma George Borgfeldt; später Name in Aetna Doll und Toy Co. geändert;
1919: New Yorker Firma E.I. Horsmann Co. kauft Warenzeichen »Aetna«.

Ajena
1965 von Bernard Meffray in Luché-Pringé gegründet;
1989: Übernahme durch Nounours-Gruppe; produziert Serien minderer Qualität für Kettenläden; Bären in Tunesien und Mauritius hergestellt.
Luché-Pringé, BP 9, 72800, Le Lude, Frankreich

Albico (siehe Althans KG)

A.L.F.A. (Article de Luxe Fabrication Artisinale)
In den 30er Jahren in Paris gegründet;
1936 Fertigung des ersten Teddybären: gelenklos mit Jungen- oder Mädchenkleidung an einem Stück.
Nach 1945 erste Teddys mit Gelenken.
60er Jahre: bekleidete Synthetik-Bären.
In den 70ern Beendigung der Geschäftstätigkeit.
Warenzeichen: »ALFA«-Druck auf linker Fußsohle.

Alresford Crafts Ltd.
1970 von John und Margaret Jones in The Town Mill, Alresford, Hampshire, England gegründet; Margaret entwirft Kuschelspielzeug; urprünglich nur ein Teddy im Programm, dann aufgrund wachsender Nachfrage Hauptprodukt.
80er Jahre: Höhepunkt des Erfolgs; 100 Beschäftigte, weltweiter Export, mit US-Depot;
1991: John Jones stirbt;
1992: Margarete führt Geschäft bis Jahresende fort.

Althans KG
20er: Familie Althans beginnt Teddybären in Sonneberg, Thüringen, herzustellen;
1945: sowjetisch besetzte Zone. Karl Althans flieht nach Birkig in 8 km entfernte US-Zone; heiratet Else

Kessel und bewirtschaftet Bauernhof der Schwiegereltern;
1949: Karl und Else fertigen Teddybären in ihrer Freizeit auf dem Bauernhof; fahren mit Fahrrad und Teddys im Rucksack nach Neustadt, Coburg und Lichtenfels, um sie dort auf dem Markt zu verkaufen. Umbau des Gehöfts zur Fabrik. Beschäftigen später 100 Mitarbeiter in zwei Werken; Ausstellungsraum über ehemaligem Schweinestall;
Anfang 50er: Warenbezeichnung »Albico« (Althans Birkig Coburg);
Anfang 80er: Warenbezeichnung »Althans/Quality you can feel«;
Mitte 80er Jahre: Firma führt limitierte Auflagen ein;
1988: Einführung von »Althans Club«- Warenbezeichnung für Produkte, die in Ostasien nach Althans-Design und mit Qualitätskontrolle hergestellt werden;
1990: Karl Althans' Schwager Günther Kessel leitet heute Familienbetrieb; signiert Bären aus limitierter Auflage
Horber Straße 4, 96465 Neustadt-Birkig, Deutschland

Les Créations Anima
1947 von Suzanne Vangelder in Paris gegründet;
1972: Verkauf an M. Frenay von Boulgom; Zentrale nach Chaponost, nahe Lyon, verlegt;
1990: Alan Thirion-Gruppe kauft Boulgom, einschließlich Anima-Serie;
1992: US-Firma Gund kauft Anima;
1993: Anima zieht in neues Werk nach St. Genis Laval um;
Parc des Aqueducts, Chemin Favier, 69230 St. Genis Laval, Frankreich

Anker Plüschspielwarenfabrik GmbH
Um 1953 in München-Pasing von Herrn Bäumler, Plüschtier-Designer, gegründet;
1954: Kauf der Kuschelspielzeugfirma, die Artur Hermann (Sohn von Johann Hermann) gehört, bekannt als J. Hermann Nachf. Inh. Artur Hermann, ebenfalls München-Pasing;
Anfang 60er: Fertigung von Plüsch-Handpuppen und Tieren, einschließlich Esel Mufti, traditionelle Mohairplüsch- und Dralon-Teddybären, stehende Bären mit Nasenring oder offenem Mund und kurzbeinige mit großen Pfoten, Drolly genannt.
1976: erfolgloser Zusammenschluß mit Hegi (Teil von Schuco, Nürnberg);
1977 Beendigung der Geschäftstätigkeit;
Warenzeichen: Anker über einem Löwen.

Applause Inc.
1981: Wallace Berrie verkauft seine Firma an Larry Elins und Harris Toibb;

1982: kauft Firma Applause von Knickerbocker Toys; erwirbt Marketingrechte für italienische Avanti-Kuschelspielzeuglinie von Jockline;
1985: führt Teddybären von Robert Raikes ein;
1986: Namensänderung in Applause; wird einer der größten Geschenkartikel-Hersteller; produziert Keramikartikel, Grußkarten und Neuheiten;
1988 Good Company-Bereich von Applause fertigt Robert Raikes-Bären;
1989: Applause- und Good Company-Bereiche fusionieren; Name: Applause Inc.
1991: Einführung von Teddybären, entworfen von Bonita Warrington.
6101 Variel Avenue, PO Box 4183, Woodland Hills, California, 91365 – 4183 USA.
(siehe auch Wallace Berrie & Co; Knickerbocker Toy Co.Inc.)

Aux Nations
1964/65: Gründung durch Marc Fremont;
1975: Jacky Dubois von Nounours kauft Unternehmen;
1976: Oskar für Aux Nations-Kollektionen (Französischer Preis für Spielzeug); Kuschelspielzeug wird heute in Nounours-Zentrale in Frankreich entworfen und in Schio, nahe Venedig, Italien, hergestellt.
c/o Nounours 35210 Chatillon en Vendelais, France

Baki (siehe Baumann & Kienel KG)

Baumann & Kienel KG
1946 eröffnet Franz Baumann, Sohn von Hermann Baumann und Adelheid Hermann (Tochter von Johann Hermann, die mit Brüdern Artur und Max ersten Hermann-Bären fertigte) Kunstgewerbliches Spielzeug in Flensburg;
1951 gründet Franz die Plüschspielzeug-Firma Baumann & Kienel oHG (später Baumann & Kienel KG) mit altem Freund Franz Kienel in Rodach nahe Coburg; heute von Franz Baumann und Walter Kienel geleitet (Sohn des Gründers);
Warenbezeichnung: »Baki« (Baumann und Kienel)
Coburger Straße 53, 96476 Rodach bei Coburg, Deutschland

Bear With Us (siehe Harrisons Textiles)

Berg Spielwaren Tiere mit Herz GmbH
1946: Familie Broschek stellt Teddybären aus alten Armeedecken mit Uniformknöpfen als Augen im Bauernhaus in Fieberbrunn, Österreich, her; handelt unter dem Namen Berger, dem Mädchennamen der Großmutter, später zu Berg verkürzt;
1951–52: Geschäft expandiert, als gewebter Plüsch

und Glasaugen verfügbar sind; »Berg« wird Warenzeichen, gedruckt auf Ohr-Etikett;
1957: Warenzeichen kleines rotes Herz auf der Brust und »Tiere mit Herz«;
1966: Bau einer neuen Fabrik in Admont, Steiermark; Spielzeug wird für Montage, Endkontrolle und Vertrieb ins Fieberbrunner Werk geschickt;
1992: Einführung von Replika in limitierter Auflage;
A-6391 Fieberbrunn, Tirol, Österreich

Berlex Toys Pty.
Um 1930 in Melbourne, Australien, gegründet;
Um 1971: Sitz 311 Boundary Road, Melbourne;
70er: Einstellung der Geschäftstätigkeit;
Warenzeichen: »Berlex Melbourne« und »Made in Australia«.

Russ Berrie & Co. Inc.
1963: Russ Berrie gründet Firma, die in umgebauter Garage in Palisades Park, New Jersey, USA, Neuheiten verkauft, einschl. Figurinen;
Ende 70er: führend in der Kuschelspielzeug-Branche;
1984: als Gesellschaft mit beschränkter Haftung und drei Unternehmensbereichen eingetragen, später nur Geschenke und Plüschtiere; Zentrale in Oakland, New Jersey, mit weltweiten Vertriebszentren; Kuschelspielzeug-Produktion in Korea, China und Indonesien;
1993: erster Teddy in Australien unter Warenbezeichnung »Koala Families« hergestellt.
111 Bauer Drive, Oakland, NJ 07436, USA.

Wallace Berrie & Co.
1964: Wallace, Bruder von Russ Berrie (*siehe Russ Berrie*) gründet Firma, stellt Artikel für Drugstores her; langsames, stetiges Wachstum in erstem Jahrzehnt;
Mitte 70er: Erhält Weltrechte für Smurfs, die Renner werden; mehr als 1 Billion Dollar Umsatz mit Einzelhandelsware; führend als Lizenzgeber;
Ende 70er: Haupt-Produktlinie ist Plüschspielzeug;
1982: kauft Applause von Knickerbocker Toys; Erwerb klassischer Lizenzen, einschl. Disney; erhält Marketing-Rechte für Avanti-Linie, in Italien entworfenes Kuschelspielzeug.
1987: Namensänderung in Applause (*siehe Applause Inc.*).

Big Softies
1978: Familienbetrieb, gegründet von Valerie und Fred Lyle; stellen lebensgroße, wirklichkeitsgetreue Tiere her;
1982: Beginn der Teddybären-Fertigung; werden zu wichtigem Teil der Big Softies-Serie – als Good Companions (gute Kameraden) bekannt; Fertigen auf Bestellung Bären für britische Läden und Kaufhäuser und limitierte Auflagen für Sammler.
The Old Mill House, Skipton Road, Ilkley, West Yorkshire, LS29 9RN, England.

Gebrüder Bing
1863: Gründung von Spielzeug- und Küchenutensilienfirma durch Brüder Ignaz und Adolph in Nürnberg; später Bau eigener Fabrik für Blechspielzeug, die Nürnberger Spielwaren-Fabrik Gebrüder Bing. Für Züge, Boote und Autos zum Aufziehen bekannt;
80er: Firma beschäftigt 100 Mitarbeiter und 120 Heimarbeiterinnen;
1890: Errichtung einer Fabrik in Grünhain, Sachsen;
1895: Umwandlung in AG und Namensänderung in Nürnberger Metall und Lackierwarenfabrik, vorm. Bing AG. Adolph Bing verläßt Firma; Ignaz übernimmt Leitung;
1908: 3000 Beschäftigte; laut Katalog »Größte Spielzeugfabrik der Welt«;

1909: Rechtsstreit mit Steiff wegen Knopf im Ohr-Warenzeichen;
1911–15: Prozeß mit Steiff wegen purzelbaumschlagendem Bären;
1909–12: Heinrich Müller (siehe Schreyer & Co.) tritt in Firma ein;
um 1911: Bings Ltd. Alleinvertrieb in Großbritannien (Teil von Eisenmann & Co. Ltd.); John Bing Alleinvertrieb in New York, USA;
1917: Concentra-Vertrieb vermarktet Bings komplette Produktlinie unter verschiedenen Markennamen;
Erster Weltkrieg: Produktion eingeschränkt;
1918: Ignaz Bing stirbt;
1919: L. Rees & Co. in London für Vertrieb von Bing-Spielwaren in Großbritannien und Commonwealth gegründet;
1919: Ignaz' Sohn Stephen wird Generaldirektor; Name in Bing Werke geändert;
1932: Firma geht in Konkurs; Abteilungen werden verkauft, z. B. an Nürnberger Spielwarenfirma Karl Bub.

Les Créations Blanchet
1953: heutige Leiterin Frau Blanchet fertigt ersten Teddy in Argenton-sur-Creuse in Frankreich: weibliches Junges im Filzkleid, später durch männliches Bärenjunges in Filzhosen und Baumwollhemd ergänzt;
1954: diese beiden Bären aus Rayon- oder Mohairplüsch sind die ersten der Serie, die von Herrn Blanchet vermarktet und in Spielzuglädern und Kaufhäusern angeboten werden;
1956: Umzug in größeres Werk nach Chabenet Le Pont Chretien;
1962: Sohn Michel, der jetzige Generaldirektor, tritt in den Betrieb ein; Firma wird zu Ets O. Blanchet et Fils »Créations Blanchet«; Expansion und Fertigung eines breitgefächerten Kuscheltier-Sortiments;
1965 Warenzeichen; rotes Herz mit *Les Jouets qui ont un Coeur* (Tiere mit Herz);
1993: Teddys noch Schwerpunkt der Produktion; Replika von Bärenjungen in neuen limitierten Auflagen für Sammler.
Chabenet, BP 6, 36800 Le Pont-Chretien, Frankreich

Wendy Boston Playsafe Toys Ltd.
1941: Wendy Boston verläßt London wegen Luftangriffen: fertigt in Crickhowell, Wales, als Hobby Kuschelspielzeug aus nicht-rationierten Materialresten;
1945: Ehemann Ken Williams kehrt von RAF zurück; gründet in Wales Kuschelspielzeug-Firma Wendy Boston (Crickhowell) Ltd. in kleinem Laden; außer Ehepaar noch 1 Mitarbeiter;
1947: 16 Beschäftigte;
1948: Eröffnung eines Werks in Abergavenny, Monmouthshire und Crickhowell mit 30köpfiger Belegschaft; verwendet Mohairplüsch aus Yorkhire; erfindet und patentiert festverankerte Augen, ursprünglich mit rostfreien Muttern und Schrauben;
1952: Kapitalerhöhung;
1954: maschinenwaschbarer Bär im Fernsehen (BBC) vorgestellt; Brand zerstört Fabrik in Abergavenny; Umzug in großes Lagerhaus in 79 Queen Street, Abergavenny; Einführung von bedrucktem Samtspielzeug;
1959: geformter Nylon für Augenschrauben und Muttern eingeführt; Waschbarkeit auf Mailänder Spielwarenmesse demonstriert;
1960: Namensänderung in Wendy Boston Playsafe Toys Ltd.;
1962: Neue Fabrik in Hengoed, Glamorgan, eröffnet;
1964: Firma verbucht mehr als 25% des britischen Kuschelspielzeug-Exports;
1968: Aufkauf der Firma durch Denys Fisher Toys;
1976: Produktion eingestellt;
1987: Replika von Peter Bulls Wendy Boston-

Mohairplüschbären von House of Nisbet in zwei Größen hergestellt.

Boulgom
1954: Firmengründung durch M. Frenay in Ouillins; erster französischer Hersteller mit voll maschinenwaschbaren, schaumgummigefüllten Teddybären:
1964: Umzug nach Chaponost bei Lyon;
1972: kauft französische Kuschelspielzeug-Firma Anima;
1990: Bankrott; Alain Thirion-Gruppe, die Spielwarenfirmen Joustra und Vulli einschließt, kauft Unternehmen auf.
Rue des Gilères, BP 91 74150 Rumilly, Frankreich

Britannia Toy Company Ltd.
1914–15: Von Mark Robin als Britannia Toy Works (ursprünglich Mark Robin & Co.) in Ostlondon als Großhandels- und Exportfirma gegründet;
Ende 20er: Gesellschaft mit beschränkter Haftung im Norden Londons;
Ende 30er: Umzug in die Alliance-Werke, Windus Road;
Nach dem Zweiten Weltkrieg Schließung.

British United Toy Manufacturing Co.Ltd.
1894 als James S. Renvoize Ltd. gegründet; hauptsächlich Herstellung von Zinnsoldaten;
Um 1911: Namensänderung; Aufnahme von Teddybären und anderem Kuschelspielzeug in Produktpalette; Umzug in die Union-Werke, Stoke Newington;
1914: Importverbot für deutsches Spielzeug kurbelt Expansion an; Errichtung von Niederlassung und Ausstellungsraum in Nordlondon;
20er: Behauptet, als erste britische Kuschelspielzeug-Firma Kunstseidenplüsch eingeführt zu haben; Spielwaren mit federleichter Kapok-Füllung eingeführt;
1929: Warenzeichen »Omega« eingetragen; seit Erstem Weltkrieg benutzt;
Um 1928: Nach Tod des Gründers Firma unter Leitung von H. Stanley Renvoize, bis zu seinem Tod 1952;
Nach dem Zweiten Weltkrieg Produkte auf Großhandel und Export eingeschränkt;
Anfang 80er: Beendigung der Geschäftstätigkeit.

Bruin Manufacturing Co.
1907: Erstmals Werbung in US-Fachzeitschrift Playthings; Beheimatet in New York City; Warenzeichen »B.M.C.«; Vertrieb durch Strobel & Wilken Co., 591 Broadway, und Frank W. Owens, 714 Broadway; Herstellung von Kuscheltieren einschl. Teddybären mit aus Deutschland importierten Stimm-Mechanismen, Kleidern und Accessoires.

Bunjy Toys
1980: Eve Mayhew fertigt Teddybären als Hobby: ursprüngliche Werksräume in Südafrika, mit 18 Mitarbeitern; kurz danach Umzug in kleine Fabrik mit 16 Beschäftigten;
1982: Expansion und Umsiedlung in größeres Werk nahe Estcourt; heute 50 Beschäftigte; stellt Serien für heimischen Markt her und exportiert Bären aus reiner Wolle in die USA;
1991: Eve Mayhew zieht sich aus Geschäft zurück und verkauft an George Allison; einzige südafrikanische Firma, die Spielzeug für Wildparks wie Krüger National Park fertigt.
210 Albert Street, Estcourt, Natal 3310, Südafrika.

California Stuffed Toys
1959 in Los Angeles gegründet;
Anfang 80er: Fertigt Bärenpersönlichkeiten (Winnie the Pooh, Br'er Bear, Radar's Teddy aus M.A.S.H) und limitierte Auflagen für Sammler;
1984: Anläßlich 25jährigem Firmenjubiläum zwei

Bären in limitierter Auflage, von Präsident Nat L. Gorman signiert, in Korea hergestellt;
1986: Handel unter »Caltoys« (Name des Unternehmensbereichs);
Um 1989: Einstellung der Geschäftstätigkeit.

Canterbury Bears Ltd.
80er: gegründet von John Blackburn und Tochter Kerstin (heute leitende Direktorin) im Wohnhaus der Familie in Kent, England, nach Bestellung eines traditionellen Bären mit Gelenken; Ehefrau Maude (heute Vorstandsvorsitzende), Sohn Mark und Tochter Victoria helfen;
1981: Firma stellt Produkte erstmals auf Spielwarenmesse im Earl's Court, London, aus;
1982: Exportiert weltweit;
1984: Umzug nach Littlebourne bei Canterbury, Kent;
1987: Bürgermeister gestattet Unternehmen, altes Stadtwappen auf Etiketten zu benutzen;
1990: 10. Firmenjubiläum; stellt jährlich 50 000 Bären her; exportiert 25%; Handelsvertreter in Australien und Holland;
1991: Gund übernimmt Exklusivvertrieb in USA und Kanada; Canterbury Bears Collector's Society (Sammlerclub) gegründet.
The Old Couch House, Court Hill, Littlebourne, Canterbury CT3 ITY, England.

The Chad Valley Co.Ltd.
Um 1820: Anthony Bunn Johnson gründet Druck- und Buchbindeanstalt in Birmingham, England;
1860 gründen seine Söhne Joseph und Alfred das Schreibwarengeschäft Messrs. Johnson Bros. in Birmingham;
1889 tritt Josephs Sohn Alfred J. Johnson ins Geschäft ein;
1987 Joseph und Sohn ziehen in neue Fabrik nach Harborne um, als Chad Valley-Werke bekannt (nach dem Fluß Chad genannt); Firma läßt Chad Valley-Warenzeichen eintragen; druckt Brettspiele als Ergänzung zu Schreibwaren;
1904: Joseph Johnson stirbt; Alfred übernimmt Leitung, unterstützt von E. Dent, den Brüdern Arthur und Harry, und Schwager William Riley;
Vor dem Ersten Weltkrieg: Jedes Jahr einfaches Spielzeug in Produktpalette eingeführt, die während des Krieges wegen Importverbot für deutsche Spielwaren expandiert;
1915–16: Alfred Johnson patentiert Füllmaschine für Kuschelspielzeug;
1919: Kauf des Harborne Village Institute als Sitz der Druckerei;
1920: Eröffnung der Wrekin Toy-Werke in Wellington, Shropshire, für Kuschelspielzeug; Firma in Chad Valley Co. Ltd. umbenannt;
1923: »Aerolite«-Warenzeichen für kapokgefüllte Knautschtiere und Puppen eingetragen (bis 1926 verwendet); Wellington-Werk ausgebaut; Kauf der Firma Messrs. Isaacs & Company, Birmingham, die »Isa«-Spielzeug herstellt;
1928: Errichtung von neuer Fabrik auf Harborne-Werksgelände;
1931: Kauf von Peacock & Co, Ltd. London, Hersteller von Holzspielzeug für Kindergärten;
1932: Vergrößerung der Harborne-Werke;
1938: Verleihung des Königlichen Siegels »Toymakers to her Majesty the Queen«.
Zweiter Weltkrieg schränkt Spielzeug- und Brettspielproduktion ein; führt kriegsbezogene Regierungsaufträge aus; fertigt Kinderkleidung in Wrekin-Werken;
1946: Kauft A.S.Cartwright Ltd. in Birmingham, Hersteller von Aluminiumgeschirr; erwirbt Waterloo-Werke, Wellington, für Herstellung neuer Gummispielzeug-Serie;

1950: Wird Gesellschaft mit beschränkter Haftung;
1951: Kauft Hall & Lane Ltd., Birmingham, Hersteller von Metallspielzeug;
1954: Kauft Robert Bros. (Gloucester) Ltd., Hersteller der Glevum-Spielwaren und Brettspiele;
1958: Kauft Acme Stopper & Box Co. Ltd. Birmingham, Hersteller von Metallspielzeug;
1960: Hundertjähriges Firmenjubiläum;
1967: Erwirbt H.G. Stone & Co. Ltd.; ein Teil der Kuschelspielzeug-Produktion wird ins Chiltern-Werk nach Pontypool verlegt;
1973–75: Umstrukturierung der Firma; alle bis auf zwei Werke schließen; Kuschelspielzeug nur noch in Pontypool gefertigt;
1978: Übernahme durch Palitoy, Spielzeugfirma in Leicester (später von US-Firma Kenner Parker gekauft);
1988: Woolworth-Kette erwirbt Chad Valley-Handelsnamen; neue Produktlinie in Ostasien gefertigt.

Character Novelty Company Inc.
1932 gegründet von New Yorkern Caesar Mangiapani (für Entwürfe zuständig) und Jack Levy (für Verkauf verantwortlich);
Nach 1945: Geschäft expandiert; Fertigung der verschiedensten Kuscheltiere; Ausstellungsraum in New York;
Um 1960: Jack Levy zieht sich aus Firma zurück; stirbt später;
1983 Mangiapani stirbt; Schließung des Unternehmens.
Warenzeichen: Bedrucktes Stoff-Etikett im Ohr.

Chiltern *(siehe H.G. Stone & Co. Ltd.)*

Hans Clemens GmbH
Vor dem Zweiten Weltkrieg: Hans Clemens ist Inhaber von Fabrik und Schuh-Großhandel im Elsaß, Frankreich, die er während des Krieges einbüßt;
1948: Umzug nach Kirchardt/Baden und Eröffnung eines Geschäfts in Mannheim, das Glas, Porzellan und Geschenke verkauft; beginnt mit Hilfe seiner Schwester aus alten Armee-Wolldecken Teddybären herzustellen; mit wachsender Nachfrage Einstellung weiterer Mitarbeiter;
Heute leitet Peter Clemens, Sohn des Gründers, die Firma; stellt auch Teddybären in limitierter Auflage her.
Waldstraße 34–36, 74912 Kirchardt/Heilbronn.

Columbia Teddy Bear Manufacturers
Um 1907 in New York, 145–149 Center Street, gegründet;
Produkte: Teddybären aus importiertem deutschen Plüsch, einschließlich Lachender Teddybär. Firmenname leitet sich von Christopher Columbus ab.

Commonwealth Toy & Novelty Co. Inc.
1934–35 gegründet vom Großvater des derzeitigen Präsidenten Steve Greenfield;
1937: Produktion des Feed Me-Bären (zum Füttern) für die National Biscuit Company, als Werbung für Hundekuchen; stellt noch Bären-Neuheiten her, einschließlich eines Modells mit rückwärtigem Reißverschluß; darunter rot-weißer, herzförmiger Beutel.
27 West 23rd Street, New York, NY 10010 USA.

Cuddly Toys Ltd.
1984 in Alberta, Kanada, gegründet; spezialisiert auf Vertrieb von Maskottchen für große Unternehmen; alle Produkte in Kanada entworfen und mit heimischen Materialien hergestellt; weltweiter Vertrieb.
PO Box 3790, Spruce Grove, Alberta, T7X 3B1 Kanada.

Dakin Inc.
1955: Familienbetrieb von Richard Y. Dakin in San Francisco gegründet; Import teurer, handgearbeiteter Gewehre aus Italien und Spanien;
1957 tritt Sohn Roger B. Dakin in Firma ein; Diversifikation und Verkauf von Produkten wie Fahrräder, Segelbooten und Spielwaren; Sendung batteriebetriebener Züge aus Japan enthält sechs ausgestopfte Samttiere als Verpackungsmaterial. Roger bestellt kleine Mengen, die sofort einschlagen; Spielzeug später in Dakin-Zentrale als Dream Pets entworfen; offizieller Einstieg der Firma in die Kuscheltier-Branche;
1961: Harold A. Nizaman tritt als Assistent des Unternehmensleiters in die Firma ein;
1963: Sportwaren-Bereich ausgemustert;
1964: Erwerb der Dardenelle Company aus Lindsay, Kalifornien; Hersteller von Plüschspielzeug für Kleinkinder; dort findet heute gesamte heimische Produktion statt;
Mitte 60er: Fabriken in Japan, Hongkong, Mexiko;
1966 tragischer Flugzeugabsturz, bei dem Mr. und Mrs. Richard Dakin, Mr. und Mrs. Roger Dakin und vier ihrer fünf Enkelkinder ums Leben kommen; Nizamann übernimmt Firmenleitung und andere Dakin-Familienangehörige treten in Vorstand ein;
1970: Verkauf auf 35 Länder ausgedehnt; Produktion von Japan nach Korea verlegt;
1987: R. Dakin & Company wird Dakin Inc.;
90er: Verkauf in mehr als 80 Länder; viele internationale Produktions- und Vertriebszentren mit weltweit mehr als 10000 Beschäftigten in der Herstellung und sechs verschiedenen Marketing-Bereichen.
P.O. Box 7746, San Franscisco, California, 94120, USA.

Dean's Rag Book Co. Ltd.
1903: Gründung durch Henry Samuel Dean, Gough Square, 160a Fleet Street in Ostlondon (Sitz von Dean & Son, alteingesessener Verlag), um sein Buch für Kinder die »Ihr Essen anziehen und ihre Kleidung essen« publik zu machen; Stanley Berkeley entwirft als Warenzeichen zwei Hunde, die sich um das Pappbuch streiten;
1905: Einführung von Knockabout-Ausschneidebögen;
1908: Einführung von Knockabout-Teddybär und Teddy Bear Pappbuch;
1912: Buchbindeabteilung und Büros ziehen nach Elephant & Castle im Südosten Londons um; Richard Ellett tritt in die Firma ein und wird später Chefdesigner;
1915: Vermarktet erste katalogisierte Teddybären unter dem Markennamen Kuddlemee für die British Novelty Works, einer Tochterfirma;
1916: Feuer zerstört frühe Produktionen (Kopie der Entwürfe anderswo aufbewahrt);
1922: Großes Logo über Werkseingang angebracht; erste Teddys mit Firmenlogo. Eintragung des Handelsnamens »A 1 Toys« und des Patents für »Evripoze«-Gelenke;
1924: Neuer Ausstellungsraum in Covent Garden, London, eröffnet;
1933: Neue Ausstellungsraum in Ludgate Hill im Osten Londons eröffnet;
1936 Beginn der Bauarbeiten an der Fabrik in Merton, Südwest-London;
1940: Einschränkung der Spielzeug-Produktion;
1949: Gibt ersten Katalog nach dem Krieg heraus;
1952: Sylvia Willgoss tritt als Richard Ellets Assistentin in die Firma ein; Ausstellungsräume auf Werksgelände verlegt; führt Kuschelspielsachen ein, nur um Großhandel über Tochterfirma, Merton Toys Ltd., mit Bulldoggen-Warenzeichen zu beliefern;
1953: Michael Crane tritt in die Firma ein; arbeitet mit Projects (Coventry) Ltd. zusammen, Hersteller von Plastik und Kleinkinder-Spielzeug;

1955: Verkauf der Fabrik in Merton;
1956: Umzug nach Rye, Sussex; Tochterfirma Childsplay Ltd. gegründet, die Kuschelspielzeug für Einzelhandel und Export fertigt; Sylvia Willgoss wird Chefdesignerin;
1957: Richard Ellett stirbt;
1959: Marmet Ltd. (Kinderwagen-Hersteller) wird größter Aktionär;
1960: neue Verkaufspolitik; Verkaufsbereich in Büros der Mutterfirma Mermet Ltd. in Letchworth, Hertfordshire, verlegt;
1961: Fabrik in Rye expandiert; neue Produktionseinheit in Wimbledon (für Merton Toys);
1965: Namensänderung in Dean's Childsplay Toys Ltd.;
1972: Firma kauft Gwentoys Ltd., Hersteller von Kuschelspielzeug für Großhandel; wird Dean's/ Gwentoy-Gruppe;
1974: Teil der Produktion nach Pontypool ins Gwentoy-Werk verlegt;
1980: Schließung der Fabrik in Rye; gesamte Fertigung in Pontypool;
1983: 80. Geburtstag des Unternehmens; Ausgabe von Jubiläumsbär;
1986: Übernahme durch Spielzeug- und Geschenkeimporteur Plaintalk; wird in The Dean's Company (1903) Ltd. umbenannt;
1987: Neil Miller, jetzt leitender Direktor, tritt in die Firma ein;
1988: Firma freiwillig liquidiert; Miller kauft Wendley Ltd. und Handelsrechte an Dean's Namen und Logo; Firmeneröffnung am 7. März; Offizieller Name: Wendley Ltd., Handelsname: The Dean's Company (1903);
1990: Im Dezember Kauf der ursprünglichen Dean's Rag Book Company Ltd.;
1991: Neue Sammlerbären-Serie eingeführt, einschließlich Replika alter Modelle unter ursprünglichem Warenzeichen von Dean's Rag Book Company;
1993: 100jähriges Bestehen; Herausgabe von Jubiläumskatalog.
The Dean's Company (1903), Pontypool, Gwent NP4 6YY, Wales.

🧵 Ealontoys Ltd.
1914 ursprünglich als East London Federation Toy Factory in Ostlondon von der Frauenrechtlerin Sylvia Pankhurst gegründet; Firma stellt breites Kuschelspielzeug-Sortiment und Puppen her, entworfen vom Polytechnikum in Chelsea und Hilda E. Jefferies;
Um 1921: Name in East London Toy Factory geändert;
1924: Teddybären erstmals in Werbung erwähnt; in elf Größen und Mohairplüsch von bester Qualität erhältlich;
1926: Handelsname Ealontoys mit Zeichnung von sitzendem, zottigen Hund und »Made in England« eingetragen;
1935: Umzug nach Kings Cross, London;
1948: Änderung des Namens in Ealontoys Ltd.; Anfang 50er Jahre: Schließung.

🧵 Eisenmann & Co. Ltd.
1881: Geschenkartikel- und Spielwaren-Exportfirma von Brüdern Josef und Gabriel Eisenmann gegründet;
Um 1900: Leon Rees zieht von England nach Deutschland; wird naturalisiert und Josefs Partner;
1908: Rees heiratet Josef Eisenmanns Tochter Maude; erste Firma, die Teddybären in Großbritannien einführt; soll J. K. Farnell zur Herstellung ermutigt haben; die Chiltern-Werke, die Spielzeugfabrik der Firma in Chesham, nehmen Produktion auf;
1912: Herstellung von Stoffpuppen mit Porzellanköpfen für die London Evening News;
1913: Leon Rees läßt Patent für Puppenaugen, Spielzeugtiere und Marionetten eintragen;

1918: Gabriel Eisenmann stirbt;
1919: Josef Eisenmann stirbt; hinterläßt Chiltern-Werke seinem Schwiegersohn Leon Rees *(siehe H.G. Stone & Co.)*; Firma wird von Josef Eisenmanns Neffen Paul Ellison weitergeführt;
1931 »Bobby the Bear«-Warenzeichen für Spielzeugbären eingetragen;
Nach 1945: Vertrieb für British United Toy Manufacturing Co., auch Handelsname »Einco«; *(siehe British United Toy Manufacturing Co.)*.

🧵 Eli Doll and Toy Company
1894: von Ernst Liebermann in Wildenhaib bei Neustadt gegründet; Herstellung von Biskuitporzellan-Puppen und später Plüschtieren;
1925: Franz Lieberman, Sohn des Gründers, läßt Warenzeichen »Eli« eintragen;
50er: Stellt noch Teddybären mit dreieckigem Anhänger an einer Kordel her.

🧵 Emil Toys
Um 30er Jahre in Australien gegründet; stellt noch heute Teddybären und Kuschelspielzeug her;
Um 1955: Sitz in Abbotsford, Victoria;
70er Jahre: Schließung;
Warenzeichen: »Emil Toys« mit Bär, der auf Basis des E sitzt und oberen Balken hält.

🧵 Erle Teddy Bear Company
Nach dem Zweiten Weltkrieg in Neustadt gegründet; erster Name der Firma geht auf Gründer Erich Leistner zurück, bekannter Verfasser von Teddybär- und Puppenbüchern;
70er Jahre: Beendigung der Geschäftstätigkeit.

🧵 F.A.D.A.P.
1920: Fabrique Artistique d'Animaux en Peluche (Kunsthandwerkliche Plüschtiere) in Divonne-les-Bains, Frankreich, nahe der Schweizer Grenze gegründet; Niederlassung in Paris; berühmter Illustrator Benjamin Rabier entwirft ersten Teddy aus goldfarbenem Mohairplüsch
Warenzeichen: embossierter Metallknopf über bedrucktem Pappetikett im linken Ohr;
Um 1925: weitere Farben eingeführt;
30er: Firma führt Kunstseidenplüsch (Rayon) ein;
Zweiter Weltkrieg: Flanell-Bär mit Knopfaugen infolge Materialknappheit hergestellt;
50er: erneut Verwendung von Mohair- und Rayonplüsch; in Zusammenarbeit mit der US-Firma Ideal Fertigung neuer Bärenserie;
70er Jahre: Beendigung der Geschäftstätigkeit

🧵 J. K. Farnell
1840: kleiner Familienbetrieb von Londoner Seidenhändler John Kirby Farnell in Notting Hill, London, gegründet; Herstellung von Nadelkissen, Teekannenwärmern, usw.
1897: nach Tod des Gründers zieht Familie nach Acton; mietet Anwesen aus 18. Jahrhundert »The Elms«, wo Kuschelspielzeug-Firma gegründet und von John Farnells Kindern Henry Kerby und Agnes Farnell geführt wird; ursprünglich Kaninchenhäute verwendet;
1908: Soll als erste Teddybären hergestellt haben;
1921: Bau einer neuen Fabrik, der Alpha-Werke, neben »The Elms«; Einstellung von mehr Personal, einschließlich H.C. Janisch als Verkaufsleiter in den 20er Jahren (wechselt 1930 zu Merrythought über); Agnes Farnell und Sybil Kemp für Spielzeug-Entwürfe zuständig;
1925: »Alpha« (seit Anfang der 20er Jahre benutzt) offiziell als Warenzeichen eingetragen;
1927: Firma führt Anima-Tiere auf Rädern ein, auch Bären; Erweiterung der Fabrik;

1928: Agnes Farnell stirbt; ständiger Ausstellungsraum im Osten Londons eröffnet;
1929: Kooperation mit Louis Wolf & Co für Vertrieb in USA und Kanada; Ausstellungsraum in New York; J. K. Farnell-Niederlassung in St. Dénis, Paris, für Verkauf der Produkte in Frankreich gegründet; Silkalite-Kunstseidenplüsch eingeführt;
1931: Einführung der billigen Unicorn-Kuschelspielwaren, einschließlich Cuddle-Bär;
1934: Brand zerstört Fabrik und Lagerbestand;
1935: neue Fabrik mit 300 Beschäftigten errichtet; Alpha- und Teddy-Serien wieder eingeführt; neue Linien wie Chee-Kee (Lambswool), Alpac (Alpaka) und Joy Day-Puppen; Umzug in größere Ausstellungsräume in Ostlondon;
1937: Neuer Flügel angebaut; neue patriotische Produktlinien anläßlich Krönung von George VI;
1940: Fabrik bei Luftangriff der Deutschen zerstört; später wieder aufgebaut;
1944: Henry Kirby Farnell stirbt;
50er: neu gestaltetes Warenzeichen Umzug in neuen Ausstellungsraum in Ostlondon;
1959: Gründung von Produktionbereich mit 100 Beschäftigten in Hastings, Sussex, später erweitert und Olympia-Werke genannt; 95 Prozent der hier gefertigten Teddybären sind für Export bestimmt; Zentrale nach Hastings verlegt;
1960: eingetragenes »Mother Goose«-Warenzeichen für maschinenwaschbare Kuschelspielzeugserie aus Nylon;
1964: gesamte Produktion nach Hastings verlagert; Tochterfirma Acton Toycraft Ltd. zieht in Alpha-Werke ein, in Twyford-Werke umbenannt;
1968 Farnell von Finanzunternehmen aufgekauft. *(siehe auch Acton Toycraft Ltd.)*

🧵 Fechter Co.
1946: William Fechter und Frau Berta Bohn (während 30er Jahre Teddybär-Näherin in Neustadt) beginnen in Graz, Österreich, Teddybär-Fertigung in Heimarbeit; verwenden ursprünglich in USA hergestellte Handtücher;
1948: Firma zieht in Fabrik in der Theodor Körner Str. 49 um; mehr als 20 Beschäftigte; Verwendung von deutschem Mohair;
1950: Erste Ausstellung bei Wiener Spielzeugmesse; führt zu wachsender Bekanntheit und Expansion; beliefert mehr als 200 Händler in Europa;
1963 Kauf größerer Glasfabrik in Wies, südlich von Graz;
1973: Berta Bohn stirbt;
1978: Ende der Geschäftstätigkeit;
1984: Antiquitätenhändlerin Lisl Swinehart aus Kalifornien kauft Lagerbestand von der österreichischen Kuschelspielzeugfirma Fechter; importiert Ware nach Amerika, wo Firma vorher unbekannt war;
1985: Wilhelm Fechter stirbt.

🧵 Felpa AG *(siehe MCZ)*

🧵 Gaeltarra Eireann
1938: subventioniert irische Regierungsabteilung *Gaeltacht Services* neue Spielzeugindustrie, um Arbeitsplätze in ländlichen Bereichen zu schaffen;
1949: Irland wird Republik und die Produkt-Etiketten ändern sich;
1950: Hans Weberpals (Studium an der Hochschule für angewandte Kunst in Nürnberg; vor dem Zweiten Weltkrieg als Designer für Sonneberger Spielzeugfabrik tätig) kommt nach Irland und tritt in Spielzeug-Bereich von Gaeltacht als Herstellungsleiter und Designer ein;
Um 1953: Der Handelsname Erris Troys, benutzt vom Spielzeug-Werk in Elly Bay, wird in Tara Toys geändert;

1958: Vorstand von *Gaeltarra Eireann* übernimmt Verwaltung ländlicher Industrieansiedlungen vom Gaeltacht-Dienstleistungsressort; Reorganisation und Ersatz der Beamten in Führungspositionen durch Manager; Gewinne angestrebt;
1965: Schaumgummi-Füllung eingeführt; Hans Weberpals verläßt *Gaeltarra Eireann* und gründet mit Partner eigene Firma, Celtic Toys in Grafschaft Cork; geht 1975 in Ruhestand und liquidiert Werk, das er 1978 mit Hilfe von Tom Burke wiedereröffnet; derzeitige Produktlinie umfaßt billige Teddybären, Warenzeichen: Clara Toys;
1969: Umzug von *Gaeltarra Eireann-Zentrale* nach Furbo, Grafschaft Galway; Fabrik in Elly Bay schließt; Produktion nach Crolly in Grafschaft Donegal, unter neuer Firma Soltoys Ltd., verlegt;
1979: Soltoys Ltd. beendet Geschäftstätigkeit;
1980: *Udaras na Gaeltachta* (= »Körperschaft, die den irisch-sprechenden Bereich Irlands regiert«) gebildet; tritt Nachfolge von Gaeltarra Eireann an.

▦ Ganz Bros. Toys
1950 von Brüdern Sam und Jack Ganz gegründet; Herstellung, Import und Vertrieb von Geschenkartikeln, einschließlich Kuschelspielzeug; heute größter Teddybär-Hersteller in Kanada; Sortiment umfaßt Sammler- und lizensierte Bären wie Rupert. Sam Ganz ist Vorstandsvorsitzender, sein Sohn Howard Präsident.
One Pearce Road, Woodbridge, Ontario L4L 3T2, Kanada.

▦ Trudi Giocattoli spa
1948 heiratet derzeitige Präsidentin Trudi Mueller Antonio Patriarca und läßt sich in Tarcento nieder, nahe Venedig;
1949 fertigt sie anläßlich Geburt des ersten Sohnes einen Teddybären; gründet Familienbetrieb und stellt breiteres Plüschtier-Sortiment her;
90er: Heute fünf Designer beschäftigt; Firma exportiert in viele europäische Länder und USA; Sammlerbären in limitierter Auflage eingeführt;
Warenzeichen: kreisrunder Brust-Anhänger »Original Trudi Hand Made«.
Via Angelo Angeli 120, 33017, Tarcento (Udine), Italien.

▦ Golden Bear Products Ltd.
1979 gegründet; heute, wie verlautet, größter Kuschelspielzeug-Hersteller in Großbritannien;
Um 1988: Übernahme der Rechte für Tough Ted von Big Softies.
Rookery Road, Wrockwardine Wood, Telford, Shropshire TF2 9DW, England.

▦ Grisly Spielwaren GmbH & Co. KG
1954 von Karl Theodor Unfrecht im Wohnhaus in Kirchheimbolanden bei Mainz gegründet;
1964: Metallknopf-Warenzeichen; Nadel und Faden über Grislybären auf allen vieren abgebildet; durch Papieranhänger mit gleichem Logo ersetzt;
1980: Karl stirbt; Sohn Hans-Georg und Tochter Hannelore Wirth übernehmen Firma.
PF 1127 Beethovenstraße 1, 67284 Kirchheimbolanden/Rheinpfalz, Deutschland.

▦ Gund Inc.
1898: Gund Manufacturing Company in Norwalk, Massachusetts von deutschem Einwanderer Adolph Gund gegründet; fertigt Gürtel, Halsbänder, Neuheiten und Kuschelspielzeug;
Anfang 1900: Umzug in neues Werk, New York City;
1906: Erweiterung des Sortiments mit Teddybären in vier Größen;

1909: Jacob Swedlin, russischer Einwanderer, tritt als Hausmeister in Firma ein; nach gründlicher Ausbildung wird er Adolph Gunds rechte Hand;
1925: Gund scheidet aus; verkauft Firma und alle Patente an Swedlin; Swedlins drei Brüder treten später ins Geschäft ein; in in J. Swedlin Jr. umbenannt, obwohl Handelsname Gund beibehalten wird;
1927: Produktion von Tieren aus farbigem Baumwollsamt zum Aufziehen (Hüpfen) unter dem Warenzeichen »Gee Line«;
1948: Expansion, gefördert durch Exklusivrechte für Produktion von Disney-Tierfiguren und später King Features- und Cartoon-Figuren von Hanna Barbera; neues Warenzeichen mit Kaninchen und »G«;
1973: Umzug nach Edison, New Jersey; Ausstellungsräume bleiben in New York City;
1976: Jacob Swedlin stirbt;
1979: Einführung der Collectors Classics-Serie, zielt auf Erwachsene und Sammler ab;
1988: Übernimmt Vertrieb von Canterbury-Bären in USA und Kanada; kauft französische Firma Anima; bleibt in Privathand von Jacob Swedlins Tochter Rita, Ehemann Herbert Raiffe und Sohn Bruce; Teddys werden heute in Korea gefertigt.
One Runyons Lane, Edison, NJ 08817, USA.

▦ Gwentoys Ltd.
1965 von A. Thwaites, Jack Jacobs und R.G. Green, drei ehemaligen Managern der Chiltern/Stine/Combex-Fabrik, in Pontypool gegründet;
1968: Bau eines größeren Werks im Industriegebiet von Pontypool;
1971: Ausbau der Räumlichkeiten;
1972: wird Teil der Dean's Gruppe, auf Kuschelspielzeug spezialisiert; Belieferung von Groß- und Versandhandel.
(siehe auch Dean's Rag Book Co. Ltd.).

▦ Hamiro
1910: Karel Pospisil gründet Gießerei bei Rokycany, Böhmen; fertigt Bleifiguren und Zinnsoldaten;
1919 Ehefrau Miluse entwirft Stoffkaninchen, um Umsatz nach Erstem Weltkrieg anzukurbeln; eröffnet Kuschelspielzeug-Firma in alter Schmiede mit 12 Mitarbeitern; stellt auf europäischen Fachmessen aus; exportiert 60 Prozent der Produkte;
1930: Umzug in neue größere Fabrik in Rokycany;
1932: »Hamiro«-Warenzeichen eingetragen;
1936-38: internationales Unternehmen mit 500 Beschäftigten; zweitgrößter Kuschelspielzeughersteller Europas;
Zweiter Weltkrieg: Fertigung von Uniformen und Unterwäsche für Militär;
1948: Firma von kommunistischer Regierung enteignet: Produktion von ausgestopften Tiere in minderer Qualität fortgesetzt; Libor, Sohn von Karel und Miluse, versteckt Firmenarchiv;
1990: Libor Pospisil sieht Ausstellung der deutschen Firma H. Scharrer & Koch in Prag (siehe Eintrag); Zusammenarbeit und Gründung neuer Firma Miro in alter Hamiro-Fabrik in Rokycany;
1992: Replika-Serie von Bären aus 20er und 30er Jahren.

▦ Harman Manufacturing Company
1907: Sitz in New York City; Herstellung von Teddybären in neun Größen mit importierten Stimmen/deutsches Fabrikat, z.B. Teddy Bear Shopper und Teddypuppe.

▦ Harrisons Textiles
1977: Teddybär-Firma gegründet von Clive und Precille Harrison in Auckland, Neuseeland; Später

Partnerschaft mit australischer Firma, dann als Harrison Gifts bekannt;
1990: Verkauf von Anteilen an US-Firma Milton Bradley (später Hasbro); Firma in Gymea, New South Wales, tätig und benutzt Harrison-Etiketten, Bären jedoch in Korea gefertigt;
1992 Clive und Precille Harrison gründen neue Teddybär-Firma, Bear With Us;
41 Budgen Street, Mt Roskill, Auckland, Neuseeland

▦ Harwin & Co. Ltd.
1914 von G.W. Harwin in Nordlondon gegründet; bekannt sind die Ally-Bären in Uniform der Alliierten Streitkräfte, und der Bär Eye Right mit Glubschaugen im Schottenrock;
Harwin fertigte erste Maskottchen, die Atlantik überquerten und Alcock und Brown 1919 auf Flug begleiteten;
Eingetragenes Warenzeichen: obwohl nicht auf dauerhaftem Etikett benutzt, u.a. verschränkte Buchstaben DOTS in Doppelkreis mit Aufschrift »British Made«.
Um 1930: Beendigung der Geschäftstätigkeit.

▦ Maxwell Hay & Co.Ltd.
1964 von Maxwell Hay in Auckland, Neuseeland, gegründet; Schaffell-Hersteller, fertigt vornehmlich Kuschelspielzeug, zunächst handgefärbt;
1976: Einführung von Teddybären;
1982: Beendigung der Teddybären-Herstellung, aber Fortsetzung von Spielzeug-Produktion; nach Maxwells Tod wird Firma von seiner Witwe Nancy und Sohn weitergeführt.
5/22A Willcott Street, Mt Albert, Auckland, Neuseeland.

▦ Hegi (Herta Girz & Co.) *(siehe Schreyer & Company)*

▦ Heike-Bär
1985: Karl Bär aus Familie mit langer Teddybärenhersteller-Tradition, die früher Berliner Bären gefertigt hatte, beginnt mit Produktion von Replika der Schuco-Miniaturen; Verwendung von Entwürfen, Werkzeug und Ausrüstung aus Schuco-Konkurs 1977; Handelsname »Heike-Bär« (Name seiner Frau).
Glashüttenweg 2, 96465 Neustadt/Coburg, Ortsteil Fürth a. Berg

▦ Helvetic Company
1928 in Branchenjournal Toy World genannt wegen des Exklusivrechts, Teddybären mit Spieldosen (zum Drücken) herzustellen; Name läßt auf Schweizer Ursprung schließen, aber möglicherweise US-Firma, die importierte Mechanismen verwendete; kurze Zeit in den 20er Jahren tätig.

▦ Artur Hermann
1913 gründet Artur Hermann Teddybär-Firma mit Schwester Adelheid und Bruder Max im Elternhaus in Neufang unter dem Namen des Vaters, Johann Hermann Spielwarenfabrik;
Nach dem Ersten Weltkrieg zieht Artur Hermann nach Sonneberg um; gründet eigene Firma, Artur Hermann Plüsch-Spielwaren-Fabrik;
Ende 20er Jahre: Namensänderung in J. Hermann Nachf. Inh. Artur Hermann;
1940: neuer Standort der Firma in München, Lackerbauerstr. 1–3.
1954: Verkauf an Anker Plüschspielzeugfirma in München; Artur Hermann gründet Haus des Kindes, Teddybär-Geschäft in München.

▦ Gebrüder Hermann KG
Nach dem Ersten Weltkrieg ziehen Bernhard Hermann und Frau Ida Jäger von Neufang, wo er in der

Spielzeugfabrik seines Vaters Johann tätig war, nach Sonneberg; gründet kleine Firma unter Handelsname »Be-Ha«, die Mohairplüschbären hergestellt; Teddys von minderer Qualität werden von Akkordarbeiterinnen gefertigt;
30er Jahre: die vier Söhne von Bernhard und Ida – Hellmut, Artur, Werner und Horst – helfen im Familienbetrieb;
1937: jüngster Sohn Horst stirbt;
Zweiter Weltkrieg: die drei Brüder werden eingezogen;
1948: Produktion wird nach Hirschaid bei Bamberg, Bayern, verlagert (amerikanisch besetzte Zone); Firma neu aufgebaut als Gebrüder Hermann KG, mit den drei Brüdern als Partner;
1952–53: Gesamte Familie und Betrieb siedelt in den Westen um; Warenzeichen: »Hermann Original Teddy« eingeführt;
1959: Bernhard Hermann stirbt; Leitung geht an Artur, Herstellung und Design an Werner, Werksleitung an Hellmut;
1980: Hellmut geht in Ruhestand;
1984: Firma bringt erste limitierte Auflage für Sammler heraus;
1985: Hellmut stirbt; Artur und Werner führen Firma kurzfristig weiter; von Mitte der 80er Jahre an übernehmen die Töchter der drei Brüder – Isabella Reiter, Marion Mehling, Margit Drolshagen und Traudi Mischner (Design) die Leitung;
1990: Artur stirbt;
1992: Drei Bären, entworfen von den amerikanischen Teddybär-Künstlerinnen Jenny Krantz und Joyce Ann Haughey, werden hergestellt;
Amlingstadter Straße 9. Postfach 1207, 96114, Hirschaid.

🐾 Hermann Spielwaren GmbH
1913: Max Hermann verläßt die Schule, um der Familie bei Teddybären-Herstellung in Johann Hermann Spielwarenfabrik zu helfen, geführt von Bruder Artur und Schwester Adelheid im Elternhaus in Neufang bei Sonneberg.
1920: Max gründet Firma in Elternhaus in Neufang;
1923: Warenzeichen »Maheso« mit Bär und Hund-Logo;
Um 1930: Umzug in die Friedrichstraße 7a;
1933 Mai–Oktober: Ausstellung bekleideter Bären bei Spielwarenausstellung in Sonneberg;
1939–45: Einschränkung der Produktion;
1947: Herstellung erster Teddybären in Friedenszeiten; Teilnahme an Leipziger Messe; Sohn Rolf-Gerhard tritt in Firma ein;
1949: Tochterfirma Hermann & Co KG in Coburg gegründet, 20km von Sonneberg entfernt in amerikanisch besetzter Zone;
1951: Rolf heiratet Dora-Margot (Dorle) Engel, Tochter von H. Josef Leven, Mitbesitzer von Sonneberger Spielwarenfirma;
22. Februar 1953: Familie flieht über Berliner Grenze in den Westen und baut Firma wieder in Coburg auf;
1955: Max stirbt; Rolf Hermann führt Geschäft mit seiner Frau weiter, die für Design zuständig ist;
1968: Einführung des derzeitigen Anhängers;
1979: Umwandlung in Hermann Spielwaren GmbH;
1990: 70. Firmenjubiläum mit Einführung limitierter Auflagen; Wiedervereinigung ermöglicht Familie, in Sonneberger Archiven zu forschen; Rolfs Tochter, Dr. Ursula Hermann, kompiliert Firmengeschichte; Firma Leven (seit 1945 in kommunistischem Besitz) wird offiziell an Dora-Margot Hermann zurückgegeben; Replika alter Leven-Modelle gefertigt;
1992: Dora-Margot Hermann stirbt.
Im Grund 9–11, 96450 Coburg-Cortendorf.

🐾 Hermann & Co KG *(siehe Hermann Spielwaren GmbH)*

🐾 Heunec Plüsch Spielwaren Fabrik KG
1891 eröffnet Hugo Heubach in Sonneberg eine Firma, die Spielwaren und Christbaumschmuck vertreibt;
Um 1945: Firma zieht nach Neustadt/Coburg um und ändert Namen in Heunec (Heubach/Neustadt/Coburg);
1972: Herstellung von Plüschspielwaren mit nur 2 Beschäftigten; heute mehr als 2000 Mitarbeiter in drei Werken in der Schweiz, Mauritius und China; Verwaltungs- und Designabteilung in Neustadt; rund 1000 Artikel im Programm, u. a. Lizenprodukte für TV, Film, Maskottchen für Sportereignisse, Firmen und Teddybären.
Am Moos 11, Mörikestraße 2 und 6, 96465 Neustadt

🐾 Ideal Novelty and Toy Company
1902–03: Russische Einwanderer Morris Michtom und Frau Rose stellen handgefertigte Teddys her; werden in ihrem Schreibwarenladen in Brooklyn verkauft; Produktion in großem Stil und Firmeneröffnung, nachdem Großhändler Butler Brothers Lagerbestand aufgekauft und für Michtoms Kreditwürdigkeit bei Plüschwebereien gebürgt hat.
1907: Umzug in größere Räumlichkeiten in Brooklyn;
1938: Michtom stirbt; sein Sohn Benjamin übernimmt Leitung;
1953: Lizenz für Produktion des ersten »Smokey«-Bären (zweite und dritte Version folgen);
1962: Lionel A. Weintraub wird Präsident;
1968: wird Publikumsgesellschaft, The Ideal Toy Corporation mit Zentrale in New York, neuer großer Fabrik in Newark, New Jersey, und Produktion und Vertrieb in Japan, Großbritannien, Deutschland, Kanada, Australien und Neuseeland; weltweit 4000 Beschäftigte;
1978: 75. Geburtstag; Ausgabe von Jubiläumsbär;
1982: Enkel des Gründers, Mark Michtom, verkauft Firma an CBS Toys;
1984: Herstellung von Porzellan-Nachbildungen der ersten Ideal-Bären, aber Teddys generell aus Produktion genommen; Hasbro erwirbt einige Aktivposten.

🐾 Invicta Toys Ltd.
1935: von G.E. Beer und T.B. Wright (ehem. J.K. Farnell-Direktor und Verkaufsrepräsentant) in Nordwestlondon gegründet; Kuschelspielzeug von Beer entworfen, einschließlich Modelle Teddy, Grizzlie und Sammy;
Anfang 50er Jahre Einstellung der Geschäftstätigkeit.

🐾 Jakas Soft Toys
1954: von englischem Ehepaar Joe und Marion Stanford in Altona bei Melbourne, Australien, gegründet;
1956: Firma als »Jakas« eingetragen; zieht nach Blackburn, Victoria, um;
Um 1962: Fertigung von Big Ted, der in Playschool erscheint, Australiens langlebigster Fernsehserie für Kinder;
1984: Verkauf der Firma, die kurzfristig zwei weitere Besitzer erhält;
1989: Wendy McDonald, derzeitige Inhaberin, erwirbt Firma;
1991: Umzug an derzeitigen Standort; Fusion mit australischer Firma Koala Mate; führt limitierter Auflage ein.
Unit 1, 85 Lewis Road, Wantirna South, Victoria 3152, Australien

🐾 Jocky srl
Nach dem Zweiten Weltkrieg in Rom gegründet; stellt Jockyline-Plüschspielzeug her, einschließlich Avanti-Linie, entworfen von Ricardo Chiavetta;
1982: Weltrechte von Applause gekauft;
Viale Pola 25, 00198, Rom, Italien

🐾 W.H. Jones
1914: William Henry Jones, seit Anfang 1900 Handelsvertreter für deutschen Puppenmacher, gründet Kuschelspielzeug-Firma in Ostlondon mit sechs Mitarbeiterinnen;
1915: Umzug in große Fabrik mit 46 Beschäftigten; Eröffnung einer ähnlich großen Produktionsstätte einige Monate später in Penge, Südostlondon. Bringt Kuschelspielzeug aus Kapok (Hugyu) und zottigem Plüsch (Shagylox) auf den Markt;
1928: Einführung von Plüschtieren auf Rädern, einschließlich Bären;
1935: Eintrag als W.H. Jones Ltd.;
1937: freiwillige Liquidation.

🐾 Joy-Toys Pty. Ltd.
20er: Wie verlautet: Australiens erster Teddybär-Hersteller, gegründet in den 20er von Mr. und Mrs. Gerard Kirby in South Yarra, Victoria;
1930: Umzug in größere Räumlichkeiten;
1935: Maurice Court tritt in Firma ein;
1937: Court übernimmt Leitung; als Ehepaar Kirby nach London geht, wo es G.L. Kirby Ltd. gründet, erfolgt Umstrukturierung;
Ende 30er: Geschäft expandiert; Lizenz für Disney-Figuren; Eröffnung eines weiteren Werks in Whangarei, Neuseeland;
1966: Cyclops, seit den 50er Jahren im Besitz der britischen Firma Line Brothers, kauft Joy-Toys;
1971: Geschäftstätigkeit nach Bankrott der Lines Brothers eingestellt; kurz danach Aufkauf durch britische Firma Tube Investments;
1976: Maurice Court und Spielzeughersteller Toltoys kaufen die in Sydney ansässige Firma Sandman Pty. Ltd.;
1979: Maurice Court verkauft seine Anteile an Toltoys;
1980: Sandman Pty. Ltd. schließt; Court kann Joy Toys-Ausrüstung und Handelsnamen für Toltoys erwerben.

🐾 Jungle Toys
1914 von jungem Mädchen, E.M. Daniels gegründet, das sechs Monate für verschiedene Spielzeughersteller gearbeitet hatte, bevor sie sich mit 2 Mitarbeitern in Earls Court, London, selbständig macht;
1919: Fabrik wird als Kooperative geführt; exportiert weltweit;
1928: eingetragenes Design The Bingo Bear – ein Koalabär; später Teddybären in Sortiment aufgenommen; Produktion bis ca. 1950 fortgesetzt.

🐾 Kersa *(siehe W. Walters KG)*

🐾 G.L. Kirby Ltd.
1938 von Gerald L. Kirby in Ostlondon gegründet (Gründer von Joy-Toys); Herstellung von Puppen und Kuschelspielzeug, einschließlich einer Serie kapokgefüllter Bären namens Sun Bears aus feinstem Plüsch in verschiedenen Farben; nicht mehr im Geschäft;
Warenzeichen: runder Anhänger mit »Kirby Toys«.

🐾 Knickerbocker Toy Company Inc.
1850: in Albany, New York State, gegründet; stellt lithografierte Buchstabenblöcke her;
20er: Einführung von Teddybären und anderem Kuschelspielzeug;
30er–50er: wird Kapitalgesellschaft;
Um 1968: Umzug nach Middlesex, New Jersey; Lizenz für Produktion von »Smokey«-Bären bis 1977;
1982: Wallace Berrie kauft Applause-Geschenkabteilung der Firma;
80er Jahre: Einstellung der Geschäftstätigkeit.

◣ Hugo Koch
Nach dem Zweiten Weltkrieg vermutlich von Hugo
Koch gegründet;
Anfang 50er: Standort Bahnhofstraße 233, Pressath;
Warenzeichen: als Koch gekleideter Bär mit Löffel;
70er: Sitz im nahegelegenen Eschenbach/Opf,
Pressather Straße 18; Sohn arbeitet in Firma mit;
1990: Einstellung der Geschäftstätigkeit

◣ Käthe Kruse Puppen GmbH
1911: Käthe Kruse gründet Firma, die einzigartige
Stoffpuppen herstellt (Sortiment umfaßt später
lebensgroße Babypuppe Träumerchen, von Kindergar-
tenschwestern und Hebammen benutzt);
1912: Umzug der Familie nach Bad Kösen; Gründung
einer Werkstatt unter Käthe Kruses persönlicher
Leitung;
1947: Söhne Michael und Max Kruse eröffnen in
Donauwörth Puppenmacher-Werkstatt;
1950: Käthe Kruse verläßt Ostdeutschland; zieht zu
Söhnen;
1952–53: Käthe Kruse zieht sich aus der aktiven
Geschäftsleitung zurück; Michael Kruse wandert nach
Südafrika aus; wird durch Schwiegersohn Heinz Adler
(verheiratet mit Tochter Hanne) als technischer
Leiter ersetzt; Max Kruse ist Geschäftsführer;
1956: Kätze Kruse geht in Ruhestand; Tochter Hanne
übernimmt Design; Produkte nun als »Modell Hanne
Kruse« im Handel;
1958: Firma in Käthe Kruse GmbH umgewandelt;
70 Prozent an Puppenhersteller Schildkröt verkauft;
Max behält 30 Prozent und verkauft Anteil an Hanne
und Heinz;
1967: Hanne führt Plüsch- und Frotteetiere, einschließlich Teddybären, ein;
1976: Heinz und Hanne kaufen Schildkröt-Anteil
zurück;
1990: Hanne Kruse geht in Ruhestand; Stephen und
Andrea Christenson und Familie von Prinz Albrecht
zu Castell-Castell kaufen Firma;
1993: Anhänger neu gestaltet; rot mit »Modell
Hanne Kruse« und Beschreibung.
Alte Augsburger Straße 9, 86609 Donauwörth

◣ Leco Toys (West End) Ltd.
Um 1950: Ludwig und Martha Levy fertigen Kuschelspielzeug im Hinterstübchen ihres Hauses;
1955: im Londoner West End eingetragene Firma;
floriert; spezialisiert auf neuartiges Spielzeug aus
Lammfell, einschließlich Bären-Behältnisse zum Ver-
wahren von Nachthemd/Pyjama;
1965: Umzug in moderne Fabrik in Bletchley,
Buckinghamshire;
1971: letzter Eintrag in Handelsverzeichnissen.

◣ Lefray Toys Ltd.
1948 als Lefray Ltd. in Westlondon gegründet;
Um 1958: Umzug nach Nordwestlondon;
1960: Standortwechsel in neue, weitläufige Fabrik in
St. Albans. Hertfordshire;
1969: Umzug nach Wales, wo Firma noch heute
ansässig ist;
80er: Übernahme von Real Soft Toys;
Um 1990: erhält Lizenz für Produktion von Rupert-
Bär; heute hat Lefray getrennte Real Soft Toy-Linie;
stellt kundenspezifische Werbeartikel her.
*Glandwr Industrial Estate, Aberbeeg, Abertillery, Gwent
NP3 2XF, Wales.*

◣ Lenci srl
1919 in Turin, Italien, gegründet; weltweit bekannt
für Puppen mit gepreßten Filzköpfen, viele von
bekannten italienischen Künstlern geformt;
Eingetragenes Warenzeichen: Ludus Est Nobis Con-
stanter Industria;

1922: Warenzeichen auf »Lenci« verkürzt;
1931: Erste Teddybären im traditionellen Stil erscheinen im Katalog; heutige Teddys sind gelenklos und
als Kinderspielzeug gefertigt.
Via San Marino 56 bis 10137, Turin, Italien

◣ H. Josef Leven
1891: Hubert Josef Leven und Theodor Sprenger
gründen Leven & Sprenger in Sonneberg; Herstellung von Spielzeug für Export und deutsche Kunden;
1910: Firma bekannt als H. Josef Leven; produziert
Teddybären;
1912: 10 Büroangestellte und 150 Fabrikarbeiter
beschäftigt; eine der größten Sonneberger Spielwarenfirmen; exportiert Spielzeug in alle Welt, vor allem
Großbritannien;
1923: Fred Engel (1904 als Lehrling in Firma einge-
treten) wird Partner und Firmenpräsident; kauft später restliche Anteile und wird mit Töchtern Hilde-
gard und Dora-Margot Besitzer;
Nach dem Zweiten Weltkrieg: Firma durch kommu-
nistisches Regime schrittweise enteignet;
1951: Dora-Margot Engel heiratet Rolf-Gerhard Hermann (siehe Hermann-Spielwaren GmbH);
1972: Firma geht ganz in Staatsbesitz über;
1990: Nach Zusammenbruch des kommunistischen
Regimes Rückgabe der Firmengebäude und Rechtsti-
tel an Engel-Töchter;
1992: Hermann-Spielwaren führt Levin-Replika ein;

◣ Lindee Toys
1944 in Australien gegründet;
1969: »Toy of the Year«-Auszeichnung;
60er: Standort Paramatta North, New Youth Wales;
1976: Einstellung der Geschäftstätigkeit
Warenzeichen: »Lindee Toys« in Kontur von sitzendem Kitz und »Made in Australia«.

◣ Little Folk
1976 von Graham McBride und Maggie Breedon in
Devon, England gegründet; Sitz in 700 Jahre alter
Mühle; 8 Vollzeit-Mitarbeiterinnen und 1–14 Heimarbeiterinnen;
1980: Herstellung des ersten Teddybären; auf dem
Höhepunkt des Erfolgs weltweiter Export, 70% in
die USA;
1991: Maggie Breedon stirbt;
1992: Nach Partnerschaft zwischen Graham McBride
und US-Firma wird Little Folk Bereich von Possible
Dreams Europe; importiert nun auch Figurinen; stellt
Bären für Wendy Phillips von Lakeland Bears her.
*3 Blackdown Park, Willand, Devon, EX15 2QH,
England.*

◣ The London Toy Company
1915 Importeur von japanischen Lack- und Anti-
monprodukten; gründet Kuschelspielwaren-Firma in
Aldgate, Ostlondon; in 20er Jahren spezialisiert auf
Spielzeug aus Plüsch, Filz und Samt, einschließlich
Teddybären, für Großhandel und Export.

◣ Luvme Toy Manufacturing Co.
1939 in Auckland, Neuseeland, tätig; fertigt Puppen
mit weichem Körper und harten Köpfen (Importkon-
trolle von 1938 führte zur Gründung heimischer
Industrien, einschließlich Spielwaren).
50er: Herstellung von Kuschelspielzeug, einschließlich Teddybären, oft mit Rexin-Pfoten und weißem
Stoffetikett mit schwarzem Aufdruck »Luvme/Made
in NZ«;
70er–80er: Einstellung der Geschäftstätigkeit

◣ Malrob Cuddle Toys
1961 in Brisbane, Queensland, Australien, gegründet;
Herstellung gelenkloser Bären aus Kunstfasern;

1985: Einstellung der Geschäftstätigkeit
Warenzeichen: »Malrob Cuddle Toys; Made in
Australia«.

◣ Max Hermann Sonneberg (*siehe Hermann-
Spielwaren GmbH*)

◣ Max Hermann & Sohn Sonneberg (*siehe
Hermann-Spielwaren GmbH*)

◣ MCZ
In den 50er Jahren in Zürich, Schweiz gegründet;
benutzt Handelsnamen »Mutzli«; Firma später als
Felpa AG Spielwarenexport bekannt; Standort
Aarau; Handelsname »Felpa«.
Um 90er: Einstellung der Geschäftstätigkeit.

◣ AB Merimex
Um 1947 in Schweden von Emil Grünfelt gegründet; fertigt Schaffell-Bären; ursprünglich in Malmö
ansässig; heute Produktion in Portugal, wo Bären
unter der Warenbezeichnung »Amica« hergestellt
werden.

◣ Merrythought Ltd.
1919: W.G. Holmes und G.H. Laxton eröffnen Spinnerei in Oakwood bei Keighley in Yorkshire, England;
20er: Holmes und Laxton kaufen Dyson Hall, eine
Mohairplüsch-Weberei in Huddersfield;
1930: Merrythought Ltd. gegründet und Warenzeichen eingetragen; mietet vorübergehend Räume
der Coalbrookdale Company; stellt C.J. Rendle
(Chad Valley) als Herstellungsleiter und H.J. Janisch
(J.K.Farnell) als Verkaufsleiter für Londoner Ausstellungsräume ein; beschäftigt 20 Arbeiter in Kuschelspielzeug-Produktion;
1931: Umzug in größere gemietete Räume; bringt
ersten Katalog mit Entwürfen von Florence Atwood,
Designerin von Chad Valley, heraus;
1935: Expansion; wie verlautet größte Spielzeugfabrik
Englands;
1939: Herstellung von erstem Panda-Bären, einschließlich Sonderanfertigung für Filmaufnahmen in
Londoner Zoo;
Zweiter Weltkrieg: Britische Admiralität und Luft-
fahrtministerium konfiszieren Fabrik für Herstellung
von Kartenmaterial und Lagerung; Umzug in zeitwei-
lige Räumlichkeiten nach Wellington;
1940–43: Textilproduktion für Streitkräfte und Kran-
kenhäuser;
1946: Wiederaufnahme der Spielzeugproduktion;
Hochwasser des Severn zerstört Modelle und Vorräte
der Vorkriegszeit;
1949: Nach Tod von C.J. Rendle und Florence
Atwood tritt B.T. Holmes (Sohn des Gründers) in
Firma ein;
1952: Jimmy Matthews von Dean & Son Lts. als
Handelsvertreter eingestellt;
1953: Designerin Jean Barber tritt in Firma ein (bis
1965);
1956: Firma kauft Fabrikgelände von Coalbrookdale
Company;
1967: Eintritt von Designerin Jackie Harper in die
Firma (bis 1969);
1970: Eintritt von Designerin Jacqueline Revitt;
1972: Oliver Holmes (Sohn von B.T. Holmes und
Enkel von W.G. Holmes) tritt ins Unternehmen
ein;
1982: Zusammenarbeit mit Tide-Rider Inc. Baldwin,
New York für Export von Sammlerserie in die
USA;
1986: Veröffentlichung der Unternehmensgeschichte
The Magic of Merrythought von John Axe, gefolgt von
ersten Nachbildungen des Magnet-Bären;
1988: Merrythought-Geschäft und Museum eröffnet;

1990: Herstellung von speziellen Diamond Jubilee-Bären zum 60. Firmenjubiläum.
Dale End, Ironbridge, Telford, Shropshire, TF8 7NJ, England.

Mary Meyer Corporation
1933 von Mary Meyer gegründet;
1993: Mary Meyers Sohn Walter ist derzeit Vorstandsvorsitzender, Enkel Kevon Präsident; bietet Sammlerbären an, einschließlich Grandma's- und Jubiläumsbären anläßlich des 60. Firmengeburtstags; verkauft an mehr als 15000 Einzelhandelsgeschäfte.
Route 30, PO Box 275, Townsend, Vermont, 05353-0275, USA

Mighty Star Ltd.
1959 in Montreal, Kanada, gegründet; zu Produktlinien zählt 24K-Teddyserie, lizensierte Nachbildung von Bärenpersönlichkeiten und limitierte Auflagen für Sammler, geschaffen von Designer Laval Bourque; Zusammensetzen der Bären in Korea oder China, Füllen, letzter Schliff und Vertrieb in Kanada.
2250 Boulevard de Maisonneuve Est., Montreal, Quebec, H2K 2E5, Kanada.

Mulholland & Baillie Ltd.
1971 gründet James Mulholland, ehemals Leiter der Pedigree-Werke in Belfast, mit Kollegen aus Belfaster Fabrik eigene Firma; Herstellung von Kuschelspielzeug unter Markennamen »Nylena«. Inzwischen im Ruhestand, Sohn leitet Unternehmen.
407-09 Castlereagh Road, Belfast, Nordirland.

Mutzli *(siehe MCZ)*

House of Nisbet Ltd.
1953 gründet Peggy Nisbet die Firma Peggy Nisbet Ltd.; fertigt in Heimarbeit Sammler-Puppen in Weston-super-Mare, England; später Umzug in größere Räumlichkeiten;
1975: Kanadier Jack Wilson wird Vorstand; angestellt bei kanadischer Investment-Gesellschaft, die Mehrheitsanteile hält;
1976: Namensänderung in House of Nisbeth Ltd.; Einführung der ersten Teddybären, entworfen von Peggys Tochter Alison, später Wilsons Frau;
1979: Erste Zusammenarbeit mit Peter Bull, führt zu Bull-Serien und Büchern;
1983: Neuauflage von Peter Bulls *The Teddy Bear Book* als limitierte Auflage von 10000 Exemplaren;
1984: *The Zodiac Bears* von Peter Bull und Pauline McMillan als limitierte Auflage für Sammler herausgegeben;
1986: Zwei Bären in limitierter Auflage anläßlich 10. Firmenjubiläums eingeführt;
1987: Replika von Peter Bulls Delicatessen (Aloysius) aus dem Jahr 1907, um 80. Geburtstag des Bären zu feiern; Erfindung eines Verfahrens, im Mohair antikes Aussehen zu verleihen;
1989: Dakin erwirbt Aktienkapital; David Potter, Leiter der Bereiche Dakin Europa/GB, wird leitender Direktor, und Jack Wilson Direktor und Ehrenvorsitzender. Jack Wilson und seine Familie leben heute in Florida.
Dakin Inc., PO Box 7746, San Franscisco, CA 94120, USA

North American Bear Co.Inc.
Mitte der 70er Jahre eröffnet New Yorkerin Barbara Isenberg Firma, die Bären mit einzigartigem Design und Spitzenqualität hergestellt;
1978: Freundin und Modedesignerin Odl Bauer fertigt Teddybären aus altem Sweatshirt, der sich zu Albert, dem laufenden Bären entwickelt; Bruder Paul Levy wird Geschäftspartner;

1979: Erste VIBs (Sehr wichtige Bären) erscheinen; Kleidung zunächst in New Yorker Spielwarenfabrik, später in Puppenkleiderfabrik in Massachusetts hergestellt; Bärenteile in New York zugeschnitten, in Haiti genäht und zum Füllen in die USA zurückgeschickt; Teil der Produktion aus Kostengründen nach Ostasien verlegt;
1982: Houghton Mifflin veröffentlicht *Adventures of Albert the Running Bear* von Barbara Isenberg und Susan Wolf, illustriert von Dick Gachenbach;
1983: VanderBear-Familie ins Programm aufgenommen;
1984: Muffy VanderBear, bekanntester Teddy der Firma, eingeführt; Design-Studio befindet sich in Manhattan.
Zentrale: 401 N Wabash, Suite 500, Chicago, Illinois, 60611, USA.

Nounours
1963: Jacky Dubois gründet Familienbetrieb in der Bretagne;
1975: Nounours kauft Aux Nations; wird Branchenführer;
1989: kauft Ajena; fertigt Bären der unteren Qualitätsstufen für Kettenläden; Nounours-Produkte werden in Frankreich, in Tunesien und auf Mauritius gefertigt; auf Nounours-Gruppe entfallen 80 Prozent der Kuschelspielzeug-Exporte; stellt auch Baby-Zubehör her.
Le Roche Bidaine, 35210 Chatillon en Vendelais, Frankreich

Parker Toys
50er: als Kuschelspielzeug- und Puppenhersteller in Brunswick, Victoria, Australien gegründet;
70er Jahre: Einstellung der Geschäftstätigkeit.

Peacock & Co.Ltd.
1853: als Peacock & Sons, London, gegründet; Hersteller von Holzspielzeug und Brettspielen für Kindergärten;
1904: Umbenennung in Peacock Bros., Partnerschaft zwischen Albert Frank und William Edward Peacock;
1918: Auflösung in beiderseitigem Einvernehmen, als Albert eingezogen wird; William Peacock läßt Firma als Peacock & Co. Ltd. eintragen;
1931: Aufkauf durch Chad Valley; Umzug in moderne Fabrik in Clerkenwell, Ostlondon; Einführung von Holzspielzeug; gleichzeitig Herstellung einer neuen Teddybären-Serie mit Peacock-Etikett in Chad Valley-Fabrik;
1939: letztmals in Londoner Branchenverzeichnis vermerkt, als A.& A. Peacock Ltd., First Avenue House, High Holborn, London.

Pedigree Soft Toys Ltd.
Mitte des 19. Jahrhunderts als G. & J. Lines Ltd. in London von den Brüdern George und Joseph Lines gegründet; Fertigung von Holzspielzeug und Kinderwagen;
1919 gründen die drei Söhne von Joseph – William, Arthur und Walter – Lines Bros. Ltd. an der Old Kent Road in London;
1924: Firma zieht nach Merton, südwestlich von London, in eigens gebaute Fabrik um; »Tri-ang Toys« als Warenzeichen eingetragen; stellt hauptsächlich großes Spielzeug aus Holz- und Metall (Autos, Schaukelpferde, usw.), aber auch aus Fell, Filz und Plüsch her;
Um 1931: »Pedigree« als Warenzeichen für Kinderwagen eingetragen;
1937: Erster Katalog von Pedigree Soft Toys Ltd. erscheint, in dem Kuscheltiere und Puppen angeboten werden;

1946: Lines kauft Fabrik von australischer Firma Joy-Toys in Whangarei, Neuseeland; errichtet später große Fabrik in Stadtrandbezirk von Auckland; baut Fabrik in Belfast für »Made in Irland«-Produktion von Kuscheltieren und Spielzeug auf Fahrgestellen;
1951: Lines kauft Rovex Plastics Ltd. in Richmond, Surrey; baut neue Fabrik in Kent; erwirbt 50 Prozent der Anteile an australischer Firma Cyclops;
1955: kauft restliche 50 Prozent der Firma Cyclops; gesamte Kuscheltierproduktion Großbritanniens nach Belfast verlegt;
1966: Cyclops, im Besitz von Lines, kauft Joy-Toys Ltd. in Victoria, Australien; Reorganisation führt zu Umwandlung in Rovex Triang Ltd.; Belfaster Fabrik schließt; britische Produktion nach Canterbury, England, verlegt;
1971: Zusammenbruch von Rovex;
1972: Übernahme durch die Gruppe Dunbee-Combex-Marx;
1988: Canterbury-Werke schließen; Pedigree stellt Geschäftätigkeit ein.

Petz Company
1948 in Neustadt gegründet; Name von deutschem mundartlichen Wort für Bär abgeleitet; Herstellung von Mohairplüschbären in traditionellem Stil mit Glasknopf-Warenzeichen bis 1974; Export nach USA und in restliches Europa.

M. Pintel Fils & Cie.
Um 1918 in Paris gegründet; Herstellung von Kuschelspielzeug, Puppen und Teddybären von unterschiedlicher Qualität, einschließlich purzelbaumschlagender Bär;
Um 1924: Export nach Großbritannien; Verkaufsausstellung in London; bis 30er Jahre Verwendung von Knopfaugen, später Glasaugen mit einzigartigem bemaltem Hintergrund; Bären aus Zeit vor dem Zweiten Weltkrieg haben längliche, schlanke Körper mit Buckel und Filzpfoten;
Zweiter Weltkrieg: einer der Brüder stirbt im Gefängnis; Design ändert sich;
50er Jahre: Bären haben kurze Körper und relativ lange Beine; Firma stellt auch Aufziehbären auf Rad oder mit Hula-Hoop-Reifen her;
60er Jahre: Pintel benutzt weiter Kapok; weigert sich, voll maschinenwaschbare Bären zu fertigen; Umsatz läßt nach; Geschäftätigkeit schließlich eingestellt; Warenzeichen: Bossierter Knopf auf der Brust mit Messinglegierung zeigt Bären, die sich umarmen, und »PF France«.

Plummer, Wandless & Co. Ltd.
1946 von John Plummer und Dudley Wandless in Sussex, England gegründete Firma, die Kuschelspielzeug aus Schaffell herstellt; ein weiterer Mitarbeiter; rasche Expansion in nächstem Jahrzehnt;
1955: Tochterfirma gegründet, die Babywäsche und Zubehör fürs Kinderzimmer herstellt;
1958: Übernahme der Londoner Firma W.H. Kendal Ltd.; baut neue Fabrik in East Preston, Sussex, wo alles unter einem Dach untergebracht werden kann; Teddybären – beliebtester Artikel – verkauft an führende Geschäfte und exportiert nach Übersee, vor allem Kanada;
1992: Firma an eine der größten Handelsvertretungen verkauft; Handelsname »Tinka-Bell« nach Fee in *Peter Pan* von J.M. Barrie.

Prima Toys Pty. Ltd. *(siehe Speciality Manufacturers)*

Real Soft Toys
1969 von R. M. Frances und Sohn N. J. Frances gegründet; Sitz in Watford, Hertfordshire, England; zum

Sortiment gehören Teddybären aus echtem Nerz; 80er: Von Lefray Toys übernommen (*siehe Lefray Toys Ltd.*).

Robbity Bob Ltd.
1972 von Robin Rive in Auckland, Neuseeland gegründet; Entwurf und Herstellung von Kuscheltier-Sammlerstücken;
1989: Einführung handgearbeiteter Teddybären im alten Stil unter Etikett »Countrylife New Zealand«, einschließlich limitierter Auflagen; größter Teddybären-Hersteller in Neuseeland.
58 Elizabeth Knox Place, Auckland 6, Neuseeland

SAF
Nach dem Zweiten Weltkrieg Teddybären-Hersteller; Firmensitz in Mittendorf, Österreich; nicht mehr im Geschäft.

H. Scharrer & Koch GmbH
1856 als Handels- und Exportfirma für Perlen und Spielzeug in Bayreuth vom Nürnberger Kaufmann Heinrich Scharrer gegründet; später Zweigstellen in Venedig und Gablonz (Böhmen); Scharrers Schwiegervater, Christian Koch, Besitzer des Bayreuther Hotel Sonne, tritt kurz nach Gründung in die Firma ein;
1872: Bruno Müller aus Coburg (Scharrers Schwiegersohn) zum leitenden Direktor ernannt;
1900: Theodor Köhler kommt als Lehrling zur Firma; rundet kaufmännische Ausbildung acht Jahre in England ab;
1912: Köhler kauft Firma von Müller (bis 30er Jahre im Geschäft, verkauft nur Perlen; stirbt 1969);
1968: Enkel Sigrid und Josef Gottstein übernehmen Firma; Einführung von kunsthandwerklichem Holz- und Kuschelspielzeug für Kinder; neuer Handelsname »Sigikid«;
1972 neue Fabrik in nahegelegenem Mistelbach eröffnet; Herstellung von Damen-, Kinder- und Babykleidung;
1977: Plüschtiere in Spielzeugprogramm eingeführt, mit unabhängiger Produktionslinie in Furth im Wald für weltweiten Export;
1984: Einführung von Vinyl-Puppen;
1986: Einführung von Holzmarionetten;
1989–92: Erste kunsthandwerkliche Puppenkollektion aus Vinyl, Porzellan und Filz eingeführt;
1991: Plüschtiere in limitierter Auflage für Sammler eingeführt; in voll wiederverwertbaren Baumwollbeuteln geliefert;
1992: Eintritt in Replika-Markt mit Miro-Kollektion; unterstützt Aufbau tschechischer Firma (siehe Hamiro).
Am Wolfsgarten 8, 95511 Mistelbach, Deutschland

Schenker
1952 von Martin Schenker in Graz, Österreich, gegründet; hauptsächlich Herstellung von Schaffell-Spielzeug;
1975: Firma an Michael Rosen verkauft;
1982: Einstellung der Geschäftstätigkeit.

Schreyer & Company
1912 von Heinrich Müller (ehemals bei Gebrüder Bing tätig), und Heinrich Schreyer in Nürnberg gegründet;
1913: erste Werbung erscheint für »Tipp-Tapp-Tiere« auf Rädern, einschließlich Bären; Umzug in die Celtisstraße 17;
1914–18: Fabrik schließt während des Ersten Weltkriegs; beide Partner eingezogen;
1918: Schreyer verläßt die Firma; Müller geht Partnerschaft mit Großhändler Adolf Kahn ein;
1919: Umzug der Firma in die Singerstr. 26;

1921: »Schuco«-Abkürzung des Firmennamens; als offizielles Warenzeichen übernommen;
1929: Umzug in die Fürther Str. 28–32;
1936: Adolf Kahn, ein Jude, verläßt die Firma nach Hitlers Machtergreifung 1933;
1939: Kahn und seine Frau emigrieren nach England;
1940: Reisen zu Sohn Eric Kahn in die USA; Zweiter Weltkrieg: Müller stellt Alexander Girz als Leiter des Werks ein, das auf Kriegsproduktion umgestellt ist; Fabrik wird mehrfach ausgebombt;
1946–49: Kapazität zu einem Viertel ausgelastet; fertigt Haushaltsartikel und Spielzeug in kleinem Umfang;
1947: Adolf Kahn und Sohn Erich gründen die Schuco Toy Co. Inc. in den USA mit Rechten für Einfuhr aller Schuco-Produkte in die USA und Kanada;
1958: Müller stirbt; einziger Sohn Werner übernimmt mit Manager Alexander Girz die Firma;
60er–70er Jahre: Firma verkauft Spielzeug verschiedener Produktion: Herta Girz & Co, mit Handelsname »Hegi« (Herstellung geleitet von Frau Herta Girz) in Schuco-Gebäude an der Fürther Str. 32;
1976: Zusammenarbeit zwischen Hegi und Münchner Firma Anker (*siehe Anker Plüschspielwarenfabrik GmbH*), deren Spielzeug von Schuco verkauft wird (*siehe Schuco*); Firma unter Leitung von Klaus Albrecht;
Firma an führende Spielwarenhersteller Dunbee-Combex-Marx verkauft, da außerstande, mit japanischer Spielzeugindustrie zu konkurrieren; Schuco-Warenzeichen an Georg Adam Mangold GmbH & Co in Fürth/Bayern verkauft; für Replika-Modellautos benutzt; Nachbildungen der Schuco-Miniaturbären von Heike-Bär gefertigt (*siehe Heike-Bär*).

Schuco (*siehe Schreyer & Company*)

Schwika
Nach dem Zweiten Weltkrieg Teddybären-Hersteller mit Sitz in Graz, Österreich; nicht mehr im Geschäft.

Shanghai Dolls Factory
Nach dem Zweiten Weltkrieg Hersteller von Teddybären auf chinesischem Festland; bedrucktes Papierrosetten-Etikett mit Warenzeichen: »SDF«; es gibt auch Teddys mit Pappanhängern und Aufschrift »Shanghai Toys Factory« nebst Adresse 159 Puan Road, Shanghai.

Sheepskin Products Ltd.
1981 von Peter und Velda McCome in Auckland, Neuseeland gegründet; Firma stellt umfangreichstes Schaffell-Spielzeugsortiment der Welt her; alle Produkte sind von Velda entworfen, handgeschoren und versäubert.
66c Barrys Point Road, Takapuna, Auckland, Neuseeland.

Sigikid (*siehe H. Scharrer & Koch GmbH*)

The South Wales Toy Manufacturing Co. Ltd.
1915 in Cardiff, Wales gegründet; Herstellung von Teddybären, Kuschelspielzeug usw., nur für Großhandel und Export;
Warenzeichen: »Madingland«;
Stellte Geschäftstätigkeit zwischen Erstem und Zweitem Weltkrieg ein.

Speciality Manufacturers
1951 gründet der Australier George Weir kleine Fabrik in Escombe, Natal, Südafrika; fertigt Bärenserie und Pandabären mit Gelenken aus importiertem Mohair, heimischer Holzwolle, Kapok aus Ceylon, eingeführten deutschen Glasaugen, Stimmboxen und

Quieksern; mit wachsender Nachfrage Umzug in größere Räumlichkeiten; steigende Rohmaterialkosten und Konkurrenz aus Ostasien erzwingen Konzentration auf preisgünstigere Linien aus Rayon und Nylon;
1970: Verkauf; Firma wird Bereich von Prima Toys Pty. Ltd., große Spielzeugfirma mit Sitz in Cape Town; Teddybären werden weiterhin in Pinetown, außerhalb von Durban, hergestellt; Stoffetikett mit »Prima Toys«- und »Ark Toys«-Warenzeichen sowie »Speelegoede«.
39 Richmond Road, Pinetown, 3600/PO Box 10307, Ashwood, 3605, Republik Südafrika.

Margarete Steiff GmbH
1877: Margarete Steiff eröffnet Filz-Versandhandel für Fertigung von Filzunterröcken und Kinderkleidung im heimatlichen Giengen;
1880: Einführung von Spielzeugtieren nach Erfolg von Nadelkissen in Form eines kleinen Filz-Elefanten, den sie nach dem Schnittmuster in einer Frauenzeitschrift gefertigt hatte;
1889: Umzug in größere Räumlichkeiten in der Muehlstraße;
1893: Eintrag als Filzspielzeugfirma ins Handelsregister;
1897: Neffe Richard Steiff tritt in Betrieb ein; entwickelt Kuscheltier-Linie;
1902–05: Experimente mit Bären-Gelenken gipfeln in Bär 35 PAB (am 12.2.1905 eingetragen);
1905: am 13.5. wird »Knopf im Ohr«-Warenzeichen eingetragen;
1902–08: Fabrik wird dreimal erweitert, um riesige Teddybären-Nachfrage zu befriedigen; Zeit der Produktivität und Expansion als »Bärenjahre« bekannt;
1906: neuer Eintrag als Margarete Steiff GmbH, mit Margaretes Neffen Paul, Richard und Franz-Josef als leitende Direktoren;
Erster Weltkrieg: alle drei Brüder melden sich freiwillig; Fabrik für Kriegsproduktion eingesetzt;
Um 1920: Fließband eingeführt;
30er: neue Führungsmannschaft, handverlesen vom Nazi-Regime, ersetzt einige Mitglieder der Steiff-Familie;
1943: Fabrik stellt Munition her;
1950: nach Aufhebung kriegsbedingter Restriktionen volle Wiederaufnahme von Produktion und Handel;
1953: Feiert 50. Geburtstag des Steiff-Teddybären;
1958: Feiert 100. Geburtstag von Theodore »Teddy« Roosevelt;
1965: Tochterfirma in Grieskirchen, Österreich, gegründet;
1980: Herstellung der ersten Replika, läuten neue erfolgreiche Expansionsperiode in 80er Jahren ein; Eröffnung von Museum und Veröffentlichung der Firmengeschichte *Knopf im Ohr* von Jürgen und Marianne Cieslik;
1992: 90. Geburtstag des Steiff-Bären und Gründung des Steiff-Sammlerclubs am 1. April.
Alleenstraße 2, 89537 Giengen/Brenz, Deutschland.

H. G. Stone & Co. Ltd.
1919: Leon Rees erbt Chiltern Toy Works nach Tod seines Stiefvaters und Geschäftsparterns Josef Eisenmann (*siehe Eisenmann & Co. Ltd.*); gründet L. Rees & Co., Großhändler (Haushalts- und Spielwaren); Vertrieb von Bing-Produkten (und später Chiltern-Spielzeug) in Großbritannien und Commonwealth-Staaten;
1920: Zusammenarbeit mit Harry Stone, ehemals J. K. Farnell; Gründung von Stone & Company; Herstellung von Kuschelspielzeug in Chiltern-Spielzeugfabrik in Chesham, Buckinghamshire;

1921: Eröffnung einer zweiten Fabrik, Grove Works, in Tottenham, Nordlondon;
1923: »Chiltern Toys«-Handelsname erscheint erstmals in Branchenzeitschriften (eingetragen 1924); Hugmee-Teddybären eingeführt;
1925: Übernahme der Produktion von »Panurge Pets« in Edinburgh, lebensgroße Kuscheltiere, von Künstlerin Ann Cameron Banks vom Pariser Salon des Humoristes modelliert;
1929: Bau neuer Fabrik, Chiltern Works, in South Tottenham; gesamte Produktion vom alten Tottenhamer Werk hierher verlegt; Einführung von »Silky Teddy«, erster Kunstseidenplüsch-Bär der Firma;
1934: Harry Stone stirbt;
1940: Einstellung der Spielzeug-Produktion in der Fabrik in Chesham; einige Spielwaren werden in Londoner Zentrale gefertigt;
1945: Herstellung der Kuscheltiere in den Amersham-Werken in Chesham, eine weitere Holzspielzeug-Fabrik im Besitz von Rees;
1946: Schulungszentrum in neuer Fabrik errichtet, die in Pontypool, Monmouthshire, Wales, entsteht;
1947: Neues Werk in Betrieb, geleitet von Mr. Thwaies;
1957: Pamela Williams als Designassistentin von Madeleine Biggs eingestellt; arbeitet als Chefdesignerin, als sich Madeleine 4–5 Jahre in Südafrika aufhält;
1960: Schließung der Spielzeugfabrik in Amersham;
1963, 23. Juli: Tod von Leon Rees;
1964: Sowohl Rees- als auch Chiltern-Firmen von der Dunbee-Combex-Gruppe übernommen;
1967: wird Tochtergesellschaft von Chad Valley (siehe The Chad Valley Co. Ltd.); führt zu Chiltern/Chad Valley-Etikett.

⌨ Strauss Manufacturing Co. Inc.
1907: beschrieben als »Spielzeugkönig«, Sitz in New York City; Herstellung von Spielwaren, Brettspielen und Neuheiten mit Spieldosen; Fertigung von Bären-Novitäten auf der Höhe des US-Teddybärenfiebers.

⌨ Gebrüder Süssenguth
1894 von den Brüdern Süssenguth in Neustadt, Bayern, gegründet; Erstellung von Puppenkörpern und -köpfen aus Verbundwerkstoff für deutsche Puppenindustrie;
Um 1925: Firma stellt einzigartigen, aber damals unbeliebten »Peter«-Bär her; führt Puppenmacher-Techniken in traditionelles Teddybären-Design ein.

⌨ Tara Toys (siehe Gaeltarra Eireann)

⌨ Teddy & Friends: The Bear Esssentials
Einzigartige australische Firma, die ihre Bären sowohl an Groß- als auch Einzelhandel verkauft;
Anfang 80er Jahre: Firma aus Geschäft in Neutral Bay, New South Wales, Jahre entwickelt; Bären von Carole Williams entworfen und in Korea gefertigt.
Section 3, 57 Hereford Street, Glebe, NSW 2037 Australien.

⌨ The Teddy Toy Company
1914 von Beresford Charles Hope und Abraham Simmonds in Ostlondon gegründet; war während des Ersten Weltkriegs, wie verlautet, größter Teddybären-Hersteller in Großbritannien;
1920: Firma patentiert im Februar »Softanlite«-Bären (kapokgefüllt), erste ihrer Art in Großbritannien; verwendet runden, bedruckten Pappanhänger mit »Original 'Softanlite' Toys British Made« und verschränkte Buchstaben »TT Co.«;

1930: Stellt Winnie the Pooh-Serie und Brettspiel her;
1937: Umzug in eigens errichtete Fabrik in Dagenham, Essex;
1939: Evakuierung nach Fenton, Stoke-on-Trent, Staffordshire, um Großangriff zu entgehen; produziert für Rüstung;
1945: wird als T. T. Industries Ltd. bekannt;
1951: Freiwillig liquidiert.

⌨ W.J. Terry
1890: William J. Terry gründet, wie verlautet, erste Kuschelspielzeug-Firma in Stoke Newington, Nordlondon;
1909: eröffnet große neue Fabrik in Hackney; macht sich einen Namen durch »Terry'er« Kuschelspielzeug, basierend auf Namen des Hundes von König Edward VII, Cäsar; »Terry'er« und Hund, der Schild mit Aufschrift »I am Caesar« liest, später als Warenzeichen eingetragen;
1913: Einführung von »Billy Owlett« um Teddybären-Monopol zu brechen;
Um 1919: fertigt Teddybären mit vernetzten Krallen;
1921: »Ahsolight«-Warenzeichen; deutet darauf hin, daß Firma als erste Kapok benutzt hat;
1924, 3. Februar: William Terry stirbt; Sohn Frederick B. Terry setzt Geschäftstätigkeit mit Handelsvertreter J. Hopkins fort; arbeiten von Londoner Ausstellungsräumen in 93 Aldersgate Street aus;
Bis zu Beginn des Zweiten Weltkriegs Geschäftstätigkeit eingestellt.

⌨ Thiennot
1919 in umgebauter Scheune in Piney nahe Troyes von Emile Thiennot gegründet; Handelsname: »Le Jouet Champenois«; arbeitet für Großhändler vor Ort, stellt später eigene Verkaufsrepräsentanten ein;
1920: gewinnt Bronze-Medaille für Teddybär-Design in namhaftem Lépine-Wettbewerb, durchgeführt vom Verband der kleinständischen französischen Hersteller und Erfinder;
1949: André, jüngster Sohn von Emile und Georgette Thiennot, tritt für drei Jahre als Lehrling in Firma ein;
1957: Handelsname durch »Création Tieno« ersetzt;
1959: André Thiennot übernimmt Firmenleitung; Expansion in 60er Jahren;
1978: Wirtschaftskrise führt zum Verkauf von Firmen Jeux Mercier und Bondrole; TV-Werbung für »Sleepy«, kleine Bären mit Schlafaugen;
1989: »Petitou« (Plüschspielzeug für Babies) und »Coati«(exotische Tiere) eingeführt; »Tieno«-Standardlinie fortgesetzt;
1992–93: Fertigung von »Emile«-Replika aus den 20er Jahren, strikt limitierte Auflage von 25 Stück in vier Größen; André Thiennot ist derzeit Generaldirektor, Sohn Rémy für die Herstellung verantwortlich.
BP 6, rue du Stade, 10220 Piney, Frankreich.

⌨ Tinka-Bell (siehe Plummer, Wandless & Co. Ltd.)

⌨ Twyford (siehe Acton Toycraft Ltd.)

⌨ Verna Toys
1914 von Eve Barnett gegründet, damals Puppenfertigung in Heimarbeit; Umzug in großes Geschäft in Brighton, Victoria, Australien;
1948: Arthur Eaton kauft Firma; führt Handelsnamen »Verna« und Teddybären-Serie ein;
Mitte der 80er Jahre: Einstellung der Geschäftstätigkeit.

⌨ W. Walter KG
1925 von Wilhelmine Walter in Lobositz (damals Böhmen) nördlich von Prag gegründet; fertigte

ursprünglich Teddys und anderes Kuschelspielzeug und Marionetten für ihre Tochter;
1948 Firmenumzug nach Mindelheim; Herstellung von Teddybären, Katzen, Zwergen und Osterhasen; Bis ca. 1956 haben Teddys Metallanhänger mit »Kersa«-Warenzeichen auf Fußsohlen;
Um 1960: Teddybären-Produktion eingestellt; Firma konzentriert sich auf Marionetten aus Stoff und Holz; Enkel der Gründerin, Walter Schubert, leitet heute die Firma;
Handelsname »Kersa« abgeleitet von »Künstlerisch Erzeugte Spielsachen«.
Ifenstraße 7, 87719 Mindelheim, Deuschland.

⌨ Norah Wellings
1927 eröffnet ehemalige Designerin von Chad Valley eigene Firma, Victoria Toy Works in Wellington, Shropshire, England;
Warenzeichen: »Norah Wellings Production« und kleines Mädchen mit großer Haube auf Pappanhängern und dauerhaften, gestickten Etiketten;
1929: Umzug in neue Räumlichkeiten in Wellington, ehemalige Baptistenkirche und späterer Freimaurer-Tempel. Bald rund 150 Beschäftigte;
1935: Ausstellungsräume in London in 254 Regent Street; A. Ferriday wird Verkaufsleiter;
1959: Tod von Norah Wellings Bruder, ihrem Geschäftspartner; Geschäftsaufgabe im folgenden Jahr.

⌨ The Wholesale Toy Company
1914: Kuschelspielzeug- und Puppenhersteller in Finsbury Park, Nordlondon; nach Einfuhrverbot für deutsche Waren während des Ersten Weltkriegs gegründet;
1916: Firma führt Herkules-Serie, Tier auf Rädern, ein, darunter auch Teddybären in fünf Größen;
Warenzeichen: »Hercules Brand« mit Hercules, der Schriftrolle mit »W. T. Co. Toys« hält.
1921: Patentiert Blinka-Augen (rollend) für Teddybären und Kuscheltiere;
Einstellung der Geschäftstätigkeit zu Beginn des Zweiten Weltkriegs.

⌨ Worthing Toy Factory Ltd.
Nach dem Ersten Weltkrieg in Worthing, Sussex, England gegründet;
Warenzeichen: Humpty Dumpty-Spielwaren (Figur, die lange Pfeife raucht);
Einstellung der Geschäftstätigkeit zu Beginn des Zweiten Weltkriegs.

⌨ The Zoo Toy Company
Um 1920: Joseph Burman, vorher Kaufmann, der mit südafrikanischen Erzeugnissen handelte, gründet Firma in Ostlondon; spezialisiert auf neuartige Maskottchen aus Fell, Filz und Plüsch, einschließlich Teddybären; importiert auch andere Spielwaren und Brettspiele;
1926: Partnerschaft mit A.J. Burman;
1929: Obwohl schon vorher verwendet, wird Warenbezeichnung »Fondle Toy: in every way they're safe for play« nun eingetragen;
1931: Umwandlung in Gesellschaft mit Haftungsbeschränkung; Direktoren: F. Burman und K.C. Groombridge (seit 20er Jahren geschäftsführender Direktor);
Zweiter Weltkrieg: Sitz in Ostlondon; schränkt Herstellung ein, um Auslands- und Stammkunden zu beliefern;
50er Jahre: produziert noch;
Geschäftstätigkeit eingestellt.

Adressen in Deutschland

TEDDYBÄR-MUSEEN UND GESCHÄFTE

Den nachfolgend aufgelisteten Adressen aus Europa und den USA geht ein Symbol voran, das Aufschluß darüber gibt, ob es sich um ein Spezialgeschäft * oder ein Teddybärenmuseum ° handelt. Danach folgen einige Adressen von Herstellerfirmen in Deutschland, Österreich, Frankreich, England und USA. Der weiterführenden Literatur zum Teddybären-Thema ist die Seite 233 vorbehalten. Schwerpunkt ist auch hier die deutschsprachige Literatur.

° Puppenmuseum Bad Breisig
Sammlung Waldy Ringel
Koblenzer Straße 31
53498 Bad Breisig

° Coburger Puppen- und Teddybärenmuseum
Sammlung Carin Lossnitzer
Rückertstraße 2–3
96450 Coburg

*** Teddybären und Plüsch**
Dossenheimer Landstraße 64
63849 Heidelberg

° * Puppen- und Teddybärenmuseum im Kunsthof Herten-Westerholt
Sammlung Ulrich und Karin Knoop
Am Bungert
45701 Herten

*** Berni Brumms Teddymuseum**
Hauptstraße 98
63894 Leidersbach (bei Aschaffenburg)

° Spielzeugmuseum im Alten Rathausturm
Sammlung Ivan Steiger
Marienplatz 15
80331 München

*** Teddybären**
Teddy Expreß
Inhaber: R. Fuchs
Belgradstraße 4
81160 München

*** Plüschtierland**
Inhaber: J. und C. Lemberg
Bachbauernstraße 7
81241 München

° Museum der Deutschen Spielzeugindustrie Neustadt bei Coburg
Sammlung: Museums- und Heimatverein e.V.
Hindenburgplatz 1
96465 Neustadt bei Coburg

° * Puppen- und Spielzeugmuseum
Sammlung Katharina Engels
Hofbronnengasse 11–13
91541 Rothenburg ob der Tauber

*** Teddyland**
Herrengasse 10
91541 Rothenburg ob der Tauber

° Deutsches Puppen- und Bärenmuseum »Loreley«
Sonnengasse 8
56329 St. Goar am Rhein

° Spielzeug- und Kinderwelt Museum Steinhude
Sammlung Gudrun Scholtz-Knobloch
Unter den Hestern 3
31151 Wunstorf 2

° Deutsches Spielzeugmuseum
Beethovenstraße 10
96515 Sonneberg

Adressen in Österreich und der Schweiz

° **Zürcher Spielzeugmuseum**
Fortunagasse 15
CH-8001 Zürich

° **Spielzeugmuseum**
Sammlung Martha Vollenweider
Augustinergasse 24/28, 1. Etage
CH-8001 Zürich

° **Spielzeugmuseum**
Baselstraße 34
CH-4125 Richen

° **Spielzeugmuseum des Salzburger**
Museums Carolino Augusteum
Inh.: Stadt und Land Salzburg
Sammlung Folk
Bürgerspitalgasse 2
A-5020 Salzburg

Adressen in Holland und Dänemark

° **Speelgoedmuseum**
Inh.: Nellie en Wim Heemskerk
Sint Vincentiusstraat 86
NL-4901 GL Oosterhout

° **Helders Käthe Kruse Poppenmuseum**
Sammlung Tiny Riemersma
Binnenhaven 25–26
NL 1781 BK Den Helder

° **Beer Bericht / Beerenfanclub**
Prinzengracht 1089
NL 1017 JH Amsterdam

° **Roskilde Museum**
Sankt Ols Gade 17
DK-4000 Roskilde

Adressen in Frankreich

° **Club Français de l'Ours**
70 Rue du Docteur Sureau
F-93160 Noisy Le Grand

Teddy's Patch
Le Club des Amis de l'Ours
34 Rue Lieu de Santé
F-76000 Rouen

Adressen in England und USA

*** Bears & Friends**
32 Meeting House Lane
Brighton
East Sussex BN1 1HB

*** Bears-on-the-World**
11 Talbot Court
Sheep Street
Stow-on-the-World
Gloucestershire GL54 1AA

*** Margaret and Gerry Grey's Teddy Bear Shop**
The Old Bakery Gallery
38 Cambridge Street
Wellingborough
Northhamptonshire NN8 1DW

*** Heather's Teddys**
World Famous Arcade
177 Portobello Road
London W11 2DY

*** Pam Hebbs**
No. 5 the Annexe
Camden Passage
Islington
London N1 8EU

*** Paddington and Friends**
1 Abbey Street
Bath
Avon BA1 1NN

*** Sue Pearson Antique Dolls & Teddy Bears**
13$^{1}/_{2}$ Prince Albert Street
The Lanes
Brighton
East Sussex BN1 HE

*** Pooh Corner**
High Street
Hartfield
East Sussex TN7 4AE

° The Bear Museum
38 Dragon Street
Petersfield
Hampshire GU31 4JJ

° Bethnal Green Museum of Childhood
Cambridge Heath Road
London E2 9PA

° The Cotsworld Teddy Bear Museum
76 High Street
Broadway Worcester WR12 7AJ

° The London Toy & Model Museum
21–23 Craven Hill
London W2 EN

° The Teddy Bear Museum
19 Greenhill Street
Stratford-upon-Avon
Warwickshire CV37 6LF

*** The Bear Cre Co.**
Suite 957-F, 505 S. Beverly Drive
Beverly Hills
CA 90212

*** The Calico Teddy**
22E 24th Street
Baltimore
MD 21218

° Aunt Len's Doll and Toy Museum
6 Hamilton Terrace
New York
NY 10031

° Theodore Roosevelt Birthplace
28 E. 20th Street
New York
NY 10003

Herstelleradressen

Althans KG
Horberstraße 4
96465 Neustadt Birkig

Baumann & Kienel KG
Coburger Str. 53
96476 Rodach (bei Coburg)

**Berg Spielwaren-Tiere
mit Herz GmbH**
Rosenegg 66
A-6391 Fieberbrunn

Boulgom
Rue des Gilères, BP 91
74150 Rumilly
Frankreich

Hans Clemens GmbH
Waldstraße 34–36
74912 Kirchardt Heilbronn

Dean's Company Pontypool
Gwent NP4 6YY
Wales

Golden Bear Products Ltd.
Rookery Road
Wrockwardine Wood
Telford
Shropshire TF2 9DW
England

Grisly Spielwaren GmbH & Co.KG
Beethoven Str. 1
67292 Kirchheimbolanden

Gund Inc.
PO Box H.
Edison
NJ 08817
USA

Gebrüder Hermann KG
Amlingstadter Str. 6
96114 Hirschaid

Hermann-Spielwaren GmbH
Im Gund 9–11
96450 Coburg-Cortendorf

**Heunec Plüsch Spielwaren Fabrik
KG**
Straße am Moos 11
Mörikestr. 2 & 6
96465 Neustadt/Coburg

Merrythought Ltd.
Ironbridge
Shropshire TF8 7NJ
England

**H. Scharrer & Koch GmbH
(Sigikid)**
Am Wolfsgarten 8
95511 Mistelbach

Margarete Steiff GmbH
Postfach 1560
89537 Giengen

Thiennot SA
BP 6 Rue de Stade
10220 Piney
Frankreich

Weiterführende Literatur

Bärenlese. Zum Wesen des Teddys
Ausstellungskatalog 1991

Bialosky, Peggy / Bialosky, Alan
Teddybären sammeln
Ein Katalog und Preisführer
Augsburg 1990

**Bialosky, Peggy / Bialosky, Alan /
Tynes, Robert**
Teddybären selbermachen
Augsburg 1988

Cieslik, Jürgen und Marianne
Knopf im Ohr
Die Geschichte der Margarete Steiff
GmbH
Jülich 1989

Cieslik, Jürgen und Marianne
**Die Geschichte der Teddybären und
seiner Freunde**
Jülich 1989

Cockrill, Pauline
**Das kleine Buch der ruhmreichen
Bären**
Vorwort von Rosemary Verey,
Paul Volpp
Köln 1993

Cockrill, Pauline
Das große Buch der Teddybären
Über 60 Teddys von 1903 bid heute.
Das Buch für Liebhaber und Sammler
mit mehr als 300 Farbfotos.
München 1992

Ford, Peter
**Teddybären für Sammler und
Liebhaber**
Köln 1993

Gottschalk, Elke
Geliebte Steiff-Tiere
Augsburg 1993

Hebbs, Pam
Geliebte Teddy-Bären
Vorwort von Mary Hillier
(mit Preisführer)
München 1990

Koskinen, Edith / Koskinen, Johan
**Steiff-Teddybären, Tiere und
Puppen**
Jülich 1992

Misch, Hannelore
Lieber alter Teddybär
Nach klassischen Vorbildern selbst-
gemacht
Mit Vorlagen in Originalgröße
Freiburg 1993

Picot, Gérard und Geneviève
Teddy
Ein Bär erobert die Welt
München 1988

Pistorius, Rolf / Pistorius, Christel
Teddys Traumwelt
So leben alte Steiff-Teddybären
Weingarten 1993

Spohn, Jürgen
Ich, der Bär
52 Postkarten für Liebhaber
Dortmund 1980

Thalheim, Yvonne / Nadolny, Harald
Teddybären
Sechs beliebte Modelle
Niedernhausen 1991

Wernhard, Hannelore
Teddybärenstark
Mit Vorlagen in Originalgröße
Freiburg 1991

ZEITSCHRIFTEN:

Berni Brumm
Die Teddyzeitung für Sammler und
Liebhaber
Verlag Bernd Heimann
63849 Volkersbrunn

Hugglets Teddy Bear magazine
Glenn Jackman
PO Box 290
Brighton BN2 1DR

Glossar

Acrilan
US-Handelsname für eine Acrylfaser, entwickelt von der Chemstrand Corporation in Decatur, Alabama; 1952 erstmals in den Handel eingeführt, später in Webereien zu Plüschstoff für die Teddybären-Industrie verarbeitet.

Acrylplüsch
Aus synthetisch hergestellten Acrylfasern gewebt. Acryl (Polymethyl Methacrylat) wurde 1934 erfunden und in der Zeit nach dem Zweiten Weltkrieg für Fasern wie Acrilan, Courtelle, Dralon, Orlon und andere Produkte wie Anstrichfarben, entwickelt. Acrylfasern sind fein und flaumig; sie ergeben außerordentlich weiche und warme Stoffe wie Synthetikpelz.

Alpakaplüsch
Plüsch aus Alpakawolle, dem langen, kräftigen Fell eines kleinen Lamas; ursprünglich aus Bolivien und Peru stammend. Außerordentlich weiches und wolliges Material, das gerne für die Fertigung von Baby-Spielzeug verwendet wurde.

»Antiker« Plüsch
Alpaka- oder Mohairplüsch, der spezialbehandelt wurde, um altem Teddybär-Fell zu ähneln. Das Verfahren wurde 1986 von Jack Wilson, Mitarbeiter des House of Nisbet, in Zusammenarbeit mit der Norton-Weberei in Yorkshire entwickelt. »Antike« Plüschsorten sind bei Teddybären-Künstlern und Herstellern beliebt, die versuchen, alt aussehende Bären zu fertigen.

Aufspritzen (Airbrushing)
Aufmalen mittels Sprühwerkzeug, bei dem komprimierte Luft verwendet wird; die Technik ermöglicht schnelles Arbeiten und eine gleichmäßige Farbverteilung. Der gebürtige Amerikaner Charles L. Burdick meldete als erster 1893 das Patent in Großbritannien an. Das Verfahren wird in der Kuschelspielzeug-Industrie zum Auftragen nicht-giftiger Farben verwendet.

Augen, gesicherte
Plastikaugen mit integriertem Schaft, die mit Unterlegscheibe auf Plüsch-Rückseite gesichert werden; auch festverankerte oder Augen zum Einschrauben genannt. Gemäß weltweiten Sicherheitsvorschriften heute bei Kuschelspielzeug die Norm.

Baumwollplüsch
Plüsch von billiger Qualität, der im und unmittelbar nach dem Zweiten Weltkrieg verbreitet war; er wird direkt aus Baumwolle gewebt.

Brumm-Mechanismus
Eingebaute Stimmbox, die durch Kippen des Spielzeugs aktiviert wird, bei Teddybären um 1908 eingeführt. Modernisiert, aber das Prinzip ist grundlegend das gleiche geblieben. Gewicht und Blasebalg leiten Luft durch Stimmzunge, die »Brummen« von sich gibt. Vor 1930 bestanden die Modelle aus Karton und Wachstuch mit Bleigewichten, Metallstimmzunge (manchmal doppelte, um Brummen in zwei Tönen zu erzeugen) und Pappmembran, eingebettet in Kartonbehälter mit Gazeschutz am offenen Ende. Ende der 30er Jahre erfolgte die Einführung des Kippmechanismus mit rundem Porzellan-Gewicht und innen liegender Stimmzunge, die mit spiralförmigem Wachstuch-Blasebalg verbunden waren. Beim Kippen glitt der Mechanismus im Karton-, Blech- oder Plastikbehältnis auf und ab, an dessen Ende sich ein perforierter Lautsprecher befand.

Buckram
Ein mit Harz oder Klebstoff versteiftes Baumwoll- oder Zellwollgewebe.

Compo
Verbundwerkstoff aus verschiedenen Substanzen (ähnlich Papiermaché), einschließlich Gips, Kleie, Sägespäne und Leim; vor allem Mitte des 19. Jahrhunderts in der Puppen- und Spielwarenindustrie verwendet. Wenn er naß und noch formbar war, wurde er in Formen gepreßt; nach dem Härten konnte er bemalt werden.

Courtelle
Handelsname für eine Acrylfaser, von der britischen Firma Courtaulds nach dem Zweiten Weltkrieg entwickelt. Sie wurde zu Plüsch gewebt und in der Kuschelspielzeug-Industrie verwendet.

Dacron
Füllmaterial für Teddybären mit Handelsnamen der amerikanischen Firma Du Pont für eine Polyester-Faser, die 1953 patentiert wurde.

Dralon
Handelsname für Polyacrylnitrilfaser, entwickelt von der deutschen Firma Farben Bayer AG. Meistens hell cremefarben; wird zu Plüsch vornehmlich für Polster-Industrie gewebt und gefärbt. Von den 60er Jahren an wurde Dralon in der Kuschelspielzeugbranche für Pelz und Pfoten benutzt, da es maschinenwaschbar ist.

»Dual«-Plüsch
Plüsch mit zweifarbigem Flor. Hier werden Spitzen des Mohairplüsch mit der Bürste in kontrastierendem Ton eingefärbt. Dual-Plüsch war vor allem in den 20er Jahren beliebt.

Duxeen
Ein Lederimitat wie Rexin, von Buchbindern und Spielzeugherstellern verwendet. Es wurde 1920 von der Londoner Firma Dux Chemical Solutions patentiert.

Excelsior
US-Handelsname Mitte des 19. Jahrhunderts für feine Hobelspäne oder Holzwolle; wurde in der Polster-Industrie und später für Teddybären als Füllmaterial verwendet.

Filz
Faserverband aus dichten, nicht gesponnenen Haaren oder Wolle; wird durch Hitze, Dampf und Druck zu Masse zusammengestampft; traditionelles Pfoten-Material bei Teddybären.

Flor
Aufrechtstehende Faserenden. Plüsch ist zottig oder hat einen kurzen Flor. Flor in Schlingenform wird ungeschnittener Samt/ Frottee genannt.

Gelenke, externe
Primitives Gelenksystem, bei dem die Enden der Metallstäbe, die durch den Körper des Teddybären verlaufen, an Schultern und Oberschenkeln sichtbar sind.

Glacéleder
Weiches Leder aus Ziegen- oder Lammfell; wurde ursprünglich für Herstellung von Handschuhen und Schuhen, in der Kuschelspielzeug-Industrie für Pfoten benutzt.

Glasaugen
Anfangs für Tierpräparatoren gefertigt; mundgeblasene Glasaugen stammen ursprünglich aus Großbritannien und Deutschland; wurden um 1908 in die Teddybär-Herstellung eingeführt. Frühe Modelle bestanden aus durchsichtigem Glas mit opaken schwarzen Pupillen, der Hintergrund war mit brauner Emailfarbe bemalt, um lebensecht zu wirken. Durchsichtige, bernsteinfarbene Glasaugen mit schwarzen Pupillen gehörten zu den beliebtesten bei Teddybären.

Gummi
Ursprünglich natürliche Substanz, von tropischem Baum Hevea brasileinsis gewonnen; Entwicklung synthetischen Gummis während des Zweiten Weltkrieges; heute Produktion verschiedener Sorten für die industrielle Nutzung, einschließlich Herstellung von Spielzeug.

Hartfaser
Aus Zellstoff gefertigt, im Trockenverfahren zu steifer, dichter Holzfaserplatte gepreßt; wurde von Teddybärfirmen zur Herstellung von Gelenken benutzt.

Holzwolle
Lange, weiche Holzspäne (z. B. von der Birke); ursprünglich als Verpackungsmaterial für zerbrechliche Gegenstände, zum Polstern und von Tierpräparatoren benutzt; traditionelles Füllmaterial für Teddybären. Die großen Ballen müssen auseinandergezupft und manuell mit Stäben in die Teddybären gestopft werden.

Kapok
Füllmaterial, in den 20er und 30er Jahren in der Kuschelspielzeug-Industrie beliebt; aufgrund seiner idealen Eigenschaften auch nach dem Zweiten Weltkrieg noch benutzt. Es ist leicht, wasserabstoßend, elastisch und hygienisch. Name leitet sich von malayischem Wort für eine weißliche Faserwolle aus Haaren, enthalten in Kapselfruchtwand des Kapokbaums, Ceiba Pentandra, ab. Seit dem 18. Jahrhundert bekannt; wurde erstmals 1851 nach Europa eingeführt.

Knopfaugen
Vom 19. bis zu Beginn des 20. Jahrhunderts wurden Stiefel und Schuhe oft mit Knöpfen geschlossen. Da sie überall erhältlich und in der Regel schwarz und rund waren, eigneten sie sich ideal als Augen für die frühen Teddybären. Die Knöpfe bestanden aus geformtem Zellstoff; in der flachen Rückseite befanden sich Metallhaken.

Köper
Webmaterial mit diagonalen Leisten;
erzeugt durch Passieren der Schuß-
fäden über einem und unter zwei oder
mehr Kettfäden (statt regelmäßig über
und unter, wie beim schlichtem
Weben).

Kunstseidenplüsch
Seit den Jahren um 1880 kommerzielle
Herstellung; bestehend aus aufbereiteter
Zellulose (Zellstoff oder Baumwolle),
die chemisch aufgelöst wird und eine
Viskose-Lösung bildet. Die Faser ent-
steht nach Durchlauf durch Spinndüsen
und Mineralsäurebädern. Das Material
wurde 1929 in die Kuschelspielzeug-
Industrie eingeführt.

Mohair
Ursprünglich Wolle der türkischen
Angoraziegen; heute meistens ein
Wolle-Baumwolle-Gemisch. 1830 Einfuhr von Angoraziegen in Südafrika,
heute einer der größten Mohair-
lieferanten.

Nylon
Wurde von Chemiker W. H. Carothers
in den Labors der Firma Dupont in
Delaware, USA, hergestellt; kam nach
elf Jahren Forschung 1938 in den Handel. Nylon ist widerstandsfähig, leicht
und elastisch; seit dem Zweiten Weltkrieg weitgehend in der Spielzeugindustrie verwendet; aufgerauhter Nylon ist
oberflächenbehandelt.

Orlon
US-Handelname für Acrylfaser, 1948
von der Firma Dupont patentiert und
1950 erstmals im Handel; wird häufig
für gewirkte Stoffe, wie Pelzimitat, für
Teppiche und in der Spielzeugindustrie
verwendet.

Plastik
Vom griechischen Wort platicos
abgeleitet, »formbar«. Oberbegriff,
umfaßt verschiedene organische Substanzen mit langen Molekülketten,
basierend auf vollsynthetischen
Kunststoffen (z. B. Vinyl) oder ab-
gewandelten Naturprodukten (wie
Zelluloid). Unter Hitze und Druck
werden sie zu Plastik, das gegossen und
eine permanente oder starre Form
annehmen kann.

Plüsch
Vom lateinischen Wort pilus abgeleitet,
»haariges Material«; Gewebe mit
geschorenem Flor auf einer Seite, der
länger und weniger dicht als Samt ist.
Seit dem Zweiten Weltkrieg wurde
billigerer Plüsch aus Synthetikgarnen
auf gewirktem Untergrund
hergestellt.

Polyester
Synthetische Faser auf Ölbasis, 1941
von J. R. Winfield und J. P. Dickson
von der Calico Printers Association in
Großbritannien entwickelt; oft mit
Naturfasern gemischt, um Polyester
waschbar zu machen; für Webstoffe,
starkes Nähgarn oder Füllmaterial
verwendet.

Polystyren
1929 als eine der ersten Kunstfasern in
Deutschland entwickelt. Seit dem
Zweiten Weltkrieg als Füllmaterial in
der Spielzeugindustrie (in Form von
starrem Schaum, Granulat oder Kügelchen) verwendet.

Polyurethan
Oberbegriff für vielfältige Gruppe
synthetischer Harze und Kunstoffe, die
1937 erstmals produziert und im Zweiten Weltkrieg weiterentwickelt wurden;
zur Herstellung von Schaumgummi verwendet.

Quiekser
Eingebaute Stimmbox, bestehend aus
zwei durch Wachstuchstreifen verbun-
dene Karton/Holzkreise oder -Ovale, die
einen Blasebalg darstellen und Sprung-
federn enthalten. Beim Drücken vibriert
Luftstrom in verborgener oder externer
Stimmzunge und erzeugt Quiekser.
Pappe, einschließlich Fotos, wurden für
Herstellung verwendet; Versionen nach
dem Zweiten Weltkrieg stützen sich auf
gleiches Prinzip, haben aber weichen
Vinyl-Blasebalg und oft Zieharmonika-
Form.

Rippen-/Baumwollsamt
Samtähnliches Gewebe aus Baum-
wolle, billiger in der Herstellung als
Samt.

Rupfen
Auch Sackleinen genannt, ein grobes
Webmaterial aus Jute oder Hanf, das in
den allerersten Jahren für die Teddybären-Herstellung verwendet wurde.

Sämischleder
Ursprünglich aus Gemsenhäuten hergestellt. Der Name wird heute für besonders weiches, geschmeidiges, gelb-
braunes Leder verwendet.

Schaumgummi
Bezeichnung für Polyurethan; wird
durch Einarbeiten von Gas zu leichtem,
gummiähnlichem Material. Verwendet
zum Polstern, für Kissen oder Kunst-
schwämme und seit den 50er Jahren
zum Füllen von Kuschelspielzeug; kann
nach Vorlage der Außenhülle modelliert oder in kleine Stücke geschnitten
werden (Chips/Granulat).

Spieldose
Hier Walzen- und Kammechanismus,
der 1780 von dem Schweizer Louis
Favre erfunden wurde. In der Teddybär-Herstellung ursprünglich Gehäuse
zum Drücken, oder in Blech- oder
Holz/Blechdosen eingebettet, die durch
außen befestigte Stifte oder Schlüssel
aktiviert wurden. Spätere Modelle
besaßen Plastikdosen und Schnur zum
Aufziehen. Japanische Hersteller ent-
rissen nach dem Zweiten Weltkrieg
der Schweiz das Monopol auf dieses
Produkt.

Splint
Metalldorn zum Auseinanderbiegen und
Fixieren der Scheibengelenke; bewir-
ken, daß sich Gliedmaßen und Kopf des
Teddybären drehen.

»Sub«
Baumwollabfall, während des Zweiten
Weltkriegs als Füllmaterial eingeführt,
als Kapok nicht erhältlich war. Ab den
60er Jahren wurde auch Kunstfaser-
Abfall benutzt; je dunkler die Farbe,
desto niedriger die Qualität der
Füllung.

Rayon
Begriff, wurde seit Zweitem Welt-
krieg für Kunstseide verwendet. Heute
sind verschiedene Rayon-Sorten im
Handel, z. B. Viskose, Acetat und
Triacetat.

Rexin
Handelsname für Wachstuch oder
Lederimitat, beim Polstern oder Buch-
binden verwendet. Rexin entsteht,
wenn man Webmaterial mit mehreren
Lagen Cellulosenitrat bedeckt. Das
lederartige Material wurde oft für die
Pfoten britischer und australischer
Bären vom Ende der 30er bis Anfang
der 60er Jahre verwendet.

Samt
Seidiges Webmaterial mit kurzer, dichter glattfloriger Oberfläche.

Satin
Ursprünglich Seidenstoff mit glatter,
glänzender Oberfläche beschrieben;
Begriff heute auch für andere textile
Materialien benutzt, die Satin ähneln,
aber nicht unbedingt aus Seide sind.
Satinierter Stoff wurde spezialbehandelt,
um Satin zu imitieren.

Schäfte
Schaft oder Haken, normalerweise aus
Draht, der aus der Rückseite von Glas-
oder Plastikauge herausragte und
benutzt wurde, um es im Kopf zu veran-
kern; die späteren Plastikaugen hatten
oft integrierte Schäfte.

Siegellack
Ursprünglich zum Versiegeln von
Dokumenten; in den Anfangsjahren
auch von Teddybär-Herstellern, vor
allem in Deutschland, für geformte,
wirklichkeitsgetreue Nasen benutzt.
Formbar wenn heiß, wird es beim Aus-
kühlen hart; das Material war jedoch
unbefriedigend, weil es häufig Risse
zeigte.

Velcro
Klettband aus zwei gewebten Nylon-
streifen, der eine mit winzigen Ösen,
der andere mit Haken, die zusammen-
gepreßt und auseinandergezogen
werden können; wurde 1948 von dem
Schweizer Ingenieur George de Mestral
entwickelt.

Velours
Französisches Wort, bedeutet »Samt«;
beschreibt samtähnliches Plüschmaterial mit Web- oder Wirkuntergrund; in den letzten Jahren oft
synthetisch.

Veloursleder
Ursprüngliche Bezeichnung für un-
gegerbtes Ziegenleder, wird heute auch
für andere Lederarten verwendet (z. B.
Lamm- oder Rindsleder); die genoppte,
samtige Oberfläche entsteht durch
Bearbeiten der Fleischseite mit einem
Schleifstein.

Vinyl
Bezeichnung für Gruppe von Kunststoffen, die chemische Substanz Vinyl
enthalten; haltbar und preiswert, für
starre Produkte (Spielzeug) und flexible
(Filme) oder als Vinyl-Beschichtung für
Stoffe verwendet; Polyvinyl Chlorid
(PVC), wurde als erstes kommerziell
hergestellt.

Wachstuch
Beschichtetes, wasserfestes Gewebe.

Yorkshire-Plüsch
Mohairplüsch, früher in Yorkshire im
Norden Englands gesponnen, dem tradi-
tionellen Zentrum der Textilundustrie.
Angora-Ziegenhaar wurde aus der
Türkei und Südafrika eingeführt, zu
Wolle verarbeitet, in Webereien in
Yorkshire zu Plüsch verarbeitet oder
nach Deutschland (z. B. zu Schulte-
Fabriken) exportiert.

Zelluloid
Kunststoff aus Nitrozellulose, der zuerst
1869 von den Brüdern John und Isaiah
Hyatt in den USA patentiert wurde. Er
war während der 20 und 30er Jahre in
der Spielwaren-Industrie besonders beliebt, wurde aber später wegen seiner
leichten Brennbarkeit verboten.

Register

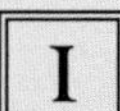

Danksagung und Quellennachweis

Ich bin mehr als dankbar für die Hilfe, Unterstützung und Ratschläge von Rosemary und Paul Volpp, George Black, Colin und Wendy Lewis, Brian Beacock, der Kuratoriumsmitglieder des Bethnal Green Museum of Childhood (vor allem Halina Pasierbska und Caroline Goodfellow), Pam Hebbs und Gerry und Margaret Grey, ohne die das Buch nicht entstanden wäre.

Dank schulde ich auch den zahlreichen Teddybärliebhabern, Herstellern und Künstlern, deren Bären fotografiert werden durften und die ihre Teddybären aus allen Ländern der Welt nach London schickten. Meinen Dank möchte ich auch all jenen aussprechen, die mir bei der Beschaffung der Informationen für dieses Mammutprojekt geholfen haben:

Australien: Jacki Brooks; Jenny Marchionni (The Camperdown Children's Hospital Fund); Nancy Evans; Marjory Fainges; Jenny Laing; Pat Lovelock; Pol Mc Cann; Wendy McDonald (Jakas Soft Toys); Joan Mc Pherson; Lynn Riddell- Robertson (Numbat Books); Romy Roeder; Jenny Round; Keith Schneider (Russ Berry, Australien) Pty. Ltd.); Tomoko Sato; Carole Williams (Teddy & Friends: The Bear Essentials); Gerry Warlow; Bob White. **Deutschland**: Roland Spindler (Althans KG); Jürgen und Marianne Cieslik; Peter Clemens und Elke Untch (Hans Clemens GmbH); Margot Drolshagen und Mrs. G. Lee (Gebrüder Hermann KG); Rolf und Dr. Ursula Hermann (Hermann Spielwaren GmbH); H. Dransfeld (Heunec Plüsch Spielwaren Fabrik KG); Marion Hohmann (Käthe Kruse Puppen GmbH); Sabine Zoller und Simone Schneider (»Sigikid«, H. Scharrer & Koch GmbH); Jörg Junginger (Margarete Steiff GmbH); Klaus und Julia Hartmann (Teddybären & Plüsch); Walter Schubert (W. Walter KG). **Frankreich**: Phillipe Mangon (Anima); O. Blanchet (Créations Blanchet); Patricia Braunstein (Boulgom); Aline Cousin; Marcelle Goffin; Marylou Jouet; Manera Jacques (sarl Maxi Jouet); Christophe Couvreur (Nounours Gruppe). **Großbritannien**: Margaret Jones (Alresford Crafts Ltd.); Paul Goble und Kim (Bears & Friends, Brighton); Kate Barringer, Valerie und Fred Lyle (Big Softies); Janice O'Dair Bramwell Brown's Hug Shop); Deborah Canham; Maude und John Blackburn (Canterbury Bears Ltd.); Liz Careless; Marlene Couchman; Neil Miller und Michael Crane (The Dean's Company (1903); Anna Dartnell; Gill Dutton; Faith Eaton Collection; Valerie (Especially Bears Shop); Mrs. Lawley (Golden Bear Products Ltd.); Katherine Grant; Jack Wilson (House of Nisbet); Pam Howells; Glenn und Irene Jackman (Hugglets); Staff of Imperial War Museum's Photographik Collection; Ray Jackson; Maddie Janes; Naomi Laight; Ben Lyford; Graham Mc Bride (Little Folk); Deirdre Mackinnon; Felix Sear (Melrose Teddy Bear Museum); John Parkes und Oliver Holmes (Merrythought Ltd.); June Miller; Irene Moore; Jim Mulholland (Mulholland & Balie Ltd.); Alan und Wendy Mullaney; Sue Nicoll; Belinda O'Brian; Anita Oliver; Eddie Owen; Ian Pout; Sue Quinn; John Radmall; Christina Revell; Sue Rixon; Pat Rush; Gwyneth Ashcroft und Curts Cooke (Russ Berrie [UK] Ltd.); Maureen und Alan Samuels; June Sanders; Sue Schoen; Ian Scott; Bunny Campione (Sotheby's); Judy und John Sparrow; Mr. und Mrs. Stubbs; C.A. Symon; Sylvia Coote (Teddy Bear Museum, Stratford-upon-Avon); Stacy Lee Terry; Rosemary Waterson; Coralie Wearing; Catherine While. **Italien**: Bibija Garella (Lenci srl); Giuseppe Patriarca (Trudi Giacottoli spa). **Kanada**: John Cox (Ganz Toys); Dillon Goldsmith (Mighty Star Ltd.); Marcella Pittana; Joan Rankin; Mrs. S. Stratton (Cuddly Toys Ltd.); Trudi Teneycke. **Niederlande**: Dorothee Wennink (Association of Benelux Toy Manufactures); Jane Hummer; Jonette Stabbert. **Neuseeland**: Peggy Armstrong; Clive und Precile Harrison (Bear With Us); Allie und Nigel Hanton; Janis Harris; Nancy Hay (Maxwell Hay & Co. Ltd.); Denise Jackson; Heather Lyell; Frances Mc Leary; Dawn Nicholl; Denise Parsons; Sally Pearson; Robin Rive (Robbity Bob Ltd.); Peter und Valda Mc Combe (Sheepskin Products Ltd.), Cathy Philips (Teddies & Treasures); Michael und Judy Walton. **Österreich**: Udo Broschek (Berg Tiere mit Herz GmbH); Dr. Filek-Wittinghausen (Österreichische Handelskammer); Kurt Klaritsch und K. Kortinik (Handelskammer/Steiermark). **Republik Irland**: Mairead Donlevy (National Museum of Ireland); Joan Hanna; Audrey Harris; Jagoda Mansfield. **Republik Südafrika**: Annwen Bates; George Allison (Bunjy Toys); Mary Kelly; Julian Pells (Prima Toys); G.A. und D. J. Weir (Speciality Manufactures Division); Eunice Beaton (Thread Bears); Ken und Helen Wynne-Dyke. **Schweden**: Peter Pluntky; Agneta Thomson. **Schweiz**: Stephen Ernst; Stephane Kearcher. **USA**: Art Husted; Alison Nielson und Julie Ruttenberg (Applause Inc.); Barbara Baldwin; Nick und Cassie Bisbikis; Loretta Botta; Ginger T. Brame; Sydneh Charles; Audrey Mc Fadden und Robin Kutch (Dakin Inc.); Diane Gard; Shari J.K. Meltzer (Gund Inc.); Serieta Harrel; Marie Pamental (Hasbro Inc.); Dee Hockenberry; Linda Spiegel Lohre; Cindy Martin; Walter Meyer (Mary Meyer Corporation); Doris und Terry Micheaud; Bev Miller; Joanne Mitchell; Linda Mullins; Barbara Isenberg und Beathany Pearlman (North American Bear Company Inc.); Russ Berry & Company Inc.; Sara Phillips; Carol-Lynn Rössel Waugh; Donna L. Saqui; Patricia Schoomaker; Steve Schutt; Helen Sieverling; Barbara Sixby; Lisl Swinwhart, Steven Cronk (Teddy Bear Review); Susan Weiser, Susan Wiley.

Außerdem möchte ich noch meinen Lektorinnen Irene und Helen, den Designern Peter und Debbie und dem Fotografen Peter danken.

Und nicht zuletzt bin ich meiner Mutter Joan, meinem Mann David, meinen Freunden Ruth Bottomley, Ruth Cornett, Janice Hunt, Jill Skinner und Lynnet Wilson zu Dank verpflichtet. Und Medusa, die meinen Text nicht zerpflückt hat, obwohl die Versuchung groß war.

Danksagung des Verlegers
DORLING KINDERSLEY DANKT BESONDERS: Susie Behar, Polly Boyd, Lucinda Hawksley,
Damien Moore und Connie Novis für ihre frdl. Assistenz bei der Herausgabe; Andrea
Fair für den Schlüsselgedanken; Sharon Moore für die Design-Assistenz; Alastair
Wardle und Adam Moore für die Computer-Unterstützung; Julia Pashley für die Foto-
Recherche; Murdo Culver für die Arbeit mit den Dias; Michael Allaby für die Arbeit
am Index/Anhang; und Chris Elfes für die Foto-Recherche in Australien.

BILDER

(Erläuterung: o = oben, u = unten, r = rechts, l = links, m = Mitte, c = zentral.)

Fotografiert von Peter Anderson: 1; 2; 3 c; 4 or; 5 ol, ul, ur; 9 ur; 13 ul; 14 or; 15 u;
16; 17 ul; 21 or; 23 or; 25 ur; 26; 29 ol, ur; 30; 31 or, ul, ur; 33 or, ul, ur; 35 ol, ul;
37 or; 41 or, ul; 42; 45 or; 49 ul, or; 50–51 all; 53 or, ol, ur; 54; 55 or, ul, ur; 56; 57 ol,
ul; 61 or, ol, ul; 63 ol, or, ul; 64–65 all; 69 ul, or, ul; 70; 71 ur; 73 ol, ul, ur; 74; 75 ol,
or ul; 76; 77 ol, ul; 78; 79 ur; 83 or, ul; 84; 85 or, ul; 87 or, ul, ur; 88; 89 ol, ur;
90; 91 or, ul, ur; 93 all; 95 ol, or, ul; 96; 97 or, uo 98; 99 ol, ul, ur; 100–01 all; 103 ol,
or, ur; 104; 105 ol, or, ur; 106; 107 ol, or ul; 108; 109 ol, ul, ur; 111 ul, ur; 113 ol, or,
ul; 114; 115 ol; 117 ol, or, ul; 118; 119 ol, or; 121 or, ur; 123 all; 124–25 all; 126;
127 ol, or, ur; 129 ur; 130; 131 ol, or, ul; 133 ol, or; 135 all; 136; 137 or; 141 ol; 143 ul,
ur; 145 ol, or, ul; 150; 151 ol, or; 155 ol, ur; 156; 157 ol, or, ur; 158; 159 ol, ul, ur;
161 all; 163 ol, or, ul; 164; 165 ol, ul, ur; 166; 167 ul; 168; 169 ur; 171 or, ul, ur;
173 ul, ur; 177 ul, ur; 178 or, ul, ur; 179 ol; 180 ul, ul, ur; 181 or, ul, ur; 182–83 all;
184 ol, or, ul; 185 all; 186 ur; 187 ul; 188 om, m; 189 ol; 191 ol, ml, ul; 192 ol, um,
or; 193 ul, cr, or; 195 or, cl; 196 ol, ul, cl; 197 ol, ul, mr; 198 ol; 199 or; 201 cl.
Fotografiert von Jim Coit: 3 ol; 4 ul, ur; 5 or, ml; 6 ml; 7 ul; 8 r; 9 ol, or; 10 or; 11 or;
12 ol, mr, ul, or, br; 13 or, 14 ul; 15 ol; 17 ol, or; 18; 19 or; 21 ol, ul; 23 ol, ul; 24;
25 or, ul; 27 all; 32; 33 ol; 34; 37 ol, ul; 39 ul; 40; 41 ul; 43 ol, or; 44; 45 ol, ul, ur;
46–47 all; 49 ol, ur; 55 ol; 59 ol, or; 62; 63 ol; 67 or; 71 ol, or; 73 ol, or; 75 ol, 77;

79 ol, ul; 82; 83 ol; 85 ol, ur; 86; 89 ul; 91 ol; 95 ur; 97 ol; 103 ul; 105 ul;
109 or; 110; 111 ol, or; 112; 115 or, ul, ur; 116; 117 ur; 119 ul, ur; 120 127 ul;
129 ol, or, ul; 133 ur; 137 ol, ul, ur; 138; 139 or, ul, ur; 140; 141 or, ul, ur; 142;
143 ol, or; 145 ur; 146–47 all; 151 ur; 153 all; 154; 155 ul, or; 157 ul; 159 or;
160; 163 ur; 165 or; 167 ol, or, ur; 169 ol, or, ul; 172 all; 173 ol, or; 174 all; 175 all;
176 ol, ul, ur; 177 ol, or; 178 ol; 184 ur; 186 ol, or, ul; 187 or, ur; 188 ol, or; 189 ml;
190 ul; 192 ul, ur; 194 ul; 195 or, ul-all; 196 mr; 197 or; 198 ul; 199 ul; 200 ul,
um, ur, ol ur; 201 ul, um, ul, ol.
Fotografiert von Roland Kemp: 10 ol; 11 ml, ur; 17 ur; 19 ol, ul, ur; 20; 21 ur;
22; 23 ur; 28; 29 ul; 31 ol; 35 or; 36; 37 ur; 38 ul; 39 ur; 48; 52; 53 ul; 57 or, ur;
59 ul; 60; 61 ur; 67 ul, ur; 68; 69 ur; 71 ul; 72; 79 or; 89 or; 92; 97 ul; 102; 107
ur; 110; 113 ur; 122; 128; 139 ol; 151 ul; 152; 171 ol; 179 or, ur; 180 or; 188 u;
198 or, ur; 199 ol.
Alle weiteren Fotos: Courtesy of Asquiths of Windsor 195 ol. Courtesy of Christie's
94 or. Courtesy of Sotheby's 194 ol. Courtesy of the Trustees of the V&A,
fotografiert von Pip Barnard: 38 ul; 41 ol; 43 ul; 99 or; 131 ur; 133 ul; 134; 144;
162. Chris Elfes (Australien): 58; 59 ur; 80–81 all. Linda Mullins 191 or.
Private Sammlung 13 ol. Matthew Ward 170. Paul Volpp 21 ul; 87 ol; 132.
Bärenpflege und Reparatur: 202–03 Peter Anderson, Jim Coit, Roland Kemp,
Matthew Ward; 204–07 Peter Anderson, Matthew Ward, Roland Kemp; 208–09
Peter Anderson, Matthew Ward; 210–11 Peter Anderson, Matthew Ward,
Roland Kemp; 212–13 Peter Anderson, Matthew Ward; 214 Jim Coit, Paul Volpp,
Peter Anderson, Matthew Ward.
Bibliotheken: 8 bl Mary Evans Picture Library; 8 bc T. Roosevelt Collection/
Harvard College Library; 10 Imperial War Museum; 11 Hulton Picture Company;
190 Rex Features; 169 tr ©1992 Hanna-Barbera Productions, Inc., licensed by
Copyright Promotions Ltd. – Yogi 170
Archivmaterial aus Firmen: 38–39 Margarete Steiff GmbH;
3 bl, 66–67 Merrythought Ltd; 94–95 Hermann-Spielwaren GmbH;
Gebrüder Hermann KG; 148–49 Russ Berrie & Co. Inc.

BÄRENDANK AN

- MRS. BAKER 202 ur.
- KATE BARRINGER 23 or.
- BRIAN BEACOCK 5 ur; 65 ur; 73 ul; 83 ul; 107 ul; 129 ur; 156;
161 ul; 166; 188 c; 212; 213.
- RUSS BERRIE & COMPANY INC UK 170.
- BETHNAL GREEN MUSEUM OF CHILDHOOD (V&A) 38ul; 41 ol;
43 ul; 99 or; 131 ur; 133 ul; 134; 144; 162.
- NICK BISUIKIS JNR. 85 ul; 119 or.
- HEATHER BISCHOFF 29 ul.
- GEORGE B. BLACK JNR. 77 ul.
- GYLES BRANDRETH 17 ur; 20; 21 ur; 79 or; 102;
179 or, ur; 198 ur.
- BUNJY TOYS 169 ur.
- GINA CAMPBELL 121 ul.
- CANTERBURY BEARS 5, 151 ol, ul.
- SYDNEY R. CHARLES 25 ur; 26; 75 ol, or, ul; 38 ul; 91 or; 97 ul;
107 ur; 115 ol; 117 ul.
- JOAN COCKRILL 212 ur.
- PAULINE COCKRILL 57 ur; 157 ur; 189 ul.
- MARLENE COUCHMAN 103 ol, or; 159 ol.
- ANNA DARTNELL 157 or.
- GILL DELLA CASA 212 cr; 214 ur.
- FAITH EATON COLLECTION 31 ol, 165 ul.
- NANCY EVANS 59 ul.
- PAUL GOBLE (BEARS & FRIENDS, BRIGHTON) 13 ul.
- JO GREENE 204.
- MARGARET & GERRY GREY 56; 106; 108; 183 ur; 192 or.
- GUND INC. 85 ul, ur.
- AUDREY HARRIS 159 ur.
- KARIN HELLER 161 ur.
- GEBRÜDER HERMANN 5 c; 31 ul, ur; 95 ol; 97 ur; 190 ur.
- PAM HEBBS 9 ul; 16; 19 ul, ur; 22; 23 ur; 33 ul; 36; 39 ur; 42;
48; 63 ol, ul; 73 ol; 103 ur; 118; 130 or; 135 ul; 177 ul, ur; 178
or, ur; 186 ur; 188 c; 191 ol, cl; 198 or.
- HERMANN-SPIELWAREN 4 c; 10 or; 30; 31 or; 95 ol; 99 ol, ul. ur.
- RAY JACKSON 124 ol.
- LEVER BROTHERS Snuggle courtesy of Lever
Brothers Company 139 ur.
- COLIN & WENDY LEWIS 1; 2; 4 or; 5 ul; 11 ul; 14 or; 15 u; 21
or; 29 ur; 33 or, ur; 37 or, ul; 41 or; 49 or, ul; 50 ol, or; 53 ol, or, ur;

54; 55 or, ul; 57 ul; 61 ol, or, ul; 63 or; 64; 65 ol, or, ul; 69 ol, or,
ul; 70; 78; 88; 89 ol; 90; 91 or; 93 all; 96; 97 or; 101 or, ul, ur;
105 ol, or, ul 107 ol, or; 109 ol, ur; 111 ul; 113 ol, or, ul; 114;
117 ol; 124; 125ul, ur; 127 ol, or, ur; 130; 131 ol, ul; 132 or;
135 ol; 155 ol; 163 ol; 171 or; 180 ol, ul, ur; 181 ul; 182 ol, ul,
ur; 192 ol; 192 cu; 193 cr, ul; 214 c; 234; 239.
- GILLIAN LISTER 11 ol.
- BEN LYFORD 136; 210.
- DEIRDRE MACKINNON 17 ul; 55 ur.
- MERRYTHOUGHT LTD. 67 ur; 121 or, ur.
- JUNE MILLER 123 or, ul, ur.
- CAREY MINHINNETT 104.
- BELINDA O'BRIEN 89 ur.
- MRS. PEARCE 202 or.
- IAN POUT 19 ol; 29 or; 43 or; 69 ur; 89 or; 113 ur.
- PRIVATE COLLECTION 35 ur; 71 ul; 92, 139 ol, 152;
171 ol; 181 ur.
- JOHN RADMALL 10 ol, 51 ur, 91 ul.
- CHRISTINA REVELL 109 ul.
- ROMY ROEDER 58; 59 ur; 80-81.
- Mr. & Mrs. SAMUELS 135 or; 143 ul; 145 or, ol, ul; 150; 161 ol;
163 or, ul; 181 ur; 195 cl; 196 ol; 197 cr; 199 or; 203 ul; 214 or.
- JUNE SANDERS 51 ul.
- FELIX SEAR 50, 73.
- KIOK SIEM 37 ur.
- HELEN SIEVERLING 35 ol; 76; 77 ol; 83 ur; 84; 85 or;
87 or, ul, ur; 98; 198 ol.
- ANN SKINNER 159 ul.
- JILL SKINNER 132.
- JUDY SPARROW 10 ol; 11 ur; 28; 52; 53 ul; 57 or; 60; 61 ur;
67 ul; 68; 71 ur; 72; 121ol; 123 ul; 125 or; 128; 135 ur; 199 or;
203 ul; 214 or.
- LINDA SPIEGEL LOHRE 79 ur.
- MR. & MRS. STUBBS 45 or.
- SUDBURY HALL MUSEUM OF CHILDHOOD 29 ol.
- C.A. SYMON 158
- TEDDY BEAR MUSEUM OF NAPLES, FLORIDA 74; 83 or; 95 ul;
100; 101 ol; 117 or; 119 ol; 126; 137 or; 141 ol; 151 ol; 155 ur;
157 ol;164; 165 ol, ul; 167 ul; 168; 171 ul, ur; 173 ul, ur; 176 or;
177 ul; 178 or, ur; 191 ol, cl.
- FRAUKE TOWNSEND 111 ur.
- PAUL & ROSEMARY VOLPP 3 ol; 4 ol, ul, ur; 5 or, cl; 6; 7; 8 r;
9 ol or; 10 ur; 11 or; 12 all; 13 or, 14 ul; 15 ol; 17 ol, or; 18;

19 o.r; 21 ol, ul; 23 ul, ul; 24; 25 ol, or, ul; 27 all; 32; 33 ol; 34;
37 ol, ul; 39 ul; 40, ul, ur; 41 ul, ur; 43 ol, or; 44; 45 ol, ul, ur;
46; 47ul; 49 ol, ur; 55 ol; 59 ol, or; 62; 63 or; 67 or; 71 ol, or;
73 or; 75 or; 77 or, ur; 79 or, ul; 82; 83 ol; 86; 87 ol; 89 or; 91 ol;
95 ur; 97 ol; 103 ul; 105 ol; 109 or; 110; 111 ol, or; 112; 115 or,
ul, ur; 116; 117 ur; 119 ul, ur; 120; 127 ul; 129 ol, or, ul; 133 ur;
137 ol, ul; 138; 139 or, ul, ur; 140; 141 or, ul, ur; 142; 143 ol, or;
145 ur; 146–47; 151 ur; 153 all; 154, or, ul; 155 or, ul; 157 ul;
159 or; 160; 163 or; 165 or; 167 ol, or, ur; 169 ol, or, ul; 172 all;
173 ol, or; 174–75 all; 176 ol, ul, ur; 177 ol, or; 178 ol; 184 ur;
186 ol, or, ul; 187 or, ur; 188 ol, or; 189 c; 190 ul; 192 ul, ur;
194 ul; 195 or, ur; 196 or, cr; 197 or; 198 ul; 199 ul, ol; 200;
201; 202 ol; 203 c; 214 ul; 236; 237; 238.
- WALSHAW & CO. 205.
- PENELOPE WARTON 212.
- CORALIE WEARING 35 ul.
- ANNA WHITE 161 or.
- LISA WHITE 133 ol.
- ANKIE WILD, RIUCHESTER MUSEUM OF CHILDHOOD 193 ol.
- LYNNET WILSON 122.
- Bärenkünstler:
Deborah Canham 182 or.
Aline Cousin-Debrowolska 184 or.
Marcelle Goffin 184 ol.
Joan Hanna 183 or.
Allie & Nigel Hanton 185 ur.
Janis Harris 185 or.
Marylou Jouet 184 ul.
Mary Kelly 187 ul.
Frances McLeary 185 ul.
Irene Moore 183 ol.
Alan and Wendy Mullaney 181 or.
Eddie Owen 179 ul
Joan Rankin 179 ol.
Jenny Round 187 ol.
Jonette Stabbert 183 ul.
Trudy Teneycke 178 ur
Michael & Judy Walton 185 ol.

Unser Dank gilt besonders den Bärenbesitzern und den
Copyright-Gebern. Dorling Kindersley entschuldigt sich im
voraus für alle nicht erwähnten Quellen und wird mögliche
Auslassungen in späteren Ausgaben nachholen.